江戸・東京の大地震

野中和夫

同成社

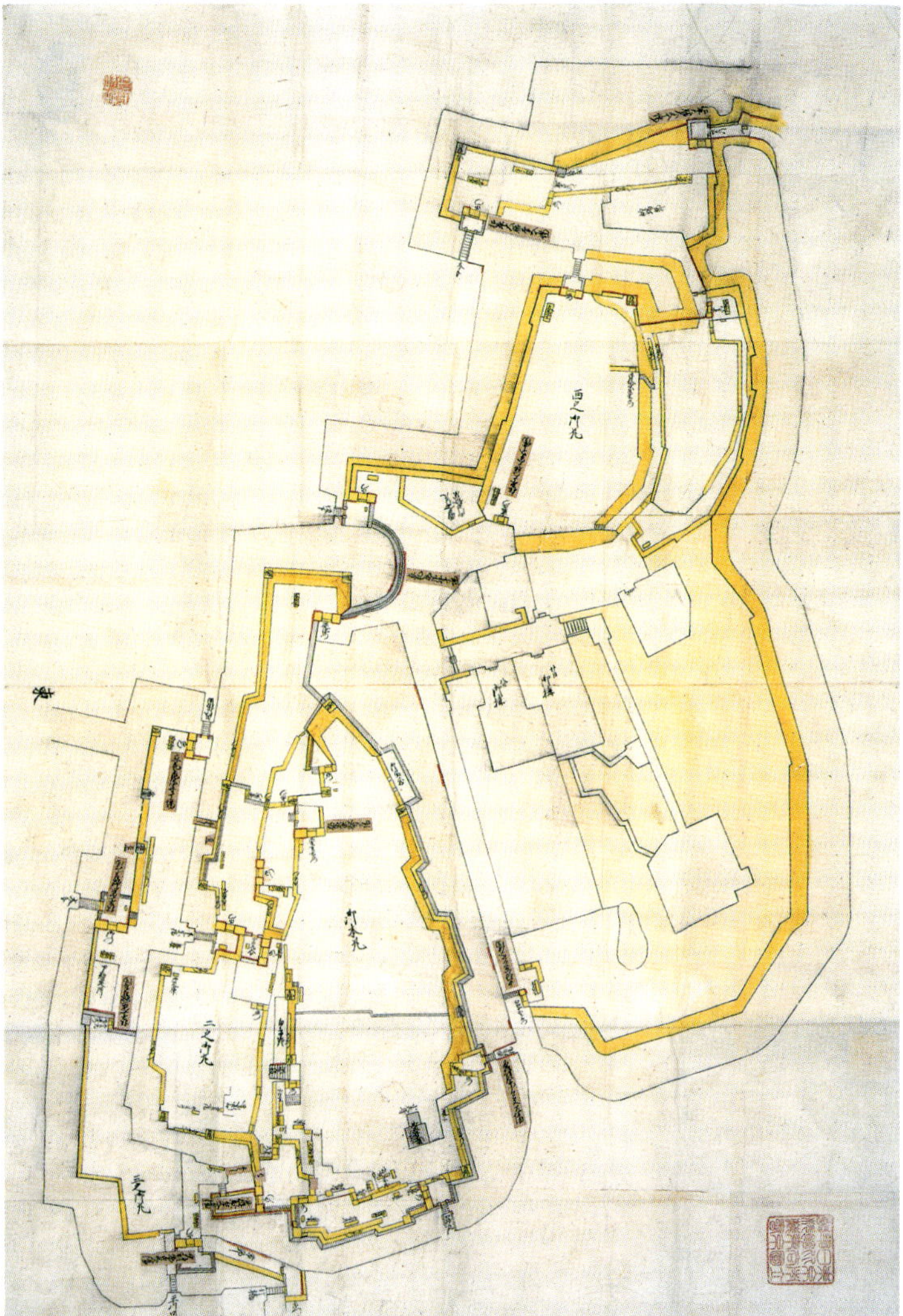

口絵１　『御城内向絵図』（都立中央図書館特別文庫室所蔵）
朱引線：元禄大地震による石垣崩落箇所

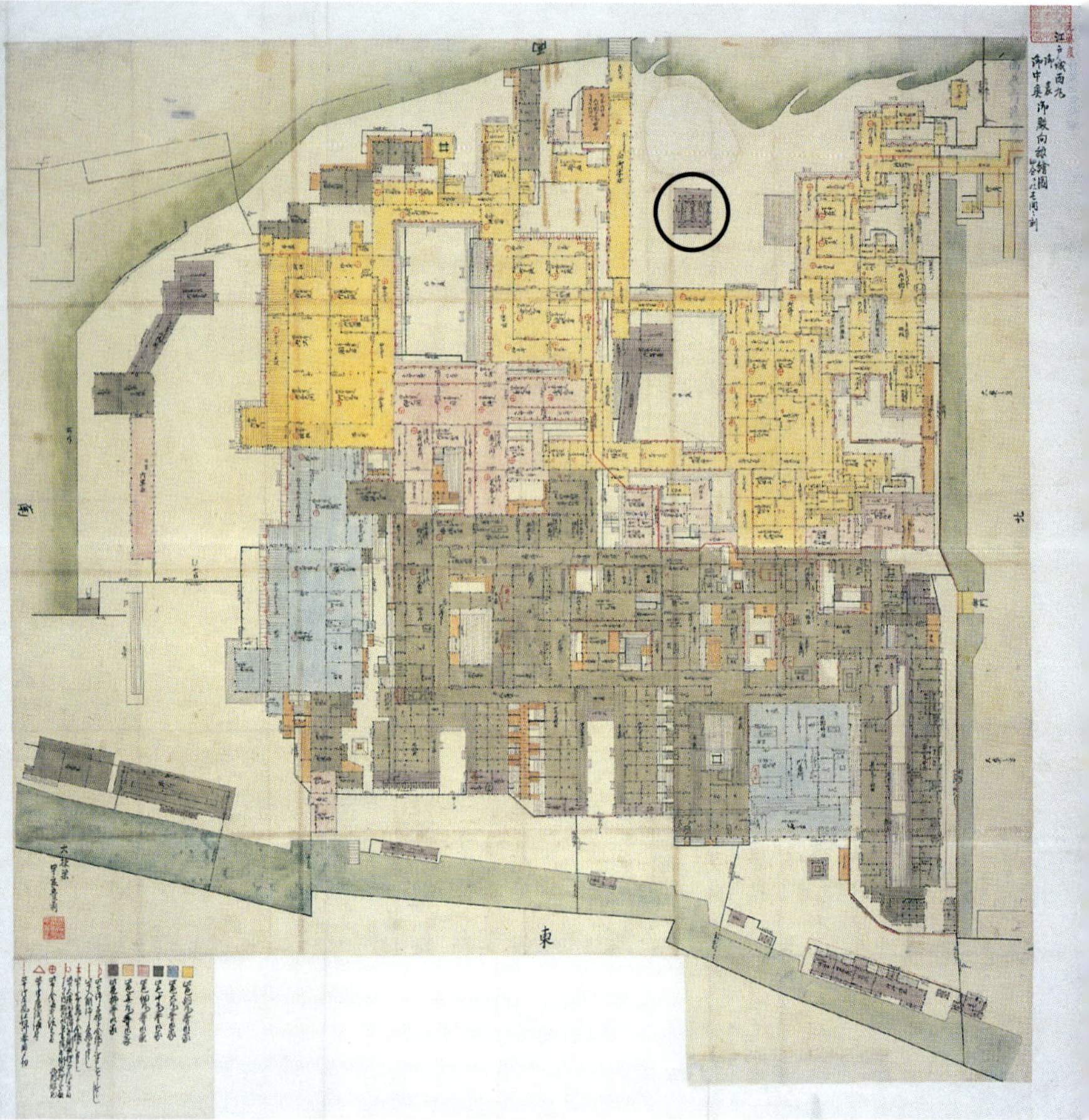

口絵 2　『江戸城西丸御表御中央御殿』（都立中央図書館特別文庫室所蔵）
〇印：元禄大地震後に設置された「地震之間」

口絵 3　上：明治三陸津波、唐桑村只越（宮内庁宮内公文書館所蔵）
　　　　下：　　同上　　、唐桑村 宿（同上所蔵）

口絵 4　関東大地震による和田堀 2 号浄水池被害（東京都水道歴史館所蔵）
下位人物の右手矢印の側壁に亀裂

目　次

江戸・東京の大地震

第一章　江戸から大正期の被害地震

一　地震の概況

日本は、世界有数の地震国である。気象庁によると、東日本大震災以後は別として、二〇〇六年以降、震度1以上の有感地震が年平均一、三〇〇〜二、一〇〇回程度発生しているという。ちなみに、東日本大震災が起きた二〇一一年は、九、七二三回と例年の五〜八倍という突出した数字になるそうだ。とりわけ、大震災が起きた三〜五月の余震活動は活発で、震度1が三、三六五回、震度2が一、七一三回、震度3が六八五回、震度4が一七九回、震度5弱以上が五一回とおよそ六、〇〇〇回発生しているという。観測が追いつかないほどの数である。

日本列島が地震の多い最大の要因は、地球の表層を覆うプレート（硬い岩盤）と深い関連をもつ。地球上は、このプレート十数枚で構成されており、このうち四枚のプレートが日本列島上にのるという。太平洋プレート、北米プレート、フィリピン海プレート、ユーラシアプレートである。四枚のプレートは、平行に走るわけではなく、重なりあい、しかも互に押しあいへしあいしている。各プレートは、図1のように方向を換えて動くので、その間の摩擦によって少しずつ歪みが蓄積され、やがて岩盤が破壊され地震が

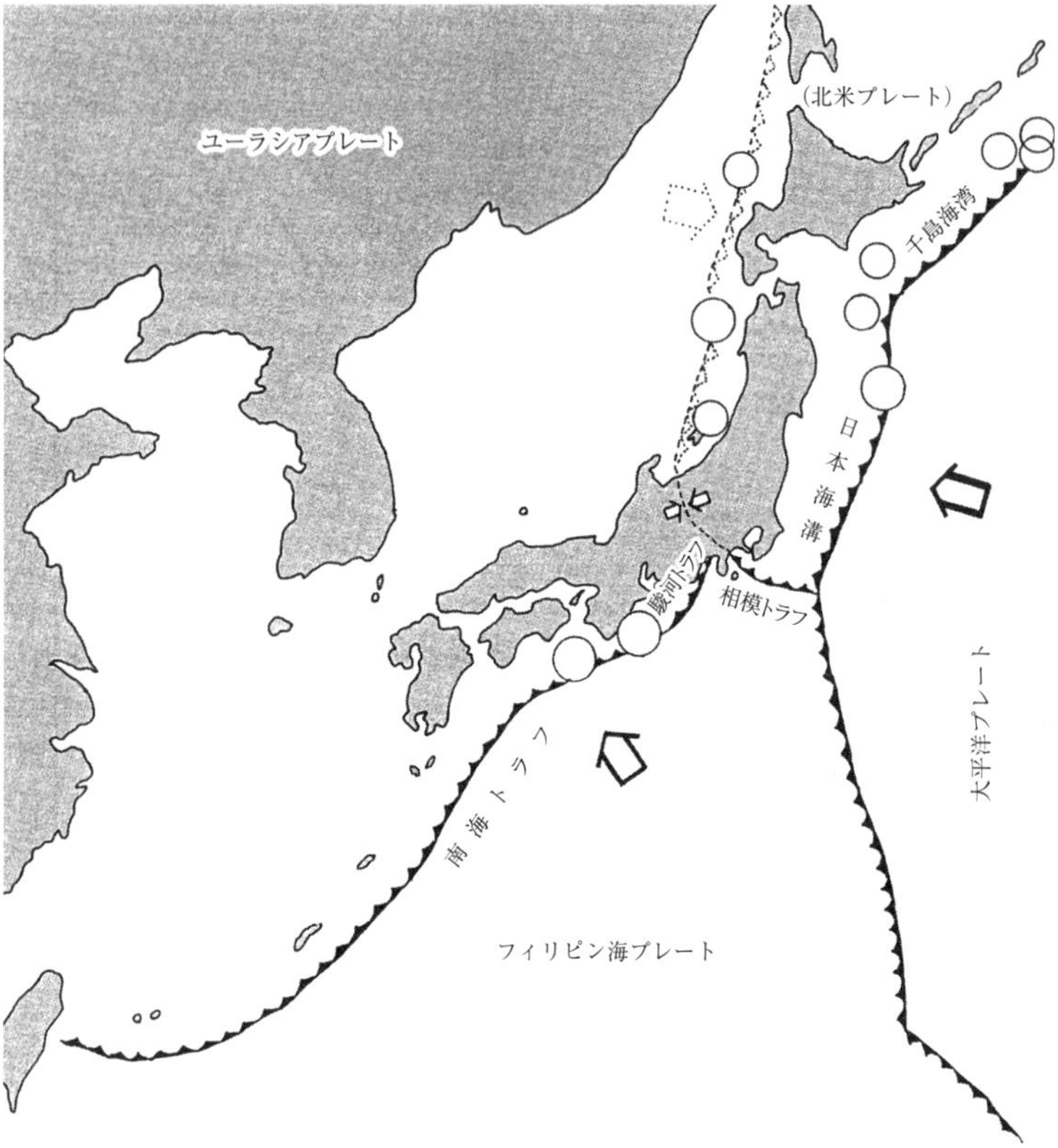

図1　日本列島を覆う４つのプレートと津波の発生（渡辺 1985に加筆）

発生するのである。これは、「プレート・テクトニクス理論」として説明することができる。ところで、この地震には、二つのプレートの接触面で起こるインター・プレート地震とプレート内部の破壊によって生じるイントラ・プレート地震に大別されるという。前者には、東日本大震災をはじめとして元禄大地震・宝永地震・安政地震・関東大震災などが含まれる。後者には、ユーラシアプレート内部で起こるものを好例とする。このプレートは、太平洋プレートやフィリピン海プレートが沈み込むので、絶えずあらゆる方向に力が加わることで岩盤に歪みが蓄積されることで地震の発生となる。関東地方では微小地震が常時起きているが、これは、イントラ・プレート地震であり、北米プレート内の地殻内地震といえるものである。

地震被害をみるとき、地震そのものを「震度」と「マグニチュード」という二つの用語で示すことが少なくない。そこで、本論に入る前に簡単に説明を加えることにする。

震度とは、地震が発生したときの揺さぶりの程度を表わす目やすである。一般的に、震源から遠く離れれば揺さぶりは小さくなる。表1に、主要な震度観測の変遷を示した。現在は、震度0から震度7まで一〇段階（震度5と6で強弱あり）に分かれている。これは、昭和二四年（一九四九）に中央気象台（現、気象庁）によって定められた震度階がもとになっている。明治期には、微震・弱震・強震・烈震の四段階がとられているが、中央気象台地震報告によると、明治二四年（一八九一）のみにその上にあたる劇震の表記がされている。濃尾地震がその要因となっているのである。

マグニチュードとは、地震によって放出されたエネルギーの尺度のことをいう。アメリカのC・F・リヒターによって発見されたもので、一つの地震に関する地震動の振幅の震央距離に対する減少の仕方は、かなりバラつくことは事実であるが、傾向としてある一定の法則があるということに基づいている。浅田敏氏は、『地震—発生・災害・予知—』の中でつぎのように説明している。

「震央距離一〇〇キロメートルの場所にあるウッド・アンダーソン型地震計の記録用紙上に一ミクロンの最大振幅を書くような地震を基準にとるというのがリヒターによって定められた約束である。したがって、他の地震については、震央距離一〇〇キロメートルにある標準地震計に記録された最大振幅をミクロ

観測の変遷

気象庁の震度階	
震度 0	人は揺れを感じない
震度 1	屋内にいる一部の人が、わずかな揺れを感じる
震度 2	屋内にいる人の多くが揺れを感じる。眠っている人の一部が目を覚ます
震度 3	屋内にいる人のほとんどが揺れを感じる。恐怖感を覚える人もいる。家屋が倒れ、戸障子がガタガタ鳴る。棚にある食器類が音を立てることもある。
震度 4	かなりの恐怖感があり、一部の人は身の安全を図ろうとする。眠っている人のほとんどが目を覚ます。家屋が揺れて吊り下げ物は大きく揺れ、棚にある食器類は音を立てる。座りの悪い置物が倒れることもある。
震度 5 弱	多くの人が身の安全を図ろうとする。一部の人は、行動に支障を感じる。吊り下げ物が激しく揺れ、棚にある食器や本の多くが落ちる。座りの悪い置物の多くが倒れ、家具が移動することもある。
震度 5 強	非常な恐怖を感じる。多くの人が行動に支障を感じる。棚にある食器や本の多くが落ちる。テレビが台から落ちたり、タンスなどの重い家具が倒れることがある。変形によりドアが開かなくなったり、一部の戸が外れることもある。
震度 6 弱	立っていることが困難になる。固定していない家具の多くが移動・転倒する。開かなくなるドアが多い。かなりの建物で壁のタイルや窓ガラスが破損・落下する。
震度 6 強	立っていることができず、這わないと動くことができない。固定していない家具のほとんどが移動・転倒する。戸が外れて飛ぶことがある。多くの建物で壁のタイルや窓ガラスが破損、落下する。補強されていないブロック壁が破損することがある。
震度 7	揺れに翻弄され、自分の意志で行動できない。ほとんどの家具が移動し飛ぶものもある。ほとんどの建物で壁のタイルや窓ガラスが破損、落下する。補強されているブロック壁も破損することがある。

表１　主要な震度

1898～1907	中央気象台『地震観測法』による　1949～	
0　微震 （感覚ナシ）	0：無感	人体に感じない地震計に記録される震度 加速度0.8 gal（cm/sec²）以下
1　微震	Ⅰ：微震	制止している人や特に地震に注意深い人だけに感ずる程度の地震 0.8～2.5 gal
2　弱震 （震度弱キ方）	Ⅱ：軽震	大勢の人に感ずる程度のもので戸障子がわずかに動くのがわかる程度の地震 2.5～8.0 gal
3　弱震	Ⅲ：弱震	家屋がゆれ、戸障子がガタガタと鳴動し、電灯のようなつり下げ物は相当にゆれ、器内の水面の動くのがわかる程度の地震 8.0～25.0 gal
4　強震 （震度弱キ方）	Ⅳ：中震	家屋の動揺が激しく、すわりの悪い花瓶などは倒れ、器内の水はあふれ出る。また歩いている人にも感じられ、多くの人々は戸外にとびだす程度の地震 25.0～80.0 gal
5　強震	Ⅴ：強震	壁に割目が入り、墓石、石灯籠が倒れたり、煙突、石垣などが破損する程度の地震 80.0～250.0 gal
6　烈震	Ⅵ：烈震	家屋の倒壊が30%以下で山崩れが起き、地割を生じ、多くの人々は立っていることができない程度の地震 250.0～400.0 gal
	Ⅶ：激震	家屋の倒壊が30%以上に及び、山崩、地割、断層などを生ずる 400.0 gal 以上

ン単位で測り、それの常用対数をとればその地震の大きさということになる。この大きさを『マグニチュード』といい、簡単にはMと略記する。（以下略）」地域差を考慮して修正の必要性を加えているが、これによって地震の規模を表わすことが可能となった。

マグニチュード八以上の地震は、平均すると世界中のどこかで年に一回は起きているという。マグニチュードが一小さくなるごとに地震の発生頻度は約八倍増加し、この比率でいくとマグニチュード七級の地震は八回、同六級の地震は六四回ということになる。実際には、マグニチュード七級が約二〇回、同六級が約一二〇回起きているという。宇佐美龍夫氏は、『最新版日本被害地震総覧』の中で、日本付近ではマグニチュード六以上の地震が年間一六～一七回、同七以上が一～二回、同八以上になると一〇年に一回の割合で発生していることを指摘している。これらが内陸でかつ浅い地震であるならば大きな被害をもたらすこととなるが、多くは日本列島から離れるか深い地震ということになる。ちなみに、地震のエネルギーは、通常、震幅の二乗に比例するといわれ、マグニチュードはその震幅の対数で表わされる。マグニチュード八の地震は、同七の三〇個分、同六では約一〇〇〇個分に相当するという。マグニチュード八を超える地震が如何に大きいかということを示すものである。

二　推定マグニチュード六・〇以上の被害地震の発生と地域別・時間軸からみた様相

日本付近で毎年、平均するとマグニチュード六以上の地震が一六〜一七回発生することは前述したが、これらの大半が日本列島からやや離れるか、もしくは震源が深い位置にあることから、我々に被害を与えることはほとんどない。しかし、阪神淡路大震災（M七・三）が発生した一九九五年以降、東日本大震災に至るまでの一六年間には、鳥取県西部地震（M七・三、二〇〇〇年）、十勝沖地震（M八・〇、二〇〇三年）、新潟県中越地震（M六・八、二〇〇四年）、能登半島地震（M六・九、二〇〇七年）、新潟県中越沖地震（M六・八、二〇〇七年）、岩手・宮城内陸地震（M七・二、二〇〇八年）などの地震が起き、甚大な被害を及ぼしたことは記憶に新しい。これらは、十勝沖地震と東日本大震災を除き、震源が内陸の浅いところで発生したものである。つまり、マグニチュード六以上の被害地震が内陸でも発生しているのである。

本章では、家康が幕府を開く慶長八年（一六〇三）以降、大正一五年（一九二六）までの約三二〇年間を対象として、日本列島で発生した被害地震（主に推定マグニチュード六・〇以上）の記録を集成・検討することで、事実の一端を明らかにすることを目的としている。

史料には、武者金吉氏の『日本地震史料』と宇佐美龍夫氏の『最新版日本被害地震総覧』をもとにした。

表 2　時間軸にみる被害地震の規模と回数

時間軸 ＼ 地震の規模		M8.0以上	M7.9〜7.0	M6.9〜6.0	M5.9以下	不 明	小 計
江戸	1603－1649	1	8	12	1	4	26
	1650－1699	1	8	16	6	8	39
	1700－1749	2	3	21	3	6	35
	1750－1799	—	11	13	3	8	35
	1800－1849	1	6	17	5	4	33
	1850－1868	2	2	10	5	10	29
明治・大正	1869－1899	—	16	21	14	—	51
	1900－1926	—	17	42	37	—	96
小 計		7	71	152	74	40	344

※明治・大正期の地震規模は、『理科年表』より0.5を引いたものである。

また、図3・4・6、表2・4の地震の規模においては、明治・大正期のものは河角氏が求め『理科年表』に引継がれている数値をそのまま用いた。気象庁が示している規模と、平均して〇・五大きいので、江戸時代のものと比較するときは〇・五引くとほぼ同じ値となる。一例をあげると、明治二四年の濃尾地震はマグニチュード八・四とあるが、同七・九と読み換えると理解しやすくなる。

まず、表2に江戸から大正期に至る間の被害地震を五〇年間隔で集成してみた。マグニチュード六・〇以上で震源が浅い場合には、震度5弱以上の強い揺れが生ずるが、同五・九以下の場合にも震源が浅ければ大きな揺れとなり被害が起こる。明治以降、被害地震の回数が増加するのは、観測網が充実したことによる。我国での科学的地震計測は、明治五年（一八七二）にベルベックとニッピングによって東京で始まったといわれている。その後、明治一六年には標準地震計が全国の一七の気象官署に設置されるようになる。とりわけ、研究を含む地震観測の重要性が広く認識されたのは、前述したように明治二四年の濃尾地震であり、震災予防調査会の設立の機会となっている。

ところで、表2をみると、三点注目される。一点は、江戸時代を通じて五〇年間隔でみると、被害地震は三五件前後発生していることである。最も古い時点で件数が少ないのは、史料の少なさや未確認によるためである。一例をあげると、第三章で、千葉県御宿町の妙音寺過去帳に寛永五年十二月十六日の津波被害も紹介したが、これは、表2には含まれていない。一点は、幕末に被害地震が多いことである。五〇年間隔でみるならば、一八九九年までで八〇件となり、それまでの二倍以上の数字となる。明治に入り観測網の充実や記録性ということを差引いても多いのである。一点は、推定マグニチュード八・〇以上の大地震は七件と少ないことである。ちなみに、七件の巨大地震とは、①慶長一六年十月二十八日（M八・一）、②延宝五年三月十二日（M八・一）、③元禄一六年十一月二十三日（M八・二）、④宝永四年十月四日（M八・四）、⑤天保一四年三月二十六日（M八・四）、⑥嘉永七年十一月四日（M八・四）、⑦嘉永七年十一月五日（M八・四）を指す。このうち、⑥・⑦は、⑥の地震のおよそ三二時間後に起き一連の東海・南海地震として安政東海南海地震の呼称で一つの大地震としてみられている。ここでは、地震の発生日と震源が異なることから二件とした。これら七件の大地震は、震源がいずれも太平洋沿岸になり、プレート境界で発生したインター・プレート地震である。

以下、図2・5、表3・5を用いて地域別にみた被害地震の様相についてみることにする。

北海道・東北地方　この地域における被害地震は、震源を推定できるものでは八九件が知られている。全国では二九八件が知られており、二九・九％とおよそ全国の三分ノ一を占め、最も多い地域の一つとい

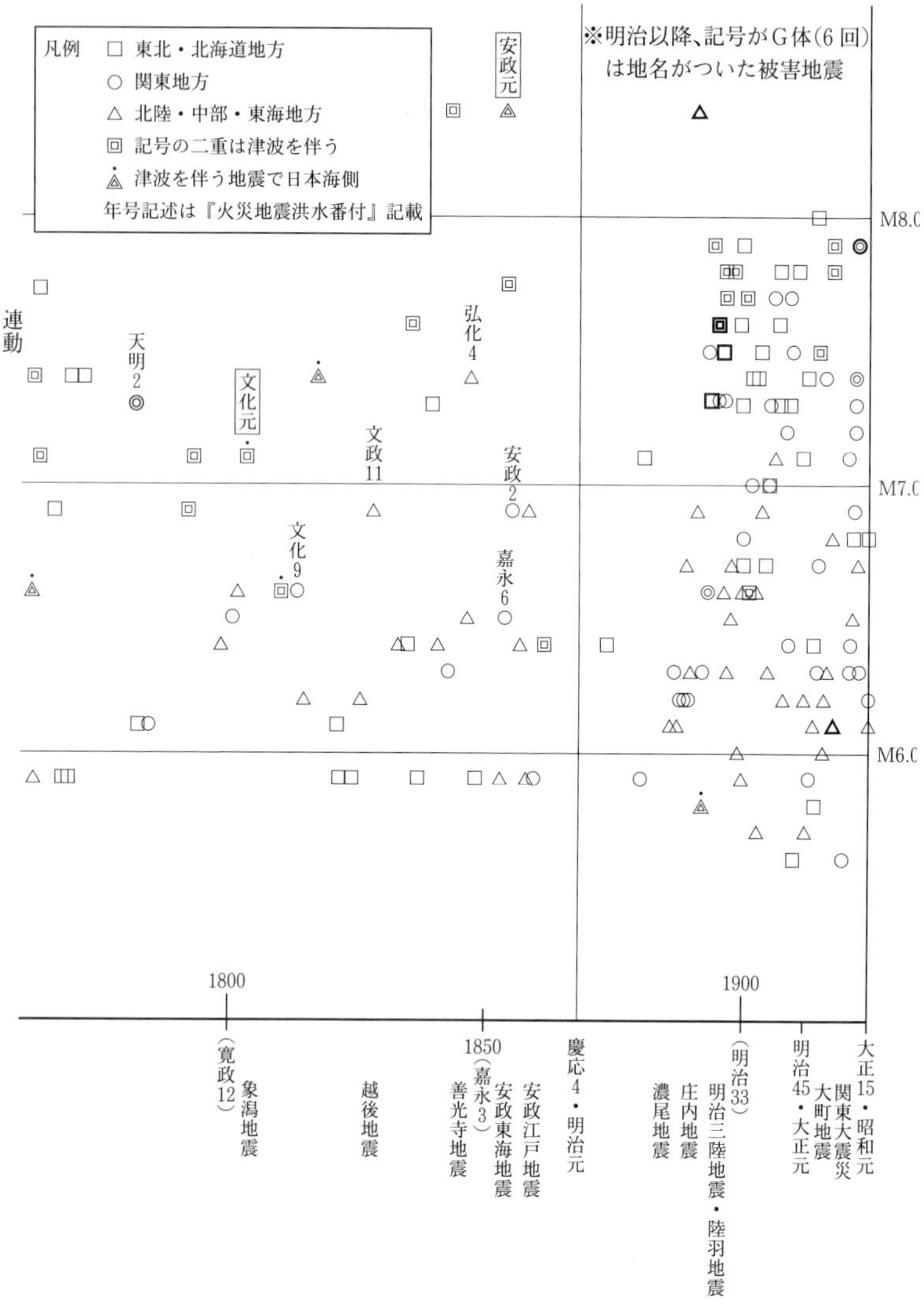
凡例
□ 東北・北海道地方
○ 関東地方
△ 北陸・中部・東海地方
回 記号の二重は津波を伴う
津波を伴う地震で日本海側
年号記述は『火災地震洪水番付』記載
※明治以降、記号がG体(6回)は地名がついた被害地震
安政元
連動
天明2
文化元
弘化4
文政11
安政2
文化9
嘉永6
M8.0
M7.0
M6.0
1800
1850
1900
(寛政12) 象潟地震
越後地震
(嘉永3) 善光寺地震
安政東海地震
安政江戸地震
慶応4・明治元
濃尾地震
庄内地震
(明治33) 明治三陸地震・陸羽地震
明治45・大正元
大町地震
大正15・昭和元
関東大震災

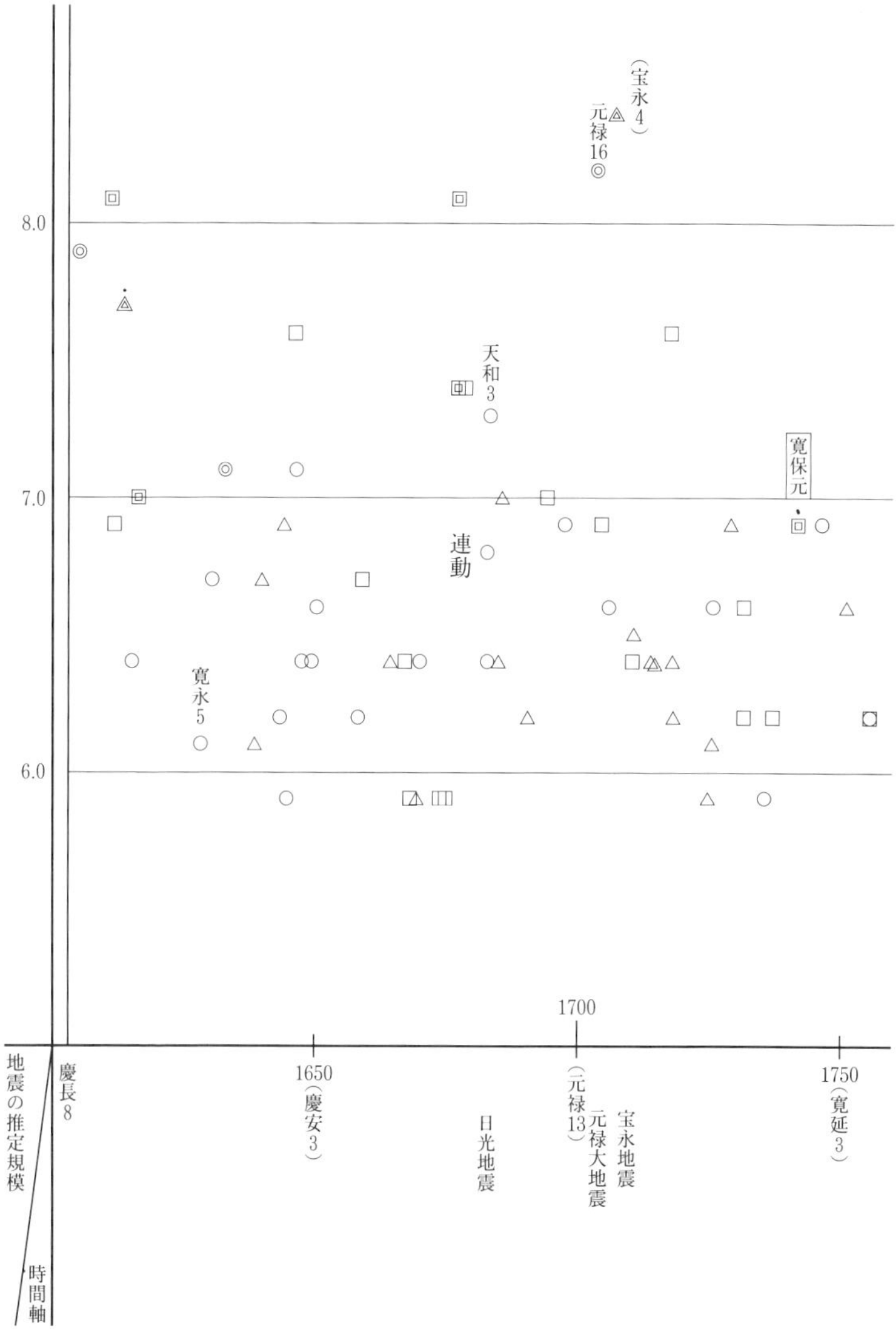

図2　江戸から大正期の東日本の被害地震

被害地震の規模と回数　　　　　　　　　　　　　　　　　　（単位は回数）

M 7.0					7.5					M 8.0				8.5	小計 小地域 2期		小地域	地域別
															1		4	
																3		
1			**1**											**1**	**5**		20	
1			1	1	2	1		3	3							15		
1	**3**			**5**		**3**		**1**			**2**				**17**		33	
1	1		1	1	1	1	4	2		1						16		89
															13		15	
			1	1												2		
1	**1**														**10**		15	
			1		1											5		
				1											**2**		2	
			1												**10**		11	
																1		
																	4	
	1		1													4		
	1														**14**		27	67
1					2		1									13		
	2		**1**												**7**		11	
		1							1							4		
									1			**1**			**2**		4	
2		1	3	2			1									12		
1															**5**		6	
																1		
				1											**11**		31	
	1											1				20		
															7		8	60
																1		
															5		11	
																6		
							1								**3**		4	
																1		
4	**7**		**3**	**7**		**3**	**1**	**1**	**1**		**2**	**1**		**1**	**112**		216	216
5	3	2	8	5	6	2	6	5	4	1				1		104		
9	10	2	11	12	6	5	7	6	5	1	2	1		2	216			
73										6					216			

※太字（上段）が江戸期、細字（下段）は明治・大正期。

表3　江戸から大正期の東日本の

地域＼地震推定規模（単位はM）		5.5				M 6.0				6.5					M 7.0
北海道・東北	北海道内									**1**					
		1								1	1				
	北海道沖														**2**
											1	1		1	
	陸前・三陸・陸中沖				**2**										
												1	1	1	
	東北 太平洋側				**4**		**2**	**2**		**2**		**1**	**1**		**1**
	東北内陸 奥中・日本海側				**3**			**1**				**1**			**3**
				1						1			1		
	日本海沿岸														**1**
関東	北関東				**2**			**2**		**1**		**2**		**1**	**1**
								1							
	東関東								1	1					
	東京湾内と周辺				**1**		**2**	**1**		**3**	**1**	**3**	**1**		**1**
		1			2			2		1			2		1
	相模湾内と周辺								**1**	**1**	**1**				**1**
									2						
	太平洋沿岸							1	1					1	
東海・中部・北陸	東海・東海沖				**1**					**3**					
									1						
	中部高地				**2**		**1**	**3**		**3**					**1**
			2		1	2	2	2	2		1	1	3	1	1
	北陸				**1**		**1**	**2**		**1**			**1**		**1**
												1			
	越後				**1**					**1**	**1**	**1**			**1**
							3		1				1		1
	日本海沿岸（含、佐渡）											**1**			**1**
			1												
小計	江戸期				**17**		**6**	**11**	**1**	**16**	**3**	**9**	**3**	**1**	**14**
	明治・大正期	2	2	2	3	2	5	6	8	4	3	4	8	4	3
	江戸から大正期	2	2	2	20	2	11	17	9	20	6	13	11	5	17
合計		26				111									

える。この地域での被害地震の震源は、(A)太平洋沿岸、(B)太平洋側の内陸、(C)日本海沿岸、(D)日本海側の内陸に大別することができる。このうち、最も多いのは(A)で五三件と約六割を占めている。また、地震の規模でみると、マグニチュード七・〇以上が江戸期で一八件、明治・大正期で二五件（前述のように〇・五を引くと一八件）と総じて規模が大きく、津波被害を伴っている。東日本大震災によって三陸沿岸を襲う巨大津波が注目されているが、慶長一六年（一六一一、M八・一）、明治二九年（一八九六、M七・一）、本書では扱わないが昭和八年（一九三三、M八・一）の地震ではいずれも最大二〇メートルを超える津波が押寄せている。東北地方の(B)・(C)の所謂、内陸直下地震は、各一五件と被害地震がそこそこの数で発生するが、規模でみると(A)より明らかに小さく、マグニチュード六級が多い。しかし、これらには震源が浅いため明和三年（一七六六、M六・九）、文化元年（一八〇四、M七・一、「象潟地震」）、明治二九年（一八九六、M七・〇、「陸羽地震」）の地震など被害が甚大なものが含まれている。(D)と北海道内陸部では、被害地震の発生が少ないといえる。

関東地方　六七件と北海道・東北地方についで被害地震の発生が多い。首都直下地震が何かと話題になることが多いが、この件は後述することにし、まずは概況をみることにする。本章では、五つの小区域に分けたが、東京湾・相模湾とそれら周辺地域は一つにした方がよいのかもしれない。この地域内で最も被害地震が多いのは、東京湾およびその周辺で二七件が知られている。相模湾周辺を含めると三八件となり、六割弱を占めている。全国的にみても東北地方の太平洋沿岸についで多いものである。総じてマグニチュード六級が多く、かつ十七世紀代と十八世紀後半以降に多く起きている傾向にある。看過できないのは、北関東―日光周辺―で十一件知られていることである。それらは、江戸時代前半に集中している。この地域での巨大地震として有名な元禄大地震と関東大震災は、小区分の上では前者を太平洋沿岸、後者を相模湾周辺に含めたが、地震学的には房総半島南部から相模湾に延びる相模トラフの一部を断層面（右ずれ逆断層）として起こったもので、同一の性格の地震である。地震の周期説がささやかれているが、両者間は二二〇年あり、そのままあてはめると、相模トラフ内での関東大震災クラスの地震は、西暦二一四〇年頃となるのであるが。

江戸・東京での地震記録と直下地震　関東地方が全国でも有数の被害地震の多いことは述べたが、地域を狭めて江戸・東京に限定してもそれはいえる。地質的には、三枚のプレートが重なり合い、多くの活断層が確認されている以上、至極当然ともいえるのである。第三章から第五章で元禄大地震・安政江戸地震・関東大震災の甚大な被害をもたらした大地震について述べるので、まずはこの地域での地震観測記録と被害地震との関係を概述することにする。

図3は、『東京市史稿』変災篇と皇城篇に記されている地震記録と宇佐美龍夫氏の『最新版日本被害地震総覧』から作成したものである。江戸時代の地震記録については、本来観測することが目的ではなく、幕府の行事および主要な出来事を記すことであるために、記録者の主観に基づいたものであることをあらかじめ断っておく。地震記録をみると、江戸時代にあっては、八六三日（七月十五日に改元しているので明治元年を含めると八六六日）分が記されている。この記録をみると、地震の多い時と少ない時が顕著である。地震が多いのは、三つのピークがあり、それは、一六三〇―一六四九年、一七〇三―一七〇四年、一八二〇―一八六七年である。最後のピークでは、年間二〇回を越える地震の年が八回あり、後述する近隣諸地域での大地震の要素を加えると、その中をさらに二～三に細分することも可能である。この三つの

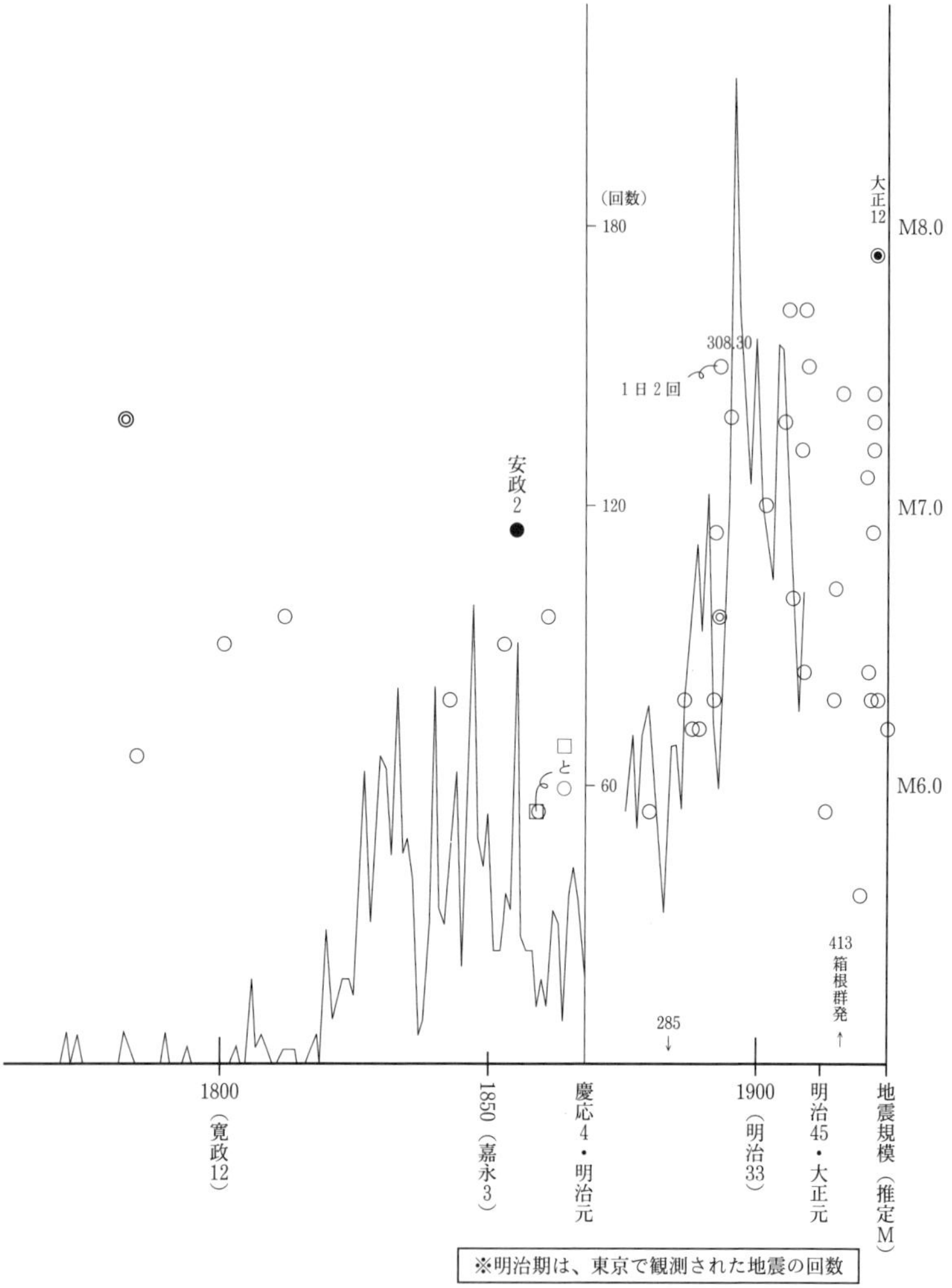

※被害地震は、関東地方のものも含む。

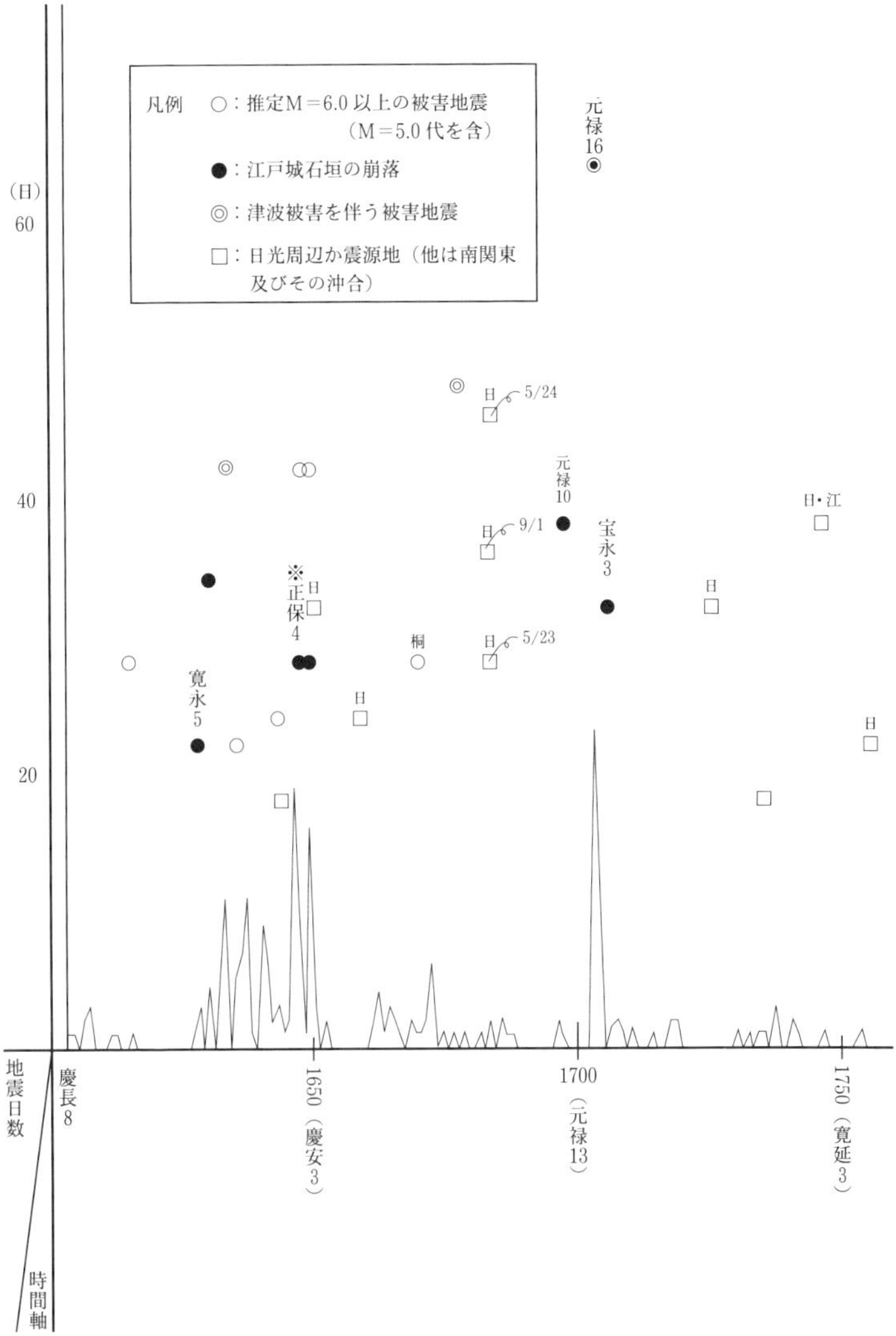

図3　江戸・東京の地震記録と被害地震
（『東京市史稿』変災篇・皇城篇と宇佐美龍夫『最新版日本被害地震総覧』より作成）

表4　江戸から大正期にかけての首都圏直下被害地震一覧

番号	地震発生年月日	地震の規模（マグニチュード）	推定震央		備考	
			東経	北緯	江戸城石垣崩落	その他
1	慶長20(1615) 6. 1.	6.4	139.7	35.7	×	死者多、家屋破壊、地割
	寛永 5(1628) 7.11.	6.1	不明	不明	○	寛永6年の天下普請の契機
	寛永 7(1630) 6.24.	6.7	不明	不明	○	
	寛永12(1635) 1.23.	6.1	不明	不明	×	増上寺石灯籠大半が倒れる
	寛永20(1643)10.23.	6.2	不明	不明	×	
	正保 4(1647) 5.14.	6.4	不明	不明	○	死者有、東叡山大仏の首落下、同年8.5.地震有
2	慶安 2(1649) 6.21.	7.1	139.7	36.1	○	圧死者多、東叡山大仏の首落下
3	慶安 2(1649) 7.25.	6.4	139.6	35.5	×	川崎民家150軒程倒、平川口腰掛・御春屋破損
4	元禄10(1697)10.12.	6.9	139.6	35.5	○	
5	元禄16(1703)11.23.	8.2	139.8	34.7	○	「元禄大地震」
6	宝永 3(1706) 9.15.	6.6	139.8	35.6	○	
7	天明 4(1784) 7.14.	6.1	139.8	35.6	×	
8	文化 9(1812)11. 4.	6.6	139.6	35.4	×	江戸城土塀小破、神奈川・保土ヶ谷・品川辺被害大
9	安政 2(1855)10. 2.	6.9	139.8	35.65	○	「安政江戸地震」
10	安政 3(1856)10. 7.	6.6	不明	不明	×	
11	明治27(1894) 6.20.	7.0	139.9	35.7	×	「東京地震」東京で死者24人、川崎・横浜で同7人
12	明治27(1894)10. 7.	7.0	(139.8)	(35.6)	×	
13	明治39(1906) 2.24.	7.2	139.8	35.5	×	
14	明治42(1909) 7. 3.	5.9	139.8	35.4	×	
15	大正 2(1913)12.15.	5.4	140.0	35.5	×	
16	大正11(1922) 4.26.	6.4	139.75	35.2	×	東京・横浜で死者各1人
17	大正12(1923) 9. 1.	7.9	139.3	35.2	○	「関東大震災」
18	大正15(1926) 8. 3.	6.2	139.8	35.4	×	

※　明治以降の震度は、『理科年表』から0.5引いたものである。震央の（　）内の数字は、力武（1991）による。

ピーク時においては、いずれも被害地震を伴っている。表4を参照すると、江戸初期では寛永一二年の地震を含めて五回、一七〇三―一七〇四年は元禄大地震とその余震、最後では安政江戸地震を含む二回がある。最後のピークには、弘化四年（一八四七）の善光寺地震（M七・四）、嘉永六年（一八五三）の小田原地震（M六・五）、同七年の安政東海南海地震（M八・四）など他地域での大地震の発生がある。それらの震動域に入っているために地震回数が増加している。反対に、地震が少ないのは、一六〇三―一六二六年、一六七三―一七〇二年、一七〇五―一八一九年となる。江戸初期は記録性に問題があるので、それを除く二つの小期間内に単独に被害地震が発生していることを軽視することができない。前者では、元禄一〇年（一六九七）の地震、後者では、宝永三年（一七〇六）、天明四年（一七八四）、文化九年（一八一二）の三回がある。宝永三年の地震は、元禄大地震の最大余震の一つであるかもしれないが、翌年には宝永地震（M八・四）と富士山噴火、天明四年の前年には浅間山噴火が起きている。地震の発生は別として、地下の動きは活発なのである。

つぎに、東京中央気象台が観測した明治期の地震記録をみることにする。図3では、地震日数ではなく、地震回数であることをあらかじめ断っておく。史料に掲載されている明治九年（一八七六）から同四二年（一九〇九）までの三四年間の地震発生は、三、三八五回ある。一年平均にすると約一〇〇回となる。江戸期と同様、多少があり、総じて一八七六―一八九三年は少なく、反対に一八九四―一九〇六年は多い。東京での被害地震を表4でみると四回あり、このうち三回が後者に入る。地震が多いのは、明治二九年の二一六回を最高とし、一五〇回以上の年が五回ある。しかし、地震の多い年に被害地震が発生しているかというと必ずしもそうではない。

東日本大震災以後、東京直下地震が話題となっているので、少し述べることにする。東京直下地震については、すでに明治三八年に今村明恒氏によって慶安二年、元禄一六年、安政二年の江戸を襲来した地震の周期から、平均百年に一回の割合で起きていることに注目し、安政江戸地震後の五〇余年、あるいは百年ほどで同程度の地震発生の可能性という論に始まる。近年では、地震予知の観点から、地震学者、地震予知学者、地震工学者、社会心理学者など学際的な領域で専門かつ啓蒙書が力武常次監修『東京直下地震』(毎日新聞社)として上梓されている。筆者は、地震学とは無縁であることから、歴史学の視点で述べることにする。江戸から大正期にかけて、江戸・東京での被害地震は、一八例が知られている(表4)。これらの震央を示したのが図4である。相模トラフ上で起きた5・17の巨大地震を除くと、大半が東京湾沿岸の東径一三九・六―一四〇・〇度、北緯三五・四―三五・七度の範囲で発生したことがわかる。被害の大小の判断基準となる震度を予想するものとして、江戸城石垣崩落をみると九回ある。ちなみに、東日本大震災での千代田区の震度は5強であり、石垣の孕みはあるものの、崩落した箇所はない。地震の揺れ方にもよるが、石垣が崩落した地震の震度は、少なくとも震度5強以上と考えることができる。ふりかえって九回の石垣崩落事例のうち七例までが十八世紀初頭以前のもので、それ以外は安政江戸地震と関東大震災の二例となる。被害の要因には、震度とともに地震の規模と深さ、震央からの距離が問題となる。このうち、震源の深さを気象庁が発表するのは一九二六年以降となる。したがって表4の被害地震の深さは不明といわざるをえない。一般的に震源が深いと被害は小さいということから、表4の大半の地震は四〇キロ以内ということになろうか。最近の研究成果で、フィリピン海プレートの上面は、最も浅いところで一〇数キロという報告がある。つまり、安政江戸地震もこのプレート境界域で発生したインター・プレート

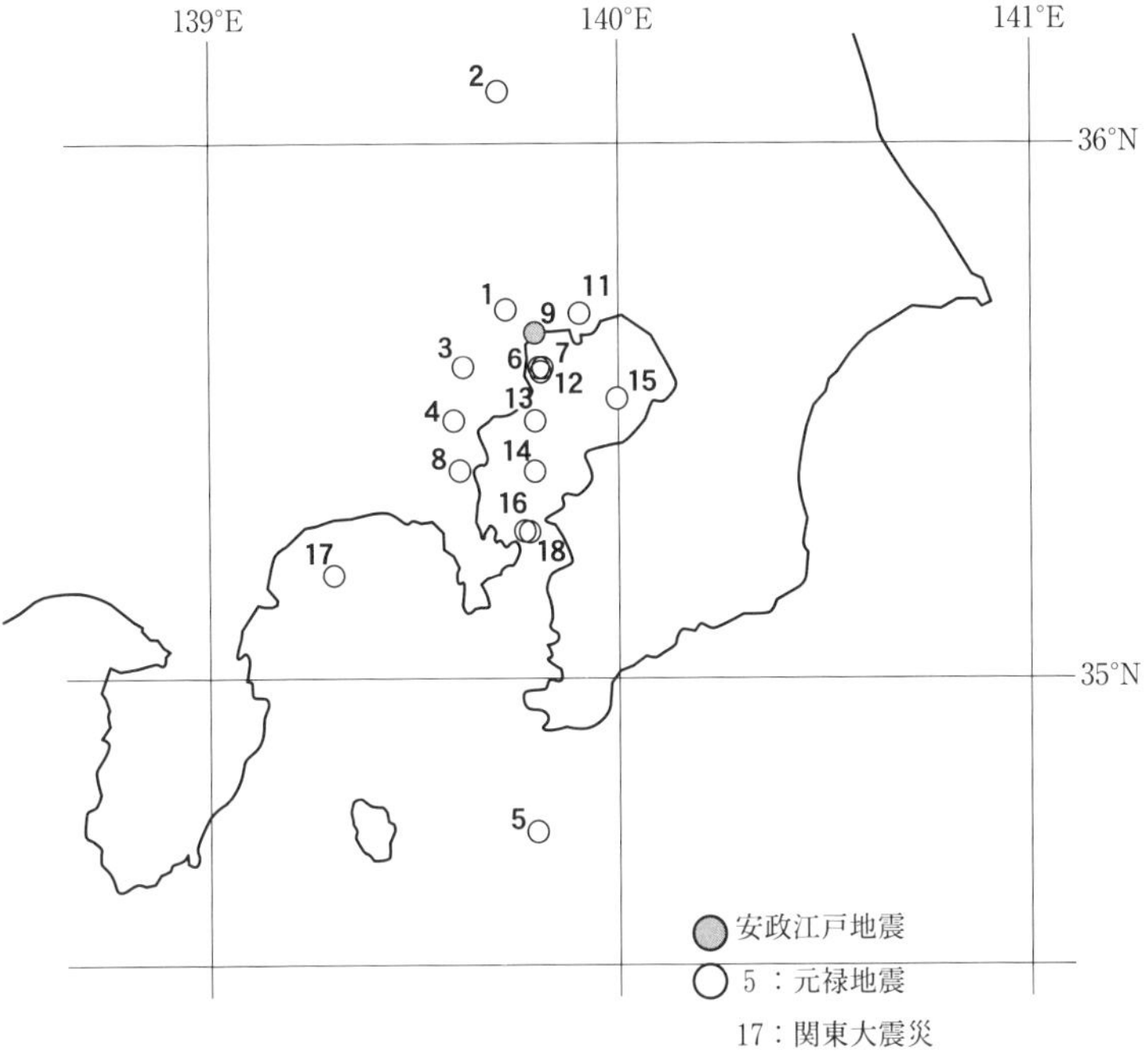

図4　江戸から天正期にかけての首都圏直下被害地震（5・17を除く）

地震である可能性が高いのである。地震学者が注目する慶安二年の地震（図4—2）と明治二七年（図4—11）の地震は、安政江戸地震と同様の性格と考える向きがある。前者では、日光東照宮の瑞籬《みずがき》が崩れたり、伊那で有感するなど震幅が広範に及び川越での被害も大きいという。宇佐美氏は、江戸での被害が大きいことから震央を東経一三九・七五度、北緯三五・七度と考える。この震央ならば、図4では、9と11の間に入ることになる。後者は、青森から中国・四国地方まで広範にわたり有感するもので、東京での被害が大きく死者二四名、神田・本所・深川などの東京低地での全半壊が多く（三地区内で全壊六七棟、半壊八三四棟）、川崎・横浜でも七名の死者がでている。

この二つの地震は、後述する安政江戸地震と比較すると被害は著しく小さいが、地震学者が指摘されているようにフィリピン海プレートの上面で発生したインター・プレート地震なのであろう。

力武常次氏は、前掲編著の中の「直下地震の危険度は?—確率予測の試み—」と題する論考で「江戸時代以来の地震カタログに基づいて、マグニチュード六・〇またはそれ以上の東京圏直下地震の発生確率は、一九九一~二〇〇〇年の一〇年間に四〇パーセントである…(以下略)」と述べている。東日本大震災後の気象庁の発表では、この確率がさらに増大している。ちなみに、表4の江戸・東京被害地震のうち、5・17を除く首都直下地震のうち、マグニチュード六・〇、震度5以上の地震は、大正一五年以降、九〇年近く起きていない。地質、さらには過去の地震記録を照会すると、首都直下地震はいつ発生しても不思議ではないのである。

東海・中部・北陸地方　この地域も、関東地方と同様、被害地震の発生が多い。小ブロックとして内陸部を中部高地と北陸、越後の三区に、それに太平洋側と日本海側の沖合二区に分けてみた。表3の太平洋側の東海・東海沖には、地震発生の回数を混乱しないために、我国最大級のマグニチュード八・四である宝永地震と安政東海南海地震は、東海・紀州・四国沖にまたがることから、表では中間の紀州沖でカウントしてある。図2には、年号を入れ、挿入してある。この地域内での被害地震の特徴は、前述した北海道・東北および関東地方と比較すると、内陸部での直下地震が圧倒的に多い。六〇件のうち五〇件までがこれに属する。実に八割以上を占めている。それらは、マグニチュード六級の比較的浅いところで発生した地震と考えられている。この中には、寛延四年(一七四一)の越後・越中地震(M六・六、高田城および城下で甚大な被害があり、死者八六七人、不明二六二人)、文政一一年(一八二八)の越後地震(M六・九、越後から三条にかけての被害が大きく、死者一、四四三人、全潰家屋九、八〇八棟）、安政五年（一八五八）の越中・越前・飛騨地震（M六・九、死者三八九人、この中には越中・湯川の堰止め湖の出現と決壊で一四〇人の溺死を含）などが含まれている。また、マグニチュード七・〇以上の大地震としては、後述する弘化四年（一八四七）の善光寺地震、明治二四年（一八九一）の濃尾地震がよく知られている。このほか、記録が少ないので詳細なことはわかりかねるが慶長一九年（一六一四）の佐渡沖の地震（M七・七）では、津波が発生し、多くの犠牲者がでたとある。

近畿地方　この地域は、太平洋側の紀州沖と内陸部の二つの小ブロックに分けた。被害地震は、一八件と東日本の諸地域と比較すると三分ノ一程であるが、看過することができない三つの地震が含まれている。

宝永四年（一七〇七）の宝永地震（M八・四）は、我国最大級の地震の一つで、南海トラフの広範囲にわたるプレートが一気に破壊したと考えられている。東海・東南海・南海の連動する地震で、駿河から土佐にかけての太平洋沿岸には津波が襲来している。地域の広範に及ぶこと、史料に差があることから全体像がつかみかねるが、記録を合わせると六、四〇〇人余の犠牲者は確実である。

嘉永七年（一八五四）の安政東海南海地震（M八・四）は、宝永地震と同様、南海トラフのプレートが破壊したことによるものである。一つ異なるのは、一気ではなく、安政東海地震の三二時間後に安政南海地震が起きるという二回でプレートが破壊されていることである。この二つの地震では、震度5以上の強震域が南関東から九州北半の広範囲に及び、下田から熊野灘沿岸と高知周辺で高い津波が襲来している。また、津波は大阪湾にも入り、道頓堀川に停泊していた千四百艘余の船は、二重三重に横倒しになったという。この地震も被害が広範に及ぶために全体像はわかりかねるが、犠牲者は数千人、家屋の全潰・半壊

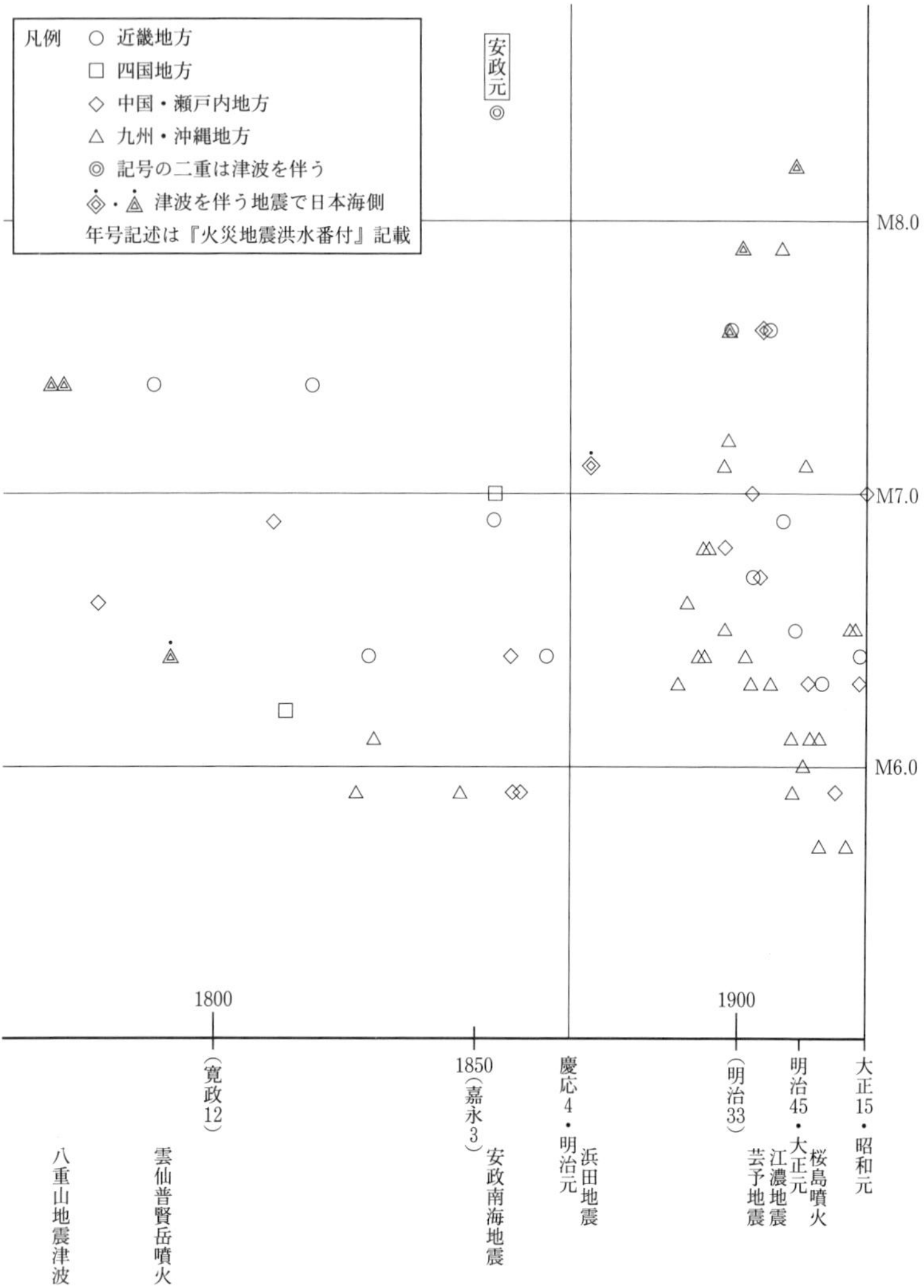
凡例 ○ 近畿地方
□ 四国地方
◇ 中国・瀬戸内地方
△ 九州・沖縄地方
◎ 記号の二重は津波を伴う
◈・◬ 津波を伴う地震で日本海側
年号記述は『火災地震洪水番付』記載
安政元
M8.0
M7.0
M6.0
1800
1900
1850
(寛政12)
(嘉永3)
慶応4・明治元
(明治33)
明治45・大正元
大正15・昭和元
八重山地震津波
雲仙普賢岳噴火
安政南海地震
浜田地震
芸予地震
江濃地震
桜島噴火

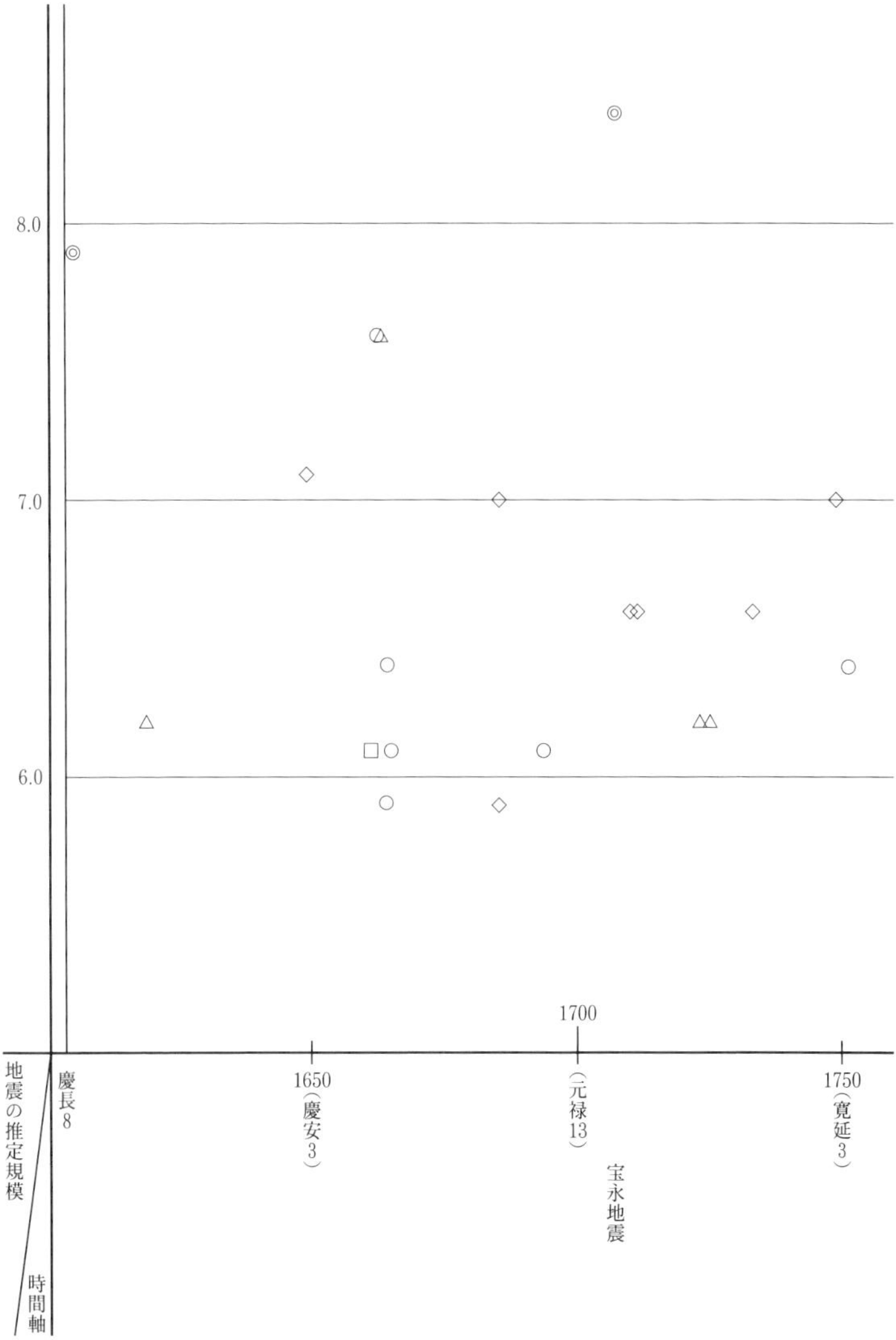

図5　江戸から大正期の西日本の被害地震

被害地震の規模と回数　　（単位は回数）

M 7.0					7.5		M 8.0	8.5	小計 小地域2期		小計 小地域	小計 地域別
				1	**1**				**8**		15	
					2					7		18
								2	**3**			
											3	
									3		4	
										1		8
				1		**1**			**4**			
											4	
									6		9	
										3		
4									**6**		8	21
					1					2		
											4	
2										4		
									7		19	
		1	1							12		
											2	
										2		35
				1	**1**				**2**		7	
	1				1	1				5		
				1					**1**		7	
						1	1			6		
4				**4**	**2**	**1**		**2**	**40**			
2	1	1	1		4	2	1			42	82	82
6	1	1	1	4	6	3	1	2	82			
22							3		82			

※太字（上段）が江戸期、細字（下段）は明治・大正期。

表5　江戸から大正期の西日本の

地域	(M) 地震推定規模	5.5		M 6.0					6.5				M 7.0
近畿	畿内		**1**		**2**			**2**					**1**
							1	1	1		1		1
	紀州沖									**1**			
四国	四国		**1**					**1**			**1**		
						1							
	四国沖				**1**	**1**							
中国・瀬戸内	中国地方		**2**							**4**			
			1				1				1		
	豊後・瀬戸内									**1**			**1**
										1			
	日本海沿岸												
							1					1	
九州・沖縄	西九州（九州内陸）		**2**		**1**	**3**		**1**					
		1	1	1	1		2	1	2			1	
	東九州												
					2								
	日向灘												
		1					1						
	奄美・沖縄・その他												
								2	2				
小計	江戸期		**6**		**4**	**4**		**4**		**6**	**1**		**2**
	明治・大正期	2	2	1	3	1	6	4	5	1	2	2	1
	江戸から大正期	2	8	1	7	5	6	8	5	7	3	2	3
合計		10		47									

が数万戸、焼失・流失もかなりの数にのぼる。下田で停泊中のプチャーチンを乗せたロシアの軍艦ディアナ号も沈没している。

余談であるが、巨大な津波を伴う宝永地震、安政東海南海地震は、一定の周期を持って起こるといわれており、先行する慶長九年（一六〇五）の東海・南海・西海道地震（M七・九）、後出する昭和一九年（一九四四）の東南海地震（M八・〇）、昭和二一年（一九四六）の南海地震（M八・一）に関連すると考えられている。この巨大津波を伴う大地震は、一〇〇～一五〇年の周期となる。四国室戸半島の室津港の宝永・安政・昭和の大地震による土地の隆起に注目した島崎邦彦氏によると、それぞれ一・八、一・二、一・一五メートルを測ることができるという。地震の規模を知る一つの手掛りといえよう。

大阪平野周辺は、活断層の多い地域として知られている。近年では阪神淡路大震災（一九九五年、M七・三）、古くは伏見地震（一五九六年・M七・〇）などが知られているが、寛文二年（一六六二）琵琶湖西岸を震源とする大地震（M七・六）が発生した。寛文近江若狭地震と呼称される場合もあるが、内陸直下型地震としては、濃尾地震に次ぐ最大級のものである。比良岳付近の被害が甚大で、滋賀郡榎村では総戸数五〇戸で三〇〇人余、戸川村では戸数五〇戸で二六〇人余の死者がでた。京都でも町屋千棟余りが倒れ、二〇〇人余の犠牲者がでている。

中国・瀬戸内・四国地方　この地域は、西日本の中でも被害地震の少ない地域である。江戸時代、四国沖が少なく感じるかもしれない。前述した南海トラフで起きた慶長・宝永・安政の三つの巨大地震では、甚大な被害を受けている。図5には載せてあるが、表5には慶長地震のみを記入してある。

豊後・瀬戸内は、愛媛県と広島県に挟まれた瀬戸内海西部での被害が多い。おおむね三〇～四〇年間隔で起きており、明治三八年（一九〇五）の芸予地震（M七・一）がよく知られている。二年前から前震が始まり、呉・広島などで一一人の死者があり、全潰・半潰家屋が一六七棟、破損した家屋も多いという。

中国地方の被害地震は、江戸時代では十八世紀前後と幕末にマグニチュード六級がみられるが、この地域でも最も有名なのは、明治五年（一八七二）の浜田地震（M七・一）である。小津波を伴い、石見・浜田で甚大な被害がでる。出雲を加えた三カ所だけで家屋の全潰五、一六一棟、半潰五、六八〇棟、死者七〇七人という報告がある。

九州・沖縄地方　西日本にあっては、三五件と最も多い。九州は、南・北、二つのブロックにわけたが、むしろ東・西の方が理解しやすい。二一件のうち大半が西九州に入り、マグニチュード六級のものが多い。特徴的なものとして寛政四年（一七九二）の雲仙岳の地震（M六・四）をあげる。前年から地震が始まり、当年には普賢岳が噴火、二カ月ほど続き、落着き始めたので避難住民が帰宅したところ大地震が起こり、標高約七〇〇メートルの天狗山の東部約一キロにわたり崩れ、その土が島原湾に入り津波を引起す。島原とその対岸にあたる飽田《あわた》・宇土・玉名三郡で一五、〇〇〇人余の犠牲者がでたという。

日向灘は、南海トラフの延長線上にあり、宮崎沖でマグニチュード七級の地震が起きているが、前述した三つの巨大地震を除くと、規模の割に被害は比較的小さい。

沖縄・奄美地方は、数字の上では少ないが、時として甚大な被害を与えている。中でも明和八年（一七七一）の八重山地震津波（M七・四）が有名である。石垣島の南々東約四〇キロで発生した地震は、巨大津波を伴って石垣島を三回襲来し、島のおよそ四割が波に洗われたという。古文書によると、石垣島の富良村で二八丈二尺の津波（八五・四メートル、丈と尺の記入間違いか）が押寄せ、同島二〇村の総人口一

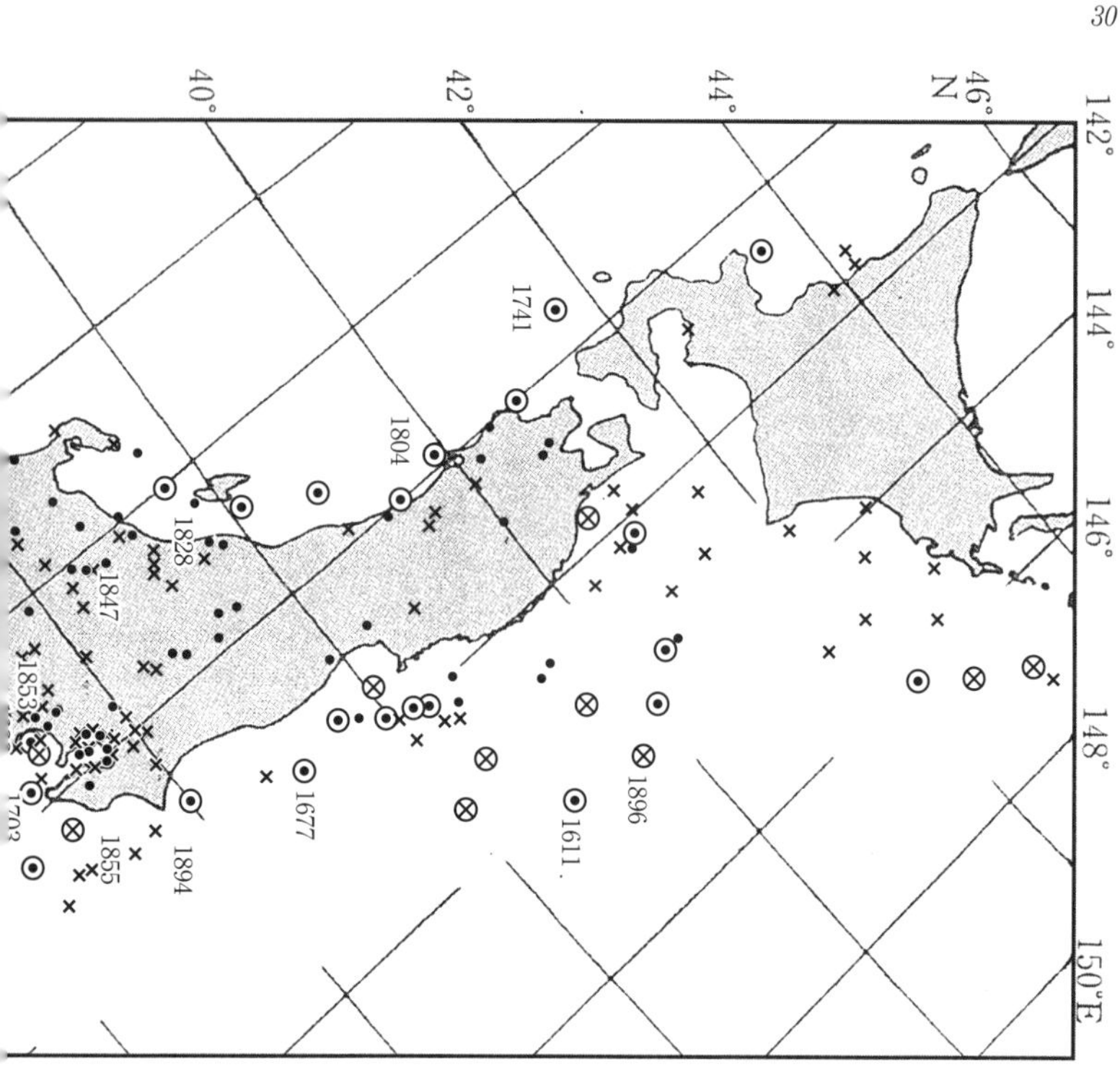

図6　日本列島周辺の江戸から大正期の被害地震分布図

七、三四九人のうち八、四三九人が犠牲になっている。二〇村のうち東海岸に位置する伊原間・伊与銘・白保・富良・大浜の各村々ではおよそ九割以上の人が津波で溺死している。また、竹富島から西表島、波照間島にかけての八重山群島でも津波による大きな被害がでており、これら島々で八七四人の死者がでている。ちなみに、石垣島を含む八重山群島で人口が震災前に戻ったのは、牧野清氏によると一四八年が経過した大正八年（一九一九）であるという。復興に長い年月を要するが、その内、飢饉や疫病が加わるが、最大の要因は大津波であることは間違いない。

　明治以降では、明治四四年（一九一一）の喜界島近海の地震（M七・

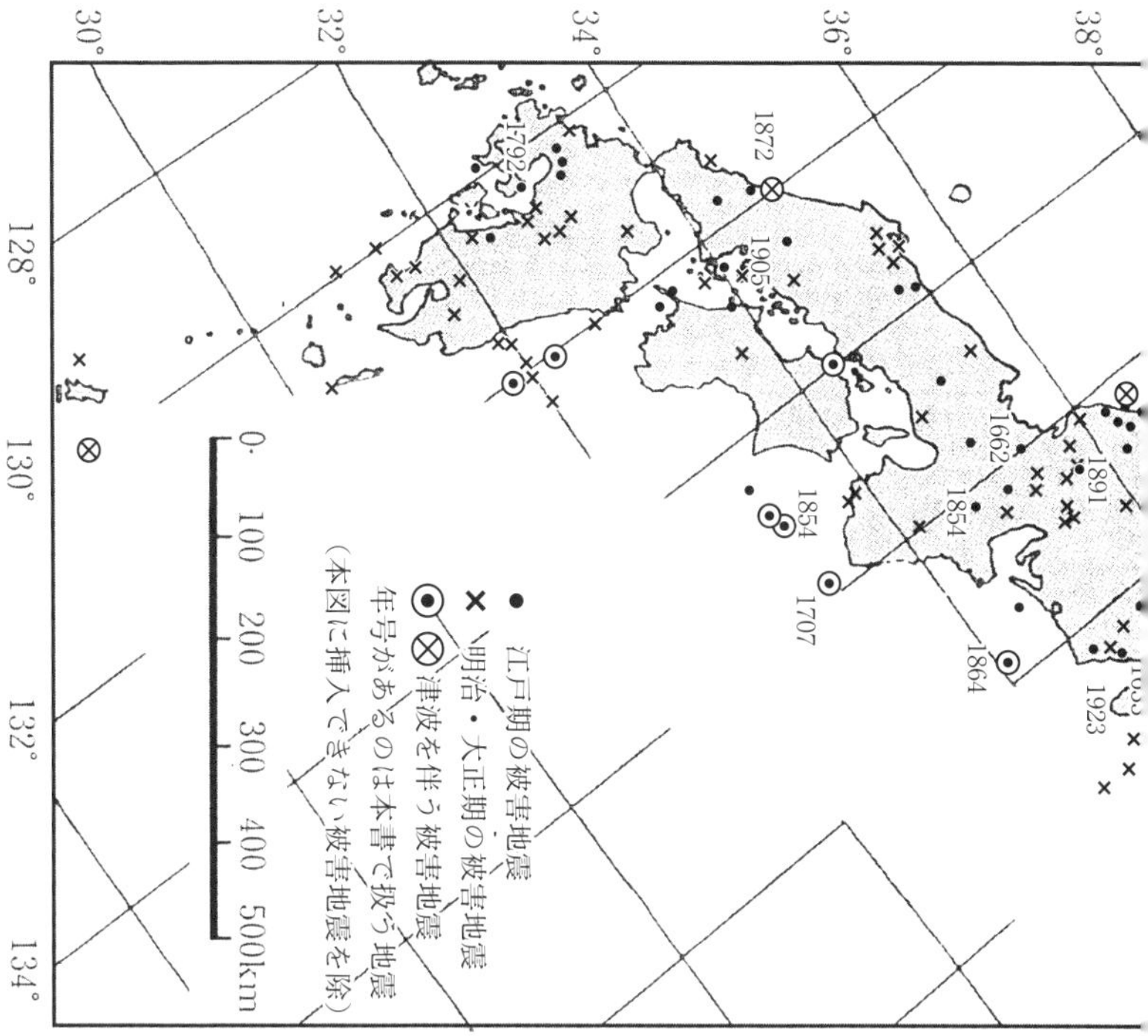

七）が最大である。九州南部から沖縄本島まで強震域が拡がるが、被害は喜界島を中心として小範囲にとどまり、死者七人、負傷者二六人、家屋の全潰四二二棟、半潰五六一棟の報告がある。

以上、江戸から大正期に至るまでの被害地震の概況を延べてきたが、おおむねつぎの五点に集約することができる。

一点は、日本列島を東西に二分すると、相対的に被害地震の件数は東日本に多い。あえて被害地域の多い地域をあげると、三陸沿岸と南関東、中部地方の内陸部をあげることができる。一点は、太平洋沿岸と日本海沿岸を比べると、太平洋沿岸の方が圧倒的に多い。ちなみに、マグニチュード八以上の巨大地震は、全て太平洋沿岸のプレート境界上（海溝・トラフの内側）で発生している。一点は、地震による被害は、必ずしも地震の規模に比例しているわけではない。一点は、内陸部での直下地震は、震源が浅い場合には、マグニチュード六後半でも甚大な被害を及ぼしている。一点は、巨大地震は、同じ付近で繰返し起きている。

三　地震による一次・二次的災害とその代表的事例

地震による被害は、発生直後に始まり、しばらく時間を経過した後にも及ぼすことがある。それらは、地震の規模、震源の深さ、震度によって異なることは述べたが、地震による犠牲者が数千人から一万人を超えるような地震はめったに発生するものではない。犠牲者が多い地震には、おしなべて大地震や大震災の名称が与えられている。

人々に与える被害としては、一次的災害と二次的災害の二者に大別することができる。前者は、振動による構造物の被害や地割・山崩れ・山津波などの地変による被害、津波による被害などが含まれる。後者は、一次的災害が要因となって主に都市部で発生する火災である。

記録によるそれら被害地震を概観すると、振動による家屋損壊の最古の史料は、『日本書紀』推古天皇七年（五九九）四月二十七日の条に「舎屋悉破」とあることに始まる。また、天武天皇七年（六七九）の条には、九州筑紫国で大地震が発生し、地割が幅二丈（約六メートル）、長さ三千余丈（約九キロ）の規模で起こり、多くの家が倒れたとある。また、岡の上が崩れたがこの地滑りには地震の発生が夜であったために住人達は気付かなかったともある。時間軸が下がると、伏見地震（一五九六）では、伏見城の天守や石垣が崩れ、上臈《じょうろう》女房七三人、中居下女五〇〇余人が圧死している。秀吉は無事であったが、京都、大坂、堺などで多くの被害がでた。

山崩れでは、伏見地震の一〇年前、天正地震がよく知られている。天正一三年（一五八六）、金沢から京都にかけての広範囲にわたり激しい揺れが襲い、奥飛騨の帰雲《かえりくも》城では背後の山腹が崩れて埋没し、城主の内《うち》ヶ嶋為氏《しまためうじ》以下、多数の人々が圧死（三〇〇軒余が埋没）したとある。

津波の記録は、天武天皇一三年（六八四）十月十四日の条に始まる。これは、南海沖の地震で、伊予の温泉が止まり、一方、土左では調運船が多数沈没し、田苑《はたけ》五〇余万頃《しろ》（約一二平方キロ）が沈下して海となると記されている。南海地震は、兼仲卿記の紙背文書に「…土左国潮江庄康和二年正月□□四日地震之刻国内作田千余田皆以成海底畢社領□□江御庄依近海浜又以同前…」とあり、康和二年（一一〇〇）に土佐沖で大地震が起き、十平方キロが海底に没したことを伝えている。二つの史料は、宝永地震や安政東海南海地震と関連して、東海・東南海・南海地震が連動して起こる巨大津波を伴う海溝型地震の周期を考える上で注目されている。他方、東日本大震災以降、三陸沿岸での大津波として貞観地震が広く知られわたることとなった。貞観一一年（八六九）、三陸沖で起きた地震は、陸奥国で甚大な被害がで、倒壊した家屋や地割に埋没した人々、城郭・倉庫・門櫓・垣壁などが崩れ落ち、海水が多賀城下まで押寄せ、溺死者一、〇〇〇人余がいたという。また、我国最古の発光現象に関する記事も『日本三代実録』にみることができる。

二次的災害の火災は、近年では阪神淡路大震災、古くは安政江戸地震と関東大震災がよく知られている。

後者の二例は、本書の第四・五章で取扱うので、そこで述べることにする。

以上、被害地震の一次的災害と二次的災害の記録に残る注目される事例について、本書で扱わない戦国時代以前のものから簡単にふり返ってみた。

本章では、明治時代を代表する甚大な被害をもたらした大地震、濃尾地震と明治三陸地震を取上げ、宮内庁宮内公文書の新史料を紹介しながら論じることにする。

内陸直下型地震の濃尾地震　我国を代表する内陸地震で、明治二四年（一八九一）十月二十八日午前六時三十八分五十秒（宮内公文書では三十七分十一秒）、岐阜・愛知の両県に激震が襲った。震源が東経一三六・六度、北緯三五・六度で、地震の規模は、M七・九（『理科年表』でM八・四）を測り、岐阜県本巣郡根尾村水島では、地震による断層で西側が六メートル上昇し、南南東の方向に約二〜三メートル横ずれしたという。ちなみに、この断層は、北北西から南南東の方向に本州を二分するかのように八〇キロにわたる。

この地震では、岐阜・愛知両県を中心として七、二七三人が死亡し、負傷者一七、一七五人、家屋全潰一四二、一七七棟、同半潰八〇、三二四棟、山崩れ一〇、二二四カ所などの被害が報告されている。

名古屋市内では、煉瓦造の名古屋郵便電話局をはじめ尾張紡績工場、名古屋電燈会社などが瞬時に崩れたという。尾張紡績工場では、四三〇人の就労者のうち、三八人が死亡、一四一人が負傷との報告がある。都立中央図書館特別文庫室木子文庫には、名古屋城が離宮であった際に大地震に遭遇し、被害状況を示した絵図が存在する。『名古屋城（名古屋離宮）本丸・深井丸・西之丸配置図』（木子文書〇五四—一一—〇二）と『名古屋城（名古屋離宮）本丸・深井丸・西之丸地図　（震災石垣破損箇所調査）』（木子文庫〇五四—

二―一四）である。後者の絵図は、濃尾地震の被害状況が詳細で、調査が地震発生から二日後の明治二四年十月三十日であることが明記されている。名古屋城の被害は、榎多門（現在の正門）から本丸南西隅にかけて大きな地割（絵図中には地裂ケと表記）が描かれており、このほか三の丸の榎多門南側から堀沿いの西側に向かってと、本丸に隣接した北西部の塩蔵構でも地割がみられる。さらに石垣の崩壊十五カ所、同孕み二十カ所が彩色によって区別され、その坪数が記入されている。二点の絵図をみると、堅固な名古屋城も大きな被害を受けていることがわかる。

宮内庁宮内公文書館所蔵の濃尾地震被害史料　宮内公文書館所蔵の濃尾地震に関する史料は、識別番号五四一一三、「各地災害状況⑤　一三四―二〇　明治」の名称で七点の史料が一括して保管されている。七点の史料とは、「岐阜縣下震災概況」、「地震観測記」、「縣下災害一覧表　明治廿四年十一月三日調（表6）」、「縣下重ナル市町村災害一覧表　明治廿四年十一月三日調（表7）」、「根尾谷変状略圖（図7）」、「岐阜縣管内震災強弱圖（図8）」、「岐阜市火災地略圖（図9）」からなる。以下、史料を用いながら岐阜県下の被害状況について述べることにする。

地震観測記　この史料は、岐阜測候所の観測によるものと思われる。地震直後の様子と二十八日から三十日にかけての余震について詳細に記されているので、原文のまま記す。

明治廿四年十月廿八日午前六時卅七分十一秒ニ於テ地震ハ上下及水平動共ニ起リ北南へ震動セシカ十秒ヲ経テ大裂震トナリ北西、南東へ震動セシカ一秒ヲ経テ器機ヲ損シ其餘ヲ測ル能ハサルモ烈震ノ間五分餘后ハ南北、南々西、北々東へ震動ヲ感セリ而シテ地ノ實動ハ曲尺四寸餘モアリシナラン以后地震ハ断続シテ本日ニ至ル其回数凡左ノ如シ

廿八日午前六時三十七分十一秒　　大烈震（南東、北西）凡二十三分間
同午後七時二十六分　　稍烈震　東ヨリ西
三十日午前零時　　同　　同
三十日午前二時二十二分　　同　　同
廿八日午後一時五十五分　同五時二十五分　同六時四十八分　同七時十三分　同八時廿三分　同八時
三十二分　同九時四十四分　同十一時　廿九日午前零時廿分　同一時廿分　同四時十五分　同四時卅
八分　同六時四十三分　同七時三十分　同七時五十一分　同七時五十二分　同八時十三分　同八時三
十三分　同十時二十七分　同午後一時三十五分　同四時二十分　同七時五十五分　三十日午前零時十
四分　同一時三十六分　同三時四十分　同六時十三分　同午後零時五十八分　同午後一時十一分　同
一時十三分
　右震動時期不明
右ノ外極微震等合計凡六百九十回餘
とある。大烈震がおよそ二十三分間続いたこと。大烈震となって一秒余で測候所の観測器機が壊れてしまったことなどすさまじい揺れであったことが本文から理解することができる。濃尾地震の前震は、十月中に四回観測されており、その後、大きな余震は、翌年一月三日（M六・〇）、同年九月七日（M六・一）、明治二七年一月十日（M六・九）と起きている。それらの余震では、田の陥没や地割、家屋等々の破損などが報告されている。

根尾谷変状略図にみる山崩れの被害　内陸直下型地震の特徴として、山崩れ、断層などの地変をあげる

ことができるが、図7はそれをよく表わしている。根尾谷は、根尾川の上流域に位置し、最激震地域の一つである。本図では、図の中央を北から南へ根尾川が流れ、川に沿って右手東側（左岸）には岐阜市から山口—金原—板所（最大の山崩、図中に「瀦」の表記）、ここから二手に分れ、板屋に向かうものと市場—神所—黒津に至る街道、他方、左手西側（右岸）には揖斐から水島—能郷—徳山に通じる街道が示され、このうち山腹の崩潰として、十三カ所（右岸で五カ所、左岸で八カ所）が描かれている。図中左下には備考として崩潰の様子が詳細に記されている。

備考

大野郡水鳥村ハ後ニ山ヲ負ヒ前根尾川ニ対シ山麓ニ村落アリ本年十月二十八日早朝大地ノ鳴動ト共ニ山頂又ハ山腹ヲ剝キ沿岸地ヲ併セテ凹没ス其最深ハ十数丈ニシテ原地ニ生殖スル樹木民家社寺擧テ原地ト共ニ墜落シ之ニ沿ヒタル道路ハ従テ位置ヲ変シ昨下ル所ノ坂路今却テ上ル所ノ路トナレリ

本巣郡板所村ハ其村落山下ニアリ一朝前面ノ田畝数拾町歩ヲ陥落シ其変動ニヨリ平野水鳥ノ間ニ於テ根尾川ノ河底ヲ高メタル歟自然ニ水行ヲ阻メ一大瀦水（長凡十五丁 巾凡三丁）ヲ生セリ

とある。宮内公文書所蔵の一連の史料が、地震発生から間もない十一月初旬に作成されたものであることから、本図も同時期のものと考えることができる。この山崩れによって根尾川沿の岐阜と揖斐から入る道路は完全に遮断され、板所村ではこの崩落で堰止湖の出現を伝えている。山崩れに巻込まれた人家も少な

表6　岐阜県下の被害状況

縣下被害一覧表　明治廿四年十一月三日調

市郡名	総戸数	家屋全潰	家屋半潰	人口	死亡	負傷	火災戸数
岐阜市	五、八五二戸	一、〇一五戸	二、九一六戸	二五、六七六人	二五〇人	七〇〇人	二、二二五戸
厚見郡	七、八三五	四、八四四	一、一七〇	四一、九五五	六三一	五九八	三四
各務郡	四、二一五	九六三	八九四	二〇、〇三七	六七	一五一	一
方縣郡	五、七七九	二、四八五	〇	二八、七一九	二九三	六八	三
中嶋郡	四、六一五	三、五五八	三〇四	二二、六六六	三五六	五八六	五七〇
羽栗郡	六、三一一	三、九〇六	六九六	三二、四〇二	四九五	二二三	五六三
下石津郡	三、〇七五	六六五	〇	一四、一二五	二七	三四	〇
海西郡	一、九二二	九七五	〇	八、八五〇	四二	五六	〇
多藝郡	五、八三四	一、五三七	五四二	二八、〇八一	八五	一二四	二
上石津郡	二、二八六	〇	〇	一〇、四三三	〇	〇	〇
不破郡	六、六八九	四一〇	一二五	三〇、〇八二	二〇	三	〇
安八郡	一五、二九二	一一、三四三	一、七七一	七三、三六七	一、二三〇	一、六七四	一、四七三

大野郡	池田郡	本巣郡	席田郡	山縣郡	郡上郡	武儀郡	加茂郡	可児郡	土岐郡	恵那郡	益《ヒダ》田郡	大《ヒダ》野郡	吉《ヒダ》城郡	合計
七、一一四	六、一〇九	六、三九二	七一四	四、三四三	九、九六一	一六、一六五	一二、七四二	七、二三七	九、〇三二	一三、三八五	四、五〇一	九、一二一	四、五〇一	一八一、三二八
一、七五二	七四	四、一六五	二一五	一、八一九	一	八〇三	三〇七	二四五	四六	〇	〇	〇	〇	四一、一五〇
〇	一〇四	八七二	二三	三〇〇	〇	八八六	〇	八〇八	四八	〇	〇	〇	〇	一一、四五九
三四、〇三二	二八、九七五	三一、八六〇	三、五一九	二六、九五〇	五八、四七〇	八五、六二一	六一、九五六	三三、七五三	三九、九五四	七〇、〇〇五	二八、二七九	四八、二九二	二八、二七九	九一六、三三四
七四	一	四七九	一一	三四〇	〇	一三三	一四	一〇	一	〇	〇	〇	〇	四、五五九
九九	四	九一七	一三	六〇八	〇	一三四	四一	三三	七	〇	〇	〇	〇	六、〇七三
〇	〇	〇	〇	一	〇	九二	〇	〇	〇	〇	〇	〇	〇	四、九六五

此統計ハ各地概略ノ調査ヲ経テ蒐集セシモノナレバ尚追テ幾分ノ遺漏ヲ発見シ被害ノ数ヲ増加スルアルベシ

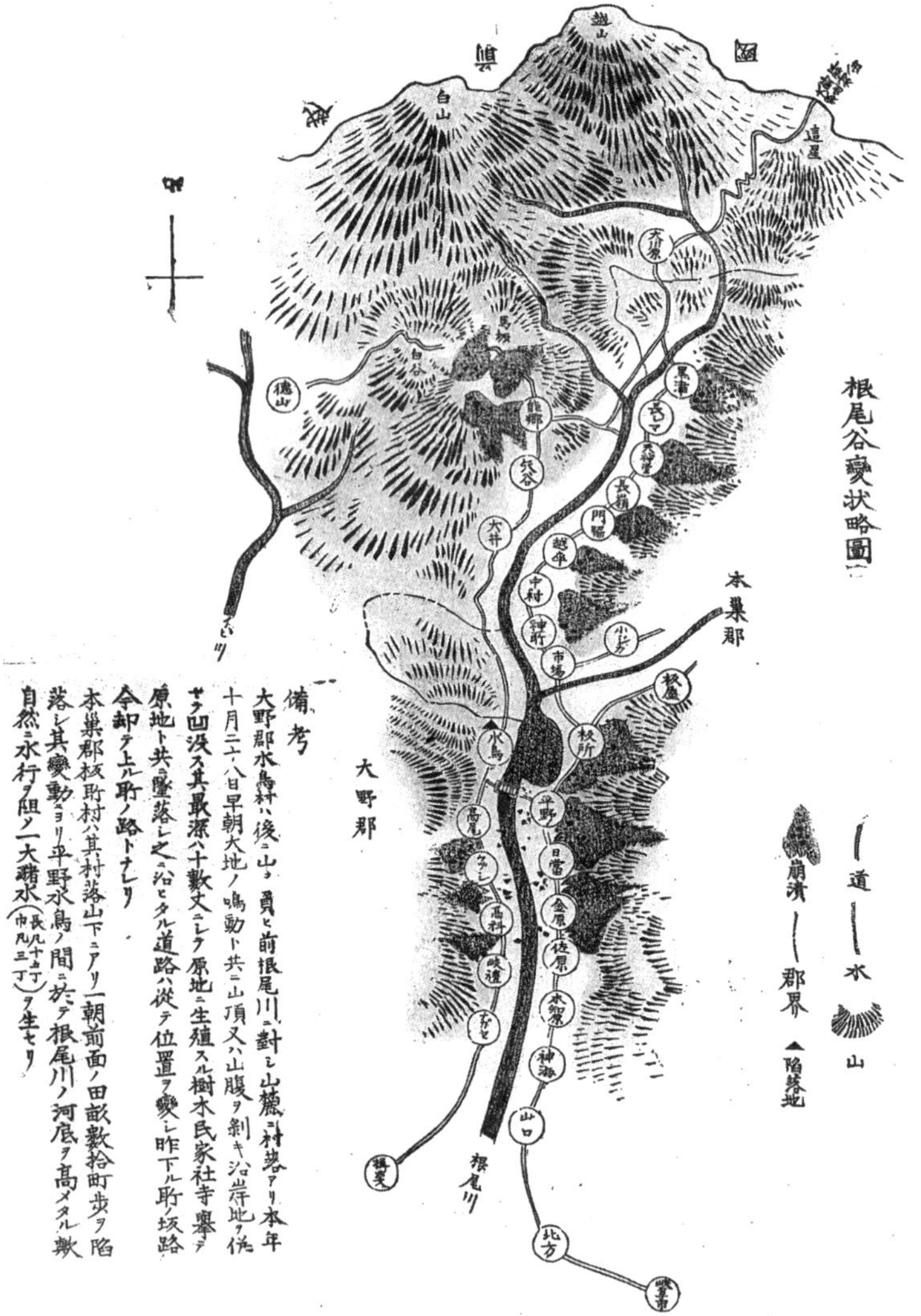

図７　濃尾地震による根尾谷変状略図（宮内庁宮内公文書館所蔵）

くない。

本図と同様、地震の揺れの強弱を示した図8、岐阜県下の災害一覧表（表6・7）を照会すると、地震のすさまじさを改めて感じる。表6では、県下一八一、三二八戸のうち家屋の全潰が四一、一五〇戸（二二・六%）、半潰一一、一五〇戸を加えると、両者では三割弱を占めている。特に甚大なのは、厚見郡（家屋の全潰と半潰を加えると七六・八%）、中嶋郡（八三・七%）、羽栗郡（七二・九%）、安八郡（八五・八%）、本巣郡（七八・八%）とこの四郡が際立って高い。前述した水鳥村がある根尾川の右岸の大野郡は、全潰が一、七五二戸あるが二四・六%と五郡と比べるとかなり低い数字となっている。岐阜市が、家屋の全潰と半潰を合わせると三、九三一戸（六七・二%）と高いが、火災戸数二、二二五戸とあるように二次災害によるところが大きい。五郡の犠牲者も三、二一一人と調査時点では岐阜県下の七割を占めている。他方、被害がほとんど無い地域も存在する。飛騨地方の益田郡・大野郡・吉城郡の三郡と上石津郡、郡上郡、恵那郡を加えた六郡である。

岐阜市中心街の火災　濃尾地震で岐阜県下の市街地で火災が発生し、甚大な被害がでたことは、意外と知られていない。「岐阜縣下震災概況」の冒頭部分に岐阜市中心街の火災の詳細な様子が記載されているので、まずはその部分を抜粋し、その上で図8と照会する。

明治廿四年十月廿八日午前六時三十七分轟然震動地裂ケ屋倒レ市民狼狽親子相顧ミルノ遑ナク悲號ノ声四方ニ起ル其惨情ノ状実ニ筆舌ニ尽ス可ラス尋テ同六時四十五分岐阜市上ノ門町ニ発火シ焼失拾弐戸ニシテ同七時十分鎮火ス同六時四十五分同市鍛冶屋町ニ発火ス是時風位西北十一時前後ヨリ風力漸ク加リ炎焔天ヲ蔽フ東南ハ釜石町上竹屋町米屋町等ニ向ヒ岐阜高等尋常小学校ヲ一蕩シ稲葉山麓ヲ焼

尽シ伊奈波神社ニ至リテ止ム是時風位西ニ転シ仍ホ靱屋町末廣町上新町東材木町ヨリ長良川是塘ニ沿フテ延焼シ字河原ノ間ニ在ル溝渠ニ至リテ火勢頓ニ窮リ木挽町山口町益屋町ノ如キ僅ニ東隅ノ一部分ヲ餘スノミ南方ハ米屋町白木町常磐町笹土居町小熊町等ニ延焼シ東別院ヲ全燼シテ止ム西方ハ斜ニ車町木造町矢嶋町堀江町ノ中央ヨリ悪水濠（俗ニ糞堀ト称ス）ニ至リテ止ム北ハ上大久和町通リヲ西ニ向ヒ長良川堤下ヲ一掃セリ此火災タル前後六ケ所ニ支延シ其西線ハ漸ク消止タリト雖モ他ノ二線ハ集リテ一大火線トナリ益々猛烈ヲ極メタルヲ以テ其延焼ニ先ズ火線ニ当ルノ家屋ヲ倒破シテ遮断ヲ試ムルコト数回ナリシモ皆其効ヲ奏セス遂ニ此大火ニ及フ益シ消防夫ノ如キ亦自家ノ被害ヲ来シ殊ニ厭死負傷等ノ為メ其人員減ゼシニ依リ警官等百□（ママ）尽力カスト雖モ容易ニ目的ヲ達スル能ハス是ニ於テ急ニ軽罪ノ囚徒ヲ放チテ数隊ニ分チ各其方面ニ向ハシメ尚ホ尋常師範学校及ヒ尋常中学校ノ生徒百十数人ヲ集メ一面火防ニ當ラシメ一面負傷者ノ救護ヲ為サシメシニ依リ火勢漸ク減スルカ如シト雖トモ遂ニ前記悪水濠ヲ超ヘ県庁後門ニ向ツテ進ムノ所アリ依リテ渡辺橋平田橋ノ両所ニ於テ火防ノ全力ヲ竭シ一部遮断ノ効ヲ奏シ遂ニ西半面ノ火勢ヲ断チ県庁及ヒ諸官衙ノ延焼ヲ免ルヽヲ得タルモ南向ノ勢尚ホ劇シク翌廿九日ニ及ヒ前記数町ヲ焼尽シ午後二時ニ至リ鎮火セリ是日午前五時三十分同市美江寺町ニ発火シ延焼二十戸ニシテ鎮火セリ前後焼失合セテ二千二百二十五戸市内家屋全潰千〇十五戸同半潰二千九百十六戸死亡者二百五十人負傷者七百人ニ及フ

県庁下ノ概況前掲ノ如シト雖ドモ他ノ都市尚之ヨリ甚ダシキモノアリ其重ナル所ヲ擧レハ安八郡大垣町ハ同日午前七時大震動ノ為メ破壊ノ家□（ママ）凡ソ九分厭死者無数須臾ニシテ四方ニ発火シ加フルニ風勢猛烈午後四時ニ至リ市街ノ七分焼失ス是日大垣警察署ハ署員ヲ擧ケテ消防ニ尽力シカルモ其効ナク遂

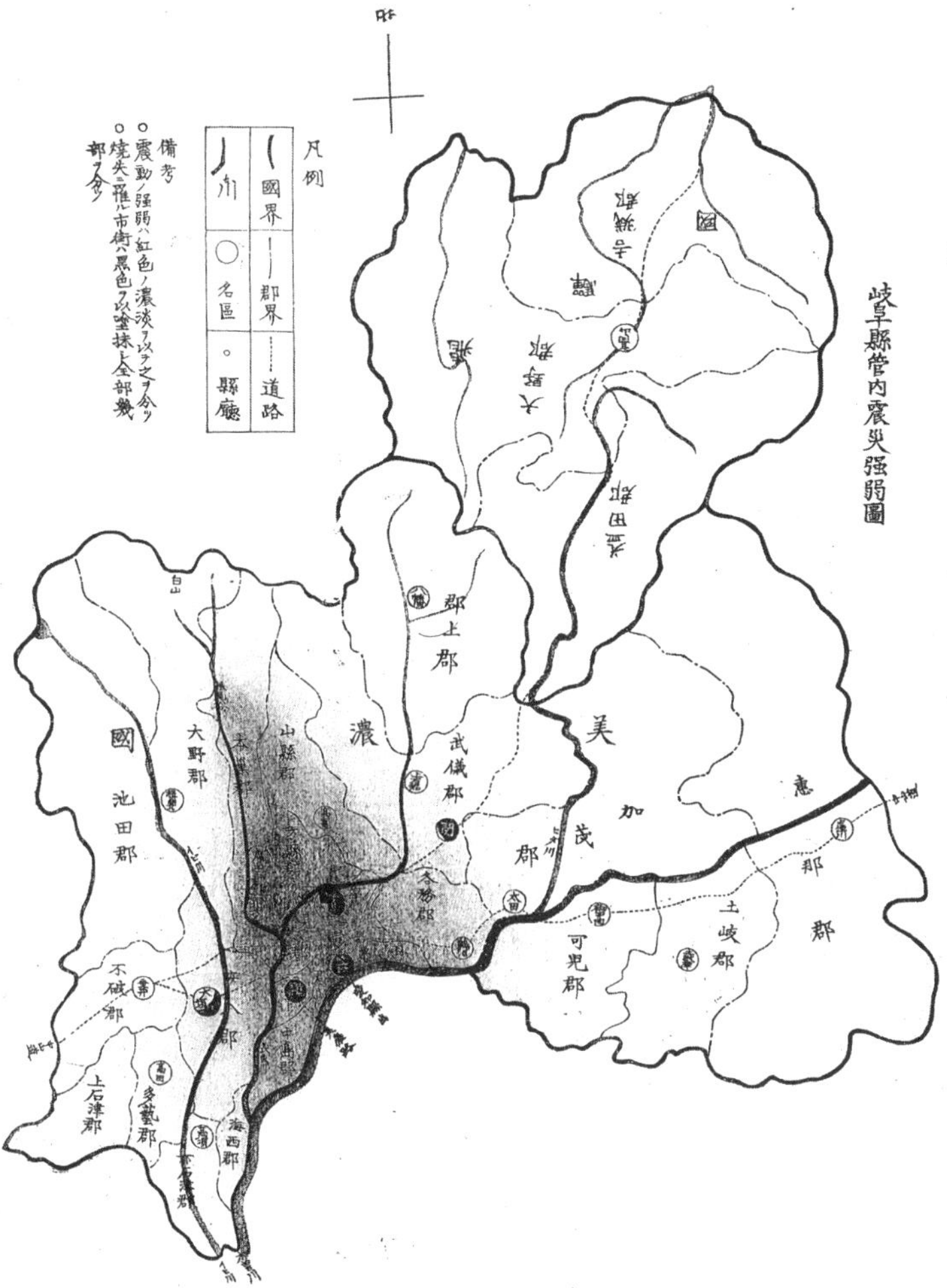

図８　濃尾地震における岐阜県管内震災強弱図（宮内庁宮内公文書館所蔵）

二千四百七十三戸ヲ焼尽スルニ至ル羽栗郡笠松町ハ破壊ノ家屋凡ソ二分焼失殆ト全市街ニ及フ同郡竹ヶ鼻町ハ破壊ノ家凡ソ七分死傷者無数焼失市街ノ過半ニ及フ本巣郡北方町ハ仲町全部総潰レトナリ其他各町倒家…（以下略）

と記されている。岐阜市中心街の火災は、折からの強風が災いとなり大惨事となっている。地震との関係でみると、①大地震の発生時刻が朝の炊事と重なり、火の使用があったこと。②家が潰れる程の揺れ（震度6～7か）でかつ振動の時間が長いことから、家庭内での消火が間に合わなかったこと。③出火位置と強風の方向とが悪循環となり、家屋が密集する中心街の方に向かってしまったこと。④延焼範囲が広く、消火が間に合わなかったこと。⑤都市計画において大規模災害を想定していなかったこと、など多くの要因が重なったものであることは間違いない。その結果が、図9のように長良川の左岸に展開した市街地を一面焼野原としたのである。

表7は、岐阜県下の被害の様子が鮮明に現われている。「岐阜県下震災概況」の一文を紹介したが、岐阜県下で地震による二次的災害が発生したのは都市部に集中している。中でも岐阜市、大垣町、竹ヶ鼻町、笠松町の一市三町が甚大となっている。「岐阜縣下震災概況」にも略述されている。他方では、二次的災害としての火災が発生していない町村も多い。これは、揺れが大きいものの家屋の全潰や半潰、死者・負傷者が皆無の地震被害がほとんどない地域とも重なる。

前述したように、これら史料は、被害状況の最終的に報告されたものではない。しかし、行政・警察署の努力のもと、内陸直下型大地震の発生直後の様子を垣間見ることができる貴重な史料であることに間違いない。

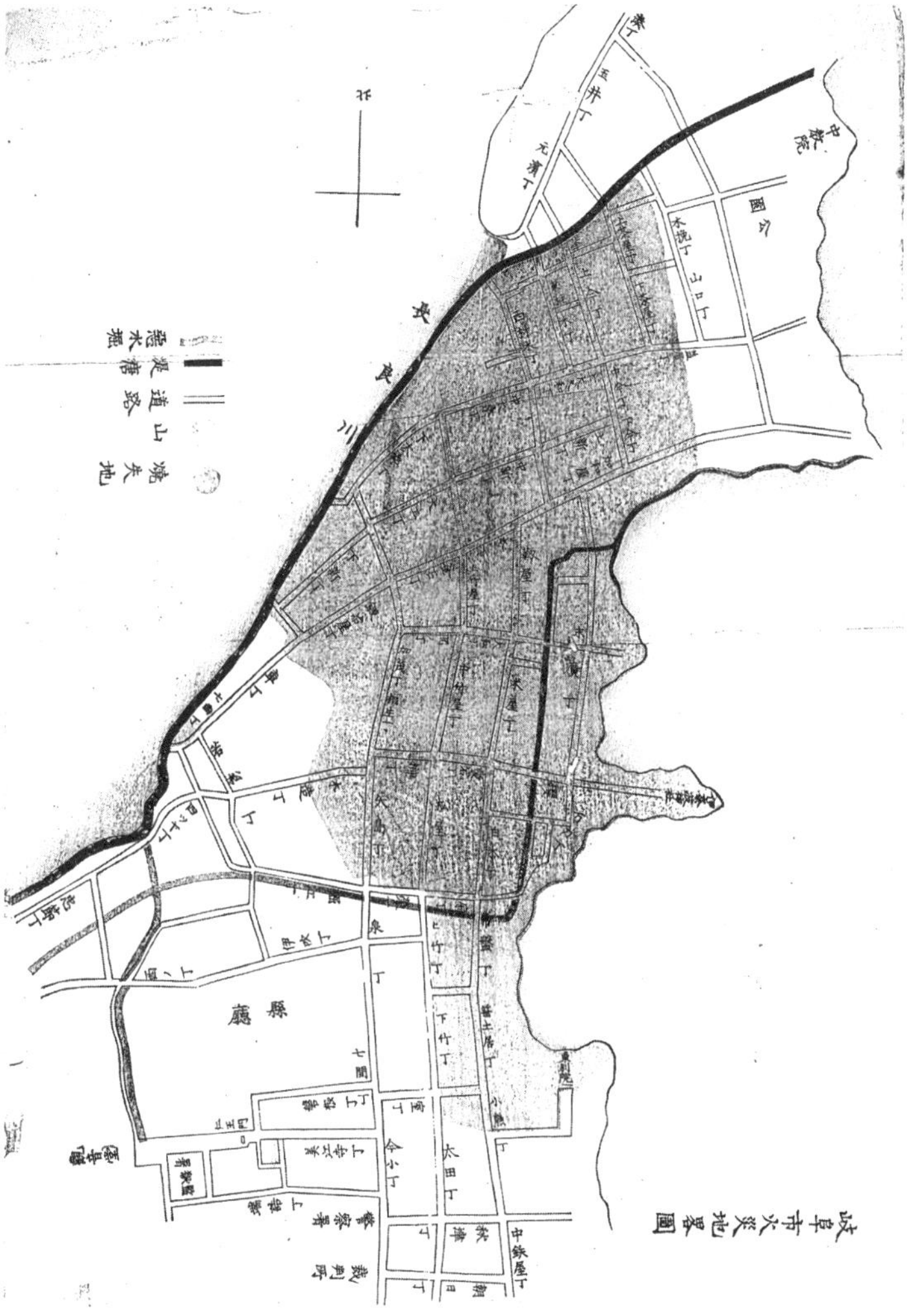

図9　濃尾地震による岐阜市火災地略図（宮内庁宮内公文書館所蔵）

表7 岐阜県下の主要市・町・村の被害状況

縣下重ナル市町村災害一覧表　明治廿四年十一月三日調

市町村名	総戸数	家屋全潰	同半潰	総人口	死亡	負傷	火災戸
岐阜市	五、八五二	一、〇五一	二、九一六	二五、六七六	二五〇	七〇〇	二、二二五
厚見郡東西加納町	一、二六二	六〇〇	三二〇	五、八一五	一〇六	三〇	二五
各務郡那加村	一六八	八三	八七	八三一	五	一〇	〇
方縣郡黒野村	三四五	一七〇	〇	一、六五三	一〇	七	〇
羽栗郡笠松町	一、二四二	五五五	二九	四、九三四	二〇五	三八二	五四七
同　郡竹ヶ鼻町	一、〇七〇	五二八	五九	四、六六九	一七二	二三〇	五六九
下石津郡高須町	六二六	二二二	〇	二、四五八	一六	二五	〇
多藝郡高田町	五七二	一八	二	二、三五三	五	二五	〇
上石津郡牧田村	四四〇	〇	〇	一、八三六	〇	〇	〇
安穴郡大垣町	四、五〇四	三、三五六	九六二	一七、五一六	七八九	一、二七〇	一、四七三
同　郡今尾町	五七三	五〇三	〇	二、四七六	五七	九	〇
不破郡垂井町	五六二	二	二	二、三三八	一	〇	〇
大野郡揖斐町	八〇二	六〇	〇	三、四二二	五	二〇	〇
池田郡池野村	三二二	七四	一〇四	一、一三九	一	四	〇
本巣郡北方町	八〇四	六一七	一八七	三、三六四	八七	二三五	〇
山縣郡高富村	四六一	四一三	〇	一、七四六	八七	一五八	〇
武儀郡関　町	一、二五六	三一六	四一六	五、〇三三	四五	七五	九二
同　郡上有知町	八三六	二五	一四	三、四五八	五	五	〇
同　郡金山町	三五六	〇	〇	一、六七六	〇	〇	〇

郡上郡八幡町	一、三九二	一	○	六、七三六	○	○	○
加茂郡太田町	五一九	二三	○	二、三二四	○	○	○
同　郡八百津町	九三七	六	○	四、七六五	○	○	○
可児郡御嵩町	三三三	四	一〇	一、二八五	○	○	○
土岐郡多治見町	一、五七七	四	二	六、七六三	○	三	○
同　郡土岐津町	五〇三	三七	三三	二、三三八	○	四	○
恵那郡中津川町	一、三二〇	○	○	五、三二〇	○	○	○
同　郡大井町	三六〇	○	○	一、四六七	○	○	○
同　郡岩村町	二三〇	○	○	一、一五〇	○	○	○
同　郡付知村	八八二	○	○	四、三八三	○	○	○
益《ヒダ》田郡下呂村	六一〇	○	○	三、七〇一	○	○	○
同　郡小坂村	六七八	○	○	四、〇九〇	○	○	○
大《ヒダ》野郡高山町	三、九六八	○	○	一五、四四九	○	○	○
吉《ヒダ》城郡古川町	六二九	○	○	三、五四四	○	○	○
同　郡船津町	一、二〇〇	○	○	六、〇八四	○	○	○
合計	三七、一〇三	八、六六八	五、一五三	一六一、七〇二	一、八四六	三、一八二	四、九三二

岐阜市焼失戸数ハ総戸数ノ半ハニモ足ラサレ圧市中ノ大厦高屋ハ悉ク烏有ニ帰シ餘ス所ハ邊隅小民ノ細屋ナルヲ以其戸数ノ多キニモ拘ハラス其区域ハ殆ント全市ノ九分通ニ當ルモノトス

笠松町焼失戸数モ統計上総戸数ノ半ハニ過キサレ圧岐阜市ト同一ノ理由ニ依リ実際ハ八分通リノ焼失ナリトス

大垣町モ亦同上ニシテ七分通リノ焼失ナリ

海溝プレート境界型の巨大津波を伴う明治三陸地震　我国を代表する巨大津波を伴う大地震の一つが明治二九年（一八九六）六月十五日午後七時三十二分、三陸沖で発生し、その約三十五分後に三陸沿岸の村々を襲来した。震源は、東経一四四・二度、北緯三九・六度、地震の規模は、M七・一（『理科年表』ではM七・六）を測るものである。地震の揺れによる被害は皆無で、山下文男氏は『哀史　三陸大津波』の中で、この地震の揺れを震度2～3程度、宮古測候所の地震計は五分程の弱震が記録されたと報じている。地震の長さに関しては不安があるものの大惨事になることは、誰一人として予測することはなかったのである。しかし、三陸沖約二〇〇キロ、太平洋プレートと北米プレートの境界付近で発生した地震は、一瞬のうちに一〇〇キロ以上にわたり断層が生じ、これによって沿岸部に津波が押寄せた。津波は第一波からおよそ六分間隔で三～六波襲来し、低いところで二～三メートル、八～一〇メートルは普通で、二〇メートルを超えた箇所もあったという（表9）。地震の規模や津波の進行方向にもよるが、津波の高さは、一般的に湾の形状でみるとV字形が最悪で、U字形の湾がこれにつぐという。つまり、三陸リアス式海岸は、高い津波が押寄せる条件が揃っていることになる。震災予防調査会報告によると、この大津波による被害は、宮城・岩手・青森の三県で死者二六、三六〇人、負傷者四、三九八人、流失家屋九、八七九戸、倒壊家屋一、八四四戸、浸水家屋三、六九二戸と報告されている。史料によって数字の差があるが、我国の震災被害において最大規模のものであることは間違いない。表8に三陸沿岸を襲来した三つの巨大地震の被害概況を集成した。東日本大震災は、地震の規模がひときわ大きく、青森県から茨城県の太平洋沿岸地域を中心として、内陸部でも甚大な被害がでたことは記憶に新しい。数字が顕著に示している。明治三陸地震が、大津波被害によるものであることは、犠牲者と流失家屋の数字が示唆している。表9は、津波が高く押寄せた岩手県下における明治三陸地震・昭和三陸地震・東日本大震災の三つの巨大津波の波高を比較したものである。明治三陸と昭和三陸は、ほぼ同じ地域での波高、東日本大震災では各地域の最高到達点を示したものである。安易に比較することはできないが、いずれも巨大津波を伴っている。東日本大震災の津波高がひときわ高いが、これは、表8にあるように、震源地が内陸に近く、地震の規模が大きいことに起因する（加えて震源が浅い）。ふり返って、明治三陸の津波高をみると、岩手県下が際立って高い。表9に同県下の主要地点における波高を示したが、宮城県境に位置する気仙村が最も低く、それさえ三・四メートルと記録されている。この巨大津波が人々や家畜、家屋や橋梁等々の構造物を呑み込んだことになる。前述した史料から犠牲者数の内訳をみると、岩手県二二、五六五人（八五・六%）、宮城県三、四五二人（一三・一%）、青森県三四三人（一・三%）と岩手県下が断然多い。これは、昭和三陸地震にもいえることで岩手県二、六五八人（八八・七%）、宮城県三〇七人（一〇・三%）、青森県三〇人（一・〇%）の報告がある。ちなみに、昭和三陸地震が明治三陸地震と比較すると被害が小さいのは、押寄せた波

表8　明治・昭和・平成の三陸沖の巨大津波を伴う地震の被害概況

	地震発生日時	地震発生場所		地震の規模	犠牲者 人	流失家屋 戸	倒壊家屋 戸
		東経	北緯				
明治三陸	明治29年(1896) 6月15日	144.4°	39.5°	M. 7.1	26,360	9,879	1,844
昭和三陸	昭和8年(1933) 3月3日	144.7°	39.1°	M. 8.3	2,995	4,885	2,249
東日本大震災	平成11年(2011) 3月11日	142.5°	38.6°	M. 9.0	19,131	128,753	245,383

※　犠牲者数は、不明者を含む。東日本大震災は、2012年2月末時点。東日本大震災の流失家屋の項には全潰を含む。

表9　岩手県下の三地震の津波高一覧

市町村名		津波高（m）		
		明治三陸	昭和三陸	東日本大震災
久慈市	（久慈町）	（15.7）	4.5	32.7
野田村		18.3	5.8	
普代村		（18.1）	11.5	22.4
田野畑村		22.9	13.0	28.7
宮古市	（重茂村）	9.2	7.6	39.7
山田町	（山田町）	5.5	4.5	29.5
〃	（船越村）	10.5	6.0	
大槌町		10.7	5.5	22.4
釜石市	（釜石町）	（ 7.9）	5.4	33.2
〃	（唐丹村）	16.7	6.0	
大船渡市	（吉濱村）	24.4	9.0	40.0
〃	（綾里村）	22.0	23.0	
	（末崎村）	（ 8.9）	（ 6.5）	
	（大船渡村）	5.5	3.0	
陸前高田市	（広田村）	（ 9.0）	3.5	21.3
	（気仙村）	3.4	3.2	

市町村名の（　）内は旧町村名、東日本大震災の波高は最高到達点。

高が幾分低いこと以上に、明治三陸地震が教訓となり、居住場所の高台移転や、大地震発生とともに速かな避難によるものである。余談であるが、東日本大震災による三県の犠牲者と行方不明者を合わせた数は、岩手県六、〇二五人（三一・五％）、宮城県一一、二〇四人（五八・六％）、青森県四人（〇・〇二％）と報告されている。

宮内庁宮内公文書館所蔵の明治三陸地震

宮内庁宮内公文書館には、明治三陸地震の被害状況を知る上で貴重な史料が存在する。地震・津波の発生を逸速く中央へ伝える電報、岩手県下の甚大な被害状況の報告と陳情が記された手紙、岩手・宮城・青森三県の被害概況一覧と津波被害地を明示した絵図、古写真等々がある。このうち、古写真を除く史料は、識別番号五四一七一、「各地災害状況⑥一三六―一六　明治二九年」の名称で一括保管されている。

以下、順を追って紹介することにする。

津波被害を逸速く伝える二通の電報　明治三陸大津波は、三陸沿岸一帯で電信が不通となり、その第一報が岩手県庁に届いたのは、翌朝六時であったという。中央にも十六日中には届くこととなる。宮内公文書史料の中に二通の電報訳が残されているが、誤認するほどの大災害として受信している様子をうかがうことができる。二通の電報訳とは、一通は宮内省の罫紙に記されているもの（図10、電文A）、一通は内閣の罫紙に記されているもの（図11、電文B・C）で、電文Aと電文Bは内容が全く同じで、唯一、異なるのは、電文Bに着電先として中央気象台と入っていることである。二通の電報訳が大津波の翌日、石巻測候所発、東京中央気象台着を経由して二カ所の機関に報告されたものであるが、図10には、電報訳の下端に「大震ハ大津浪ノ誤ナラン」の付箋が貼付されている。すなわち、電文一行目を受信した職員が大地震→大津波の発生と勘違いしたことを示唆し、現場の混乱している様子がうかがえる。

電文Cは、甚大な被害を受けた岩手県から逓信省に届いた第一報で、釜石市街の変り果てた惨情と電信局の流失を伝えたものである。後述する海嘯被害一覧と同図の史料を照会すると、予想を超えた大惨事になることは誰も思わなかったに違いない。

岩手県の海嘯被害一覧と被害及復興図　明治三陸地震では、津波について、岩手・宮城・青森の三県とも「海嘯」の用語を用いている。海嘯《かいしょう》とは、漢語的表現の一つで、中国の杭州湾に注ぐ銭塘江の河口付近でおこる現象に、潮が満ちてくる時に、河口付近の遅い潮に、後方から押寄せる速い波が重なり、あたかも水の土堤のような景観となり、それが崩れる時に音をたてて進むことに語源があるという。

用語の正否はともかくとして、岩手県下の津波被害を知る史料として、「岩手縣管内海嘯被害概数取調一覧表　明治廿九年六月二十九日調」（表10）、「明治廿九年六月十五日午後九時前後大海嘯被害岩手縣東海岸之略圖」（図12）、「海嘯被害地理程調」がある。ここでは表10と図12を紹介する。

「岩手縣管内海嘯被害概数取調一覧表」　この表は、岩手県が大津波発生から二週間後にあたる六月二十九日時点の調査結果をまとめたものである。前述した震災予防調査報告史料や山下文男氏の『哀史　三陸大津波』の中で示した一覧表の数字とはわずかばかり異なるが、どれが正しいか判断できない中にあって、図12と連動し、後述する岩手県知事から宮内省侍従長宛の手紙の経過を考えると一級史料であることは間違いない。

一覧表には、津波発生前の三陸沿岸部村々の人口と戸数（三史料ともこの数字は一致）、さらに津波発生後の死亡者・負傷者・健在者の数と、流失・半潰・存在家屋の戸数が示してある。死亡者の数と流失家屋の数字は、おおむね連動しており、死者が人口のおよそ半数を超える町村は五つあり、綾里村（死者一、四五八人、これは全人口の五二・〇%、流失家屋二八五戸、これは全村戸数の六三・二%）、唐丹村（二、一〇〇人の七四・八%、三四一戸の七一・九%）、釜石町（四、〇四一人の六一・六%、九八九戸の八〇・九%）、田老村（二、六五五人の七〇・九%、一三〇戸の一九・五%）、普代村（一、〇一〇人の四九・六%、九五戸の二八・八%）が該当する。三陸沿岸の七町二九村で死者二一、八一一人（全人口の二〇・五%）、流失家屋六、〇一五（全戸数の三四・四%）であるから、一町四村の死者一一、二六四人、流失家屋一、八三一戸という数字は際立っている。前述した電文Cの内容は、まさに数字が裏付ける結果となっている。

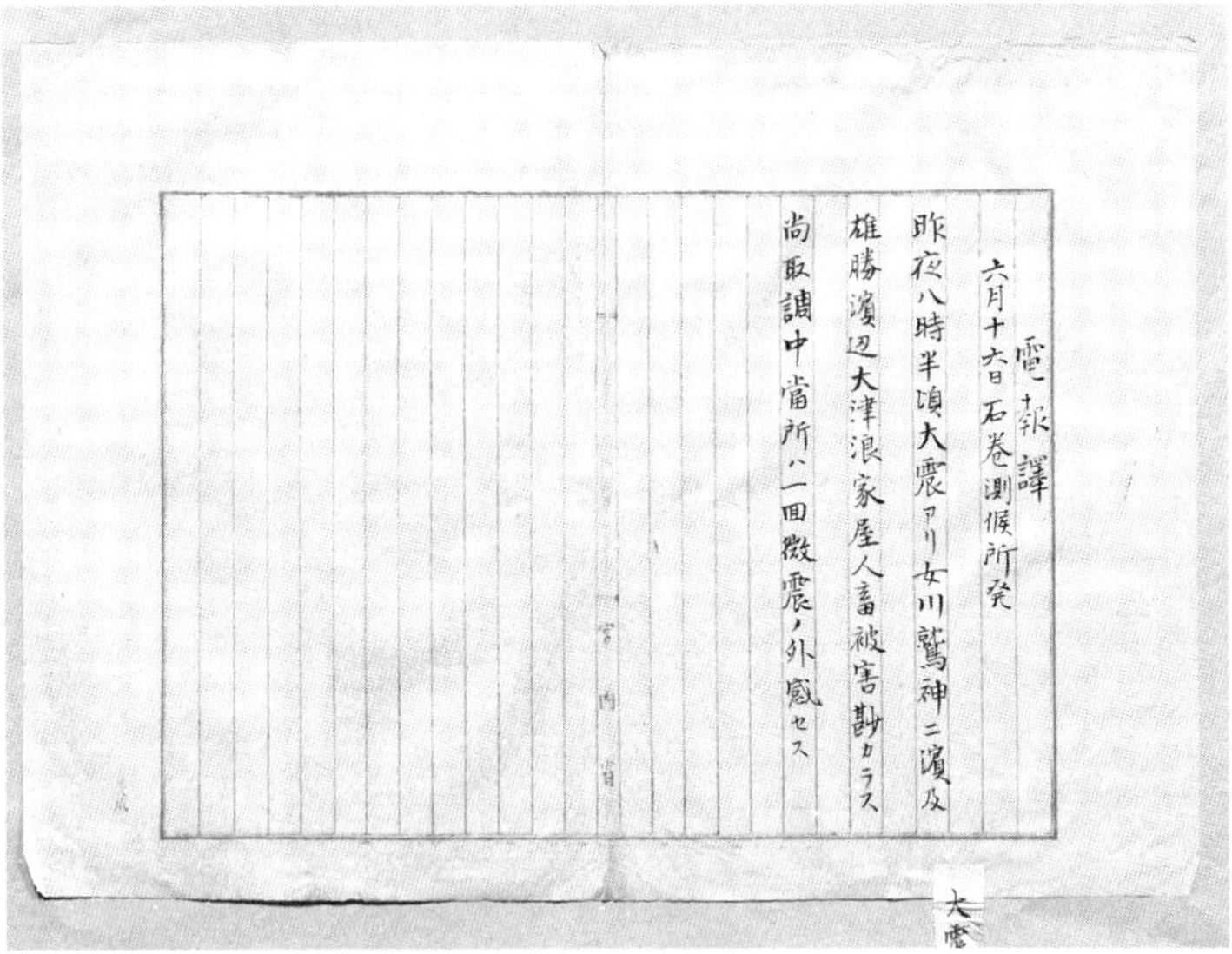
電報譯
六月十六日石巻測候所発
昨夜八時半頃大震アリ女川鷲神ニ濱及
雄勝濱辺大津浪家屋人畜被害尠カラス
尚取調中當所ハ一回微震ノ外感セス
宮内省
大震

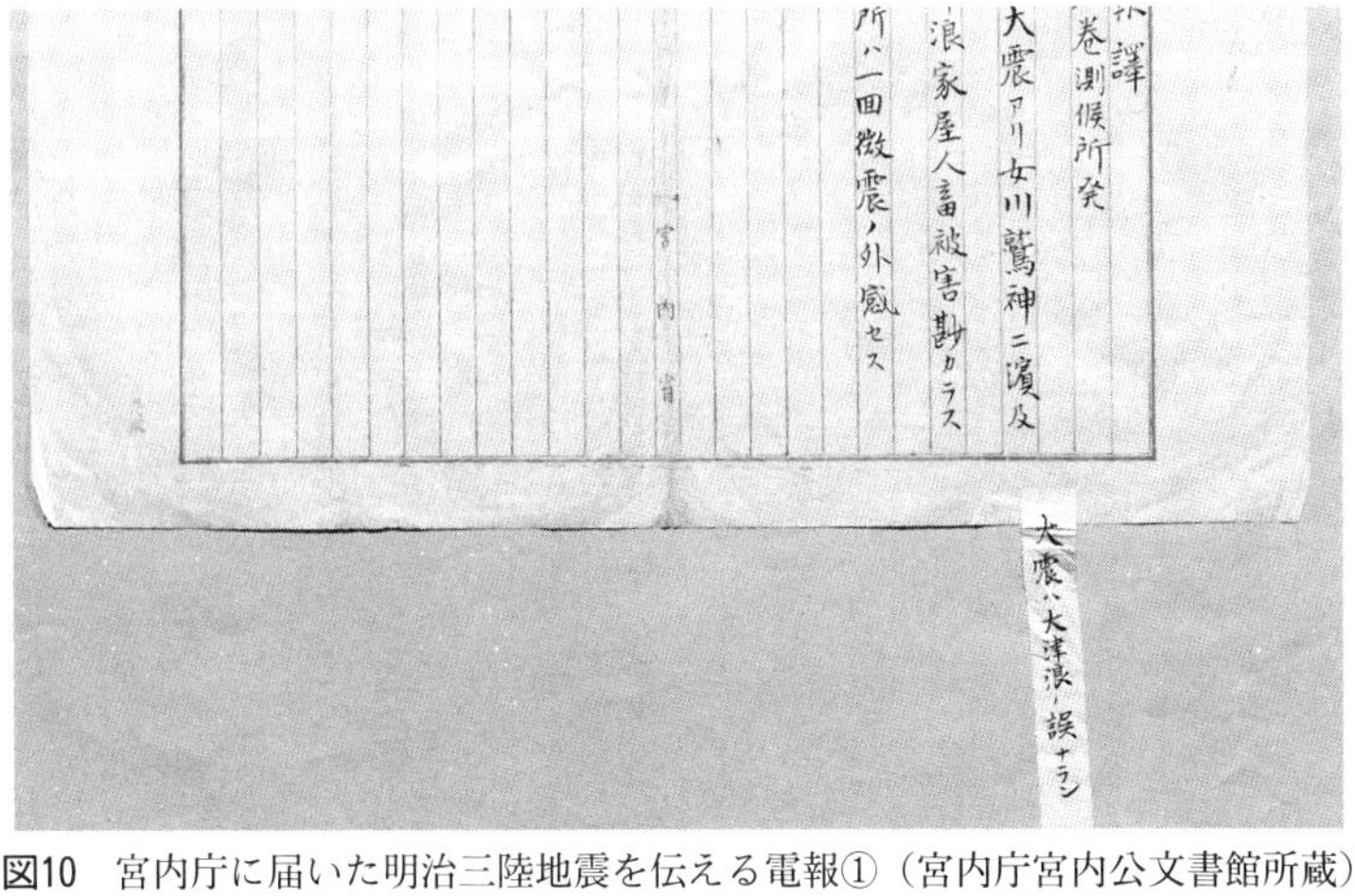
報譯
巻測候所発
大震アリ女川鷲神ニ濱及
浪家屋人畜被害尠カラス
所ハ一回微震ノ外感セス
宮内省
大震ハ大津浪ノ誤ナラン

図10　宮内庁に届いた明治三陸地震を伝える電報①（宮内庁宮内公文書館所蔵）

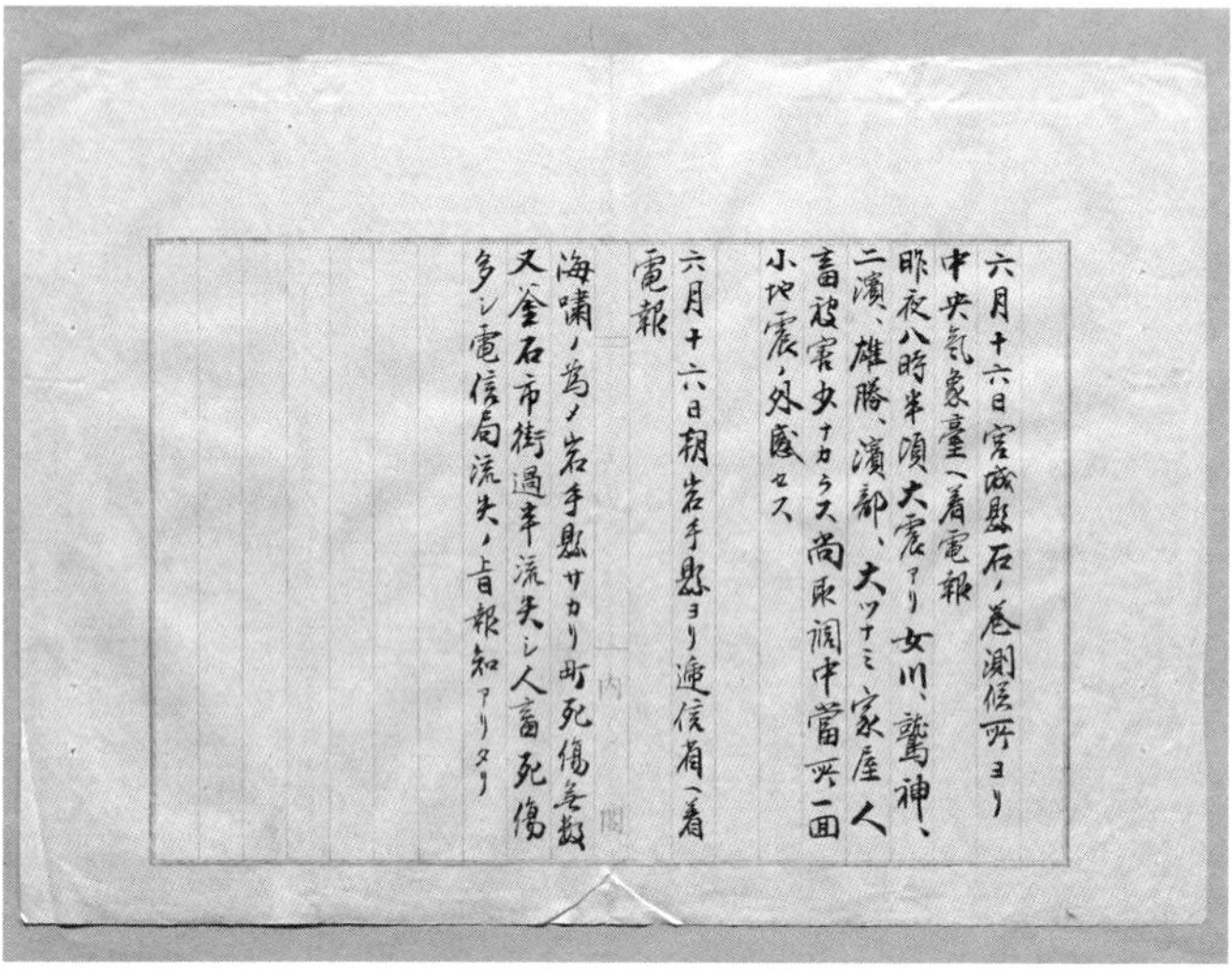
六月十六日宮城縣石ノ巻測候所ヨリ
中央氣象臺ヘ着電報
昨夜八時半頃大震アリ女川、鷲神、
二濱、雄勝、濱部、大ツナミ家屋人
畜被害少ナカラス尚取調中當所一面
小地震ノ外感セス

六月十六日朝岩手縣ヨリ逓信省ヘ着
電報
海嘯ノ爲メ岩手縣サカリ町死傷無數
又釜石市街過半流失シ人畜死傷
多シ電信局流失ノ旨報知アリタリ

図11　宮内庁に届いた明治三陸地震を伝える電報②（宮内庁宮内公文書館所蔵）

村々によって被害の差が生じているのは、津波と沿岸の地形に一因があることは先に述べたが、当日が旧暦の五月五日、端午の節句にあたり、各家々では祝いの膳があがるハレの日であったことがさらに被害を大きくしたともいえるであろう。

「明治廿九年六月十五日午後九時前後大海嘯被害岩手縣東海岸之略圖」　この図は、上位に岩手県沿岸部の地図に津波の押寄せた範囲と負傷者診療所（○印：二六カ所）を朱色、その下に郡名、町村名と従来戸数・人口に流失戸数・死亡人口、在来ノ郡吏警察官・医師其他の人員、縣官警察官及医師其他派遣人員が三段にわたり示されたものである。「従来戸数人口ハ警察署ノ戸口調査表ニヨリ／流失戸数死亡人員ハ六月廿九日調」と記されているように、本図は表10と一致するものである。法量は、縦八〇・〇センチ、横五五・三センチを測る。地図の真下に郡名・町村名、被害状況の数字が示してあるので、地形との関係で津波被害を理解するには一目瞭然の資料といえるものである。

　震災にあたり、生存者の安否や負傷者の対応など復興に関する人員が具体的に示してあるので、図中左端（宮城県寄）の気仙郡の場合でみることにする。気仙郡には、南側の気仙村から北端の唐丹村に至る一町十一村が属し、震災前は、家屋四、六八〇戸、人口三三、六〇九人とある。表10に大津波によって死者六、七五九人、負傷者三三三人、流失家屋一、五一五戸、半潰家屋三六一戸という被害記録を紹介したが、本図一段目には、負傷者と半潰家屋を除く村毎の数字がみられる。二段目には、在来ノ郡吏警察官医師其他として、「郡長一人／郡書記一人／警部一人／医師十二人／巡査十八人／所在地並付近人夫千百人余／外消防手」とある。さらに三段目の縣官警察署官及医師其他派遣人員には、「技師一人／属官五人／警部五人／郡書記三人／陸軍々医十人四五名東閉伊郡ヨリ加ワル／大学医五人／日本赤十字社福島支部医員二人／同岩手支部医員五人／陸軍看護人三十八人内二十三名東閉伊郡ヨリ加ワル／東京有志事務所看護婦十人／赤十字福島支部看護人一人／巡査三十人／人夫百人」と記されている。つまり、二・三段目には、人夫を含む在来の体制一、一三三人（人数が判然としない消防手を除く）に、新たに応援要員として二六〇人（途中加わる軍医を含む）が加わったことを告げている。また、このほか気仙郡と南閉伊郡を統轄する参事官が一人置かれている。応援要員の項に東閉伊郡に派遣されていた陸軍軍医と看護人の記述があるが、表10をみると東閉伊郡での被害もまた甚大である。普通に考えると負傷者の手当てや不明者の捜索など一定の時間が必要であろうし、人数の不足から緊急措置として隊員の移動もありうる。しかし、途中加わった六八人という人員は、数だけみても災害救援としてはいかにも多い。まして、それらの人達が医師や看護人であることはなおさらのことである。後述する岩手県知事が危惧されているように第二師団軍医の派遣は限ら

表10 岩手県下における明治三陸津波の被害一覧（宮内庁宮内公文書館史料より）

岩手縣管内海嘯被害概数取調一覧表　明治廿九年六月二十九日調

郡	町村名	人口				戸数			
		人口	死亡	負傷	健在者	戸数	流失家屋	半潰家屋	存在家屋
気仙郡	気仙村	三、六五一	一三	一〇	三、六一八	五六九	三五	一六	五一八
	高田町	三、四八九	三	未詳	三、四八六	六一八	未詳	未詳	六一六
	米崎村	三、四六〇	一二	二	三、四四六	三五〇	一一	五〇	二八九
	小友村	二、五一九	二〇三	二九	二、二八九	三八一	六七	五	三〇九
	廣田村	三、一〇二	五〇〇	一一	二、五九一	四六九	一六三	未詳	三〇六
	末崎村	二、九六五	六〇六	三〇	二、三二九	四〇〇	一九一	未詳	二〇九
	大舟渡村	二、三〇四	七八〇	三五	一、四八九	三〇六	一〇五	三〇	一七一
	赤崎村	二、九八五	四四八	六八	二、四六九	三八九	一七二	未詳	二一七
	綾里村	二、八〇三	一、四五八	五九	一、二八六	四五一	二八五	一〇〇	六六
	越喜来村	二、四四九	四一一	六〇	一、九七八	三三三	一一三	一二四	八五
	吉濱村	一、〇七五	二二五	九	八五一	一三三	三三	三三	六八
	唐丹村	二、八〇七	二、一〇〇	二〇	六八七	四七四	三四一	三	一三〇
	計	三三、六〇九	六、七五九	三三三	二六、五一七	四、八六〇	一、五一五	三六一	二、九八四
南閉伊郡	釜石町	六、五五七	四、〇四一	六三六	一、八八〇	一、二二三	九八九	未詳	二三四
	鵜住居村	三、一四七	一、〇六九	一九〇	一、八八八	五二一	三五〇	未詳	一六一
	大槌町	六、五五五	六〇〇	一一八	五、八三六	一、一九二	二七七	未詳	九一五
	計	一六、二五九	五、七一〇	九四四	九、六〇五	二、九二六	一、六一六	未詳	一、三一〇
	船越村	三、二九五	一、三二七	七〇一	二六七	四七四	三七一	一	一〇二
	織笠村	一、八〇〇	六七	五〇	一、六八三	三〇三	一〇五	二五	一七三
	山田町	三、七四六	一、〇四〇	一五〇	二、五五六	七八二	三五九	二五〇	一七三

東閉伊郡								
大澤村	一、〇三六	五五〇	五九	四二七	一九九	一九六	未詳	三
重茂村	一、四九三	七〇〇	三三	七六〇	二二六	一五九	未詳	七七
津軽石村	二、六一八	三	一	二、六一四	四三四	八	未詳	四二六
磯鶏村	一、九九六	九〇	五四	一、八五一	三六五	一〇九	未詳	二五六
鍬ケ崎町	三、四五九	一〇〇	三三	三、三三六	七〇一	三〇〇	五〇	三五一
宮古町	五、一五七	一二	未詳	五、一四五	九九三	二〇	未詳	九七三
崎山村	九八一	一六〇	二二	八〇九	一五五	四五	九	一〇一
田老村	三、七四七	二、六五五	一七七	八一五	六六六	一三〇	未詳	五三六
計	二八、三三八	六、七〇四	一、三七〇	二〇、二五四	五、三〇八	一、八〇二	三三五	三、一七一
北閉伊郡								
小本村	二、〇九〇	三六七	二五七	一、四六六	三八六	一五六	一四七	八三
田野畑村	三、〇二五	三〇三	一五	二、七〇七	四六五	四七	四二	三七六
普代村	二、〇三八	一、〇一〇	一五三	八七五	三三〇	九五	四九	一八六
計	七、一五三	一、六八〇	四二五	五、〇四八	一、一八一	二九八	二三八	六四五
南九戸郡								
久慈町	四、〇九二	一七五	一〇〇	三、八一七	六五七	三四四	未詳	三一三
宇部村	二、二四四	一八九	八四	一、九七一	三二八	四八	未詳	二八〇
野田村	二、五九〇	二六一	六二	二、二六七	四一一	一三八	未詳	二七三
長内村	二、七一九	二二	三	二、六九四	四七二	一七	未詳	四五五
夏井村	一、八〇三	四一	六	一、七五六	二六五	一六	未詳	二四九
計	一三、四四八	六八八	二五五	一二、五〇五	二、一三三	五六三	未詳	一、五七〇
北九戸郡								
伴濱村	一、三九七	二三	三	一、三七一	一八五	四	未詳	一八一
中野村	一、六九五	六五	一八	一、六一二	二二八	一三六	未詳	九二
種市村	四、六八五	一八二	三四	四、四六九	六五五	八一	未詳	五七四
計	七、七七七	二七〇	五五	七、四五二	一、〇六八	二二一	未詳	八四七
合計	一〇六、五七四	二二、八一一	三、三八二	八一、三八一	一七、四七六	六、〇一五	九三四	一〇、五二七

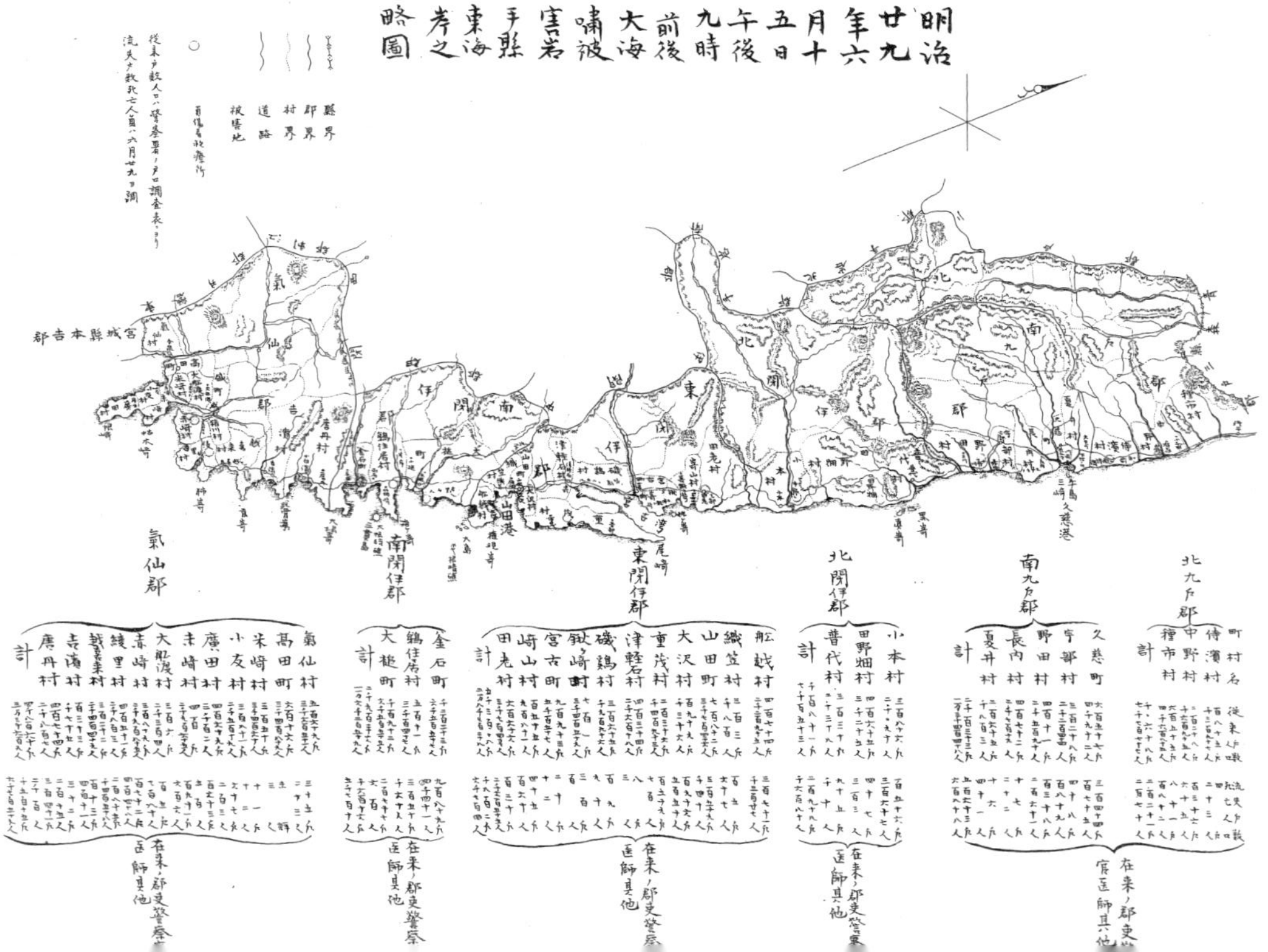
明治廿九年六月十五日午後九時前後大海嘯被害岩手縣東海岸之略圖
縣界
郡界
村界
道路
被害地
從來戶數人口ハ警察署ノ戶口調査表ニヨリ
流失戶數死亡人員ハ六月廿九日調
宮城縣本吉郡
氣仙郡
南閉伊郡
東閉伊郡
北閉伊郡
南九戶郡
北九戶郡
町村名
從來戶數
流失戶數
死亡人口
侍濱村
中野村
種市村
計
久慈町
宇部村
野田村
長内村
夏井村
計
小本村
田野畑村
普代村
計
船越村
織笠村
山田町
大沢村
重茂村
津軽石村
磯鷄村
鍬ヶ崎町
宮古町
崎山村
田老村
計
釜石町
鵜住居村
大槌町
計
氣仙村
髙田町
米崎村
小友村
廣田村
末崎村
大船渡村
赤崎村
綾里村
越喜来村
吉濱村
唐丹村
計
在来ノ郡吏警察官医師其他

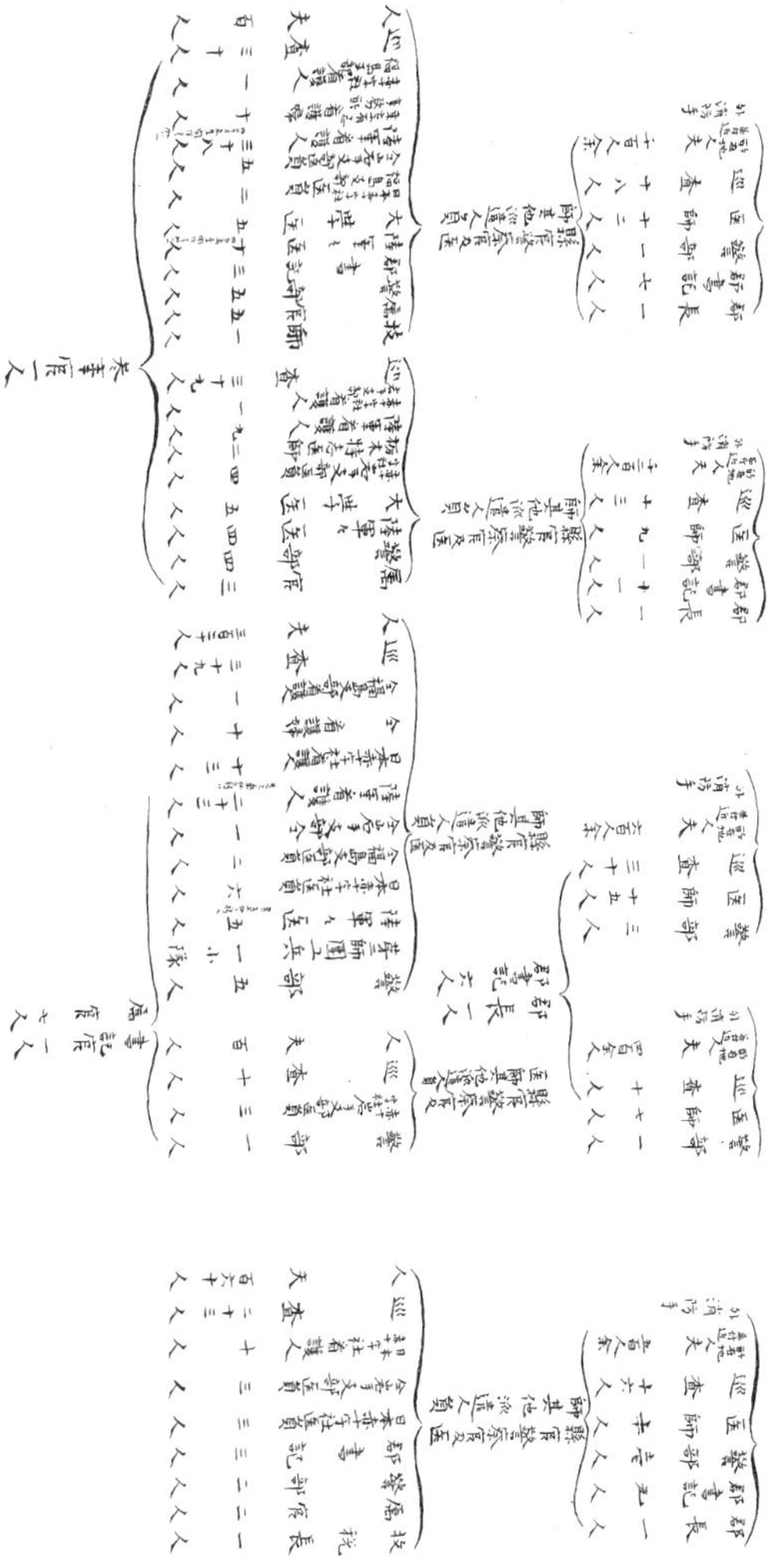

図12　明治三陸津波の岩手県下の被害と復旧体制（宮内庁宮内公文書館所蔵）

れた日数で、短期滞在ということを示唆している。文字以外の情報が引出すことができないのは残念である。

岩手県知事から侍従長に宛てた被害報告と陳情　岩手県沿岸部での大津波被害が甚大でかつ壊滅的であることは、これまでの数字からも明らかである。岩手県知事の東国基愛氏が、岩手県下の沿岸南部の視察を終えた六月廿五日―災害発生から十日目―、明治天皇への陳情を込めて徳大寺侍従長に宛てた手紙が存在する。図13である。その内容をみると、気仙郡では綾里と唐丹の二村の被害が甚大で、綾里村においては死者一、五〇〇人、負傷者一二人、全戸死亡一〇三戸、流失半潰家屋三〇〇戸、馬の斃死一六八頭、田畑に至っては概数不明。唐丹村では、死者二、五〇〇人、負傷者九七人、全戸死亡四一戸、流失家屋三八三戸、田畑の被害は二〇丁余。同村本郷の被害は大きく、一五四戸が流失し、生存者は漁で沖合にいた六〇人と村にいた三〇人余である。この村で救助された二四人のうち六人が死亡、入院している人が六〜七人であるが惨情は目を覆うばかりである。気仙郡の他の村々被害は大同小異である。釜石町では、死者四、七〇〇人、負傷者五〇〇人、流失家屋一、〇八〇戸、馬の斃死二七頭、船舶の流失一九一艘、耕地八〇丁余を失い、最も被害が甚大な地域の一つとなっている。各町村は、交通が不便のため、負傷者の救護にあたっては医師の派遣が遅く看護人も不足している。医師・看護人の不足は、第二師団や赤十字岩手県支部からの派遣が決まっているが、赤十字からの看護人の派遣人員が少なく、陸軍からの派遣は日数に限りがあるため先年の濃尾地震の例をみるまでもなく患者の充分な治療には医師が不足する。津波被害の惨情を報告するとともに、医師・看護人の不足を陳情するものである。

岩手県知事のこの手紙は、四日後に県から示された被害概数一覧表（表10）ともおおむね一致する。また、図13が一緒に作成されたものであれば、医師や看護人をはじめとする人員不足は否めない。陸軍の派遣も短期間で終了となりそうである。手紙には、翌廿六日から県北沿岸部の視察予定が添えられている。

宮城県本吉・桃生・牡鹿三郡の海嘯被害　宮城県下の沿岸部での大津波被害は、県北に集中している。その被害概況を示す史料として、宮城県が発行した。『海嘯ニ關スル件第壹報』（六月廿二日調）、『海嘯ニ關スル件第二報』（六月廿七日調）の二つの官報と「宮城縣陸前国本吉桃生牡鹿三郡海嘯被害地略圖」（図14）が保管されている。『海嘯ニ關スル件第壹報』には、日本赤十字社宮城支部臨時病院所在地一〇カ所（図14に指示）、工兵出張が甲・乙組各四〇人で本吉郡へ、海嘯被害調査概表（表11）、寄附金品等々が、『海嘯ニ關スル件第二報』には、恩賜、小学校教員生徒海嘯被害調査表（六月廿四日調）、海嘯被害調査概表（六月廿六日調）等々が記されている。

表11は、第壹報に掲載されている史料から作成したものである。宮城県下では、本吉・桃生・牡鹿の三郡のうち最北端に位置する本吉郡の被害が甚大で、南に下るほど少ない。工兵出張が本吉方面とあるが、この表からもわかる。本吉郡は一町九村三三、〇〇〇人余の人口があったが、そのうち三、二五二人（九・九%）が死亡し、九八三戸が流失している。この中で最も被害が大きいのは唐桑村で、死者八二三人（一四・二%）、流失家屋二六二戸（三二・九%）という報告がある。反対に鹿折村・大島村・戸倉村の三村は、他の七村と比較すると被害は比較的小さい。ちなみに、八木恒介氏の調査によると、本吉郡の主要地での波高は、唐桑村で八・五メートル、大谷村で五・二メートル、十三濱村で四・六メートル、戸倉村で三・二メートルという。表9の岩手県沿岸部と比較すると波高は小さいが、それでも五メートル前後の津波が観測されており、沿岸部や低い土地での被害を大きくしている。

「宮城縣陸前国本吉桃生牡鹿三郡海嘯被害地略圖」　本図は、三県の中では被害が北部沿岸のみであることから、被災地の略図となっている。津波が押寄せた沿岸部を朱色で塗り、法量は、縦二六・九センチ、横三八・五センチを測る。本図の特長として、前述の官報にあるように、日本赤十字社臨時病院一〇カ所が明記されていることである。被害の大きい唐桑村は、図中左端の岩手県側に位置し、同村には宿と大澤

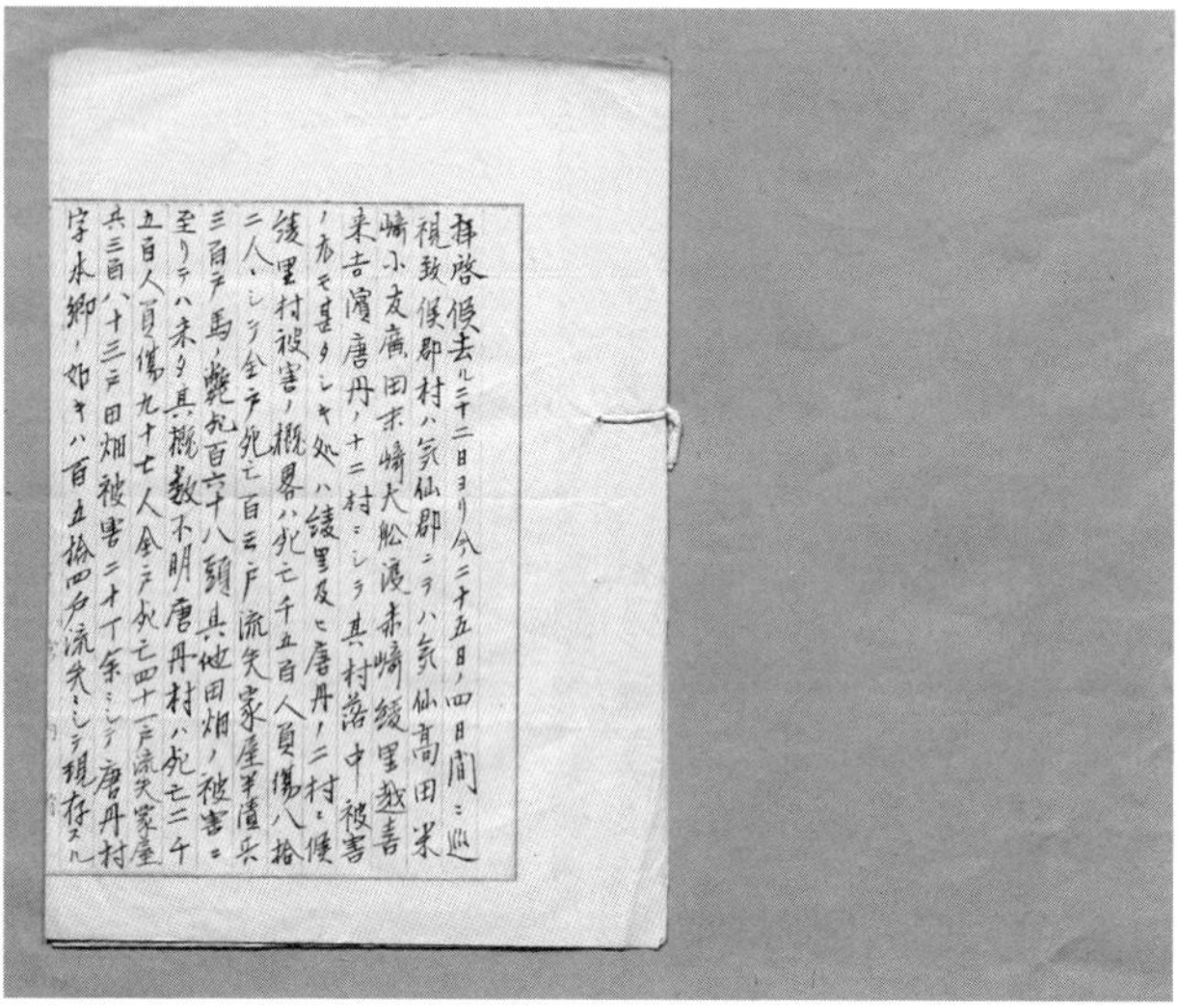

拝啓 候去ル二十二日ヨリ今二十五日ノ四日間ニ巡
視致候郡村ハ気仙郡ニテハ気仙高田米
崎小友広田末崎大船渡赤崎綾里越喜
来吉浜唐丹ノ十二村ニシテ其村落中被害
ノ尤モ甚タシキ処ハ綾里及ヒ唐丹ノ二村ニ候
綾里村被害ノ概略ハ死亡千五百人負傷八拾
二人ニシテ全戸死亡百三戸流失家屋半潰共
三百戸馬ノ斃死百六十八頭其他田畑ノ被害ニ
至リテハ未タ其概数不明唐丹村ハ死亡二千
五百人負傷九十七人全戸死亡四十一戸流失家屋
共三百八十三戸田畑被害二十丁余ニシテ唐丹村
字本郷ノ如キハ百五拾四戸流失シテ現存スル

①

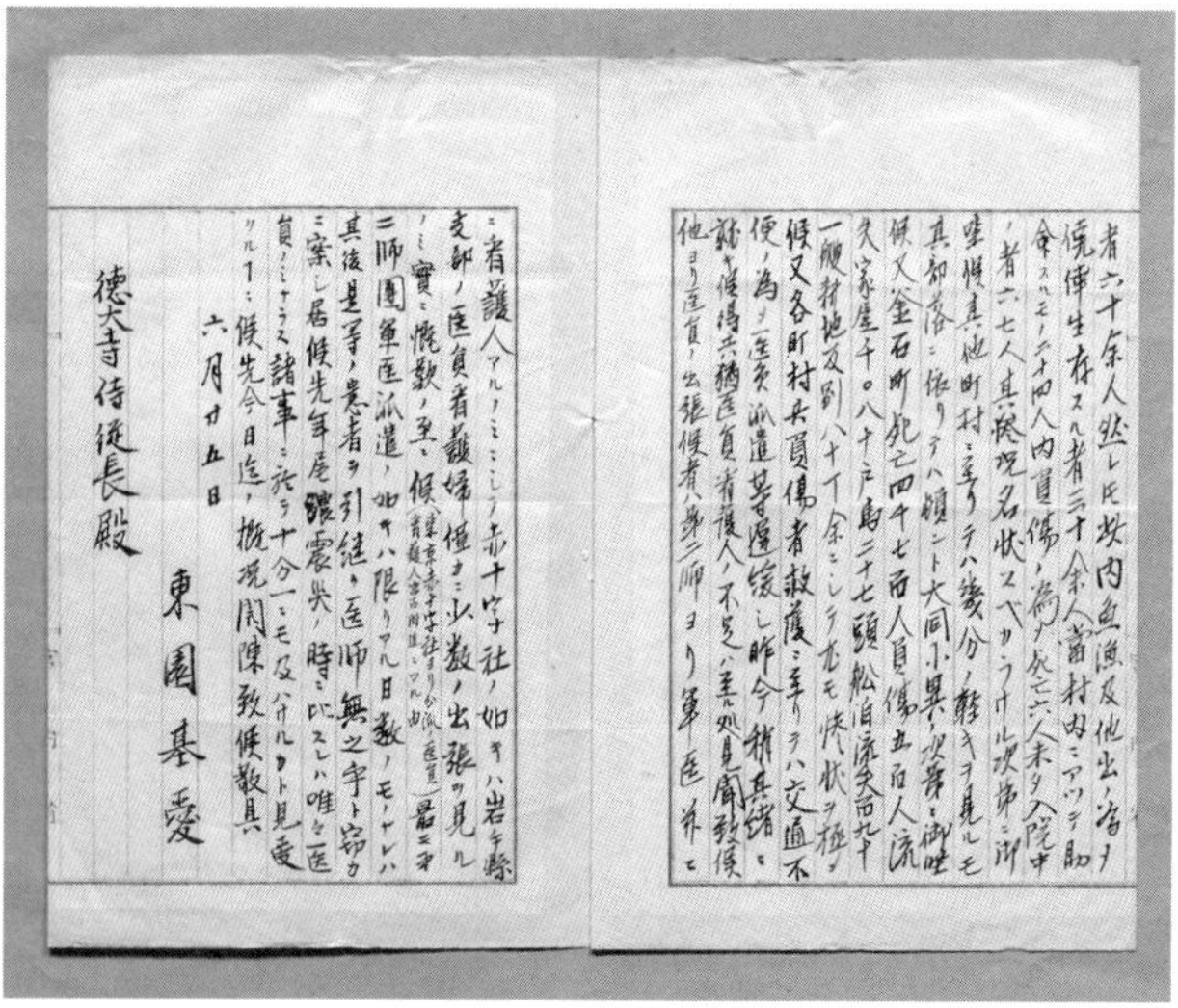

者六十余人然レ圧此内魚漁及他出ノ為メ
僥倖生存スル者三十余人(當村内ニアツテ助
命スルモノハ十四人内負傷ノ為メ死亡六人未タ入院中
ノ者二七人其悲況名状スヘカラサル次第ニ御
座候其他町村ニ至リテハ幾分ノ軽キヲ見ルモ
其部落ニ依リテハ殆ント大同小異ノ次第ニ御座
候又釜石町死亡四千七百人負傷五百人流
失家屋千〇八十戸馬二十七頭船舶流失百九十
一艘耕地反別八十丁余ニシテ尤モ惨状ヲ極メ
候又各町村共負傷者救護ニ至リテハ交通不
便ノ為メ医員派遣等遅緩シ昨今稍其緒ニ
就キ従テ病院医員看護人ノ不足ハ差ル処見聞致候
他ヨリ医員ノ出張候者ハ第二師ヨリ軍医并ヒ

ニ看護人アルノミニシテ赤十字社ノ如キハ岩手県
支部ノ医員看護婦僅カニ少数ノ出張ヲ見ル
ノミ実ニ慨歎ノ至ニ候(東京赤十字社ヨリ分派ノ医員看護人出張スル由ナリ)最モ第
二師団軍医派遣ノ如キハ限リアル日数ノモノナレハ
其後是等ノ患者ヲ引継クヘキ医師無之乎ト窃カ
ニ案シ居候先年尾濃震災ノ時ニ比スレハ唯タ医
員ノミナラス諸事ニ於テ十分一ニモ及ハサルカト見受
ケラルノミニ候先ツ今日迄ノ概況開陳致候敬具
六月廿五日
東園基愛
徳大寺侍従長殿

②

図13　岩手県知事の明治三陸津波陳情手紙
（宮内庁宮内公文書館所蔵）

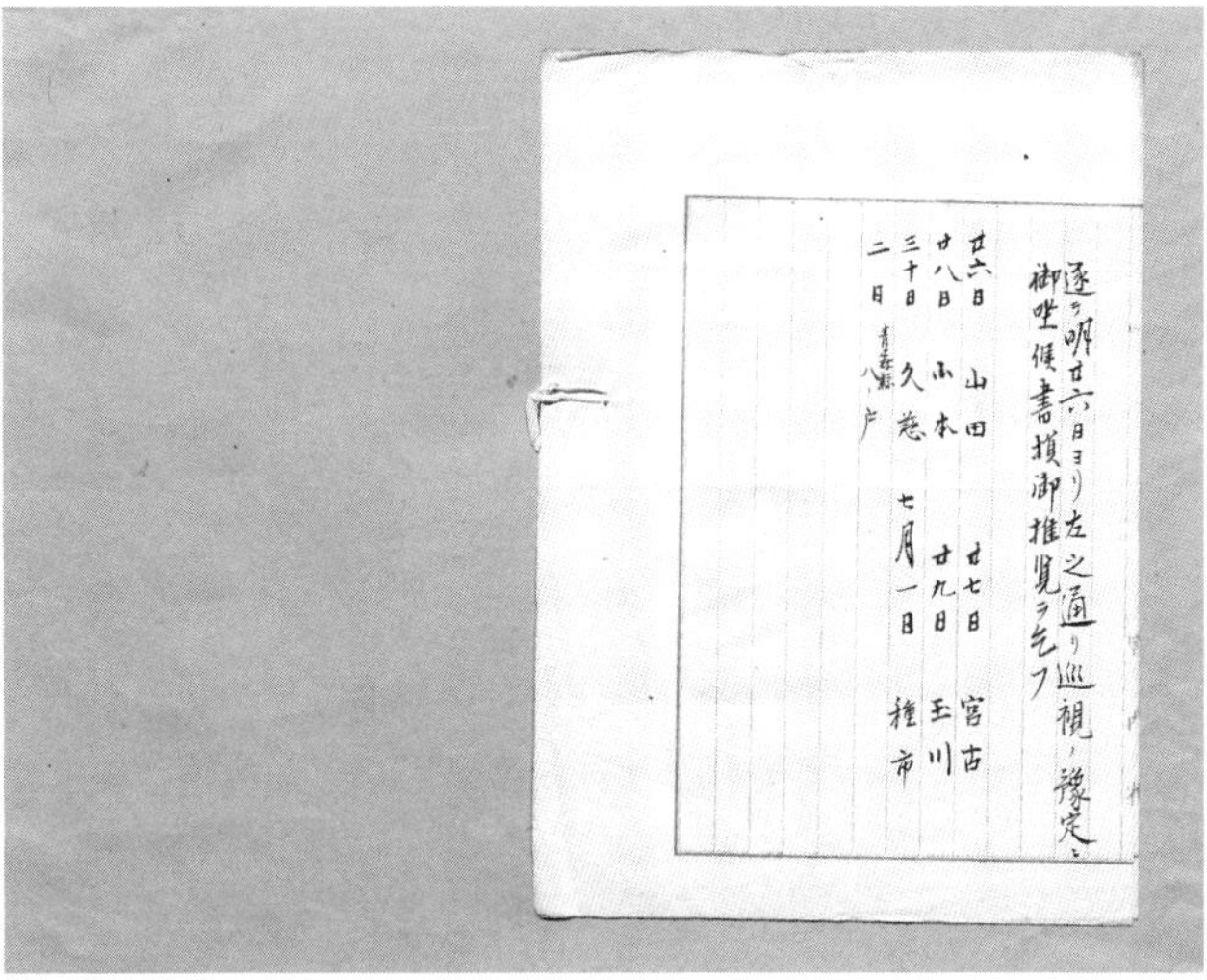

③

の二カ所に置かれている。ちなみに、第壹報には唐桑村二カ所の臨時病院で一〇四人の治療にあたったと記されている。このほか、同図には宮城縣海嘯臨時部出張所が気仙沼と志津川の二カ所に置かれたことがわかる。

唐桑村の古写真が語る　明治三陸大津波の被災写真七点が存在する。識別番号五四六八一、「写真一七一―六　明治二九年」の名称で登録されている。七点の写真の内、五点は唐桑村で撮影されたものであることが裏書されている。一例として口絵3上には、「明治二十九年六月十五日海嘯被災地唐桑村只越」とある。このほか同村の宿・鮪立・大澤・小鯖の名がみられ、二点は無題となっている。唐桑村の被害状況は表11にあるが、もう少し詳しく述べると、波高は、只越で最も高く八・五メートル、小鯖七・五メートル、大澤六・四メートル、宿四・三メートル、鮪立四・〇メートルと地形によって大きく異なる。また、只越の写真には溺死した男の子がなんともいたましい。前述した第二

表11 宮城県下における明治三陸津波の被害一覧（宮内庁宮内公文書館史料より）

『海嘯ニ關スル件第壹報』より　宮城縣　明治二十九年六月廿二日調

<table>
<tr><th>郡</th><th>町村</th><th>被害前戸数</th><th>人口</th><th>流失家屋</th><th>死亡</th><th>負傷</th></tr>
<tr><td>本吉郡</td><td>大谷村</td><td>三四〇</td><td>二、四八六</td><td>八三</td><td>三一九</td><td rowspan="6">三〇〇</td></tr>
<tr><td></td><td>階上村</td><td>四二八</td><td>三、〇〇九</td><td>八五</td><td>四二一</td></tr>
<tr><td></td><td>唐桑村</td><td>七七二</td><td>五、七九二</td><td>二六二</td><td>八二三</td></tr>
<tr><td></td><td>大島村</td><td>三二〇</td><td>二、六三〇</td><td>三一</td><td>五六</td></tr>
<tr><td></td><td>鹿折村</td><td>四二九</td><td>二、七六一</td><td>三</td><td>六</td></tr>
<tr><td></td><td>小泉村</td><td>二七七</td><td>一、九二一</td><td>五五</td><td>二三〇</td></tr>
<tr><td></td><td>志津川村</td><td>八〇五</td><td>四、八三八</td><td rowspan="4">四六四</td><td>三七五</td><td>一八五</td></tr>
<tr><td></td><td>歌津村</td><td>六〇一</td><td>四、〇八三</td><td>七四四</td><td>一一〇</td></tr>
<tr><td></td><td>十三濱村</td><td>三六三</td><td>二、五八一</td><td>二〇九</td><td>六五</td></tr>
<tr><td></td><td>戸倉村</td><td>三六四</td><td>二、六〇二</td><td>六三</td><td>五〇</td></tr>
<tr><td></td><td>計</td><td>四、六九九</td><td>三二、七〇三</td><td>九八三</td><td>三、二五二</td><td>七一〇</td></tr>
<tr><td>桃生郡</td><td>十三濱村 雄勝</td><td>七一一</td><td>四、四二三</td><td>一一九</td><td>三一</td><td>五</td></tr>
<tr><td></td><td>同 船越</td><td></td><td></td><td>四〇</td><td>二七</td><td></td></tr>
<tr><td></td><td>同 名振</td><td></td><td></td><td>一</td><td></td><td></td></tr>
<tr><td></td><td>大川村 長面</td><td>五〇五</td><td>三、二一九</td><td>三</td><td>一</td><td></td></tr>
<tr><td></td><td>計</td><td>一、二一六</td><td>七、六四一</td><td>一六三</td><td>五九</td><td>五</td></tr>
<tr><td>牡鹿郡</td><td>大原町 谷川</td><td>三八一</td><td>二、四六九</td><td>一七</td><td>一</td><td></td></tr>
<tr><td></td><td>女川村 女川</td><td>六五四</td><td>四、一七三</td><td>一七</td><td>一</td><td></td></tr>
<tr><td></td><td>全 御前濱</td><td></td><td></td><td>二</td><td>一</td><td></td></tr>
<tr><td></td><td>鮎川村 鮎川</td><td>三二九</td><td>二、〇〇四</td><td>二</td><td></td><td></td></tr>
<tr><td></td><td>計</td><td>一、三六四</td><td>八、六四六</td><td>三八</td><td>三</td><td>一</td></tr>
<tr><td>合計</td><td></td><td>七、二七九</td><td>四八、九九〇</td><td>一、一八四</td><td>三、三一四</td><td>七一五</td></tr>
</table>

報には、被災した小学生の数が記されている。唐桑村をみると、生徒五〇九人（六三人）の内、男三六七人（四二人）、女一四二人（二一人）で負傷者が男四人、女二人の六人となっている。括弧内が死者の数である。

写真を具体的にみることにする。ここでは、劣化の著しい「小鯖」を除く六点を紹介する。口絵3上は、「只越」の被災写真である。海岸はみえないが、背景の小高い山（山腹には畑）を除くとあたり一面は平地で、津波によって押し流された様々なものが散乱している。画面中央左下には頭を丸めた男性が腰から座り込み、目前には筵の上に我子とおぼしき溺死した男の子が裸の状態で安置され、隣りには斃死した愛馬が横たわっている。男性の表情は、悪夢をみているかのように茫然自失。印象に残る一点である。口絵3下は、「宿」。山裾には、津浪で流された家屋の骨組や各種部材、樋などが散乱。画面左下には屋根の骨組の上に、揃いの消防団の法被を身に纏い、鉢巻姿の男性十一人。このほか後手中程には表情が固く身形の異なる男性が一人。この男性が家主で、これから不明者の捜索であろうか。揃いの男性達は、手に道具を持ちあわせてはいない。図15は、「大澤」。山間深くまで入り込んだ津波。屋根の形状は留めるが、土砂や木材が家の中を充填。画面右手家の前と屋根の上には住民とおぼしき人物が二人。図16は、「鮪立」。川を逆上った津波であろうか、あるいは奥まった入江であろうか、画面下半、木立を挟んで水に浸った二棟分の屋根が印象的である。同様の光景は、画面上位、山間が開けた箇所でもみられる。津波によって押流されたものであるかもしれない。図17・18は無題であるが、残されている写真から、唐桑村もしくはその周辺地域の景観と考えられる。図17は、遺体を集め、広場に安置している光景である。遺体の上には筵がかけられており、所々で手足がはみ出している。その数は数十体。周囲を見渡すと、画面左手上には津波

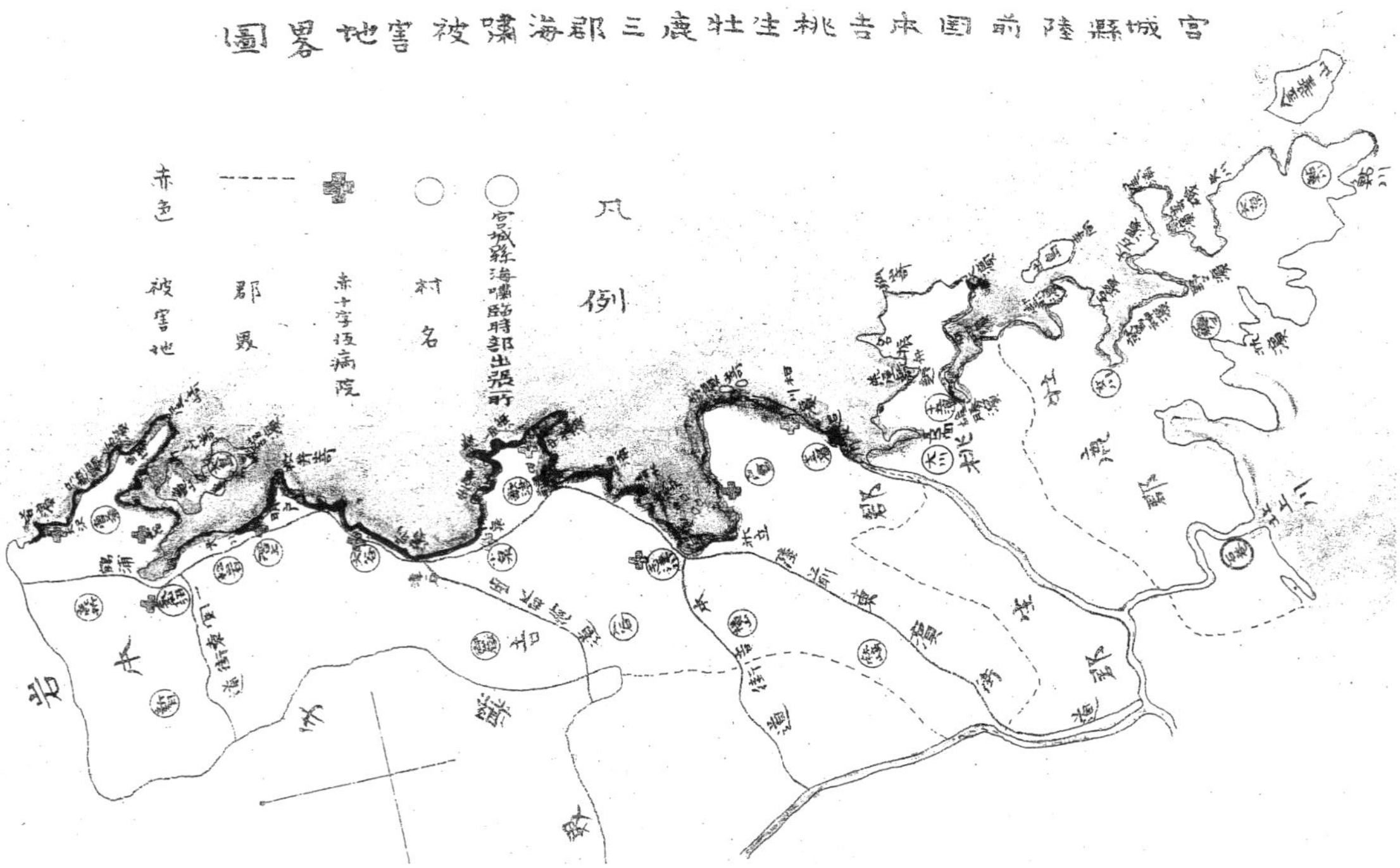

図14　明治三陸津波の宮城県下北部の被害と復旧（宮内庁宮内公文書館所蔵）

に流されずに残った家屋。その脇には織笠を片手に持った男性がたたずんでいる。遺体と家屋の周囲には、流された木桶や板戸、木材等々が無数に散乱している。痛ましい光景である。図18は、画面手前が海、後ろに山並が迫っている。海辺は二層に分れ、海水、海辺近くに押し流した木材や瓦礫、その奥、山間が開けたところでは、家屋が折り重なっている。

六点の写真は、いずれも津波が一瞬のうちに人馬、家屋等々を呑込んだ惨情を写し出している。

青森県上北・三戸郡の海嘯被害　三陸沖を震源とする巨大津波の場合、震源地にもよるが、岩手県や宮城県と比較した場合、総じて青森県下の被害は小さい。それは、表12に示した明治三陸津波の犠牲者の内訳からもわかる。要因としては、津波の方向や沿岸部の地形などが考えられる。青森県の太平洋沿岸部では、岩手県下のような津波が高くなるV字やU字型の湾はさほどみられない。青森県下の明治三陸津波の観測記録はないが、昭和三陸津波では、三沢市六川目・五川目の四・五メートルを最高に、大半は三メートル以下という記録がある。

明治三陸大津波の青森県下の被害状況を知る史料としては、「青森縣管内海嘯被害概況表」(表12)と「青森縣陸奥國三戸上北両郡海嘯被害地略圖」(図19)がある。

「青森縣管内海嘯被害概況表」　この表は、青森県が六月三十日の時点で作成したもので家屋や人の被害のほか、建物・土地・橋梁・堤防・船舶等々が加えられている。三陸三県の中では、最も詳細な被害報告となっている。県下の被害は、北側に位置する三澤村・百石村の上北郡の方が大きい。被害部落として上北郡では三澤村一一カ所、百石村五カ所とあるが、その位置は図19に記されている。情報の収集過程にあるかもしれないが、上北・三戸の両郡を比較すると、被害戸数、死者および行方不明者、負傷者とも四

図15　明治三陸津波、唐桑村大澤（宮内庁宮内公文書館所蔵）

図16　明治三陸津波、唐桑村鯖立（宮内庁宮内公文書館所蔵）

図17　明治三陸津波（宮内庁宮内公文書館所蔵）

図18　明治三陸津波（宮内庁宮内公文書館所蔵）

表12 青森県下における明治三陸津波の被害一覧（宮内庁宮内公文書館資料より）

青森縣管内海嘯被害概況表

郡名	村名	現在戸数 全村 戸数	現在戸数 全村 人口	現在戸数 被害部落 部落数	現在戸数 被害部落 戸数	現在戸数 被害部落 人口	被害戸数	被害ノ人畜 死亡 男	死亡 女	死亡 計	生存不明 男	生存不明 女	生存不明 計	負傷 男	負傷 女	負傷 計	合計 男	合計 女	合計 計	斃畜 牛	斃畜 馬	斃畜 計	流失 家屋	流失 納屋小屋等	流失 学校	流失 村社	流失 計
上北郡	三澤村	六四七戸	三、九五七人	一一ヶ所	四三一戸	二、四二五人	三一二戸	六五人	六一	一二六	三	六	九	二七	二八	五五	九五	九五	一九〇	一頭	一	二	一八一棟	五九	二		二四二
	百石村	三八九	二、五三一	五	二一四	一、三九九	一八三	五五	八六	一四一				七九	六八	一四七	一三四	一五四	二八八	七	二	九	一四五	九〇			二三五
	計	一、〇三六	六、四八八	一六	六四五	三、七二四	四九五	一二〇	一四七	二六七	三	六	九	一〇六	九六	二〇二	二二九	二四九	四七八	八	三	一一	三二六	一四九	二		四七七
三戸郡	市川村	四二一	三、〇〇一	一	三二三	一、五二二	四四	一〇	一八	二八				五	三	八	一五	二一	三六	一	九	一〇	一九	六			二五
	下長苗代村	三九五	二、九八二	一	七六	八一二																		一五			一五
	小中野村	四五七	二、七八六	一	四五七	二、七八六																					
	湊村	八〇三	五、六二四	三	七三七	五、一四三	三八	三	一	四							三	一	四				一				一
	鮫村	四一九	三、一一二	七	三七四	二、七七二		三	一	四	一二	四	一六	二	二	四	一七	七	二四					五〇			五〇
	海上村	五八七	四、七七四	四	一一九	九一六	一三	六	七	一三	三	五	八				九	一三	二二		一	一	三	二八		一	三二
	計	三、〇八二	二二、二七九	一七	一、九八五	一三、七〇一	九五	二二	二七	四九	一五	九	二四	七	五	一二	四四	四一	八五	一	一〇	一一	二二	一〇〇		一	一二三
合計		四、一一八	二八、七六七	三三	二、六五〇	一七、四二五	五九〇	一四二	一七四	三一六	一八	一五	三三	一一三	一〇一	二一四	二七三	二九〇	五六三	九	一三	二二	三四八	二四九	二	一	六〇〇

六月三十日迄ニ得タル材料ニ付調整
現在戸口ハ被害前ノ戸口
被害戸数ハ流失、全潰、半潰、破壊、破損、浸水ヲ合ス
被害ノ建物ハ流失、全潰、半潰、破壊、破損ヲ合ス
被害ノ土地以下ノ諸項ハ、未了ノ為表記欠クモノ多シ

被害ノ船舶			重ナル流失				破損	流失	被害ノ土地						被害ノ建物										
計	破壊	流失	漁網漁具	鰛釜	魚粕	穀類	堤防	橋梁	計	原野	宅地	耕地 計	畑	田	合計 計	村社	学校	納屋及小屋等	家屋	浸水 計	納屋及小屋等	家屋	破潰 計	学校	納屋及小屋等	家屋
三〇		三〇艘	五二ヶ	三一九ヶ	一六、八二一俵	一、四五四俵	間		.〇五			.〇五	.〇五	町・畝	三六七		三	七〇	二九四	三〇		三〇	九五	一	一一	八三
二七	二〇	七	一一四	一三二	七、一三七				一.四〇			一.四〇	.二〇	一.二〇	二七三			九〇	一八三	一三		一三	二五			二五
五七	二〇	三七	一六六	四五一	二三、九五八	一、四五四			一.四五			一.四五	.二五	一.二〇	六四〇		三	一六〇	四七七	四三		四三	一二〇	一	一一	一〇八
二九	二一	八	一、〇四九		一、五八三	三五	一、二〇〇	一	三三.八〇	七.一〇	五.九〇	二〇.〇〇	一一.〇〇	九.〇〇	五九			一五	四四	三		三	三一		九	二二
			三八		三〇〇		五〇	一	三八.〇〇			三八.〇〇	三.〇〇	三五.〇〇	二〇			一五	五	三		三	二			二
三二	二七	五	一		五〇				一〇.三〇	五.〇〇	三.〇〇	二.三〇	.八〇	一.五〇	三			一	二	二		二	一		一	
一三八	七八	六〇	一二		一、五八一				三.八〇	一.〇〇	二.〇〇	.八〇	.三〇	.五〇	八五		一	三七	四七				八四	一	三六	四七
二五七	二二八	二九	一、一四一		二、七八五		五〇	二							七三			七三					二三		二三	
七五	六三	一二	三七五		二四四	二五八									三五	一		二九	五	一	一		二			二
五三一	四一七	一一四	二、六一六		六、五四三	二九三	一、三〇〇	四	八五.九〇	一三.一〇	一〇.九〇	六一.九〇	一五.九〇	四六.〇〇	二七五	一	一	一七〇	一〇三	九	一	八	一四三	一	六九	七三
五八八	四三七	一五一	二、七八二	四五一	三〇、五〇一	一、七四七	一、三〇〇	四	八七.三五	二三.一〇	一〇.九〇	六三.三五	一六.一五	四七.二〇	九一五	一	四	三三〇	五八〇	五二	一	五一	二六三	三	八〇	一八一

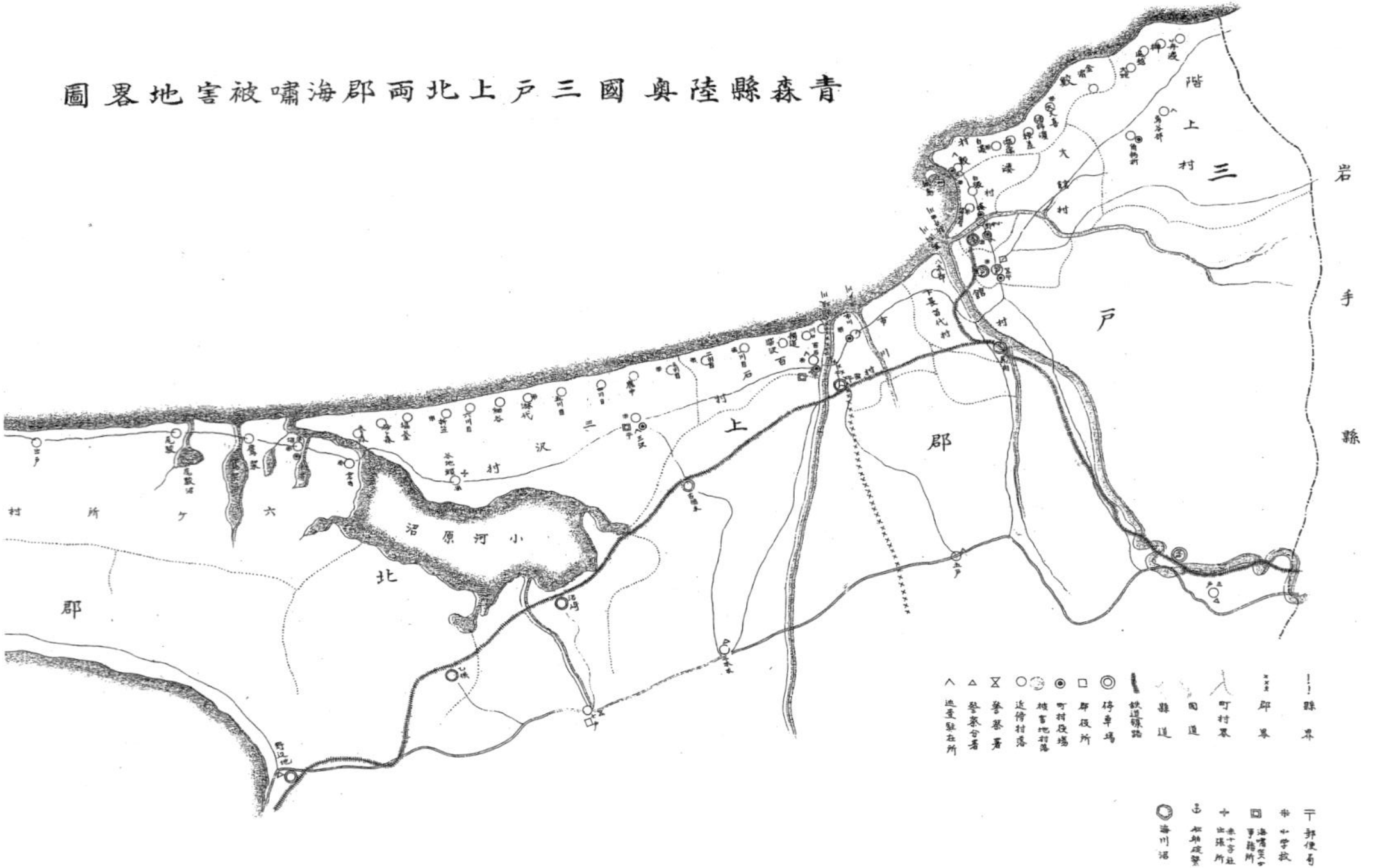

図19　明治三陸津波の青森県下の被害と復旧（宮内庁宮内公文書館所蔵、一部改変）

倍以上、上北部の方が多い。流失橋梁をみると、上北部での報告はなく、三戸郡で四カ所とある。橋梁が掛けられた位置にもよるが、波高を推測する一つの目安になる。三戸郡で被害が大きいのは、津波によって生じた船舶の流失および破壊である。六村で流失一一四艘、破壊四一七艘の五三一艘に及んでいる。

「青森縣陸奥國三戸上北両郡海嘯被害地略圖」　本図（図19）は、青森県の太平洋沿岸の地図に、上北・三戸両郡の被災地を示したものである。図は下北まで記されているために細長く、法量は、縦二七・三センチ、横七五・〇センチを測る。二郡は、相坂川を境とし、左手が上北郡、右手が三戸郡となる。図中に表12の被害部落が示してある（〇印）と述べたが、上北郡を例にあげると、最北が三澤村の天森、最南が百石村の川口となる。この間に海岸線に沿って一四の部落が記されている。また、被害の大きい三澤村と百石村には、日本赤十字社臨時病院と海嘯災害事務所が各々一カ所ずつ置かれている。

第二章　江戸庶民の大地震への関心

一九世紀後半前後は、日本列島全域で地震――とりわけ被害地震――の多い時である。江戸では、一八二五年以降、有感地震の数が急増することを前章で述べた。この両者は、無関係ではなく、江戸の各地の人々に被害を及ぼした。表13に、天保一四年（一八四三）から文久元年（一八六一）までの十九年間における代表的な被害地震をあげた。善光寺地震、小田原地震、安政東海南海地震、安政江戸地震と甚大な被害から冠の名称がついた地震が四回ある。有史以後では、最も地震活動の盛んな時期の一つでもある。

表13を補足すると、一一の事例をあげているが、十九年間に記録されている被害地震の数は、その三倍にのぼる。宇佐美龍夫氏の『最新版日本被害地震総覧』では、この間の被害地震として三三例を集成されており、それらの地震の規模は、M五級（全て5・9）七例、M六級一〇例、M七級三例、M八級三例、不明一〇例となっている。この中には、最大余震が数例含まれているようにもみえるが、これとは別に余震が発生している。

大きな地震が各地で起こり、年間を通しての有感地震の日数が増加し、被害報告が届くに従って、民衆の地震に対する恐怖心は一気に高まっていく。これに拍車をかけたのが、政治や外交ということになる。

主要な被害地震一覧

被　害　の　概　要	備　　　考
厚岸の八幡社で大被害、死者46人、家屋流出・破壊76、破船61	
松代領・飯山領の被害甚大、潰家14,000戸以上(半潰・大破を除)、死者5,767人以上、虚空蔵山崩で十カ村水没、堰が決壊し被害大	善光寺地震
潰家730、半潰・大破1,182、他に山崩で潰150、死者200数十人	
小田原城天守瓦落、所々大破、城下三町屋総潰れ、山崩れ341カ所	小田原地震
伊賀上野城本丸御殿崩、亀山城・膳所城崩、潰家4,300以上、死者1,800人以上	
沼津から天龍川河口甚大被害、房総から土佐まで津波、ロシアのディアナ号大破	安政東海地震 } 安政地震
上記地震被害との区別困難、全潰1万戸、半潰3万戸、焼失6,000戸、流失15,000戸、死者3,000人(数字はいずれもそれ以上)	安政南海地震 } 安政地震 (安政東海地震の32時間後)
第4章参照	安政江戸地震
北海道から三陸にかけ津波、南部では流失93戸、溺死26人	
飛騨北部・越中で甚大被害、潰425戸以上、死者249人、真谷川崩、3月10日堰決壊、これにより潰家1,612戸、溺死140人	
仙台城破損、綾里で津波、潰家・死傷者有	

表13　19世紀中頃の

地震発生日	地震の規模	被災の著しい地域
天保14（1843）3.26	M8.4	釧路・根室
弘化4（1847）3.27	M7.4	信濃北部・越後西部
弘化4（1847）3.29	M6.5	越後頸城郡
嘉永6（1853）2.7	M6.5	小田原付近
嘉永7（1854）6.15	M6.9	伊勢・伊賀・大和
嘉永7（1854）11.4	M8.4	東海・東山・南海道
嘉永7（1854）11.5	M8.4	畿内・東海・東山・北陸・南海・山陰・山陽他
安政2（1855）10.2	M6.9	江戸
安政3（1856）7.23	M7.75	日高・渡島・津軽・南部
安政5（1858）2.26	M6.9	飛騨・越中・加賀・越前
文久元（1861）9.18	M6.4	陸中・陸前・磐城

一　鯰絵や瓦版の盛行

相次ぐ大地震の発生　江戸では安政江戸地震によって、大名屋敷・武家屋敷、さらには町家へと甚大な被害をうける。被害の概況は、第四章にゆだねるが、壊滅的ともいえる惨状の一方では、その復旧のために、大名屋敷であれば国元から、金、人、物資が早急に手配され、送られることになる。町屋でも、幕府や富裕者などの援助によって急速に復旧が進められていく。そのため、江戸には、金・人・物資が通常ではありえないほどのものが集まることとなる。

江戸の町そのものが復旧する一方で、震災によって富を得る人もでてくる。庶民は、地震に対する恐怖心がかさむ反面、世間の不合理さに不満が生じ、世直し願望が高まっていく。そのような中で、鯰絵は流行していく。

鯰絵は、神の御使である大鯰、地震除けの神である鹿島大明神、地底にいる鯰を押え込む要石を中心として、長者、大工・左官などの職人、吉原の遊女などが登場し、自由奔放に描かれている。

具体的に、都立中央図書館特別文庫室所蔵資料でみることにする。図20は、「地震鯰に関する絵」の資料名がある。画面下位に「要石」を肘で押さえつける長者。その脳裏には、大鯰によって家が焼尽くされ逃げ惑う人々。鯰からは小判がふりそそぐ。鯰の右下には鹿島大明神が「これはたいへんるすニ／とんだことだ者《は》やくいつて／可多をつけ須《す》ハ奈《な》るまい」と、左下には雷が「いやもな　おれハ／いくらをもつても人が／へのよふ尒《に》おもつてをり／あげてく連《れ》祢《ね》へ尒《に》ハこまる」とある。地震には鹿島大明神の力が必要

図20　「地震鯰に関する絵」（都立中央図書館特別文庫室所蔵）

図21　「地震よけの歌」（都立中央図書館特別文庫室所蔵）

で早馬でかけつける一方、雷は無力であることを説く。鯰の大胆でユーモラスな表情は、どこか愛くるしい。図21は、中程の文字から、「地震よけの歌」の資料名をもつ。その歌は、「水可み乃／つげ尓《に》／いのちを／た春《す》可《か》り天《て》／六分のうち尓《に》／入るぞ／う連《れ》しき」と読まれている。大鯰にのった鹿島大明神。大風呂敷を横に、打出の小槌を長者が振ると、小判が次から次へと出、それを競争して拾い集める大工や左官風情の人々。二つの図は、地震の復旧特需の様子を風刺画として描いたものである。これらからは、地震の恐怖などは微塵にも感ずることはない。

図20・21が多色彩の錦絵であるのに対して、図22は、墨一色による版画刷りである。最上位に資料名となる「おと《（登）》けは《（者）》なし」、その下に四条の罫線が引かれ、冠には、「地震・雷・火事・親父」の四文字、その下には問答によることば、その下に象徴的な絵を入れている。素朴ではあるが、ついつい見入ってしまう。

地震＝鯰という観念は、現代人にも通ずる。これを流布したのは、豊臣秀吉といわれている。秀吉は、天正一三年（一五八六）十一月二十九日に発生した天正地震（マグニチュード七・九）時に、琵琶湖のほとり坂本にいた。琵琶湖周辺での揺れは激しく、ルイス・フロイスによる『フロイス日本史』によれば、秀吉は、当時手掛けていた一切のことを放棄し、馬を乗り継ぎ大坂に急ぎ戻ったという。おそらく、大坂の方が安心と考えてのことであろう。琵琶湖には、オオナマズが生息しており、時として、「奇妙な行動」をおこすと、何時となく伝わっていた。この時、秀吉の耳にも入っていたのかもしれない。その後、秀吉は、天正一九年（一五九一）、朝鮮出兵の大号令を発し、自ら名護屋城（佐賀県唐津市）に赴く。息子鶴松や弟秀長、さらには大政所の死、千利休の切腹と不幸が重なる中で、自らの隠居城である伏見指月城を築造していた前田玄以に宛てた手紙に鯰のことが記されている。

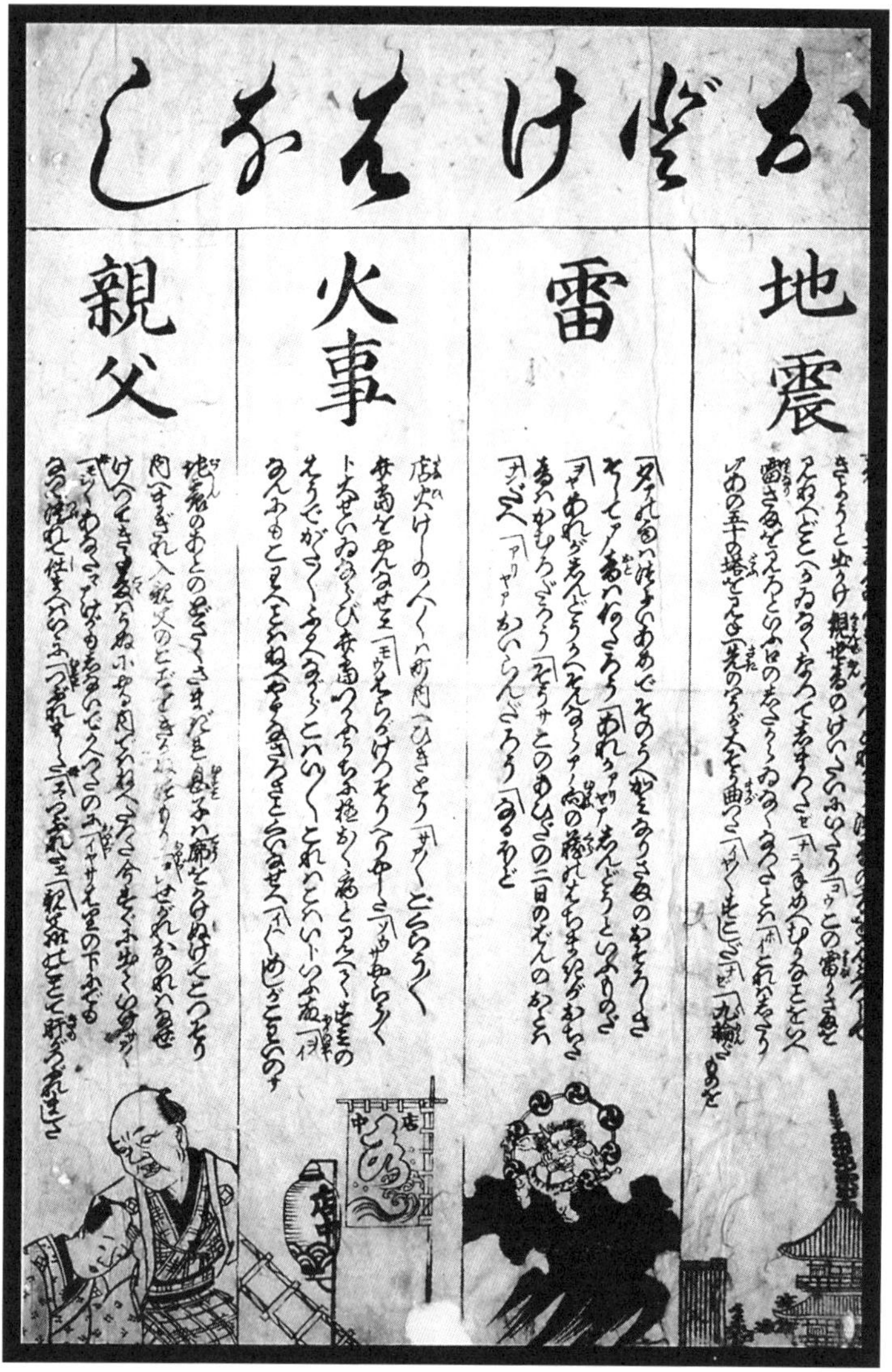

図22 「おとけはなし」(都立中央図書館特別文庫室所蔵)

ふしみのふしんなまつ大事にて候まま（中略）りきうにこのませ候て、ねんころに申付けたく候とある。指月城を普請の折、鯰を大事＝鯰に注意することを指示し、千利休の好みにすることも添えている。天下人秀吉のこの手紙のなまつ大事が後に、地震＝鯰といわれたとしても不思議ではない。ところで、秀吉の「なまつ大事」は不幸にも的中することとなる。文禄五年（一五九六）閏七月十三日、京都および畿内を中心としてマグニチュード七・〇の地震が発生する。伏見地震である。伏見城の天守が大破し、石垣も大いに崩落した。『増補家忠日記』によれば、「伏見城では上臈女房七十三人、中居下女五百余人横死す」とある。謹慎中の加藤清正が三〇〇人の家来とともに秀吉と家族の安否の確認と救助に駆けつけたことは有名で、「地震加藤」とも称されている。

秀吉に続いて地震＝鯰と結びつけたのは、松尾芭蕉である。延宝六年（一六七八）刊行の『江戸三吟』に、地震と竜の句を受けて、鯰で返した句を読んでいる。

大地震　つづいて龍や　のぼるらん　似春　長《たけ》十丈の　鯰なりけり　桃青

芭蕉がまだ桃青と名乗っている頃のものである。

秀吉と芭蕉が鯰絵の流行に直接、係わっているわけではないが、歴史上の有名人が、大地震と鯰との関係を準《なぞら》えている以上、庶民もそれにのったということであろうか。

二　災害番付と地震・津波

江戸時代後期以降、各種番付が盛んに作成される。それは、人々にとって楽しみの一つでもある。火災・

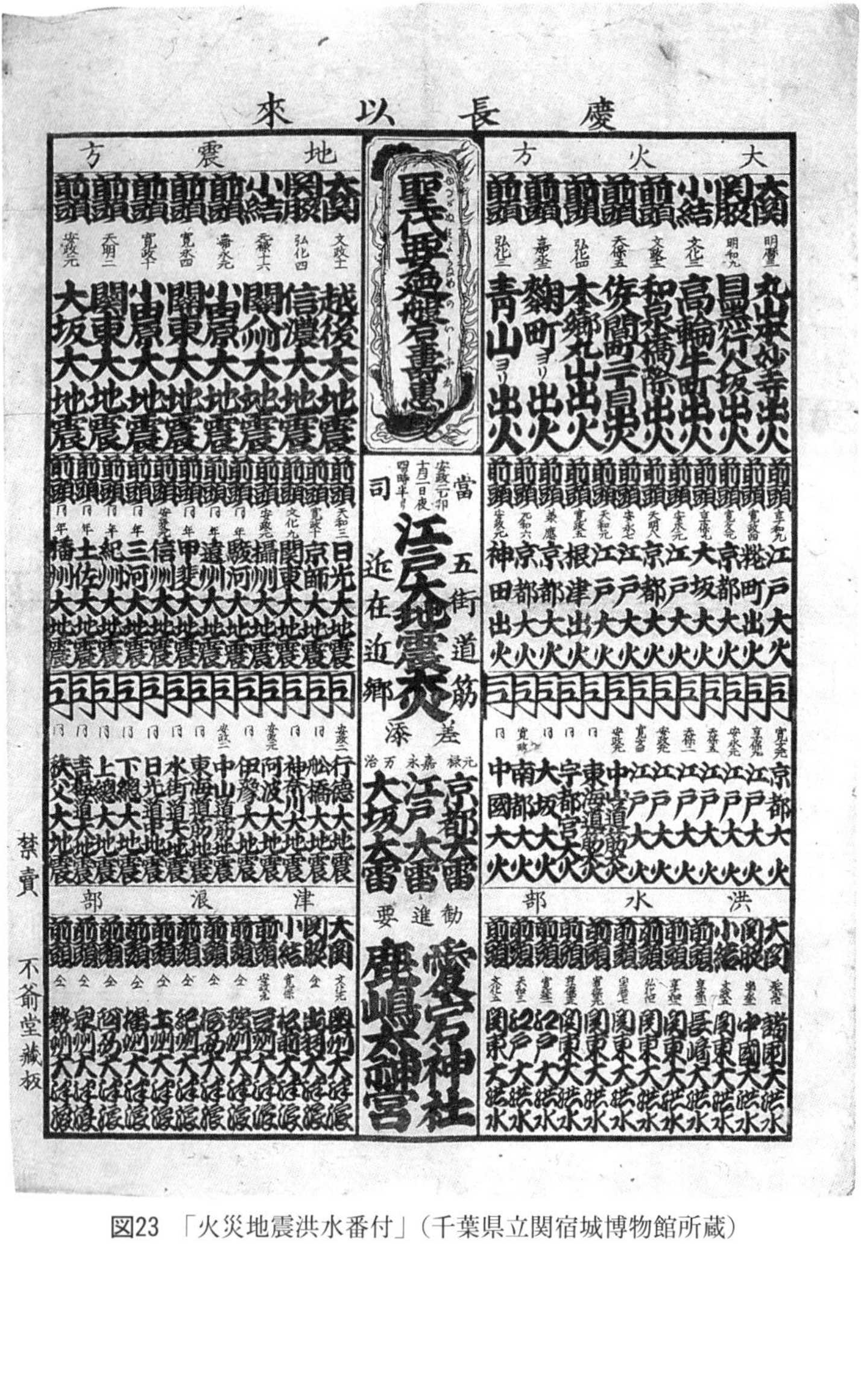

図23 「火災地震洪水番付」(千葉県立関宿城博物館所蔵)

地震・洪水・津波の災害に関する番付も存在する。図23は、千葉県立関宿城博物館所蔵の『火災地震洪水番付』である。行司にあたる當司には、「安政二乙卯／十月二日夜／四時半ヨリ　江戸大地震大火」とあることから、安政江戸地震（一八五五）を据えている。目印となる當司の記入から、この番付が、それ以降に作成されたものであることがわかる。

この番付で四つの災害の中でも活字が一際大きく、しかも上位に大火方・地震方とあることから、二つの災害が東西格であることがわかる。それに比べると最下段に連ねる洪水部・津浪部は、火災・地震よりも発生の頻度が少ないことから、関心が薄く、下位ということであろうか。

災害の最上位には、大火方大関として「丸山本妙寺出火」の明暦大火（振袖火事）をあげている。明暦三年（一六五七）一月十八・十九日、三回にわたる出火で江戸市中の約六割が罹災し、十万人を超える死者がでた江戸時代最大の被害をもたらしたもので、当然ともいえる。

本書は、地震災害を扱うものであることから、地震方と津浪部に限定してみることにする。

番付の地震方　番付には、三段にわたり三三の地震があげられている。しかし、詳細に検討を加えると、同一地震が観測地点の違いから、別の地震として取上げていることに気がつく。嘉永七年（一八五四）十一月四・五日に発生した安政東海南海地震（地震の規模はM八・四、地震後、安政と改元したことからこのように呼称）には、最上段の大坂大地震、二段目の摂州・駿河・遠州・甲斐・信州・三河・紀州・土佐・播州大地震、三段目の阿波・伊豫大地震の一二例が該当する。このうち、伊豫大地震は、十一月七日（M七・〇）のものを指すものであるかもしれないが、安政東海南海地震の影響で発生した広義の余震といえる。あまりに広範囲に及んでいること、今日のように地震発生のメカニズムを知らない当時にあっては仕方のないところである。とはいえ、番付の三分ノ一を占めており、改めて地震の大きさを知るところである。

同様のことは、安政江戸地震（M六・九）についてもいえる。第四章で述べるので、ここでは省くが、三段目の行徳・船橋・神奈川・中山道筋・東海道筋・水街道・日光道・下総・上総・青梅道・秩父大地震の一一例が該当する。被害状況をみると、中山道筋大地震以降は、「大地震」とするには甚だ疑問であり、むしろ余白を埋めた観がする。

二つの大地震関連の事例を除くと一〇例となる。購売層が江戸庶民であることから、関心の高さを含め周辺地域の事例を多く取上げる傾向にあるが、三点の特徴をうかがうことができる。一点は、大関・関脇としてあげた地震は、越後地震と善光寺地震と呼称される内陸直下型地震であり、共に被害が大きく、この番付の発行からさほど多くの歳月を経過しておらず、順位は別として妥当といえるものである。一点は、江戸後期以降の事例が多い中で、前期の寛永四年（一六二七）と元禄十六年（一七〇三）の地震は注目される。このうち小結とした関八州大地震は、元禄大地震のことを指し、安房・上総・江戸・武蔵・相模・伊豆と被害が広範に及び、次章で詳細に取上げるところである。寛永四年の関東大地震とあるのは、寛永五年の誤りである。寛永五年七月十一日の地震（M六・一）では、江戸城の石垣がいたるところで崩落し、翌年の公儀普請の契機となったのは周知のことである。これとは別に、同年十二月十六日には、房総半島の外房を津波が襲来する地震が発生している。千葉県夷隅郡御宿町浜に所在する天台宗の古刹、妙音寺には、慶長一七年（一六一二）から延享元年（一七四四）までの約一三〇年間にわたる過去帳『改補延寳五年／過去帳／月光山』が保管されている。そこには、三行にわたり

寛永五戊辰十二月十六日戌時ニ津浪入リ御宿江ニ小男女／共ニ五拾餘人死ス此時新御堂七間之家ヲ波ニ
破佛□院／六拾弐才時之其時隣郷ニ家多ク造ル

とあり、同日に「水流」で死亡した九名の戒名と俗名が記されている。つまり、番付にある寛永四年の関東大地震とは、これまで明らかにされなかったが後者の可能性もあるのである。一点は、地震方に限ってみると、誤植が多いことである。寛永四年のことを述べたが、最上段に限ってみてもこの他一〜二ある。右隣りの嘉永元年の小田原大地震は、嘉永六年の誤りであり、左隣りの寛政十年小田原大地震は、寛政年間に小田原での被害地震の記録はない。寛永十年（一六三三）であれば、小田原市内だけでも一五〇人の死者があり、津波も発生しているのであるが。災害番付を検証しようとする試みは、当時はもとより、今日でもまず行う人はいない。それを見越したわけではないが、筆者を含め大多数の人にとって番付の順位には興味が尽きることはない。しかし、史実や客観性という点で史料性に欠けるのは、やむをえないところでもある。

つぎに、大関・関脇に位置づけられた二つの地震の概要を記することにする。

越後地震は、文政一一年（一八二八）十一月十二日卯下刻に発生したM六・九のものである。信濃川下流域の平野部で激しい揺れが襲い、三条・燕・与板での被害が甚大である。三条では、二、九一八戸が潰れ、残った家は四〇戸ほどであったという。四〇〇人の死者がでている。家屋の倒壊では、燕と与板も同様である。激震地域は、三条の南を震源として南北約三五キロ、東西約二〇キロの範囲に及び、武者金吉氏の『日本地震史料』によると、家屋の全潰九、八〇八戸、半潰七、二七六戸、焼失一、二〇四戸、死者一、四四三人、負傷者一、七四九人にのぼるという。

善光寺地震は、弘化四年（一八四七）三月二十四日夜五ッ時頃発生したM七・四のものである。冠がつく善光寺では、三月十日より御本尊の開帳があり、旅籠は、七～八千人の参詣者で賑っていたという。地震によって本堂・山門・経蔵・鐘楼・万善堂は残ったものの、他の建物は倒壊し、焼失している。旅籠でも、各所から火手が上り、旅人のうち生き残った人は、一割程度といわれている。ちなみに、旅人を除くと、善光寺領での被害は、家屋の潰二、二八五戸、焼失二、〇九四戸、死者二、四八六人という記録がある。この地震での甚大な被害は、松代領（一〇万石）と飯山領（二万石）で、両者を合わせると、家屋の全潰一一、五二七戸、半潰・大破七、九四一戸、死者三、二八一人、負傷者二、二八九人、松代領のみで山崩れ四一、〇五一カ所にのぼる。山間部では、山崩れによって埋没した家屋も少なくなく、多くの犠牲者がでている。中でも、信濃川の支流である犀川の右岸の虚空蔵山が崩れ、藤倉と古宿の二村が埋没したことはよく知られている。さらに、この土砂は、犀川を堰き止めることでこれより上流が一種の堰止湖となり、それは、三〇キロ以上上流の押野まで続いた。また、犀川口周辺でも山崩れが発生し、川を堰止めていた土砂が四月十三日に一挙に流出し、下流域の家々を土砂が覆い、砂入家屋二、一三五戸、水流死一〇〇余人という記録がある。この洪水は、高さが犀川口に近い小市で六・五丈、千曲川との合流地点の川田で五尺、下流域の飯山で一・二丈、さらに長岡で五尺あったという。二次災害の恐ろしさを伝えている。

越後・善光寺地震が地震番付に載ることは、被害の大きさからみて当然といえるものである。順位は別として、多くの教訓を伝えている。

番付の津浪部　一二例をあげている。このうち、安政元年の豆州から勢州に至る九例は、地震方と同様、安政東海南海地震によって発生したもので、一例としてまとめることができる。これについては、後述する。

大関・関脇にあげた奥州と出羽大津浪は、共に文化元年とあることから、過去の被害地震記録と照会すると、文化元年（一八〇四）六月四日に発生した象潟地震が該当する。震源は、鳥海山の西側の内陸部にあり、地震の規模は、M七・一。この地震によって、象潟湖が隆起し、乾陸や沼に変化したことは有名である。酒田から本庄にかけて家屋の全潰一〇、一八〇戸、死者四五三人などの被害がある。酒田付近では、井戸水が一丈噴出し、津波ありという記録もある。宇佐美龍夫氏は、津波に関して液状化現象らしき記述もあると指摘する。しかし、番付の筆頭にあたる高い津波の存在は、どこにも見当たらない。文化年間前後の東北地方での大津波は知られておらず、誤報といわざるをえない。

小結の松前大津浪は、寛保元年（一七四一）七月十八日、渡島半島の西岸、大島付近で発生したM六・九の地震に伴って発生したものである。地震の五日前には、大島が噴火している。『福山秘府』によると、渡島沿岸の松前から熊石の間で溺死一、四六七人、家屋土蔵の流失破損七九一、大小破船一、五二一艘とある。このほか江差や乙部など四六六人（法然寺記録を加えると七六六人）を加えると、北海道だけで死者が二千人前後となる。被害は津軽でも大きく、津波は、渡島半島で一〇メートル前後、津軽で五～七メートル、佐渡島で三～八メートル、能登半島七浦で二～三メートルに達したという。

安政東海南海地震は、南海トラフ上のフィリピン海プレートとユーラシアプレートの境界付近で連続して起きた巨大地震である。嘉永七年十一月四日五ツ半過ぎに発生した安政東海地震から翌日の五日中の中刻に起きた安政南海地震とは、三二時間後になる。共に地震の規模がM八・四と江戸時代を通じて最大のものである。被害が広範に及び、かつ二つの地震の直接的被害を受けた近畿およびその周辺地域では、記録上、区別することは困難である。そこで、個々の概況と特記に値することを指摘しながら、被害については重複することを断った上で説明する。

安政東海地震は、浜松の南約七〇キロを震央とし、沼津から天龍川河口にかけての海岸線沿での震害が大きい。そこでは、家屋の潰や大破が一割以上で、中には五割を超える村や地域が存在する。この地震によって駿府城では、本丸・二ノ丸・三ノ丸の門と櫓は悉く潰れ、石垣の崩落も甚しい。駿府城下では、家屋の全潰三六五戸、半潰四〇五戸、破損三、〇六六戸と記録されており、これらを総合すると八割以上で被害を受けたことになる。地震発生一〇日後の救援米の下付方文書によると、難渋世帯は二、九九四戸の一三、二六一人にのぼったとある。六割以上の人々が困窮したのである。死者は二百人を超え、これらの数字だけでも甚大な被害であることを看取することができる。なお、震害では、甲府から松本にかけての中央構造線上に沿っての家屋倒壊も多い。津波は、房総から高知の沿岸にかけてみられ、特に下田、遠州灘、伊勢志摩、熊野灘での被害が大きい。最大で一〇メートルの津波が襲来している。下田に碇泊していたプチャーチンが乗船していたロシアの軍艦ディアナ号が大破し、二十七日には沈没したことは周知のことである。ちなみに、下田では地震後、一時間程で津波が押寄せ、九波まであった。当時、八五六戸のうち八一三戸が流失し、半壊二五戸、残りが浸水と全ての家屋に被害が生じている。溺死者は、一二二人にのぼる。この地震による被害は、大森房吉氏によると、倒潰流失八、三〇〇戸、焼失六〇〇戸、圧死三〇〇人、流死三〇〇人という数字が示されている。これに対して、宇佐美龍夫・渡辺偉夫の両氏は、数字が少なすぎると批判している。

安政南海地震は、四国と紀伊半島との距離が最短となる紀伊水道の南約九〇キロに震央をもつもので、

表14　安政東海南海津波の主要地点の高さ

安政東海津波			安政南海津波		
地	点	高さ（m）	地	点	高さ（m）
安房	鴨川	3〜4	紀伊	串本	4.5
伊豆	下田	4.4〜6.8		袋	6.5〜7
	土肥	6		由良	5〜5.5
駿河	三保	4〜6	河内	大坂	2.5〜3
遠江	御前崎	5〜5.5	摂津	尼崎	2.5
	舞阪	2.5〜5.6	阿波	徳島	2
尾張	名古屋	1.5		由岐	6〜7
伊勢	鳥羽	5.5		牟岐	5〜6
	国府	8〜10	土佐	室戸	3
	尾鷲	6〜8		宇佐	7〜8
	新鹿	8〜10		須崎	5
紀州	那智勝浦	6		伊田	7.5
	串本	2	伊予	吉田	4
阿波	由岐	1		三瓶	3.5
土佐	古満目	1	豊後	佐伯	2

渡辺偉夫氏によると、昭和二一年（一九四六）の南海地震（M八・〇）の津波の波源がほぼ同じであるという。地震による地殻変動の影響で、湯の峯温泉と道後温泉、さらには白浜温泉の湯が止まり、前者二つでは翌年二月末、後者では五月頃から再び湧き出したという。震害は、和歌山領と紀伊田辺領、四国では土佐で甚大で、和歌山領では、家屋の潰と破損が一八、〇八六戸、流失八、四九六戸、焼失二四戸で、山崩れが二一六カ所、溺死者六九九人にのぼる。他方、土佐では、家屋の潰・半潰が一二、三五六戸、流失三、二〇二戸、焼失二、四八一戸、死者三七二人、負傷者一八〇人という記録がある。また、大坂では、津波が木津川や安治川を逆流し、天保山付近で二メートル、橋は破壊され、道頓堀川には大小一、四〇〇艘余りが、二重三重に折り重なったという。各地の津波の平均的な高

さは表14に記したが、土佐の久礼で一六メートルに達した。大森房吉氏によると、この地震による被害は、家屋の全潰が一万戸、半潰を含めると四万戸、流失一五、〇〇〇戸、焼失約六、〇〇〇戸、死者が三、〇〇〇人という。

なお、安政東海・安政南海の二つの津波は、太平洋を超え、アメリカ西海岸に到達したという記録が残る。

第三章　元禄大地震と復旧

一　震源地と被害状況からみた各地の推定震度

元禄大地震は、元禄一六年（一七〇三）十一月二十三日深夜丑刻（新暦で十二月三十一日午前二時頃）、房総半島白浜沖合約三〇キロで発生した。北米プレートにフィリピン海プレートが潜る所謂、東日本大震災と同様、プレート境界型の巨大地震である。震央は、東経一三九度八分、北緯三四度七分で、推定規模は、マグニチュード八・二という。第一章で述べたように、江戸時代には推定マグニチュード八・〇以上の被害地震が七回発生しており、宝永四年（一七〇七）十月四日、嘉永七年（一八五四）十一月四・五日の安政東海南海地震に次ぐ規模のものである。

房総半島南端をはじめとして東京湾、相模湾周辺地域で激しい揺れと巨大津波が襲来し、各地に大きな爪跡を残した。地震被害とともに発光現象に関する記述があるのも特徴の一つである。『甘露叢』には、

十一月廿二日丑刻大地震、百七十年以来無㆑之事ト云。或説ニ越後高田地震以来ノ大地震トナリ。宵ヨリ電光強ク、地震ノ後、丑ノ半刻ヨリ星落飛デ暁ニ至ル。辰巳ノ方電光ノ如ク折々光アリ。地震ノ前ニ地鳴ル雷ノ如シ。大ユリハ三度、小ユリハ数㆑不知、凡一時ノ中ニ三四十度震リ、老中ヲ始メ、

諸将士早速登城、御城廻所々破損、並大名屋布破損大　如レ左。（以下略）

とある。この発光現象は、『元禄変異記』、『基凞公記』、『只誠埃録』等々にも記されている。『甘露叢』には、その後の発光現象として廿三日（地震後の七ツ半）、廿五日、廿六日、廿七日、廿八日、廿九日、十二月廿一日の七回が加えられている。

この地震では、南関東から伊豆半島東部にかけて甚大な被害をもたらしている。幕府の側用人柳沢吉保は、藩主、旗本、代官等々から幕府に被害届として出されたものを『楽只堂年録』に所収している。これには、宝永四年十月四日の地震被害記録も載せているが、元禄大地震の被害の概要を知る上で基本史料となっている。もっとも、全てが幕府に被害届を提出しているわけではなく、大震災の場合、世間が混乱していることから正確さを計る上ではいつの時点のものであるかということを考慮しなければならない。

同年録にある記述のうち、とりわけ被害が大きい小田原と安房の一部分を紹介することにする。まずは『楽只堂年録』百三十三に小田原での被害状況をみると、

大久保隠岐守領分相劦小田原地震損亡

一侍二拾三人、歩行侍九人、足軽拾三人、
家中女ハ拾六人、家中又物拾壱人死ス

一侍屋鋪不残潰、内拾九軒焼失

一城下町家不残潰、内四百八十四軒焼失

一町家ニ而六百五十八人死ス、内男二百八十五人 女三百六十九人

一同所旅人四十人死ス、内男三十八人 女二人

一損馬拾五疋、内九疋　通伝馬　二疋　通り馬　四疋　家中馬

一足軽家不残潰、内六十四軒焼失

一府内之寺社・山伏之家四十二軒潰、内五ヶ寺焼失

一出家二人死ス

　相刕領分内

一郷中家千六百四拾五軒潰

一同百三拾三人死ス、内男　六十六人　女　六十七人

一同寺社家二百三拾七軒潰

一同拾八人死ス、内出家　拾人　男　四人　女　四人

一損馬二十三疋

　豆刕領分内

一郷中家四百七拾六軒潰

一同四百三十九人死ス、内男　二百四十六人　女　百九十三人

一寺社家九軒潰

一四人死ス、内出家　二人　男　壱人　女　壱人

一同損馬六疋

　駿刕領分内

一寺社家拾九軒潰、男壱人死ス

小田原領分浦方破船之覚

一廻船七艘　天当船四十四艘　橋船拾壱艘　丸木船六艘

小田原地震ニ而死候男女牛馬潰家之惣高

一男女惣高二千二百九拾壱人死ス、

内　男　千百五十二人　出家　拾四人
女　千百三十九人
外　拾八人男女訳不知

一家中侍屋敷足軽家城下之家不残潰、内五百六拾三軒焼失

一領分潰家八千七軒、内三百七軒寺社山伏之家他八軒焼失

一牛馬百四拾疋損、内牛壱疋

（以下略）

とある。これに湯本から芦野湯までの温泉潰、さらに小田原から箱根関所間の山崩、落石を含む道筋の様子と関所番所の被害状況が続く。小田原城の被害状況は、ここでは触れられていないが、激震に襲われた小田原の木造家屋は全壊に近く、出火も加わり壊滅的状況であることがわかる。

一方、房総半島の先端、震央に近い今日の館山市の様子は百三十四に記されている。

酒井壱岐守知行所安房国安房郡平郡之内地震津浪ニ而損亡

高四百六拾石四斗弐升八合

平郡本郷村

一潰家八拾六軒内　六拾七軒浜方津浪ニ取れ
拾九軒岡方地震ニ潰ル

一死人男女百六拾人内百五十五人浜方津浪ニ而死ス五人岡方地震ニ而死
一猟船大小三十八艘流失猟網道具共ニ
一田四反八畝八歩砂理波欠永荒
一畑弐反六畝五歩山崩永荒
一怪家人男女九拾壱人、損牛拾弐疋
高六拾九石二斗六升八合
平郡吉浜村
一流家四拾九軒、死人男女六拾四人津浪ニ而死
一損牛ニ拾四疋津浪ニ而損
一船大小拾九艘猟道具共津浪ニ流失
一田六反六畝廿三歩波欠永荒
高拾五石四斗六升
安房郡相浜村
一流家六拾七軒、死人男女六拾三人津浪ニ而死、怪我人男女廿五人、
一船数大小七十六艘津浪ニ而流
一猟網色々七百弐帖津浪ニ而流
一田七反壱畝拾三歩砂押永荒
一畑壱町四畝五歩同断

高千八拾弐石七斗壱升

同郡神倉村

一潰家四百五拾三軒

一死人男女拾七人、損牛馬三疋内馬二疋牛壱疋

一田廿四町七反拾五歩山崩永荒

一畑拾町歩余右同断

（中略）

右拾三ヶ村合　高三千百七拾七石六斗九升八合

内

田〆四拾七町五反壱畝拾六歩山崩砂理永荒

畑〆弐拾三町八反弐畝廿九歩右同断

家〆千八拾四軒地震ニ潰、津浪ニ流

男女〆三百拾壱人地震津浪ニ而死

馬壱疋地震ニ而損、牛〆三拾八疋地震津浪ニ而損

船数〆百三拾三艘流失

網数〆七百弐帖流失、怪我人男女〆百拾六人

（以下略）

激震による家屋倒壊や山崩れ、津波による甚大な被害を報告するものである。

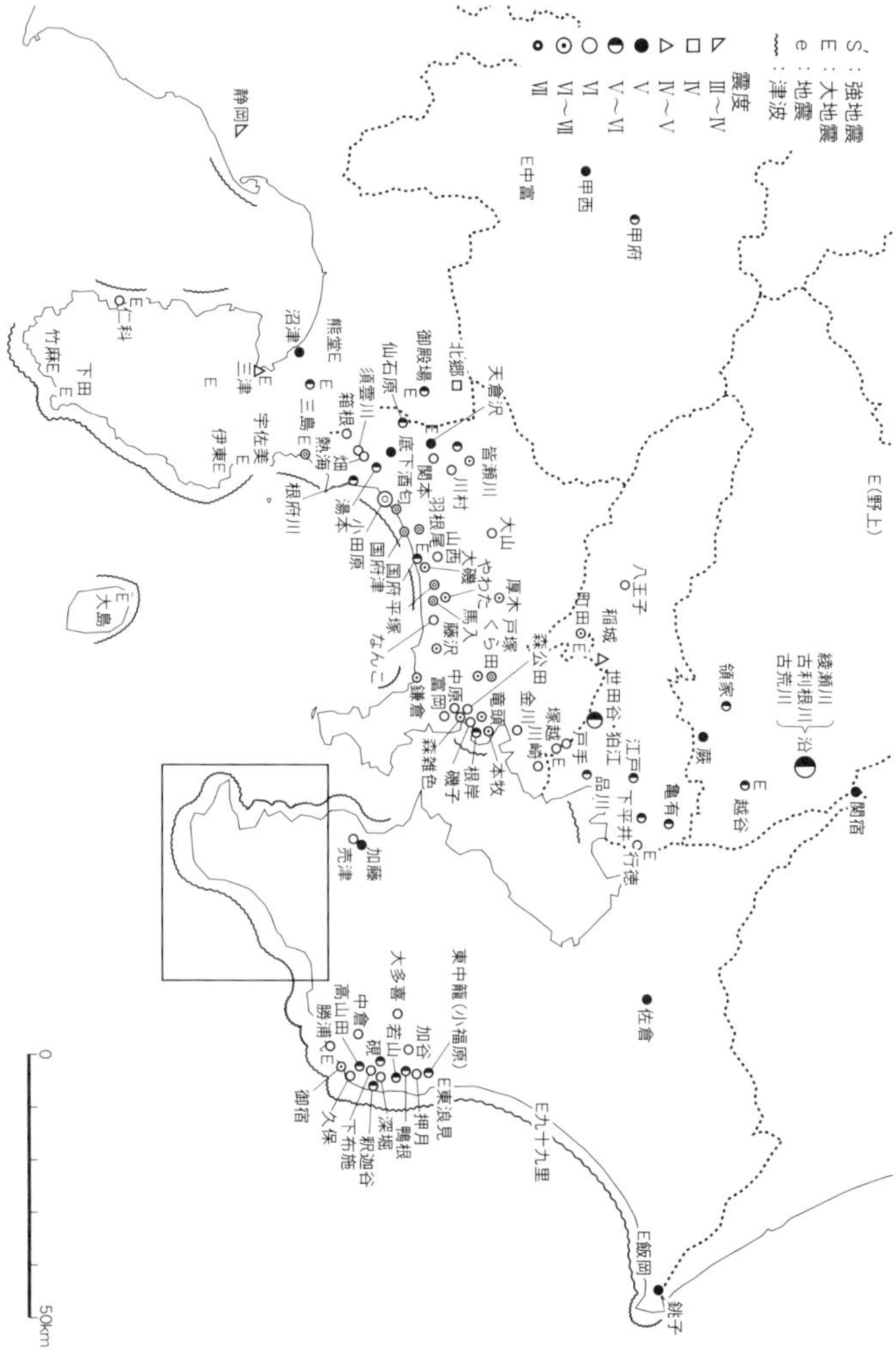

図24　元禄大地震の震度分布図（宇佐美「元禄大地震の全体像」より）

図25　元禄大地震の震度分布図（前図の安房地域の拡大）

地震学者の宇佐美龍夫氏は、「元禄地震の全体像」（『房総災害史』所収）の中で『楽只堂年録』の被害記事を一覧表に示すとともに、それをもとに震度分布図を作成している。そこでは、房総半島の先端である安房、相模湾に面する熱海・小田原・平塚・藤沢を震度7としている。この震度では、記録にあるように家屋の大半が潰れているのである。南関東一円から伊豆半島にかけて震度5・6の強震域が広範に拡がる。ちなみに、江戸では、江戸城中や大名旗本屋敷等々の被害の有無がはっきりしないと断ったうえで限られた史料から震度5から6と推定している。筆者は、江戸城石垣を定点とした場合、野中和夫編『江戸の自然災害』の中で都立中央図書館所蔵の江戸城造営関係資料（甲良家伝来）の『石垣築直シ銘々場所帳』に記された石垣復旧状態、第五章の関東大震災による宮内庁宮内公文書の江戸城修繕記録の比較から、元禄大地震の方が石垣被害が大きいことから、江戸では震度6と考える。ちなみに、東日本大震災の東京は震度5強で、江戸城では清水門で石垣の孕みや外桜田門の屋根瓦や大手門渡櫓の壁面剥落などの被害はあるものの目立った石垣崩落は報告されてはいない。

ふりかえって、激震地以外では、宇佐美氏が指摘されているが二つの地域が注目される。一つは、甲州が震度5～6と推定されていることである。震央からは一〇〇キロ以上離れた地点では最大の揺れとなっている。『楽只堂年録』百二十三に、

甲府御城并町在々破損

一甲府城西門多門少々ひづミ、同所南脇之石垣埋門西之方矢来台下石垣、武具蔵矢来門両脇瓦塀下石垣、塩味蔵西之方裏石垣、右之所々石垣都合拾二坪余崩ル

一三重櫓下北向石垣高三丈横ハ間孕出、西門小門脇水手門両脇同外喰違、同所橋台右之所々石垣共ニ隅石抜ケ又は少宛孕出ル、右之外櫓塀棟瓦腰瓦所々損ル

一八日町口見付門脇瓦塀五間程崩

町在々

一潰家百三拾四軒

一半潰家百六拾六軒

一潰蔵二拾八軒

一破損家七拾七軒

一潰寺拾壱ケ寺

一土橋石垣崩二ケ所

一用水樋崩壱ケ所

一川除土手崩三千百六拾間

一堰川除破損五ケ所

とあり、甲刕郡内領損亡の記録には、山崩のほかに百姓潰家三二六軒、死者八三人、怪我人一四人等々が載せられている。宇佐美氏は信州松代でも被害がみられることから相模トラフから甲州をへて信州に至る「地震みち」の可能性を指摘する。甲州での被害が元禄大地震の直接的なものか、余震によるものかは知るすべがないが無視することができない。一つは、震度の分布をみると東北北部から畿内まで広範囲に及んでいることである。弘前・富山・金沢・名古屋では古文書に強地震、大地震の記録があることから長周期震動によるものであろうか。

二　地震発生に伴う地形の変化、絵図からの検証

大地震発生は、土地の隆起と沈降という二つの地殻変動を伴う。ここでは、代表的な房総半島南端の安房国内の事例を紹介する。

隆　起　現在の南房総市と館山市は、隆起の顕著な地域である。最大五メートル前後の隆起量が考えられている。南房総市の南端、白浜野島崎は、現在、陸続きとなり標高約六メートルの地点には野島崎灯台が建つ。元禄大地震の時点においては、ここに法界寺が建立されていた。地震後の宝永元年（一七〇四）六月、当寺から本寺の宝珠院に提出した届出書が現存する。そこには、

　　書付を以御届申上候

一當村法界寺、去ル未ノ十一月廿三日津浪ニ而本堂始
不残破却仕候ニ付、古能度再建取掛候得共、野島崎

津浪之後、地面相変、以前之場所江早速ニハ
建立仕兼候ニ付、同寺持分村内能墓所地へ
先當分仮ニ寺引移し置申候、此段御届申上候、以上
宝永元甲年
六月
法界寺㊞
名主
行方三左衛門
組頭
与兵衛
宝珠院様
御役院中

とある。津波によって法界寺の本堂以下倒壊し、地形が大きく変化したので同じ場所に再建するには容易ではなく、仮移転の届書となっている。元禄大地震前に、野島が陸続きであったかという点については諸説あるが、隆起による地形の変化を知る史料である。野島崎周辺の隆起は、巨大地震によって生じた海岸段丘で、これは、館山市沼地区の地名をもって沼Ⅰ～Ⅳ面と呼称されている。放射性炭素年代測定によって、沼Ⅰ面が約六〇〇〇年前、沼Ⅱ面が約四三〇〇年前、沼Ⅲ面が約二八五〇年前、沼Ⅳ面が約三〇〇年前の隆起であることが明らかにされている。すなわち、沼Ⅳ面が元禄大地震によって生じた隆起で、標高約五、三メートル前後のラインが元禄大地震前の海岸線と考えられている。

館山市相浜は、前述した『楽只堂年録』百三十四にあるように津波による甚大な被害を受けた地区である。ここには、相浜漁業協同組合が所蔵する三点の絵図が存在する。元禄大地震を挟んで「承応三年十二

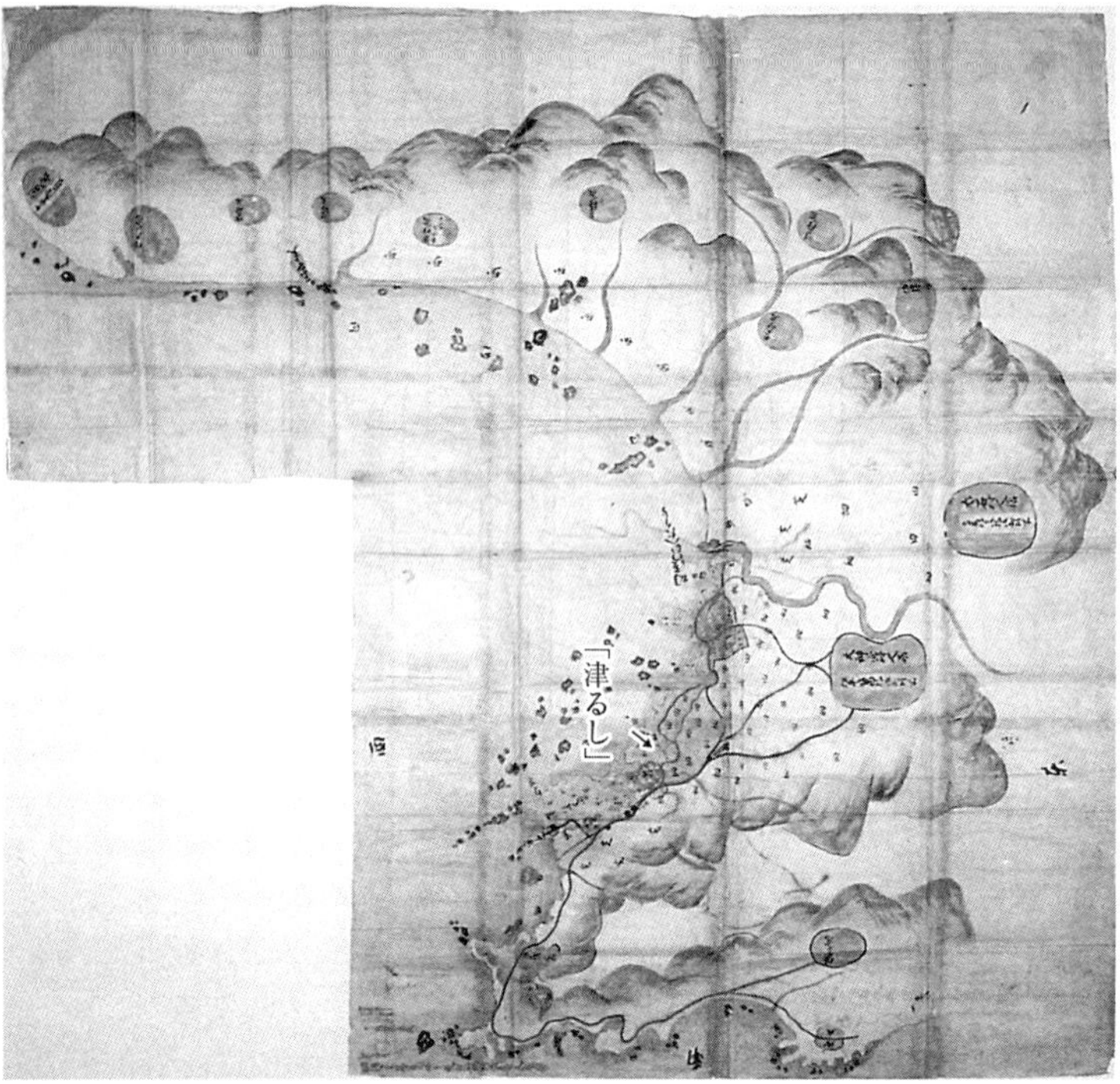

図26『承応3年12月　相浜村と大神宮村・犬石村舟入及び鰯干場裁許絵図』（相浜漁業協同組合蔵）

月　相浜村と大神宮村・犬石村舟入及び鰯干場裁許絵図」（図26）と地震後の「寛保二年九月　相浜村・大神宮と布良村干場地畑出入裁許絵図」（図27）と「文化七年　相浜村絵図」（図28）である。

図26は、元禄大地震の約五〇年前の承応三年（一六五四）に描かれたもので、相浜村の集落は、図中の大きく湾曲する海岸線の中央やや下あたり、南北の二つの地区に人家が集中する。北側は、現在の古屋敷、南側は松崎地区にあたる。海岸線は入組み、所々には深い入江が形成され、二つの集落間には田畑が描かれており、入江には「津る

し」の付箋もみられる。海中には、無数の岩礁がみられる。相羽村の北側には「ともへ川」が流れ、河口付近で犬石村、川の左岸東側には「大神宮村人居／松平監物作知行所」の文字がみられる。本図には裏書があり、

安房國相濱村ゟ同國大神宮村犬石村ともへ川舟入候論之事御検使被遣穿鑿之上可有落着候間其迄者如有来こへ鰯者とらせあてんぽう船入候儀者令停止候又松崎柴間鰯干し場之儀是又御検使之時可有落着候間双方共ニ鰯干申間敷候重而穿鑿之時此絵圖并目安返答書出之可受裁許非義之方者可為曲事者也

承應三年　午極付六日

曾源左衛門（黒丸印）
村次左衛門（黒丸印）
石　将　監（黒角印）
神　備　前（黒丸印）
伊　隼　人（黒丸印）
杉内蔵介（黒丸印）
酒紀伊守（黒丸印）
安　右　京（黒丸印）
（黒丸印）　相浜村

と記されている。絵図には裏書の争論となった境界線の黒印五カ所がみられる。

図27は、元禄大地震から三九年後の寛保二年（一七四二）に描かれたものである。海岸線の様相が一変する。画面中央やや左手の黄色く色彩が施された部分が相浜村である。その中程、画面左上から右下に旧

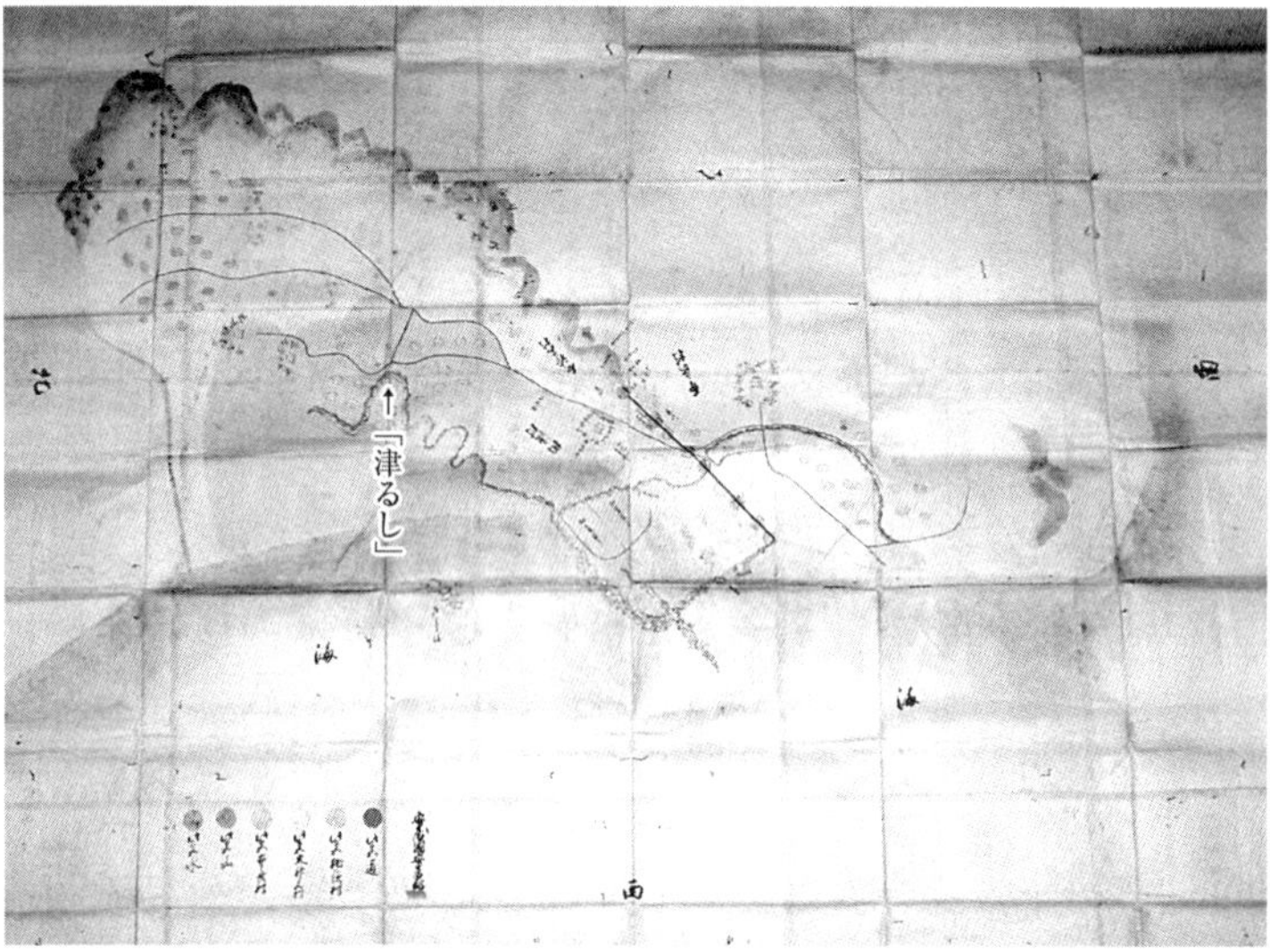

図27　『寛保２年９月　相浜村・大神宮村と布良村干場地畑出入裁許絵図』
（相浜漁業協同組合蔵）

海岸線の入江の様相が灰色で描かれている。図26と比較するために前述した「津るし」の位置を示した。隆起によって海岸線のラインが大きく前進していることがわかる。かつて入江であった「津るし」周辺には人家が立並んで描かれている。相浜の古屋敷地区の現在の標高は約一二メートル程である。松崎地区はそれよりも三〜四メートル高い。『楽只堂年録』は、二つの地区を含め津波が襲来し、多くの犠牲者がでたことを伝えているのである。本図は、地震後の隆起によって地形が大きく変化したことから、相浜村と大神宮村、さらにはその南側に位置する布良村との間でおきた争論の裁許絵図である。

絵図の裏書には、

　安房国安房郡相浜村並び太（大）神宮村ゟ同
　国同郡布良村干場地畑出入裁許の事
相浜・太神宮両村訴趣布良村之者共太神宮
村地内打越相浜地内干潟之畑打崩、太神宮

村地尻無之相浜地尻迄布良村地内之由申之及狼藉段訴之、布良村答候者相浜村より久保浜之干潟を地内ゟ申候得共、往古より布良網代場にて、四拾年以前津波以後久保浜干潟に成候節より鰯并網干場に仕、村差出牒に書上候、久保浜地所相浜地内与申儀偽にて太神宮村地内共に布良村地内之旨答之、右論所就難決御代官松風彦五郎元手代大塚彦六手代差遣令地改処、久保浜干潟者相浜村岡之方香取明神社有之、古絵図面に相載、夫より地先かけ鼻迄差出、がけ下久保浜干潟之畑壱反参畝歩并弐反五畝歩之所地頭反別牒有之、年貢相納、香取より引続相浜村地先に無紛候、扨太神宮村地所相浜村江引続元和年中之水牒に字香取ゟ申名所之荒田畑長兵衛山よりかけ鼻迄引続、がけ下久保浜岡之方間数に准じ太神宮村地先たる事歴然候、且又布良村所指久保浜運上干鰯場慶長年中之水牒引合処地所不令符合、其外申立儀無証拠難取用候、布良・太神宮両村境ハ長兵衛山之半服に布良村石塔有之双方両村境之由申処、布良村より墓所切添畑仕出其上年貢も不差出地内ゟ申証拠無之、布良村申分旁以不埒候、依之今般相定趣布良・太神宮両村境者長兵衛山之峰つる并布良村石塔之前より海面未之七分を見通し境相立、尤布良村切添畑并墓所境江掛候分者布良村江取引、切添畑者播散太神宮村江地所可相定候、扨又相浜・太神宮両村境者太神宮村壱反弐町歩之荒田地北隅より中瀬岩海辺磯際之黒岩迄見通し先年両村相定置通可相守候、仍為後鑑絵図面引墨筋加印判双方江下採条永不可違失者也

寛保二戌年九月二十五日
御用方無加印　木伊賀㊞
御用方無加印　水対馬
神若狭
神志摩㊞

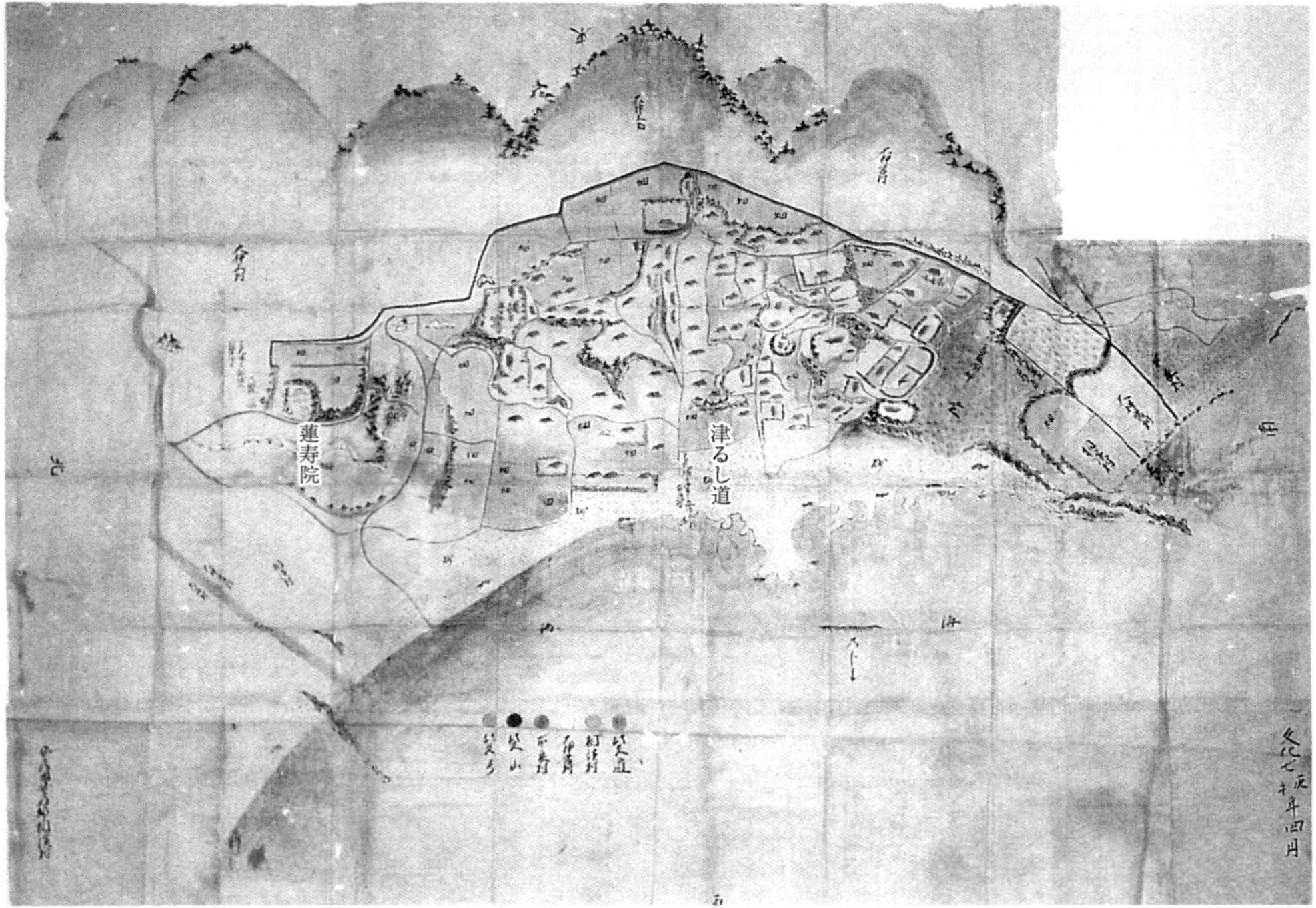

図28 『文化 7 年　相浜村絵図』（館山市・相浜漁業協同組合蔵）

島門長㊞
石土佐㊞
山因幡㊞
大越前㊞
本紀伊㊞
堀相模㊞

と記されている。なお、相浜村の北東端には蓮寿院が描かれている。蓮寿院には、正徳五年（一七一五）の十三回忌に建立された津波供養碑が現存するのである。

図28は、元禄大地震から一〇七年後の文化七年（一八一〇）に描かれたものである。図27と比較すると、地震によって隆起した海岸段丘の下には家が大分建ち、田畑も広範囲に拡がる。図の中央、山の下の海食台から道が西側の湊に向って直線的に延びており、海岸の湊・の文字の上位には「高札場ゟ津るし道湊迠／百拾五間」の書込みがある。図26の「津るし」が津るし道として名が残っているのである。相浜村内の左端には、図27よりも明確に蓮寿院が描かれており、その隣りには「六部塚」がみられる。「高札場ゟ六部塚迠／弐百四拾間」ともある。蓮寿院については、地元に残る古文書『諸色覚日記』によると、相浜村には正徳四年まで寺がなかったことから寺建立を願出たところ、大神宮村の三福寺末寺にあたる蓮寿院の移設を許可されたとある。前述した供養碑からもそれを裏付けている。ちなみに、集落でみると、図26の古屋敷地区は、図27・28の蓮寿院周辺の海食台にあるが元禄大地震を契機として南側に移動し、かつ時間の経過とともに旧来の海岸線よりも西側へ拡大しているのである。

三点の図は、元禄大地震による土地の隆起で地形が大きく変化し、土地利用、さらには新たな争論を示唆しているのである。

沈降　安房国内の北側、今日の鴨川市から鋸南町にかけては沈降した地域である。鴨川市の東端小湊には、日蓮上人の誕生地として知られる誕生寺がある。内浦湾に面する海岸にほど近い谷間が開く位置に本堂が建立されている。誕生寺には、元禄大地震の三年前に描かれた「房州長狭郡内浦之内市川村と小湊村争論裁許絵図」と「市川村と小湊村争論裁許絵図」の二点が所蔵されている。両絵図には、現在地とほぼ同位置に伽藍が描かれていることから、現状の地形図と比較すると、誕生寺がある内浦湾の東側にせり出す東側の海岸線は、明らかに二点の図の方が広く描かれている。つまり、地震によって沈降しているのである。誕生寺には、絵図のほかに三幅一対の津波犠牲者を供養する曼荼羅が所蔵されている。二十二日講で掲げられたもので、中央には「南無妙法蓮華経」の題目と宝永元年（一七〇四）甲申六月廿二日に建首したこと、左幅には二四三人の俗名と戒名に住所が、右幅には同様に一六四人が記されている。すなわち、四〇〇人を超える犠牲者が列記されているのである。国立公文書館所蔵『文鳳堂雑纂』災変部五十五には、小湊の被害状況として、つぎのように記されている。

一房州小湊誕生寺大地震、殊ニ大浪ニ而在家二百七十軒程、市川村在家三百軒相見へす、
門前の人百人程死、相残る人も渇命に及ひ候寺中六坊浪ニとらる、末寺妙蓮寺は堂・客殿斗相残、
其外ハみな不見

内浦湾が南西に向って開いていることから、津波を受けやすい地形にあったことに起因する。今日、大潮になると沈降した陸地の一部が現れるという。また、海岸にほど近い海底には、建物跡や井戸跡などが

みられるという。三百年を経過しても爪跡が残されているのである。

ここでは、地震によって生じた隆起と沈降という地形の変化の一端を紹介したが、房総半島の南端にとどまらず、本来は広範にみられたのである。

三　大津波の発生と多くの犠牲者

元禄大地震が海溝のプレート境界域で発生した巨大地震のため、大津波が発生し、多くの犠牲者を出すこととなる。津波被害は、震央に近い房総半島南端の安房国海岸線はもとより、上総国九十九里、伊豆国東岸で甚大となる。『楽只堂年録』や古文書を参照すると、津波は、北は福島県小名浜、西は三重県海山町での記録があり、とりわけ房総半島から伊豆半島の沿岸部にかけて高い津波が押寄せている。伊豆大島や八丈島で津波の記録があることから、伊豆七島ももとよりということになる。東京湾では、品川や本牧・根岸等々でみられたとある。一見すると、東京湾では、津波とは縁遠いように思われる。しかし、二〇一一年の東日本大震災では、八戸から房総沖にかけて一〇メートルを超える大津波が襲来したことは周知のことであるが、その時、東京湾では木更津港の二八三センチを最高に、船橋で二四〇センチ、横浜で一六〇センチの津波が生じたことは意外と知られていない。今日ほど観測記録が発達していないことから、元禄大地震の正確な津波の規模はわかりかねるが、被害状況から南房総で一〇メートル、九十九里浜や伊豆半島東沿岸で六〜八メートルと考えられている。勿論、東京湾では、東日本大震災以上の津波が襲来したはずである。

九十九里の南半、現在の白子町古所あたりに住んでいた医師の池上安潤が記した覚書『一代記　付り津浪ノ事』に、自ら体験した元禄大津波の様子がつぎのように書かれている。

元禄十六癸未年夏旱秡ニシテ
冬寒強星の気色《ケシキ》何トナク
列ナラズ霜月廿二日ノ夜子ノ
刻ニ俄ニ大地震ニシテ無二止時一
山ハ崩レテ谷ヲ埋大地裂ケ
水湧出ル石壁崩レ家倒ル
坤軸折レテ世界金輪在ハ
随入カト怪ムカヽル時津浪入
事アリトテ早ク逃去者ハ助ル
津浪入トキハ井ノ水ヒルヨシ申
傳ルニヨリ井戸ヲ見レハ水常ノ
如クアリ海邉ハ潮大ニ旱ルサテ
丑ノ刻ハカリニ大山ノ如クナル潮
上総九十九里ノ濱ニ打カクル海ギワ
ヨリ岡江一里計打カケ潮流ユク
事ハ一里半ハカリ数千軒ノ家

壊流数万人ノ僧俗男女
牛馬鶏犬マテ尽ク流溺死ス
或ハ木竹ニ取付助ル者モ冷コゞヘ
死ス某モ流レテ五位村十三人塚ノ
杁ノ木ニ取付既ニ冷テ死ス夜明テ
情アル者共藁火ヲ焼テ暖ルニヨツテ
イキイツル希有ニ〆《(シテ)》余計　免《マヌカレ》タリ
家財皆流失ス明石原上人塚ノ
上ニテ多ノ人助ル遠クニゲントテ
市場ノ橋五位ノ印塔ニテ死スル者
多シ某ハソレヨリ向原與次右衛門
所ニユキ一両日居テ又市場善左
衛門所ニ十日ハカリ居テ同所
新兵衛所ノ長屋ヲカリ同年
極月十四日ニ遷テ同酉ノ夏迠住ス
酉六月十三日古所村九兵衛所ニ
（中略）

宗潤が住んでいたのは九十九里浜の南側、現在の白子町古所のあたりで（図29参照）、元禄大地震は、丑刻（午前二時）頃、大山のような大津波が浜より一里程押し寄せ、潮流は一里半まで達したという。流失家屋・犠牲者などの数が誇張されているが甚大な被害であることを伝え、自らも五位村十三人塚（現在の白子町五井）の杉の木に取付いたが、寒さのため仮死状態であったという。夜が明け、情ある人が藁火で暖めてくれたので、命が助かった。明石原上人塚の上では多くの人が助かったが、遠くに逃げようとても市場ノ橋や五位ノ印塔では多くの人が死んだ。文章に登場する五位村十三塚、五印ノ印塔は、現在の海岸線からおよそ二キロの位置にある。津波がそれらの地点を通過し、引波がそれら小高い箇所に人々を流しているのである。ちなみに、市場ノ橋は、二つの地点より一キロ以上内陸に位置するが、津波が南白亀川を遡って砂丘後背低地に流れ込んだことを示唆している。宗潤は、この体験をふまえて、

地震押カヘシテユル時必大津浪
ト心得テ捨二家財ヲ一早ク岡エ逃
去ベシ近邉ナリトモ高キ所ハ助ル
古所村印塔ノ大ナル塚ノ上ニテ助ル
椿堂ト云
者アリ家ノ上ニ登ル者多家
潰レテモ助ル如此ヨク々可レ得レ
心　（以下略）

と記している。大地震の時は必ず津波が来るので、家財を捨て速かに丘に逃げること。海岸に近い古所村印塔の大塚は高いので助るし、家が潰れても屋根の上に登った人は助かった人もいる。心得るように。

九十九里浜の南半には、山武市から長生村にかけて津波供養碑や供養塔が、海岸線からほぼ同じ距離の

やや小高い砂浜上に点在する。犠牲者の多かったことを伝えているのである。

安房の記録　房総半島では、震源地に近い安房の沿岸部と上総の九十九里浜での津波被害が甚大である。ここでは、筆者が現地調査を行った安房の鴨川市について述べることにする。

鴨川市内の東部、天津小湊の津波被害は、地震によって生じた地形変化・沈降の項で誕生寺所蔵の曼荼羅と絵図の存在をあげ説明を加えた。補足するならば、誕生寺境内には、元禄大津波から一〇一回忌にあたる文化元年（一八〇四）八月、波除け護岸を造った記念の宝塔が建立されている。一方、鴨川市内の津波被害もことのほか大きい。一宮町の牧野家文書（「萬覚書写」）には、

房州前原浦一村にて／家居も千軒余りの家不残打流／人も千三百人余死亡申候・牛馬も死失大分に有之候／此節の地震夥き大地震にて／おか方ニテも□□家寺々共／大分家ともゆりたおし　所々に人も沢山に□□打連或ハ気を失／死人も大分に有之候／房州海辺は海陸に成り候所又有之おか地海に成り候所／普多所出来申候／其外地しんにて所々替り候事共／沢山に有之候　（以下略）

と記されているという。房州前原浦とは、現在の鴨川市海岸沿いの前原を指し、津波が全ての家居をのみこみ多くの犠牲者がでたこと、沈降によって丘が海に代わったところがあるなど地形の変化を伝えている。

また、『鴨川沿革史』には、地震前の前原を

前原町家居六百余軒江戸廻船三十隻／イワシ内船百五十隻／御浦運上一ヶ年分六十両宛にて殊のほか繁昌仕り候（中略）

と安房でも有数の湊で、鰯漁が盛んで荷物輸送の集散地として賑っていたとある。しかし、大津波によって、

長狭沿岸の波高はこと更に大きく、前原の家居残さず流れ、死者九百余名に達すと多くの犠牲者がでたことが記されている。二つの史料は、数字こそ異なるが、鴨川の被害が甚大であることを伝えている。

ＪＲ安房鴨川駅の西約三〇〇メートルには、真言宗智山派の古刹、観音寺がある。現海岸線からはおよそ七〇〇メートルの位置にあたるが、元禄大津波では当寺も流失し、北東には全村壊滅したと伝わる馬場の集落があった。観音寺には、大津波を伝える資料として、大位牌、高梨家位牌、墓碑一七基がある。大位牌は、後述する長生村本興寺に次ぐ大きさで、一四五名の戒名が刻字されている。この位牌は、台座を除く本体が縦四五四ミリ、横二一五ミリ（台座を含めると縦高五九六ミリ）を測り、戒名は、横一列一五名の一〇段からなり、腐食によってそのうち八名の戒名は判読できない。先代住職の故森谷義賢氏によると、大位牌には宗徒はもとより、それ意外の人も多く含まれていることが伝承されているという。戒名の下位につく信士、信女、童子、童女から性別、年齢をみると、判読・確認不明の六名を除き男性六三名（内男児三六名）、女性七六名（内女児一二名）となる。女性と子供で一一二名と八割を占めている。深夜であること、大津波であることから弱者の犠牲が多いといえる。戒名を丹念に調べると、戒名が重複することで、当時の混乱ぶりをうかがうことができる。表15には、Ａ戒名の重複するもの、Ｂ男女同じ戒名をもつもの、Ｃ大人と子供で同じ戒名をもつものの三形態を示した。これをみると、戒名の重複（Ａ類）やそれに準ずるもの（Ｂ・Ｃ類）が合計五三基と全体の三分の一以上を占めており、実に多いことに気が付く。災害の性格から、一括して埋葬し、その際につけられたものでないことは容易に推察することができるが、死者の多さが尋常ではないのである。とりわけＡ類の女性が一三種三五基と多い。また、戒名に、

表15　観音寺大位牌の戒名にみる混乱

特徴＼項目	戒名・他				小計
A.戒名の重複	幻知童子	3基	幻真童子	2基	一九例四六基
	知三童子	2基	洞雪童子	2基	
	道雪信士	2基	道円信士	2基	
	妙悟信女	2基	妙秀信女	2基	
	妙仙信女	2基	妙連新女	2基	
	妙栄信女	2基	妙心信女	2基	
	妙正信女	2基	妙寿信女	2基	
	妙善信女	3基	妙源信女	3基	
	妙円信女	3基	妙宥信女	4基	
	妙清信女	4基			
B.男女同じ戒名	正清信士　と　正清信女				二例五基
	※知三童子　と　知三童女				
C.大人と子供同じ戒名	智清信女　と　智清童女				一例二基

※は、戒名の重複にも有。

「雪」・「寒」の文字がみられるのも特徴であり、「夢」の字も比較的多く来世の幸福を願ってのものであろうか。この位牌の背面には、

元禄一六癸未歳十一月廿三日津浪聖霊

房州長狭郡横渚村観音寺住職法印勢覚建立之

と刻まれている。一方、高梨家位牌には一六名の戒名と死亡日が刻まれているが、「元禄十六年十一月廿三日」の大津浪の犠牲者は九名いる。その戒名は、高學軒梨山楽有信士・正壽軒自性妙理信女・連霊正圓信女・離芳軒観浄□□・菓散正安信士・幻知童女・月□観心信士・心清信士・正清信士とある。前述の大位牌の戒名と比較すると、正清信士と心清信士は重なるが、他の七基は初出のものである。高梨家は、観音寺縁起によると、「当山の開基は、永徳年間（一三八一〜一三八三）家臣十二人と当初馬場に移り住み横渚村を開村した信州高梨御城主高梨利右衛門と伝えられる」という名家である。位牌の背面に

宥正徳四甲午十一月廿三日建立之
房州長狭郡横渚村之前原町
施主本網高梨市之烝
各来応光

とあるように前原町の網元であることがわかる。正徳四年（一七一四）に建立された位牌は、元禄大津波から十一回忌にあたる。ふりかえって、この位牌による戒名は、名家であることから大位牌とは別人であることを看取することができる。観音寺本堂の西側中央には、高梨家歴代の笠塔婆墓碑が立ち並ぶが、大津波による九名の戒名は見当たらない。観音寺には元禄大津波による一七基の墓碑が現存するが、前述の

大位牌と照会すると、妙宥信女・智清童女・妙林信女・妙宥信女（高梨家とあり前出とは異なる）・妙源信女・道真信士・夢幻童女・妙源信女（前出とは異なる）の八基は一致するが、全てではない。

すなわち、観音寺の大位牌・高梨家位牌・観音寺墓碑は、大津波によって観音寺に葬られた人は、一五〇名を超えることを示唆しているのである。

観音寺の南南東約一キロ、海岸から約一〇〇メートルの位置に日枝神社の祠がのる人工的な「津波避難丘」と呼称される盛土の丘がある。およそ一〇メートル程の高さである。この盛土は、慶長九年（一六〇五）十二月十六日に起こった慶長大地震（マグニチュード七・九）で大津波が襲来し、神社周辺の家居はことごとく流され、その教訓から築かれたといわれている。その後、当地では、寛永五年（一六二八）・延宝五年（一六七七）の津波を経験することになる。そして、元禄大地震では、ここに逃げた人は命が助かったと伝わる。現在では墓石が丘の補強材としても使用されているが、その中には「元禄十六年癸未十一月廿三日」と刻まれた墓石数基が含まれている。

鴨川市内には、この他に仁右衛門島の津波被害を伝える墓碑と堀田文左衛門・他が記した『平野家文書』、心厳寺・本覚寺・神蔵寺の墓碑、さらには『旧鴨川町誌』の八雲神社古文書流失、弁天島御神体流失などの被害が伝わる。古山豊氏は、「鴨川市における元禄地震史料と津波災害」の中で、これら被害資史料の位置を地図上におとした上で、待崎川河口から約二キロの地点に「潮留」の地名が存在することに注目し、このあたりまで大津波が到達したと考える。待崎川と加茂川周辺には低湿地が広がる。「地震避難丘」の伝承や観音寺記録などを参照すると、ここら一帯には七〜八メートルの津波が襲来し、低地が広がることから避難場所が遠く、かつ深夜であったために多くの犠牲者をだすこととなったのである。

上総・九十九里の記録　九十九里浜は、北は刑部岬、南は太東岬までの約六〇キロをさす。この浜には幾度となく津波が押寄せているが、残されている記録をみる限り、津波の高さを含む被害状況は、一様ではない。元禄大津波の場合も同様である。九十九里浜の北端近くにあたる現在、旭市飯岡町の『向後家文書』に宝永六年（一七〇九）に出された「乍恐書付以御訴訟申上候」の中に、元禄大津波に関する記事がある。

（前略）
一七年以前十一月廿四日之晩高波ニ付濱邊ニ有之候旅人
家壱軒茂不残打流其外所々悉水難ニ逢候ニ付
宮境内地方ニ小屋掛仕候然共大難儀之時節故
当分之儀と存　（以下略）

この史料では、当地に津波が襲来し、海岸にいた旅人や家居が一軒も残らず流されたことが記されている。九十九里浜の北半における津波被害に関する史料は、このほか「玉崎神社裁許絵図」や「福蔵寺縁起」（ともに現、旭市）などが知られているが数少ない。被害が小さいというよりは記録が残されていないものと考えられる。伊藤一男氏は「元禄の大津波と九十九里浜―犠牲者と供養碑に関する考察―」の中で大木家所蔵『養元覚書控』を紹介している。史料は、享和三年（一八〇三）に記されたもので、元禄大津波によって堀河村で一〇〇人余、木戸方より吉崎辺の間では二、〇〇〇人程の犠牲者がでたことが記されているとある。史料の木戸とは、松ヶ谷の北、木戸川一帯をさし、数字はともかく多くの被害をうけたことを伝えているのである。

九十九里南半の被害について述べることにする。前掲の『楽只堂年録』には、

　片貝村
一流家　八拾八軒　死者男女八拾壱人　損馬三疋
一田畑潮入荒
松平豊前守知行所上総国之内地震津浪ニ而損亡
高二百九拾六石余
　長柄郡中里村之内
一死人弐百六人　内 男九十七人 女百九人 旅猟師八人　損馬五十疋
流家五拾九軒　浜納屋流六軒
高百九拾石余
　山辺郡片貝村之内
武射郡新井堀村之内
一死人拾九人内 男拾人 女九人　流家八軒　浜納屋流五軒
一死人七人内 男四人 女三人
浜納屋流六軒
右三ケ村ニ而
死人弐百三拾二人　男百拾壱人 女百廿壱人

中央と地元の津波被害記録

地元に残る記録		
過去帳・位牌、古文書・他	供養碑・供養塔	備考
「400人とも100人とも84人とも」『見聞雑誌』 96人『百人塚由来記』		
100人余『飯高家文書』 63人『高橋家文書』 245人『上総国村誌』 360人余『上総国村誌』	 供養碑に64人 供養碑に270人	 (鷲山寺250人) (鷲山寺 55人) (鷲山寺 73人) (鷲山寺 48人) (鷲山寺272人) (鷲山寺 8人) (鷲山寺 70人) (鷲山寺229人) (鷲山寺304人)
本興寺大位牌633人、『上総町村誌』には同寺384人、深照寺過去帳206人		(鷲山寺845人)
50人余『児安家文書』 14〜15人『児安家文書』		

損馬五拾疋　流家六拾七軒
浜納屋流拾七軒
(以下略)

とある。地元には、寺の過去帳、位牌、墓碑、供養碑・供養塔、古文書等々の古記録があるので、それらを集成し、『楽只堂年録』の記事と対比すると以下のようになる。両者には、報告・記録時点の相違から、犠牲者の数に若干の差があることは仕方がないことであるが、被害が甚大であることに変わりがない。両者の史資料を総合すると、九十九里南半だけでも津波犠牲者が三、〇〇〇人程となる。ところで、一ツ松郷の犠牲者は、本興寺埋葬伝承では同寺で三八四人(本興寺大位牌では六三三名以

表16　九十九里南半における

地域	被害状況	『楽只堂年録』に記載	
		犠牲者、同・馬牛	流失家屋数
山武市	松ケ谷村		
	本須賀村	10人	
九十九里町	片貝村	81人、馬3疋	88軒
	粟生村	粟生村・他8ケ村105人、馬3疋	家40軒、納屋47軒
	北今泉村		
大綱白里町	四天木村		
白子町	浜宿村		
	牛込村		
	剃金村	20人、馬1疋	
	古所村	240人、馬11疋・牛1疋	77軒
	五井村		
	八斗村		
	中里村	206人、馬50疋	59軒、浜納屋9軒
	幸治村		
長生村	一ツ松郷		
一宮町	一宮村		
	東浪見村	14人、馬5疋・牛8疋	80軒

上の戒名)、深照寺過去帳では二〇六人とあわせると五九〇人、本山の鷲山《じゅせん》寺供養塔には八四五人と記されている。一方、『楽只堂年録』には、「一松村」として大井新右衛門知行地で一一一人、同・坪内源五郎で八四人、同・飯田惣左衛門で七一人と同村で二六六人の死者が記されている。ここには地元と中央では大きな人数の隔たりがあるが、その理由は不明である。表16において、各村々が外洋に面している中で、犠牲者の数に大きな隔たりがあることを看過することができない。南白亀川流域には、浜宿村から幸治村、さらには一ツ松郷と多くの村々が存在していた。村の石高や人家の数にも

よるが、犠牲者の数でみると五井村は五人と極端に少ない。剃金村や浜宿村も総体的に少ない。反対に古所村や中里村、幸治村はいずれも二〇〇人を超え多い。『一代記』の作者・池上安潤は、古所村に住んでいたと考えられているが、その書でこの流域一帯には津波が一里（約四キロ）程押寄せたとある。図29でみると津波塚や供養碑が海岸から約一・五〜二キロの標高二〜三メートルの海岸砂丘上に点在している。その西側は、砂丘後背湿地が続いており、地理的にみても後背地まで津波が襲来したことは容易に推察することができる。ふりかえって、犠牲者の多少の要因は、何であろうか。二点考えられる。一点は、津波の高さを超える微高地の有無。一点は、大地震の発生とともに早期避難である。前者の場合、南白亀川の右岸に位置する五井村には、広範に微高地が続き、かつ五井納屋こそ海岸に面しているが、大半は海岸線とは距離を隔てるのである。反対に、古所村や中里村は微高地が少なく、かつ海岸線に近いのである。ところで、九十九里南半の津波の高さは気になるところである。九十九里浜に隣接するいすみ市岬町の大木家所蔵「大多喜城開基記聞」には、余聞として元禄大津波の高さに関する記述がある。

一元禄十六年未ノ十一月廿二日夜ノ八ッ時ゟ大地震トナリ一時過
辰巳ノ方ヨリ大浪打チ浪ノ高サ壱丈五尺宮前村ハ
三分一浪ゲ候江場土表通リニ打込大川通リ苅谷
大滝下迄上臼井潮音寺縁通迄其時田方二尺三
尺砂埋り畑方一二尺通り押拂麦作一切無之候
（以下略）

この史料では、岬町付近で大地震の後、一時ほど過ぎた頃、南東方向から一丈五尺（約四・五メートル）

図29　九十九里浜南部の元禄津波被害記録

の津波が打寄せ、宮前村（一宮町）の三分の一まで入ったことが記されている。この後に、安政江戸地震の大火に関する記述がみられることから、「余聞」は幕末に記されたものであることがわかる。実証性には乏しいが伝承をもとにして記されたもので、参考にはなるものである。史料的根拠はないが南白亀川では、周囲よりもさらに高い六メートル前後の津波が襲来したものと考えられる。後者の場合、教訓の伝承が重要となる。御宿町の御宿漁港の裏手に天台宗の古刹月光山妙音寺がある。当山には、『改補延寳五年／過去帳／月光山』と表紙に記された過去帳がある。この過去帳には、慶長十七年（一六一二）から延享元年（一七四四）までの約一三〇年間にわたり死亡した人の戒名、死亡年月日、村名・俗名が綴られている。その間、寛永五年（一六二八）十二月十六日、延宝五年（一六七七）十月九日、元禄十六年（一七〇三）十一月廿二日の津波被害、宝永四年の西国大津波と富士山噴火に関する様子が記されている。元禄大津波に関する部分を抜粋すると、

干時元禄十六歳癸未霜月廿二日ノ夜四ッ時分ヨリ九ッ時分ニテ大地震男女死スル者其数餘多也夜ノ九ッ過キヨリ夜明ニ至マテ津波三ケ度ニテ入地旅ノ人捨《十》五人餘水流ニテ死ス當寺中興開基賢者法印幸順五拾七歳ノ持分也

とある。元禄大津波では、御宿浜村では一五人の犠牲者がでたことを伝えている。ちなみに、この過去帳には、「水流」として三人の男性が綴られている。ところで、御宿村での津波犠牲者は、寛永五年では五〇余人（当山では九人）、延宝五年では三八人（当山では一〇人）と記されている。三つの地震の規模は、寛永五年の地震について『増訂大日本地震史料』や『日本地震史料』等々に記述がないが、延宝地震はM七・四、元禄大地震はM八・二と時間軸が降下するに従って大きくなっている。津波についても同様のこ

千時元禄十六歳癸未霜月廿二日ノ夜四ツ時分ヨリ九ツ時分ニテ大地震
男女死スル者其数餘多也　夜ノ九ツ過キヨリ夜明ニ至テ津波三ケ度
入　地旅ノ
人拾五人餘水流ニテ死ス當寺中興開基賢者法印幸順五拾七歳ノ
時分也
（以下戒名と俗名列記）

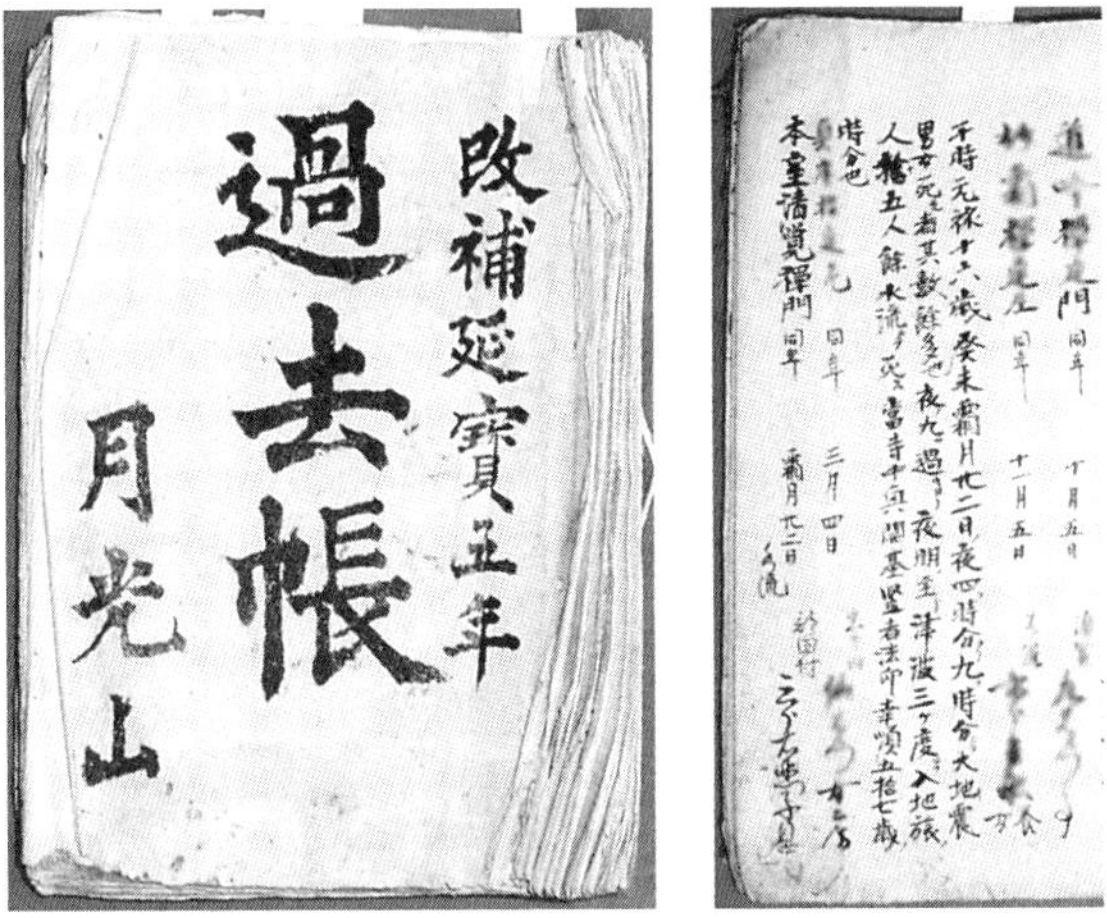

図30　妙音寺過去帳（御宿町・妙音寺蔵）

とが考えられる。元来、地震や津波の規模が大きくなるにつれて犠牲者の数は増加するが、この過去帳は、教訓が活かされ犠牲者が減少したことを示唆しているのである。東日本大震災では、御宿町、隣接する勝浦市の住人は、逸早く高台に逃げた人が多くいたと聞く。妙音寺住職の深野航深氏によると、当山は、元禄大地震時点では、裏手の高台上に建立されていたと伝わるという。それ故、貴重な史料が載る過去帳が現代に残されているのである。

九十九里浜の津波被害を語る上では、鷲山寺の供養塔と本興寺の大位牌を欠かすことができない。茂原市鷲巣にある鷲山寺は、日蓮宗勝劣派八品の大本山で宗徒が九十九里の南半に多かった。長生村本興寺は、その中本山としての役割を担っていた。鷲山寺境内には、総高約二八〇センチの元禄津波供養塔が建立されている。供養塔の塔身部には四面にわたり文字が刻まれている。

（右側面）
元禄十六癸未歳十一月廿二日夜丑刻大地震東海激浪
溺死都合二千百五拾余人死亡允癸酉五拾一年忌営之

（正面）

南無妙法蓮華経　日暹（花押）

（左側面）

天下和順　開山日弁上人　施主

日月晴明　長圀山鷲山寺　門中男女

（背面）

維時不知寳暦三癸酉十一月廿三日

この供養塔が元禄大津波の供養として五一回忌にあたる宝暦三年（一七五三）十一月二十三日に建立されたものであることがわかる。また、台座正面には、一郷九村の各々の犠牲者数が刻まれている。

八百四拾五人　一松郷中

三百四人　幸治村

二百二拾九人　中里村

七拾人　八斗村

八人　五井村

二百七拾二人　古處村

四拾八人　剌金村

七拾三人　牛込村

五拾五人　濱宿村

二百五拾人　四天寄村

この金石文にある一ツ松郷とは、当初、初崎・江尻・久手・高塚・新地・貝塚・新笈・中里・畑中・さらに北部城の内・新屋敷・鷲大村・鷲北野村・大坪・蟹道・入山津の一六カ村で構成されていた。その後、寛永元年（一六二四）に前里・兵庫内・溝代・原・中島・船頭給の六カ村が加わり、二二カ村をもって一ツ松郷となっている。今日の長生村があたり、広範囲を占有することになる。

本興寺は、一ツ松郷に八寺の末寺を抱えて盛行していた。住職の平田義範氏によると、寺には大位牌のほか、『津波水死諸霊　蟹道 新屋敷 溝代 大坪』の付箋が貼られた過去帳（一ツ松郷中の四村、六九名の戒名・俗名）、津波供養塔、津波供養碑が現存する。このうち、供養塔・供養碑には紀年銘がないことから建立時期は判然としない。しかし、供養碑背面の刻字が大位牌由緒書と酷似することから、両者の関連性はうかがうことができる。大位牌は、高さが約一八〇センチ、幅三〇センチ前後の三基からなり、二つの位牌は台座に嵌め込むために下端を加工が施してある。しかし、残りの一基にそれはみられず、しかも古山豊氏は自らの観察をもとに、位牌の上部四四センチ程が切断されていることを指摘する。現在は、三基とも本堂須弥壇に立てかけ安置されている。この大位牌には、腐食

図31　茂原市鷲山寺供養塔

の著しい部分があるが、規則正しい縦横の朱引線内に戒名が記されていることから、戒名の数を復原することが可能である。三基では、六三三人の名が記されていることになる。一ツ松郷内での犠牲者の数を巡っては、鷲山寺金石文を含めて諸説がある。三基の大位牌の中央に配したであろう位牌には、南無妙法蓮華経の題目の下に当山十世日隆上人の花押、さらに由緒書が彫られている。そこには、

維元禄十有六年癸未
十一月二十二日夜於當國
一松大地震尋揚大波鳴
呼天乎是時民屋流牛馬
斃死亡人不知幾千萬矣
今也記當寺有縁死者千
名簿勧回向於後世者也
其列名如左本興寺當任

とある。これには、一ツ松郷の有縁者が千名死亡したことを伝えている。古川豊氏によると切断された大位牌の部分を復元すると五八人分が加わり六九一人になるという。本興寺には、蟹道・新屋敷・溝代・大坪の四村六九人の津波犠牲者の戒名と俗名を記した過去帳が存在することを前述した。この過去帳をみると、

一深奥院玄得日妙　蟹道惣右衛門
一乗院妙得日躰　同人内方

受性院妙清　　　　　　惣左衛門内方
常貞　惣左衛門子共《ママ》
一浄進　七兵衛子
願正　同人　子
□《ヤブレ》祐　弥惣兵衛
妙道　金左衛門内
妙成　同人　子
（以下略）

図32　元禄津波供養碑（長生村・本興寺）

と記されている。このうち、院号が入った戒名は六基あるが、それらは大位牌には見当たらない。すなわち、大位牌には、一ツ松郷中の全ての犠牲者が含まれているわけではないのである。

『上総町村誌』には、元禄大津波の本興寺での埋葬について、

「…長柄郡一ツ松村本興寺境内供養塚在り、死屍三百八十四を合葬す。本寺位牌の背後に維元禄十有六年癸十一月二十二日之夜、当国

地震の供養碑・供養塔、津波塚

碑文にみる被害状況	史料との対応	備　　考
		地蔵尊に金石文
地輪側面に「為九十六人菩提」と有	『楽只堂年録』本須賀村之内として流死人10人、人家波打潰数不相知 『百人塚由来記』（旧蔵音寺文書） 『本須賀郷御年代記』（今関家文書）	
	・『楽只堂年録』に片貝村81人、中里村206人、片貝村之内19人死亡とあり	
	・『楽只堂年録』不動堂村・他６ヶ村111人 栗生村・他８ヶ村105人死亡とあり ・『飯高家文書』に栗生村100人余の死亡を伝 ・『高橋家文書』に妙善寺所管、海辺白浜に葬るとあり	
	・高橋家文書に等覚寺所管、男女子供61人とあり	「妙法津波精霊」
激浪溺死57人		「精霊供養塔」 現・行徳寺墓地内

表17　九十九里における元禄大

項目／番号	種　別	所　在　地	建立・構築時期
1	千人塚	山武市松ケ谷	台座に当村諸精霊等十七回忌とあり（享保5年・1720）
2	百人塚	山武市本須賀	
3	津波塚	九十九里町北下、片貝	
4	津波塚	九十九里町不動堂、栗生不動堂、地先	
5	津波塚	九十九里町北今泉　真亀	
6	津波塚	大網白里村四天木	
7	供養碑	白子町牛込古屋敷449	寛政11年（1799）建立
8	供養塚	白子町牛込	

老若男女270余亡 （鷲山寺供養碑には272人古處村とあり）		「津波代様」 現・安住寺墓地内
		・18の台座碑文に五所村８人とあり
		・18の台座碑文に八斗村70人とあり
		・18の台座碑文に中里村229人とあり
	『上総町村誌』に幸治村ニ無縁塚アリ死者360余ト合葬ス	・18の台座碑文に幸治村304人とあり ・供養碑は妙法寺の寺域
隣接する昭和27年建立供養碑に死者845人 230年忌供養塔とある	『上総町村誌(抄)』に本興寺境内供養塚に死屍384人を合葬すとある 鷲山寺供養塔には「一松郷中845人」とあり	・本興寺山門脇 ・背面に「施主一松惣郷中 東條市郎右衛 齋藤五右衛門」とあり
18名の犠牲者名が刻まれる	本興寺大位牌には、633名の戒名	・本興寺墓地内 ・背面に４行にわたり津波の状況刻む
	『児安家文書』に一宮町で65人前後の死亡記事有	
一郷の村で2,154人の津波犠牲者を刻む		鷲山寺境内、51年忌供養

9	供養塚	白子町牛込	
10	供養碑	白子町古所字南西原2954	正徳5年（1715）建立
11	津波塚	白子町五井高	
12	津波塚	白子町八斗高	
13	津波塚	白子町中里	
14	供養碑、津波塚	白子町幸治上高谷3482	寛政10年（1798）建立
15	供養塔	長生村一松丙301	
16	供養碑	長生村一松丙301	背面の碑文が大位牌の由緒書とほぼ同一
17	津波塚	長生村小泉	
18	津波塚	一宮町権現前	
19	津波塚	一宮町新熊	
20	供養塔	茂原市鷲巣48	宝暦3年（1753）建立

一松代地震…（以下略）」

と記述してある。現在、本興寺境内にこの供養塚は見当らない。また、三八四人という史料的根拠も不明である。しかし、大災害であるが故に、混乱し、合葬という形態がとられたことは納得するところである。九十九里浜南半には、伝承地を含め津波塚や供養碑が点在する。表17に集成したが、これらは、海岸線から約一・五～二キロ程入った標高二～三メートルの微高地上に位置している。『一代記』に記されているように、引波で死体が集まった場所にあたるのである。

伊豆半島東海岸の金石文資料　小田原以西、伊豆半島東海岸に巨大津波が襲来したことは、江戸での断片的な記録はあるものの、地元では伝承を除くと、ほぼ皆無といっても過言ではない。わずかに伊東市内の宇佐美、川奈、玖須美に供養碑があるので、まずは紹介し、あわせて伝承を交えて推察することにする。

宇佐美漁港の裏手、日蓮宗の行蓮寺の境内には、大津波から六〇年忌にあたる宝暦十二年（一七六二）に建立した供養碑がある。背面に、津波の様子や被害状況が詳細に刻字されている。

（右側面）

宝暦十二壬午天十一月二十三日建立之

津波流死之諸聖霊第六十年忌

（正面）

南無妙法蓮華経法界

（左側面）

旭光山行蓮寺　願主　題目講中　現住日全（花押）

（背面）
元禄十六未年十一月廿二日夜半東國大地震動　席欲起轉欲立倒人皆思惟天地滅却
震止後心地如甦村老相集謂伝聞永十癸酉年正月十九日大地震之時河井水乾海
面潮退五六町魚在沙上数多也荘夫走取之帰陸後津浪漸来民屋漂破溺死者両
三人今當七十一年今又然哉與否哉隣家互音問臨河井水不乾窺海上潮不退而
津波俄来周章騒動難逃走家屋漂流溺死者大凡及三百八十余人運命尽期乎将
前世之宿因所感乎今正當六十年天運循環無不住復願後人為令遁復轍之　記

とある。背面の内容を要約すると、元禄大地震は、大地が鳴響き立っていることができないくらいの揺れで、皆この世の終りと感じた。地震が止み我にかえってみなが集まってきた。古老が伝聞するには、寛永十年（一六三三）正月十九日の大地震では、河や井戸の水が涸れ、海面は五〜六町（約五五〇〜六五〇メートル）退き、魚は多くがとり残された。男達が魚を取り走って陸に戻ったところでようやく津波がきた。家屋は押流されたが、溺死者は二〜三人であった。それから七一年が経過したが、今回も同じであろうかと隣り同士で話したが、河や井戸水は涸れず、海面も退かず、津波が突然押寄せてきた。逃げ遅れ、家屋は流失し、溺死者はおよそ三八〇余人にのぼった。この世の終りのようであった。前世からの決事であろうか。六〇年が経過し、再びやってくることのないよう願い記す。

寛永十年の地震とは、相模灘で発生した推定マグニチュード七・一のもので、相模・伊豆・駿河での被害記録が残る。元禄大地震とは、津波襲来までの自然現象が大きく異なる。後者では、宇佐美村一帯で三八〇人余の犠牲者を伝えている。かつて、行蓮寺境内には、元禄大津波と関東大震災の津波の位置をプレートで示していた。前者の方が二メートル程高く表示してあった。それを参照すると、元禄大津波は七～八メートル程であろうか。宇佐美での被害状況を知る数少ない史料として、米沢市図書館所蔵『元禄地震損害調写』がある。そこには、「伊豆の宇佐美　家少々有之人数三百程有之所家共に一切不見」とある。被害の大きさを伝えるとともに史料と銘文の犠牲者の数が近似しているのである。

川奈の恵鏡院境内にある供養碑は、以前、林光院の大門脇にあったものを廃寺になったことから、現在地に移設、安置されたといわれている。自然石に刻まれているが、建立時期は不明である。元禄大地震の犠牲者について、

地震並津波村中死人数二百人□□□

とある。川奈村だけで二〇〇人の犠牲者を伝えているのである。

佛現寺は、日蓮の伊豆法難の由緒ある寺で伊東市物見が丘にある。寺の境内には、玖須美海岸と佛現寺山中に横たわっていた二基の供養碑が移設、安置されている。一基には題目の下に津波犠牲者に関する文言が刻まれている。そこには、

下田氏五郎誌之
元禄十六癸未十一月廿三
南無妙法蓮華経　地震津浪當処照光院於テ
小田原死去當村水没之男
女百六十三人各忌菩提也

とある。小田原における被害が甚大なので「小田原死去《(地震)》」ととらえ、この村での死者の一六三人を照光院

で供養したというものである。もう一基には、

（正面）

妙法　三界萬霊

（左側面）

元禄十六癸未十一月廿二日夜丑時

地震津波

當所水難亡魂老少男女壱百千世余人

と刻まれている。二つの銘文は、伊東市内の南端近くの八幡野地区で、少なくとも津波犠牲者が一六三人以上いたことを示唆している。

ここで紹介した四基の供養碑は、現在の伊東市内では、宇佐美・川奈・八幡野の三地区にあたり、その範囲内で七四三人の犠牲者を伝えている。しかし、その数字は、伊東市全域というわけではない。実は、もっと多くの犠牲者がいたのである。津波の大きさを物語ることとして、記録にはないが、元禄大津波が南伊東まで達したという伝承もある。東日本大震災の例をみるまでもなく、元禄大津波が伊豆半島東海岸で最大一〇メートル程の規模で到達したとしても不思議ではないのである。

地震直後の被害報告として、『楽只堂年録』百三十三で、豆州領分の犠牲者を四四四人（寺社四人を含）であることを紹介した。また、『文鳳堂雑纂』変災部五十五には、

一豆州領分郷中男女六百三十九人内（男四百四十六人／女弐百七十三人）

一同寺社ニ而出家弐人・男一人・女一人

とある。ここでは六四一人と記録されている。時間の経過の中で被害確認が拡大しているのである。前述した安房・上総の海浜の村々では、犠牲者の数が女性・子供が多いのに対して、豆州では男性が多いのも特徴であり看過することができない。

しかし、二点の史料を引用するまでもなく、被害の全容を知るものはほとんど見当たらない。碑文が甚大な災害である具体的な証左を示す限られた資料となっているのである。

四　家屋倒壊、延焼による壊滅的被害の小田原

都市部での大震災被害の典型となるもので、後述する安政江戸地震、関東大震災に通ずるものがある。前述したように、小田原では激震が襲い、推定震度7に及ぶという。一般的に、この揺れでは建物の三〇パーセント以上が倒壊するといわれている。『楽只堂年録』に記されているように城下の町屋が残らず潰れたとある。これに加えて四カ所から出火。深夜であること、北風が吹くことから火の手はまたたく間に拡がり、城下が火の海と化す。

小田原城下での被害については、前述した『楽只堂年録』、さらには『甘露叢』などいくつかの記録でみることができるが、ここでは、西尾市岩瀬文庫所蔵『地震記　完』を紹介することにする。

（前略）

一地震ニ付世上ニ而家門ニ張付置候歌

棟はやつかどは九ツとはひとつ

身ハこゝのへ乃内にこそすめ

小田原大久保隠岐守領分地震火事ニ付
死人之覚今日承候右爰ニ記

覚

一小田原本丸二丸三丸不残焼失
一侍屋敷不残潰其上六拾四軒焼
一城下町屋敷不残潰其上四百九拾軒焼
一府内寺社山伏之内四拾弐軒内寺五軒焼
一侍足軽四拾五人損
一家中召百七拾人損内男八拾七人・女八拾三人
一町ニ而損申候者六百五拾一人内男弐百九拾壱人・女三百六拾人
一旅人四拾人内男三拾八人・女二人、同所損馬千五疋内御伝馬九拾疋・家中馬四疋・通馬弐疋・田舎
馬九百疋
一相州領分中潰家四千六百九拾軒うち八軒焼
一損人六百拾三人内　男四百七人
女弐百六人
一損牛馬拾七疋内牛壱疋
一箱根小田原町損家四拾七軒損人三拾六人内

男　廿人　　女　拾六人

一寺社崩家九軒損人壱人馬三疋損

（中略）

一廿九日　隠岐守御前江被召壱万五千両拝借被　仰付之

（以下略）

とある。前後の関係から、この記録は、地震直後から同月末にかけての被害報告と、激甚災害であるが故、復興にむけて小田原藩が幕府から一万五千両を借入れようとしたものである。大地震から間もないために、被害の数字はさておき、二点注目することがある。一点は、小田原城の本丸・二の丸・三の丸が焼失していることである。『文鳳堂雑纂』災変部五十五に

一天守崩、類焼、同本丸御殿不残崩、類火　一二の丸屋敷不残崩・類火

一三の丸士屋敷潰、其内五軒類火、御本丸・二ノ丸・三ノ丸・櫓・門・塀・橋・石垣共に崩る

一外郭士屋敷不残潰、其内十九軒類火　一城廻り外郭潰、堀不残埋ル

とあることから、小田原城の焼失にあってはまず一次的に激しい揺れからくる建造物の倒壊。二次的に出火、延焼ということになる。余談であるが藩主の大久保隠岐守は、この地震によって小田原城を出、近郷に仮住いすることになるが、そこも十二月十六日の余震にて潰れることになる。二重の災害を体験したことになる。一点は、城下と相模領分の焼失家屋の数の相違である。城下四九〇軒に対して領分八軒と城下の焼失が圧倒的に多い。小田原領内での推定震度は6から7であることから、多くの木造家屋が倒壊することはやむをえないことである。事実、史料の数字からそれを読みとることができる。しかし、焼失家屋

の数が両者で極端に違うことは、家屋が立並ぶ密度に起因するもので、城下での延焼が多かったことを示唆するものである。領分での焼失家屋が少ないのは、深夜、あかりを消す習慣とも関係がありそうである。

このような小田原城下での壊滅的な被害のため、震災後間も無い時期に、小田原藩は、幕府に対して復旧資金を願い出たのである。

五　江戸での被害と復旧

江戸での被害記録　これまで当地震の江戸での被害や復旧を知る史料としては、『楽只堂年録』と『甘露叢』が中心的に扱われている。

『楽只堂年録』百三十五には、

（十一月）

廿五日

一時々すこし地震して止さるにより夜四つ時前に再び登場して宿直す

一今日破損修復及　仰事有、間宮所左衛門信明・福王市左衛門信像・坂部惣左衛門正羽・伊藤新右衛門重之は御宮御仏殿なり、松平伝兵衛乗宗・大嶋肥前守義也・甲斐庄喜右衛門正永・水野権十郎重格・布施長門守正房・遠山善次郎景忠・永田半助政義・竹田藤右衛門政武・竹村権左衛門嘉武は御城也

（中略）

廿八日

一松平大膳大夫吉広・丹羽左京大夫尹重・立花飛驒守宗茂・加藤遠江守泰常・稲葉能登守知通・戸沢上総介政応へ御普請乃手伝の事を仰付らる、件乃場所は

松平大膳大夫丁場

西之丸

追手御門。中仕切御門。御玄関前御門。同所二重御櫓。同御多門。山里御門。御裏御門。獅子口御門。吹上御門。

半蔵御門際ゟ西之丸之御石垣并右向井伊掃部頭屋敷前御堀端崩築直シ共

的場郭御多門　兵庫御櫓

兵庫御櫓続キ御石垣・外桜田松平主計頭屋敷南之方御石垣・西之丸吹上御門之外土橋御石垣・同所御門際半蔵御門之方御石垣

但シ兵庫御櫓者吉川勝之助丁場

丹羽左京大夫丁場

下梅林　平川口

平川口御門左京大夫丁場ニ而御座候処御石垣斗左京大夫ゟ出来渡リ御櫓、其外冠木御門者小普請方ゟ仕候

帯郭

西拮橋冠木御門土橋石垣共

紅葉山下御門
紅葉山下御門ゟ蓮池御門方木矢来之辺迄御堀端石垣
平川口御門渡櫓建直シ大番所腰懸ケ建方仮船橋取払共ニ普請方
下梅林新口明ケ塞御多門共ニ小請負方
　立花飛驒守丁場
内桜田御門　蓮池御門
日比谷御門建前取壊御石垣少々直シ建前、又者其以後悪敷罷成候御石垣、黒田伊勢守方
和田倉御門片付・馬場先御門壁瓦落シ其外者小普請方ゟ仕候
和田倉御門渡御櫓修復石垣築直シ大番所共ニ建方小普請方馬場先御門渡御櫓修復、大番所建方共ニ
同断
　加藤遠江守丁場
壱つ橋御門
雉子橋御門
両御門間之御石垣塀共ニ壱つ橋向御駕籠台雉子橋脇道崩共ニ
　稲葉能登守丁場
呉服橋御門
呉服橋ゟ常盤橋迄之石垣
道三橋

数寄屋橋御門
山下御門
　鍛冶橋取付之砌少々取片付
渡御櫓大番所塀共ニ修復、石垣繕小普請方
　戸沢上総介丁場
常盤橋御門
　神田橋之仮橋壱つ橋ゟ常盤橋間之御石垣
廿九日
一萩原近江守重秀・曲淵伊左衛門重羽・鈴木伊兵衛重武へ御城乃四辺の破損修復の事を命し給ふ、又
諸番衆をゑらミて所々の破損修復手伝乃輩を監察なさしめたまふ
　松平大膳大夫方　松平石見守組 桑山源七郎
黒田伊勢守方　松平近江守組 大久保甚右衛門
　小田切土佐守組 大橋与惣右衛門
松平右衛門督方　板倉筑後守組 松平伝左衛門
立花飛騨守方　北条右近大夫組 成瀬吉右衛門
松平兵郡大輔方　松平式部少輔組 水野甚五左衛門
丹羽左京大夫方　永井備前守組 土屋長三郎
上杉民部大輔方　大久保豊前守組 天野弥五右衛門

伊藤大和守方
戸沢上総守方　川瀬権之助組　服部久右衛門
酒井靱負佐方　三枝摂津守組　朝倉外記
有馬大吉方
加藤遠江守方　松平壱岐守組　渡辺内記
鍋嶋摂津守方　板倉筑後守組　岡田新八郎
稲葉能登守方　北条右近大夫組　根来平左衛門
内藤能登守方　伊沢播磨守組　仁賀保内記
松平采女正方
秋月長門守方　内藤越前守組　角南主馬
六郷伊賀守方　小出和泉守組　京極主計
毛利周防守方
松平周防守方　松平石見守組　稲生七郎右衛門
永井日向守方　松平近江守組　長谷川半四郎
小出伊勢守方

とある。この史料の場合、被害状況の把握よりも、復旧の第一歩を知る上で重要となる。先行する百三十四には江戸城紅葉山の御宮・御仏殿の被害状況もあるが、ここでは三点が重要となる。一点は、地震直後の十一月二十五日に御宮・御仏殿の復旧に奉行の間宮以下四名の小普請方を命じているのに対して、同日御城廻りは作事奉行の松平・大嶋、普請奉行の甲斐・水野、小普請奉行の布施、遠山以下四名の小普請方の九名に命じていることである。とりわけ、御城廻りは、人数が多いだけではなく、作事・普請・小普請の奉行を配することで総動員体制が敷かれており、それだけ被害が甚大であることを示唆している。一点は、廿八日に手伝普請に松平大膳大夫以下六名の大名を命じ、各々の担当場所が明記されていることである。『甘露叢』や『東京市史稿』には、これに藤堂大学頭が加えられている。同日酉刻（午後六時頃）水戸屋敷内長屋より出火し、藤堂家屋敷に被害が及んだことから御役免除となり、代わりに松平右衛門督が命じられるが、その過程を踏まえたものといえる。また、看過してはならないのが、各担当大名丁場に交って小普請方が復旧を命じられていることである。後述する絵図（口絵1）に下梅林門脇に「新口」の付箋が貼られているが、臨時の「新口」の開閉にかかわっていることや和田倉門や馬場先門の復旧などはその好例といえるものである。一点は、廿九日の時点において、二二家の手伝大名と担当役人を決めていることである。手伝大名の決定に関する経過は作事方御大工頭の『鈴木修理日記』に垣間見ることができるが、円滑な復旧を考慮し、同時にかかることなくおよその順位を念頭に置き、進行状況に応じて手伝普請を命じることとなる。第五章の関東大震災の旧江戸城復旧の場合も同様であるが、資材の調達や効果的な官材の利用においては、段階を踏まえた方がより効果的で円滑に進行するのである。

余談であるが、側用人の柳沢吉保が大地震以後、登場するのは十二月廿八日と記されている。その間、老中を中心として復旧に向けて全勢力が注がれていたのである。

一方、『甘露叢』には、御城廻り、大名・旗本屋敷等々の被害状況が記されている。部分的に抜粋すると、

一地震前に地の鳴る事雷の如く
一御城廻り所々御破損并大名屋敷等之破損の分大概如左
△雉子橋御門内御蔵
　大番所、箱番所潰れ、足軽二人、中間一人相果、其外ニも少々怪我人も有之由
△小石川御門　塀ひつミ、壁落
△牛込御門　塀崩、壁落
△市谷御門　塀崩、石垣少崩
△筋違橋御門　大番所後の塀少々損、石垣崩
△浅草橋御門　大番所後塀損、尤石垣等くつろぐ
△常盤橋御門　御門少々損し、大番所潰れ掛り、塀・石垣崩
△呉服橋御門　御門少損、土居・石垣・塀崩
（中略）
一御城所々御櫓・多門の瓦・壁落・石垣或崩れ或孕む、別而西御丸大破破損に見へたり
　大名屋敷、御旗本屋敷破損如左
御役屋敷塀　長屋表向潰　小川杢佐衛門
外長屋潰　吉田意安
外向壁少損　小笠原平兵衛
門長屋潰　佐野信濃守

塀損　永井庄左衛門
塀損　大久保弥左衛門
居間潰　中根二郎左衛門
居宅潰　朝倉藤十郎

（中略）

表長屋壁落　鍋嶋紀伊守
表長屋壁落　阿部対馬守
表長屋瓦落并壁損　井上大和守
所々大破　池田帯刀

△水戸宰相殿御屋敷中　八重姫君様御守殿并中将殿御部屋少々御破損之由
△甲府中納言綱豊卿御屋敷外桜田　東御長屋倒出火、弐拾間余焼失、圧死・焚死人余程之由
右は最初記し候御門近辺道筋之分大略記之、此外江府中諸侯（ママ）の御屋敷或は御別墅又ハ小屋壁落倒ハ家並也、其外神社・仏閣・町屋の破損数多有之といへ共記すに遑あらす、本所辺殊更潰家有之、
一桜田辺・八代洲河岸・本所辺・芝神堀端・其外御堀端川近き処ハ地大に破損す

（以下略）

とある。『甘露叢』は、内閣文庫所蔵史籍叢刊で五代将軍綱吉の延宝九年（一六八一）から元禄十六年（一七〇三）に至る動静や幕府の諸行事、幕政、災害等々を記した「改正甘露叢」と宝永元年（一七〇四）から正徳五年（一七一五）に至る綱吉・家宣・家継の治世の史料を収めた「文露叢」これに玉露叢を加え

た三露叢として知られるものである。十二巻からなるが、いわば幕府の公式記録といえるものである。しかし、諸門の被害状況はともかく、大名・旗本屋敷は幕府が正式に被害報告を求めたものではなく、道筋からの観察をもとにしていることから、外観上の被害の把握はできるものの、十分なものではない。つまり、幕府は江戸での被害の実体は知り得てないようで、これ以上の記録は見当らない。そこで、この史料から被害の大きな地点を考えることにする。

表18は、諸門の被害状況をまとめたものである。雉子橋門・和田倉門・馬場先門・内桜田門で犠牲者があり、大番所が潰れるなど被害が甚大である。また、日比谷門では、犠牲者こそないものの怪我人が生じ、大番所が潰れるなど同様の状況下にあったといえる。いずれも東京低地上にあり、江戸城修築においては雉子門を除くと日比谷入江を埋立てた軟弱な地盤の箇所にあたる。一方、赤坂門から浅草橋門と虎之門から山下門・鍛冶橋門に至る外濠沿いの外郭諸門は、総体的に被害が小さいといえる。

表19は、大名・旗本屋敷等々の被害状況をまとめたものである。前述したように、大名・旗本からの被害届けによるものではなく、外観からの様子であるために、甲府中納言屋敷を除き、犠牲者や怪我人の有無・人数等々は不明である。このうち、大名屋敷に限り、かつ表18の諸門の被害状況を考慮し、四カ所の地区に区分してみることにする。四カ所の地区とは、

①外桜田・馬場先・和田倉の各門に囲まれた西丸下。役屋敷が集中する。
②日比谷・山下・虎之門の各門に囲まれた地区。①の南側にあたる。
③①の東側。内濠と外濠に挟まれた、所謂、大名小路。
④③は道三橋を挟んだ北側。大手門東側の所謂、大手前。

表18　『文鳳堂雑纂』災変部55・『甘露叢』に記された江戸城城門の被害状況

門の名称	損壊状況	死傷者
雉子橋（含、御蔵）	大番所・箱番所潰れ	足軽二人・中間一人死、怪我人少々
小石川	塀ひつみ、壁落	
牛込	塀崩、壁落	
市ヶ谷	塀崩、石垣少崩	
筋違橋	大番所後の塀少々損、石垣崩	
浅草橋	大番所後塀損、尤石垣等くつろぐ	
常磐橋	門少々損、大番所潰、塀・石垣崩	
呉服橋	門少損、土居・石垣・塀崩	
竹橋	門外張番跡ひづみ、箱番所潰、多門ひづみ	
吹上	門北方石垣崩、塀損、壁所々落	
内竹橋口	番所別条なし	
北之丸口	右同断、塀・石垣崩	
清水	石垣崩、所々破損	
一ツ橋	箱番所潰、所々壁落、塀崩	
神田橋	箱番所潰	
平川口	内外通り塀残らず潰	
和田倉	大番所・箱番所潰	中間七人死、怪我人十二人
馬場光	大番所・箱番所潰、門外南方石垣五六間崩	中間一人死、怪我人一人
鍛冶橋	所々壁落	
数寄屋橋	塀四五間崩	
山下	箱番所潰	
半蔵	塀崩、壁落、石垣損、大番所少々破損	
赤坂	塀崩、壁落、石垣損	
田安	渡矢倉壁落掛り、石垣崩、惣塀・壁落	
外桜田	番所東方土塀四五間崩、其外壁・瓦所々少々損	
虎之門	壁、瓦所々損	
幸橋	壁、瓦所々損	
日比谷	大番所潰、塀残らず倒	当番土方市正家来徒目付一人、小人二人、家中もの一人怪我人、其外足軽四人怪我人
内桜田	所々壁落、大番所潰	当番牧野駿河守家人死亡、怪我人多数
追手	所々壁、瓦落	

とした。表19の大名屋敷をこれにあてはめると、①には稲葉丹後守・青山伊賀守・阿部豊後守・大久保隠岐守・柳生備前守の五家屋敷、②には甲府中納言綱豊卿・松平大膳大夫・本多中務大輔・池田帯刀・松平薩摩守・亀井隠岐守の六屋敷が該当し、外観上はいずれも被害が甚大である。表18の諸門の被害と照合すると、①・②の地区は揺れが大きく至極当然といえるものである。③には、斉藤帯刀・溝口信濃守・青山播磨守の各屋敷、④には秋元但馬守・井上大和守の両屋敷が該当する。④の二家屋敷は隣接し、かつ堀を隔てて和田倉門が位置している。これらは、被害の一端を記したものであるが、総じて東京低地の埋立地に被害が大きいといえる。

二つの史料には、町屋の被害状況がわかりかねるが、東北大学狩野文庫所蔵『災変温古録』にその一端を垣間見ることができる。一部を紹介すると、

元禄十六年未十一月廿三日立上帳書抜

一広屋町原八店七郎兵衛申上候私召仕半十郎と申もの夜前之地震蔵之壁ニ被討相果申候為御届申上候由右之七郎兵衛家主五人組伝三衛門同意申来候為検使遠江守方ゟ

（中略）

未十一月廿三日同断

一備前町清右衛門申上候、私店十右衛門寄子新右衛門歳廿拾五、久右衛門娘きわ歳五、六兵衛娘歳拾、并七兵衛娘かめ歳九、五郎兵衛出店衆只右衛門歳六十、小間使五拾、其外松下女すき歳五拾六、右七人昨夜地震ニ家土蔵崩相果申候、為御届申上候由右之清右衛門五人組与七兵衛同意ニ申来候ニ付為検使遠江方より

堂雑纂』災変部55・『甘露叢』に記された大名・旗本屋敷の破損状況

大名・旗本名	被害状況
小川杢左衛門	御役屋敷塀、長屋表向潰
吉田意安	外長屋潰
小笠原平兵衛	外向塀少損
佐野信濃守	門・長屋潰
永井庄左衛門	塀損
大久保弥左衛門	塀損
中根二郎左衛門	居間潰
朝倉藤十郎	居宅潰
舟橋宗迪	外長屋潰・本宅半潰
鵜殿十郎左衛門	外長屋潰
蜂屋主斗	塀損・本宅半潰
大沢主膳	門・塀潰
中山主馬	練塀崩
三枝日向守	長屋・居宅共損
三好勘之丞	長屋少・塀共に損
溝口摂津守	長屋損
加藤伝八郎	長屋損
大久保甚兵衛	外塀本宅共に損
星合伊左衛門	長屋損
前場久三郎	長屋・居宅共損
高木九助	長屋少損
石原勘左衛門	塀損・本宅共
日下部三十郎	長屋少潰
酒井作左衛門	長屋少潰
大森三二郎	長屋潰
久貝因幡守	長屋少損
屋代越中守	長屋壁少落
宝賀源太郎	長屋塀損
榊原式部大輔	塀損・長屋少々潰
平岡吉左衛門	塀・長屋損
山中吉衛門	外向土蔵潰塀少々損
尾張殿衆渡辺新左衛門	塀損
丸毛勘左衛門	外石垣少損
藤川庄右衛門	外石垣少崩
柳瀬甚八郎	塀くつれ
木下平三郎	長屋并土蔵少崩
△御春屋	御長屋半分余崩候
松平伊豆守	土塀崩
大沢右衛門尉	土蔵塀損
黒川与兵衛	塀少
伊奈半左衛門	土塀崩
松平肥後守	長屋大破
稲葉丹後守	表長屋少内長屋大破
秋元但馬守	表向少内長屋居宅大破
阿部豊後守	表向少内長屋居宅大破
青山伊賀守	長屋壁落
松平伊賀守	長屋壁落
斎藤帯刀御役屋敷	長屋壁落、玄関式台潰
溝口信濃守	練塀倒
大久保隠岐守	表長屋壁、腰板落長屋大破
亀井隠岐守	表長屋壁、腰板落
松平大膳太夫	表長屋壁、瓦、土塀損
伊東出雲守	表長屋壁、瓦、土塀損
烋（ママ）田信濃守	表長屋瓦塀腰板崩
青山播磨守	内証向之家并表へ通口玄関中長屋其外所々大破
柳生備前守	内座敷等不残ゆがみ長屋七十間余倒并塀土蔵潰
木下右衛門太夫	所々大破
松平筑後守	所々大破
松平薩摩守	表長屋并蔵壁瓦落、所々大破
本多中務大輔	北表長屋所々にて六十間余程倒

表19『文鳳

長谷川甚兵衛	外向石垣損
森川紀伊守	外向塀少々損
河村善七郎	外向土蔵少損
東条信濃守	塀少損
篠山甚左衛門	外向土蔵少損
中島民部	門并長屋潰
曲淵市兵衛	外土蔵崩
鍋嶋紀伊守	表長屋壁落
阿部対馬守	表長屋壁落
井上大和守	表長屋瓦落并壁損
池田帯刀	所々大破
△水戸宰相殿御屋敷	八重姫殿様御守殿并中将殿御部屋少々御破損由
△甲府中納言綱豊卿御屋敷	東御長屋倒出火、弐拾間余焼失、圧死・焚死人余程之由

未十一月廿四日同断

一本所相生町壱町目作右衛門昨夜六ツ時申上候、私店又兵衛養子又市と申五才ニ罷成候もの昨夜之地震ニ家崩レ相果申候、為後日申上候由右之作右衛門井又兵衛召連五人組と権八同意ニ申来候

右又市実父本所緑町三町目清兵衛店ハ右衛門死骸受取度と可申ニ付不及検使、死骸渡候様遠江守方ニて申付候

（以下略）

と記されている。この史料は、地震直後の十一月二十三日から二十七日までの立上帳書抜によるもので、四三件の町屋での被害が記されている。表18・19の被害状況を考慮すると、被害の一端であることは言及するまでもないが、ここから読み取れることを列挙することにする。この史料で犠牲者がでたのは、表20に集成したが二三件四三名以上となる。本所・本材木町など御府内東部に多いが、赤坂新町など西部にもみられ広範に及んでいる。死亡の要因の最も多いのは、土蔵が崩れたことによるもので一一件あり、次いで家の崩れ九件（長屋を含）となっている。件数は少ないが二点注目される。一点は、湯島天神下三組町

表20 『災変温古録』に記された町屋の犠牲者

立上帳日付	場　所	犠　牲　者			要　因
		男	女	合計	
11月23日	広屋町	1		1	蔵壁圧死
同	堀江町四丁目	1		1	蔵　崩
同	甚左衛門町		1	1	家　崩
同	湯島天神下三組町	1		1	糀　室　崩
同	元赤坂町	2		2	土　蔵　崩
同	芝田町８丁目		2	2	土　蔵　崩
同	西旅籠町		2	2	土　蔵　崩
同	元大坂町	1		1	土　蔵　崩
同	芝居町	1		1	家　崩
同	神谷町	1	1	2	家　崩
同	兼房町	3		3	家　崩
同	備前町	3	4	7	土　蔵　崩
11月24日	本所相生町壱丁目	1		1	家　崩
同	同	3	1	4	家　崩
同	三河町壱丁目	2		2	長　屋　崩
同	下槇町			?	土　蔵　崩
同	北新堀町	1		1	土　蔵　崩
同	本材木町五・六丁目			?	土　蔵　崩
同	本所松井町壱丁目	2	2	4	未　記　入
11月25日	赤坂新町壱丁目	1		1	家　崩
同	赤坂新町壱丁目	1		1	家　崩
11月26日	茶船乗船中	1?	2	3	高汐（津波）
11月27日		2		2	京都の帰り
	23件	28	15	43+ α	

で麹室が崩れて犠牲者がでたことである。地場産業での被害となるものである。立上帳書抜にはこの一件の記述しかないが、他の麹室にも被害が及んだであろうことは十分、予想することができる。一点は、東京湾に津波が入り、乗船中の茶船が転覆し、犠牲者がでていることである。その部分を抜粋すると、

未十一月廿六日同断

一伊奈半左門方ゟ断、我等御代官所深川黒江町惣兵衛店八兵衛女房さんと申廿四歳罷成候もの、当月廿二日夜地震以後高汐ニ付茶船へ乗母并八兵衛女房三人共家之前河岸ニ罷存候処、舟ヲのり上ケ候節さん義川江落入、何方江歟流参り死骸相見江不申候、為後日申上候半左衛門内石田与五郎書付ヲ持右之三兵衛家主惣兵衛同道中来候

とある。隅田川沿に津波が押寄せている光景が目に浮ぶ。おそらく、同様のことは起きたであろうし、現代にも被害の可能性を示唆するものである。

表20を除くと、地震によって怪我人がでたことを二件で伝えているが、多くは建造物の崩＝倒壊である。そのほか、上水樋と石下水の記事があるので加筆しておく。上水樋の崩は、南小田原町壱丁目の町内での一例、石下水は、市ケ谷左内坂と市ケ谷八幡町での大下水石垣石橋が崩れたという二例が収められている。土蔵や家屋が潰れる程の激しい揺れであるからして、地中の構造物にも被害が生じたことは当然のことでもある。

作事方大工頭『鈴木修理日記』にみる江戸城被害の把握と復旧の経過　江戸城の造営・修復にあって作事方大工頭の鈴木修理の存在は不可欠である。幕府の作事方とは、小普請方とともに建築工事を担当し、享保三年（一七一八）の二局分掌までは、大きな建築工事は主に作事方が請負っていた。それは、作事方

には直属の大工を持合せていたこととも関連する。

大工頭は、作事奉行下で組織化された大工集団の頂点であり、大棟梁・諸職棟梁（大工・木挽・錺方・鍛冶方・石方・壁方・屋根方・瓦方・建具方など）・諸職肝煎・諸職平職人などを系列化し統制していた。寛永年間以降、木原・鈴木家が世襲化し（後に片山家が加わる）、大工集団の統制とともに建築工事の監理を担当していた。元来、宮大工として高度の技術力を兼ね備えていたが、時間の経過とともにその部分は大棟梁が引き継ぐこととなり、行政官化していく。

『鈴木修理日記』とは、鈴木修理長常が四十八歳の寛文一〇年（一六七〇）九月から子長頼没後一年の宝永三年（一七〇六）までの全六〇巻からなる。伝本は、唯一、都立中央図書館特別文庫室が所蔵し、その刊本が鈴木棠三・保田晴男両氏の編者のもとで『近世庶民生活史料　未刊日記集成第五巻　鈴木修理日記』として全四冊からなるものが三一書房から刊行されている。筆者は、幸にも原本を閲覧する機会も得た。ここで紹介するのは、大地震直後に幕府が逸早く城内の被害を把握し、復旧に向けて指示している様子を詳細に知ることができることにある。

先は、大地震直後から数日間の記述をみることにする。

廿二日　甲子　晴天

一午后刻ゟ雀部新六江、祝儀振廻ニ参、四ツ過帰ル。

一丑后刻大地震、即刻登城、御城内外御石垣等破損、其外方々検ル、夜中廿三昼夜動。

廿三日　乙丑　霽、終日地震

廿四日　丙寅　曇、終日打続地震、今日ハ少々軽シ、凡今日迄ニ弐百度程、暮合ゟ明ケ七ツ過まで

雨降

廿五日　丁卯　霽、終日地震

一御作事奉行衆ゟ御手紙并書付来ル。

以手紙申入候、別紙之通、今日被仰付候、御自分儀も明日四ツ時、登城有之様ニ可申渡旨、秋但馬守殿被仰渡候間、被得其意、右之刻限可有登城候、尤我等共も罷出候。

一此度御用可相勤御被官被致吟味、書付可能被差越候、大棟梁も此方ゟも為勤候条、可被得其意候、御被官組頭両人共ニ、未病気ニ而引込、時分柄気之毒成儀ニ存候、委細明日可申述候、以上。

十一月廿五日

松平伝兵衛

大島伊勢守

鈴木修理様

別　紙

中之間

惣奉行

阿部豊後守

井上大和守

間宮所左衛門

福王市左衛門

伊藤新右衛門

右は、御宮・御仏殿之御修復御用被仰付之。

同席

惣奉行

秋元但馬守

稲垣対馬守
松平伝兵衛
大嶋伊勢守
甲斐庄喜右衛門
水野権十郎
布施長門守
遠山善次郎
永田　半助
竹田藤右衛門
竹田権左衛門
鈴木　修理

右は、御城廻り御修復御用被仰付之。

廿六日　戊辰　霽、終日折々地震、夜中共ニ

一小幡上総介殿ゟ御手紙。

昨日佐渡守殿被仰付候は、作事方諸職人賃金、高値ニ不仕候様ニと、先頃被仰渡候得共、地震付而猶更諸方普請多、職人差閊候間、滞無之、賃銀高値ニ取不申様、此度は急度申付、相背候ば、可為曲事之旨申付候へとの事、依之今晩我等宅ニ而可申渡候間、別紙之通、其元ゟ御申触可有之候、小普請支配は、あなたゟ可被申渡候。

一大工・木挽作料其外、賃銀等、先年御定書付有之様ニ覚申候、於左《ママ》は見申度候、今日御城江御出之由、殿中ニ而委細可申承候、以上。
十一月廿六日　　小幡上総介
鈴木修理殿
猶以、火之元之儀、此節、別而念入候様ニと、昨日、御老中御列座ニ而被仰渡候、可被得其意候、以上。

御作事方
大棟梁
木　挽
錺　方
鍛冶方
右之内壱人宛
安間源太夫
寺嶋　壱岐
亀岡久三郎

右、何も今晩七ツ時、我等宅江参候様可被相達候、御様ニ而差合候ば、明朝五時成共、可参候、以上。
十一月廿六日
奉畏候由、及則報。

一則、右ノ者共江相触遣ス、諸職人方、上総介殿江参候処ニ、左之通被仰渡。

覚

大工・木挽作料并作事方諸職人手間代高直ニ不仕候様ニ、先頃火事以後被仰渡、相触候処、今度地震ニ付、諸方破損大分之儀、猶更手問不申、賃銀等高直ニ仕間敷之旨申渡、若懸隔高根ニ仕候ば、急度可為曲事之旨申付け候様ニと、昨日、御老中被仰渡候、面々触下之者江急度可申渡之候、以上

十一月廿六日

一巳刻登城、秋但馬守殿・稲対馬守殿、御祐筆部屋縁側江御出、此度地震ニ付、御城内外及破損候間、御作事奉行・御普請奉行相加リ、御用之儀相達可申旨被仰渡、夫ゟ御老中方々江御礼ニ廻リ、直ニ松伝兵衛殿へ寄合ニ参、大島伊勢守殿・甲斐庄喜右衛門殿・水野権十郎殿御出合、諸事御相談有之、左之書付相認、明日、御城ニ而御伺之筈ニ相談相極ル。

一稲垣対馬殿被仰聞候ハ、先年火事之砌、所々御門奉行付差上候様ニと被仰付、則左之書付相認、差上ル。

一寛永年中ゟ明暦酉年大火事之砌、所々御石垣御手伝等被仰付候大名衆名、左之通書付、伝兵衛殿江進候所ニ、但馬守殿御尋ニ付、被差上候之由。

対馬守殿へ差上候書付

明暦三酉年火事以後、仮木戸・門矢倉・同橋御普請奉行

（以下略）

この日記で特筆すべきことが四点ある。一点は、私的な日記であるが、元禄大地震に限ってみると幕府要人の手紙や書付が交えており、甚大な被害への対応と復旧に向けての詳細な経過が記され、公的な性格を持ち合わせていること。一点は、大地震の復旧に向けての幕府の対応として直に二手編成していること。これは、『楽只堂年録』や『甘露叢』などの史料にもみられる。一点は、鈴木修理が大工集団を統率する立場にあることを先述した。幕府は、普請の急増に伴う諸職人の手間賃高騰が予想されたことから、それを押える御触をだし、鈴木修理を経由して徹底させることを目論んでいること。一点は、御手伝大名や御被官を命じるにあたり、寛永十六年（一六三九）と明暦三年（一六五七）の大火の記録を参考とするために、大工頭の鈴木修理よりその情報を得ていること。この四点は、大地震からの復旧にあたり、鈴木修理の責務の大きさを感じるところである。補足すると、一点目の公的性格を兼備えていることは、野中和夫編『江戸の自然災害』（同成社）で安政六年（一八五九）に幕府御小納戸頭が『鈴木修理日記』を引用し（ここでは四之丸・五之丸の位置）、事実確認を求めていることからもうかがえる。

大地震発生から四日が経過した時点では、公式に被害を把握する記録は見当たらない。十一月二十七日にそれをみることができる。

　　廿七日　己巳　少々曇　折々地震

一巳刻、何も寄合、左之見分致ス。

　　見分場所

一御玄関前御門ゟ中之御門・百人組・大手御門并内桜田御門ゟ西之丸大手・同中仕切・山里御門、獅子口・吹上之内、同所御裏御門、紅葉山下・坂下御門之内、蓮池ゟ寺沢御門、台部屋口・埋御門、御楽屋、御数寄屋之方、御書院番矢倉之方へ罷出、御長屋御門、御切手・上下梅林・北引橋之内、平川口御門、二之丸喰違・銅御門江罷出可申候。

内郭

一内桜田御門ゟ大手・平川口・竹橋・北はね橋・西はね橋・紅葉山下・吹上・外桜田内・坂下御門迄。

道法、三十五丁程

此場所十五万石恰（好）合之御手伝壱両人程

外郭

一常盤橋御門ゟ神田橋・壱ツ橋・雉子橋・清水口・田安・半蔵口・外桜田・同日比谷・馬場先・和田倉内川岸辺・御畳小屋迄。

道法五十四丁程

壱里廿壱丁

此場所十万石ゟ十五万石恰合之御手伝四五人程

惣郭

一浅草橋御門ゟ筋違橋・小石川・牛込・市ケ谷・四ツ谷・赤坂・虎之御門、幸橋・山下御門、数寄橋・鍛冶橋・呉服橋御門迄、道法九十三丁程、弐里廿壱丁、御破損之所少、其上石垣之所も多ク無御座候間、此場所廿万石ゟ十五六万石恰合之御手伝両人程

右之通、御手伝被仰付可然奉存候、取掛り過不足之義は追々可申上候。

一御城内御殿廻り之儀は、未見分不仕候間、御手伝積り難仕御座候得共、急御用之儀ニ御座候間、
　先三十万石恰合之御手伝両人程も可被仰付哉、猶更見分之上、可申上候、以上。

（以下略）

この見分には、鈴木修理が全てに同行しているわけではない。日記からみると、内郭の見分に立合っていることがわかる。時間的制約から当日には御城内御殿廻りの見分がかなわなかったが、翌廿八日の日記に、登城し寄合後に四人の奉行衆等々と廻ったことが記されている。廿七日付の城内見分は、鈴木修理をはじめとして各々奉行衆・御被官・大棟梁等々が分担して行い、統一見解としてものと推察することができる。当然のことながら、表21の被害状況とも一致し、西の丸下から竹橋門にかけてと、それをとり囲む日比谷門と常盤橋門から雉子橋門・田安門・半蔵門に至る内郭で被害が甚大であることがわかる。また、この箇所での十万石を超える大大名の御手伝が六〜九家必要であるという見立についても、結果として、松平大膳大夫・松平右衛門督（十一月廿九日の類火により藤堂大学頭から変更）・立花飛騨守・丹羽左京大夫・上杉民部大輔・松平兵部大輔の六家が命じられることとなる。これに、五万石程度の中大名が御手伝普請を命じられているのである。

一方では、この日記から、幕府は、廿六・廿七日の両日をかけて、大地震の被害状況の概要を把握し、復旧のための手伝普請を過去の記録を参考にし、廿八日には第一段階として命じている。同日記には、

一今日、御手伝大名衆被仰付。
　三拾六万九千四百石余　松平大膳大夫　　拾万七百石余　丹羽五郎三郎
　藤堂大学頭　　六万八千弐百石　戸沢上総介

復旧にむけての幕府の対応（元禄16年12月29日迄）

復旧にむけての幕府の対応・その他
御宮・仏殿と城廻り修復の御被官決定
作事方諸職人の賃金高騰を押えるため大工頭に伝、覚を作成 復旧の御被害・手伝普請大名を決めるため、過去の造営・復旧担当者史料の蒐集
手伝大名として松平大膳大夫以下７家を任命 会所小屋を壱ツ橋外に掛けることを決定
小石川伝通院前より出火
11.29の類火で手伝大名を藤堂大学頭から松平右衛門督へ変更
明暦大火復旧の賃金史料提出（大工２匁５分、木挽２匁）
小普請方諸職人の定直段、人の手配等々に関する覚
川越仙波の復旧に関する石材（平築石2～3,000、割栗石1,000坪、本目栗石300坪） 石奉行よりの書付（12.4）石場に揚置請負石の数量報告 小普請奉行衆より手紙―小普請大工・木挽賃金飯米の前借3,000両相済
御手伝割を渡
田安門（松平大膳大夫家来）・竹橋門取払様子現地指導 蓮池門（立花飛騨守家来）の取払、馬場先・日比谷修復指導
木挽儀、本所小屋へ潰し、明日改
伝兵衛・伊勢守より書付、稲垣対馬守より明日、杣100人、木挽200人、大切15～16人差出様にとの手紙有―本所材木蔵で不足
平川口で丹羽五郎三郎へ普請場引渡、神田橋仮橋本日より戸沢上総介手伝開始 大手・喰違橋際の雁木築直、加藤遠江守本日より手伝開始 町奉行衆より町年寄へ書付、木挽・杣の者を差出すように
材木見立―鈴木修理・棟梁と材木奉行、明日より請取 壱ツ橋・竹橋・大手定小屋・常盤橋場所を稲葉能登守家来へ渡 坂下・梅林・紅葉山下修復、手伝方へ伝

表21 『鈴木修理日記』にみる元禄大地震の被害の把握と

日付	地震（余震）	被害の把握
11.22	丑后刻（午前2時）	大地震
23	終日地震	
24	終日打続地震	
25	終日地震	
26	終日折々地震	
27	折々地震	御殿廻りを除き、被害状況の見分 川越仙波御宮の見分を指示（翌日派遣）
28	昼夜共に度々	昨日の破損見分の帳面と絵図提出 昨日残りの御殿廻りの見分
29		川越仙波破損見分の報告
12.朔日	地震度々	
2	地震折々	
3	地震度々	
4	折々地震	外郭検地
5	地震2、3度	本丸・西丸、外郭諸門等の被害概況 （櫓、渡櫓、多門、大番所、塀、石垣）
6	地震度々	
7	地震3、4度	蓮池・坂下・日比谷・和田倉・神田橋・壱ツ橋・竹橋・田安周辺―年内取付箇所の見分
8	地震折々	
9	3、4度地震	
10		
11	地震折々	
12	昼夜共ニ地震折々	

田安門の瓦おろし・土居葺取ほぐし、竹橋門の多門取払と冠木門左右の壁を板囲に申付、紅葉山下・大膳大夫家来に取のけ指示、坂下門・立花飛騨守家来へ修復の指導　雉子橋冠木門・西の丸石出場所の築直シを指示、御成道白壁は小普請方が塗担当　玄関前より中之門の切ぬきを奈良屋久蔵1,740両で請負
下梅林を丹羽五郎三郎家来へ引渡、清水門廻りを加藤遠江守へ渡 棟梁共前借り願書付―棟梁共4,500両※大工・木挽3,000両（合計10,500両） 石ばい・ふのりの積 平太船２艘を松平右衛門督丁場、茶船３艘を立花飛騨守丁場へ遣わすように川舟奉行へ伝 丁場割を甲良豊前へ申伝
内桜田大場所新規の吟味を惣奉行へ伝 大手・喰違門取払・仮木戸門と左右の石垣を土居と板塀に修繕を進言（年内仮） 会所小屋并大工小屋に七手より替りで番人、大工・木挽借用之儀は願之通、手形相調様仰付、御手伝割出来清書（内桜田大場所建立之儀）
和田倉片付け昨日完了、内桜田大番所材木の町触の書付 荻原近江守より復旧資材の書付（杭木216,000本余から、竹1,001,400本余、縄182,000束余）
内出入札引替を18・19の両日行う書付
大手門取払、けが人発生し運入足桜田より入る 対馬守三の丸見分―喰違門石垣・門の指示
紅葉山下を丹羽五郎三郎へ引渡、壁改・瓦改役入を勘定方に返し、壁攻兼役ニ
材木手形判形、石見分と朱印、川越仙波修復の朱印・棟梁甲良甚兵衛 小普請方より鍛冶・銹方の内借の手紙（21日）
内桜田大番所建、日比谷門仮番所・蓮池木戸門建 鍛冶方・屋ね方・壁方　26日借用手形調のための奥判
地震以後、三の丸へ初の御成

※城内の見廻りは除く。

13	地震折々	4人の奉行衆外廻り見分
14	地震折々	
15	地震折々	上梅林・北桔橋五十三間見分
16	地震時々	上野厳有院御廟見廻り（対馬守指示）
17	時々地震	
18	地震2、3度	
19	地震時々	
20	地震時々	
21	地震時々	
22	地震3、4度	
23	地震時々	御小納戸衆、御成道筋見分
24	地震時々	
25	地震時々	
26	戌刻地震強	
27	地震両度、余程強	
28	地震2、3度	
29		

拾万九千六百四拾て石　立花飛驒守
六万石　加藤遠江守
五万六拾石余　稲葉能登守
（以下略）

とある。『楽只堂年録』や『甘露叢』など他の史料にも同様のことが記されている。補足すると、『楽只堂年録』と『甘露叢』には、十一月廿九日の時点で、順番は記されていないが二二家の手伝大名とそれらを監督する御小性組と御書院番から選ばれた一八名の普請奉行が名を連ねている。諸大名には、廿八日命じられた大名を除き、内々で通知されたはずである。

『鈴木修理日記』を読むと、大地震発生直後から十二月末までの四〇日余の経過が実に詳細に記されている。これを表21にまとめた、この中で、数点注目されることがあるので、列挙し、考察を加えることにする。

第一は、十二月五日の項に、建造物の被害状況、幕府が揚置してある石の数量と不足分の石の手配、小普請方の資金不足の件が記されていることである。

建造物の被害については、

御本丸・二・三丸・西之丸廻の分
一弐重・参重御櫓弐拾壱ケ所　内三ケ所は建直シ　拾七ケ所は建修復
一渡り御櫓拾八ケ所　内拾五ケ所は建直シ　三ケ所は御修復
一御多門弐拾弐ケ所　内七ケ所は建直シ　十五ケ所は建修復
一大番所弐拾四ケ所　内三ケ所は建直シ　廿壱ケ所は建修復

一惣瓦塀弐千八百六拾八間　内 千八百弐間ハ御本丸 百弐拾三間ハ二之丸 九百四拾三間ハ西之丸

外御郭廻り之分

一渡り御櫓都合弐拾四ケ所　内 壱ケ所建直シ 弐拾三ケ所御修復

一外桜田東隅弐重御櫓壱ケ所　建修復

一大番所都合弐拾壱ケ所　内 四ケ所は新規 建修復弐拾ケ所

一清水御門東御多門壱ケ所　桁行十三間 梁間弐間半 御修復

一塀都合千九百六拾六間　内 三百九拾間ハ新規 千五百七拾六間ハ修復

一築直シ石垣坪数都合六千三百六拾六坪

但、切合・野面石垣とも

とある。この数字をみる限り、ほぼ全ての建造物で損壊を受け、建直シや修復を必要としていることがわかる。第五章の関東大震災の旧江戸城建造物もほぼ全てで修復（取解・修復）が行われているが、元禄大地震では比較的被害の少ない外郭でさえ、渡櫓・大番所の修復に加えて塀が二千間余、石垣が六千坪を超える面積が修復の対象となっており、改めて被害の大きさを示唆する内容といえる。

また、幕府が石場に揚置していた石の種類と記述に関して、つぎの記載がある。

一石奉行衆ゟ来候書付

一三百五十本程　隅石　長 六尺五寸ゟ 弐尺八寸迄　面 三尺五寸ゟ 壱尺八寸迄

一四百本程　隅脇石　長 五尺弐寸ゟ 四尺迄　面三尺ゟ弐尺四寸迄 跡面壱尺九寸ゟ壱尺五寸迄

一八千百本程　平築石　長　四尺弐寸ゟ壱尺五寸迄　面弐尺五寸ゟ壱尺三寸迄　跡先壱尺弐寸ゟ
一弐百本程　岩岐石　長　七尺八寸ゟ壱尺五寸迄　幅壱尺六寸ゟ壱尺壱寸迄　厚壱尺壱寸ゟ七寸迄
一千三百本程　切居石　面　弐尺八寸ゟ壱尺四寸迄　根入弐尺六寸ゟ壱尺三寸迄
一千四百枚程　四半鱗石　面　壱尺九寸ゟ壱尺七寸迄　小口三寸　厚八寸ゟ七寸迄
一八拾本程　田子岩岐石　長　七尺五寸ゟ三尺五寸迄　幅壱尺五寸ゟ壱尺弐寸迄　厚五寸ゟ三寸迄
一四百本程　玄蕃石　長　三尺七寸ゟ三尺迄　幅壱尺四寸ゟ壱尺弐寸迄　厚五寸ゟ三寸迄
一七百本程　青石　長　三尺六寸ゟ三尺迄　幅壱尺三寸ゟ壱尺迄　厚四寸ゟ三寸迄
一五百八拾本程　小田原石　長　三尺ゟ弐尺七寸迄　幅壱尺壱寸ゟ壱尺迄　厚五寸ゟ四寸迄
一千五百本程　丸居石　面　弐尺三寸ゟ七寸迄
一六拾坪程　割栗石
一三拾五坪程　本目栗石

以上

右は当所御石場ニ揚置申候請負石、大数如此候、此外、急御用ニ切出シ申候事候ハゞ、石積り早々御見セ可被成候、以上。

未十二月四日

これをみると、一五、〇〇〇本程の各種石材と九五坪の栗石が揚置されていたことになる。莫大な量であり、本所石置場を中心として、複数に分散していたことが推察される。

ちなみに、この数量と、後述する『石垣築直シ銘々場所帳』に記されている二一家の大名が復旧に要した足石数を比較すると以下のことがわかる。単純にみると、角石・平築石・岩岐石・小田原石・割栗石・本目栗石が不足し、とりわけ平築石・岩岐石に栗石が顕著である。『石垣築直シ銘々場所帳』をみると、六郷伊賀守が担当した丁場で長さ一一四間一尺五寸にわたり上石一ツずつはずし六六二本の出石や内藤能登守の屋敷前の溜池から続く石垣を崩し出石として使用していることからさらに増加する。また、和田倉門を好例として小普請方が担当した箇所や御宮・御寺の復興に要した石の数量なども加わる。

後述するが、本丸御殿廻りの蓮池濠に面する高石垣や平河濠に面する横矢の角石・角脇石なども記録に残されていないが、元禄大地震の際に積み直した可能性が極めて高い。すなわち、本格的な復旧を行うにあたり、幕府が揚置している石の数量では、絶対量が不足するのである。

そこで、幕府は早急に石の手配を考える。十二月五日付の日記に、

一巳刻登城、左之書付共相認、対馬守殿・但馬守殿へ懸御目、御手伝割も懸御目、未后刻退出。

一豊田二郎兵衛、仙波ゟ未刻被帰ル。

覚

一平築石弐三千、面弐尺四五寸、控四尺五寸ゟ五尺迄

但、御三家御用石、伊豆ニ切出シ御座候由承及候間、先当分御借り、早々着船候様ニ、請負之者ニ可被仰付哉之事。

一割栗石千坪

一本目栗石三百坪程

此分、早々請負之者ニ可被仰付哉之事

表22　史料にみる幕府が揚置した石の数量と22家大名が要した足石数（単位は本）

石材／史料・数量	角石	角脇石	平築石	岩岐石	玄蕃石	青石	小田原石	切居石	丸居石	四半石（枚）	割栗石（坪）	本目栗石（坪）	合計 各種石材	合計 栗石
『鈴木修理日記』より時点の石の数量ある十二月四日幕府が揚置して	350程	400程	8,100程	280程	400程	700程	580程	1,300程	1,500程	1,400程	60	35	15,010	95
『石垣築直シ銘々場所帳』要した足石数二二家の大名が	399	81	15,931	951	310	250	959	5	14	155	645.66	181.5	19,055	827.16
差引	−49	319	−7,831	−671	90	450	−379	1,295	1,486	1,245	−585.66	−146.5	−4,045	−732.16

※『鈴木修理日記』中の田子岩岐石は、表中では「岩岐石」に含む。合計には「四半石」を本で数えた。

十二月五日

（以下略）

とある。野中和夫編『石垣が語る江戸城』・『江戸の自然災害』の中で、御三家は、寛永十三年（一六三六）の江戸城修築以後も幕府からの手伝普請に備え、相模・伊豆・駿河に採石丁場を確保し続けていることを述べた。幕府は、被害状況と揚置石の数量から、緊急時の判断から不足する平築石を御三家から借用することで当分の対応をしようとしたものである。この件に関しては、十二月廿二日の日記に、

（前略）

一亀岡久三郎手代吉右衛門、山本之有石見分ニ罷越候ニ付、御朱印頂戴、同月十九日晩罷帰、同廿日ニ小幡上総介殿御朱印御上げ之由。

馬壱疋、従江戸伊豆・相模石場迄、上下幾度も可有之、是は彼地江御用付而、石屋壱人参候ニ付而、相模者也。

元禄十六年十二月十日

石宿中

（以下略）

とある。幕府が伊豆・相模の採石丁場に石見分を目的として専門家を派遣したことは確実である。『鈴木修理日記』には、復旧のための石材に関する記述は見当らない。幕府が当初、計画した御三家から平築石を二〜三千本借用することができたかというと甚だ疑問である。それは、つぎのことからいえる。小田原・伊豆は、前述したように江戸よりも被害がはるかに甚大であり、かつ高い津波によって積出する港も壊滅

的であることが予測されること。また、徳川林政史研究所所蔵『駿州／豆州／相州　御石場絵図』と『相州／豆州／駿州　三ケ所御石場預り主差出候證文帳』をみると、尾張家の有力丁場である岩村の事例がよく物語っている。同家の岩村での丁場は九カ所あり、延宝八年（一六八〇）の丁場改時に八七八本の石が、元禄十年（一六九七）に小松原丁場から四六二本を御用として切出した後、享保十年（一七二五）の丁場改時には残石がそのまま記されている。つまり、幕府の要望には応じることができなかったのである。紀伊・水戸の両家の場合も同様のことが考えられる。

第二は、江戸城内郭での被害が甚大であるが、潰れた内桜田大番所の復旧を突貫工事で進めていることである。その経過を関連する記事で追うと、

十五日

一内桜田大番所新規、当年中出来可申哉、棟梁共吟味致、申上候様ニと、但馬守殿・対馬守殿被仰渡。

（中略）

一内桜田御番所出来ぎわの書付吟味致、左之通書上ゲ、奉行衆御請取、対馬守殿へ御持参。

一御手伝割出来ニ付、清書被致、明日五ツ時、会所へ各持参被致候様ニと御被官中へ申渡ス、戌刻帰宿。

一内桜田大番所御建立之儀、遂詮議候処ニ、御入用御構無御座、御材木明日ゟ御買上ゲニ被遊、夜細工致候ば、来ル廿八日迄ニ出来可仕候、如常之御入用御吟味被成、御材木御蔵ゟ請取候様ニ被仰付候而は、彼是遅々致中々年内ニハ出来不仕候、以上。

十二月十五日　　　　　　　　　　　　　甲良　豊前

鶴刑部左衛門

十六日

一昨日内桜田大番所御材木、町触之書付、左之通。

一御材木之義、御入用之木品之分所持仕候者有之候ば、値段御構無之、御買上ゲニ可被成候間、来ル十八日迄之内、壱ツ橋御作事方御小屋場迄之指上候様ニ、町中江御触可被申候、以上

未十二月十五日

一内桜田大番所、弥申付候様ニと、対馬守殿ゟ被仰渡。

（中略）

廿三日

一内桜田大番所建之。

（以下略）

となる。十二月十五日に年内建築を決定後の行動が迅速である。実務的に指揮をとる大棟梁の甲良・鶴の両氏の意見を聞入れ、従前の材木蔵での木材の吟味からでは間に合わないことから翌日に御触を出し、江戸市中のものを買上げることで早期対応を計っている。その結果、十八日迄には木材が揃い、二十三日には完成というスピードとなっている。日記には触れてないが、幕府には内桜田門大番所の建築を急ぐ必要があった。一つは、正月の諸大名の登城に備え、正門となる大手門と内桜田門の被害が大きく解体修理を余儀無くされたため、通用には「仮橋」で対応せざるをえなかった（図36参照）。その監視には大番所が不可欠であったと考えられる。一つは、記録をみると二の丸・三の丸関係の被害が甚大である。瓦礫の搬

出と資材の搬入には船を用いるが、職人・人夫も数多く出入する。通行での監視も必要と考えられるのである。廿三日付に、日比谷門仮番所・蓮池門木戸門建之の記事があるが、内桜田門大番所の記事と比較すると、両者の位置づけを理解することができる。

第三は、十三日の項に、復旧に際して町年寄が請負った記述があることである。そこには、

一御玄関前ゟ中之御門切ぬき千七百四拾両ニ而、奈良屋久蔵請負之由。

とある。日記には、大手門が明記されていることから、ここでの御玄関は中雀門が該当する。筆者には、「切ぬき」の解釈ができかねるが、中雀門と中之門間の復旧に手伝大名、御被官、小普請方以外にも関与していることは注目される。後述する『石垣築直シ銘々場所帳』で本丸方を担当した松平右衛門督の担当丁場の記述と口絵1の江戸城破損箇所の朱引線などを参照すると、奈良屋久蔵が請負ったのは、中雀門枡形内の冠木門を中心とするものであったのかもしれない。

第四は、犬地震直後に、幕府は職人の作料（手間賃）の急騰を危惧し、それを押える旨を発表する。明暦大火（一六五七）後には作料が高騰し、大工が弐匁五分、木挽が弐匁宛であったと記されている。年内の日記には、作料の具体的な数字はみられないが、元禄十七年三月七日の項でそれがみられる。

一午刻、小屋江出ル、左之書付、御作事奉行御三人江壱通宛進ル。

一大工　　一木挽

右、古来ゟ公儀御用ニ遣候者、一日壱人ニ作料壱匁五分、飯米壱升五合被下、先規江戸大火之節は作料御増被下候、外ニ雇われ之義、前々ゟ御定無御座候、相対ニ而雇申候事。

一錺方　　一塗師方　　一鍛冶方

右は貫目物・検地物ニ御座候ニ付、定直段無御座、時之入札ニ仕、直段従古来御定無御座候、仕手之者雇之儀は、面々相対ニ而仕来候。

一石切　一壁塗　一屋根方

右之分、古来ゟ御定直段無御座候、時之入札ニ右細工人之義、定之通御金払御座候付、過分之高直段無御座候、脇々江雇われ参候細工人は大方は現金ニ而無御座、年府(賦)を以漸々相済候ニ付、其了簡に致、当分高直段ニ仕候様ニ承候、其上諸色高直ニ付、細工料も高直ニ取候訳と相聞江候、公儀御定之通、脇々江雇われ申様ニ御触御座候ハヾ、不宜職人も上手並ニ御定之通賃銀取申にて可有之候、然ば障り申義も可有御座様ニ奉存候、直段之儀は先只今迄之通被差置、兼而被仰付候通、諸職人触頭急度わけ立候様ニ被仰付、過分之利分取不申候様ニ、其筋々ゟ吟味仕候ハヾ、末々迄滞義も無御座、わけも立可申様ニ奉存候、以上。

この書付をみると、幕府の思惑通り、大地震によって職人の作料は高騰することなく、従来通りに据置かれたことになる。明暦大火後の大工・木挽の作料の急騰は、高い需要があったとはいえやはり異常であった反省が活かされている。ちなみに、作事方大工の作量である一日当り壱匁五分と飯米壱升五合は、しばらく続いたようである。野中和夫編『江戸の自然災害』でこの件に関して触れたことがある。江戸城作事方大棟梁甲良家には、大工手間に関する四冊の本途帳が伝わる。その中の一冊、享保十四年（一七二九）閏九月の奥書がある『大工積』では、従来の作料を弐匁と壱升五合へ引上げようと試みたが、後出する『大工手間本途内譯』〔宝暦元年（一七五一）に本途帳が定められ、奥書に筆跡を代えて天保八年（一八三七）酉年八月小普請方ゟ間合有之候ニ付取調右之通答とある〕に大工作料が一人に付銀一匁五分、米一升五合とあることから、実施されても短期間であり、少なくとも一二〇年以上、据置かれたことになる。元禄大地震後も寛保二年（一七四二）の大洪水をはじめとして幾多の災害を経験しているにもかかわらずである。反面、作事方の大工は、大工頭を頂点とする系列が常設機関として保障されていた証しでもある。

『鈴木修理日記』を読むと、大地震直後から年末にかけては、その対応について詳細な経過が記してあるが、翌年の元禄十七年・宝永元年（一七〇四）になると、震災対応に慣れてきたことがあり、復旧の記述は多少簡略となる。その中で、筆者は二点注目する。一月晦日の中に、

一点は、普請場に出された高札である。

一御普請場高札、左之通。

条々

一当普請場にをゐて諸事不作法無之様に可申付之、就御普請罷出候者共、毎日卯刻に揃、申下刻可致退散事。

一火之用心堅申付之相定、火所にて用事相叶、其他にて一切取扱不申様にいたすべし。所々番人を付置、見廻之儀不可有懈怠事。

一喧嘩口論制禁之、勿論非儀仕かけまじき事。

一大工・木挽遣之儀、毎日入念可改之、勿論御木材并針鉢其外諸色請取物、是又可遂吟味、御普請之道具は不及申、何にても不盗取様に諸職人下々江可申付事。

一御普請之儀付、御被官申渡趣違背不仕様に可申付事。

右之旨、御普請中、堅可相守者也。

元禄十七年申正月　　奉　行

右は一手々江壱枚宛、修理宅ニ而、御手伝方江相渡。

とある。高札の内容は、後述する関東大震災の江戸城跡復旧の雑則にでてくるものと類似する。集合（卯刻＝午前六時）・退出（申下刻＝午後五時）時間の設定、火の用心と点検、喧嘩口論の禁止、城内で作業する大工・木挽の日々の身元改と材木・釘・鎹などの資材や普請道具の持出（盗）禁止、御被官の作業指示に従うことなど、いずれも尤な項目ばかりである。この高札は、本来、一ツ橋外の会所小屋で奉行から御手伝大名の中心となる家臣に手渡すべきところを、鈴木修理宅にて彼から銘々に渡しているのである。鈴木修理の力関係を改めて垣間見るものである。

一点は、五月十二日の日記に、幕府が発注した瓦の枚数が記されていることである。そこには、

一遠山善次江、左之通手紙遣ス。

一昨日は被入御情、何事も相調、大慶仕候、然ば瓦積り、別別紙之通掛御目申候、已後之義ハ増減不慥存候得共、先大積り如此御座候。

（中略）

五月十二日　　　　鈴木　修理

遠山善次郎様

大坂瓦御入用員数之覚

一瓦高五拾三万七千百三拾五枚

但、丸平巴唐草共ニ

右は只今迄之請取之分

一瓦高三拾五万枚程

但、丸平巴からくさ共ニ

右は此已後御入用之分、尤増減可有之候、以上

右弐口合八拾八万七千百三拾五枚

五月十日

とある。この瓦の数量を理解するために、二つの数字を用意する。一つは、元禄大地震の御手伝普請を命じられた松平大膳大夫（毛利吉廣）が要した瓦の数量、一つは、享保二年（一七一七）の風水害で浅草橋門と筋違橋門で要した瓦の数量、前者は、後述する毛利家が御手伝普請で要した資材一覧に掲載されているものである。同家は、西の丸御殿を除く西の丸全般の復旧を命じられており、吹上渡櫓・玄関前渡櫓・二重櫓（伏見櫓）の建直や多くの建造物の修復が含まれている（表28・34参照）。毛利家の御手伝普請は、宝永元年四月二十九日には竣工していることから、幕府が五月十日時点で請負っていた瓦は、すでに毛利家丁場では使用済ということになる。ちなみに、毛利家が西の丸で使用した約二二・三万枚の瓦は、五月十日時点での使用率で約四一・六％、全体としても約二五・二％という高い数字を示しており、改めて西の丸での被害が甚大であることを示唆している。ところで、但書の「丸平巴唐草」とは、江戸城では御殿の一部を除き屋根は本瓦葺である。そこで使用される主要な瓦が丸瓦・平瓦・巴瓦（軒丸瓦）・唐草瓦（軒平瓦）であることから、このように記されている。後者は、都立中央図書館所蔵「江戸城造営関係資料（甲良家伝来）」に古記録『櫓瓦』がある。筆者は、拙稿「江戸城外郭諸門の屋根瓦に関する一考察—

表23　幕府が発注した瓦の数量と毛利家が手伝普請で使用した瓦の数量

幕府・毛利家 項目	幕府が発注した瓦の数量	毛利家が4.29までに要した瓦の数量
5.10時点で請取った瓦の数量	537,135	223,526（41.61%）
以後の発注した瓦の数量	350,000程	――
合　計	887,135	223,526（25.196%）

※（　）内は、毛利家が要した瓦の枚量と幕府が発注した瓦の量との比率。

筋違橋門・浅草橋門を中心として―」（『城郭史研究』第二八号）で両門の瓦の数量について論じたことがある。この史料では、両門とも張番所を除き渡櫓門・高麗門と大番所の屋根瓦のほぼ全てを交替するもので、この三カ所で筋違橋門では四一、八七八枚、浅草橋門で四六、四七八枚の瓦を要している。両門の枚数の違いは建物の大きさにあり、例えば渡櫓門でみると、筋違橋門では梁間四間の桁行二一間に対して浅草橋門では梁間四間の桁行二四間と、浅草橋門の方が桁行で三間長い分、瓦を四、三七〇枚多く要している。『櫓瓦』には、表24の数字のほかに、各種瓦とも五分から一割半程の割瓦を見積もっている。平均すると一割程であるが、運搬中のリスクを含めているわけである。したがって史料では、二門で要した瓦の数量は表24の数字ではなく瓦都合一七四、七六四枚となっている。筆者は、小論で史料の各種瓦の詳細な葺き方をもとに外郭二六門の渡櫓門で要した瓦の数量を約七六万枚と推算したことがある。

ふりかえって、表23の幕府が発注した約八八・七万枚という瓦の数字は、二つのことを内包している。一つは、その数字の中に割瓦の一割程が含まれているならば、実質的な必要な数量は、およそ八〇万枚で見積もったであろうこと。一つは、割瓦を考慮すると、その数量は

表24　『櫓瓦』に記された筋違橋門と浅草橋門で要した瓦の枚数

門の名称 ＼ 使用場所と瓦の数量	櫓瓦		長屋瓦（大番所）	塀瓦	合計
	渡櫓門	高麗門			
筋違橋門	34,612	4,566	2,700	29,214	71,092
浅草橋門	38,982	4,566	2,930	32,656	79,134
小計	73,594	9,132	5,630	61,869	150,226

※両門の割瓦・残瓦を除く実質的な瓦の枚数。

外郭二六門の渡櫓門の屋根瓦全ての量に匹敵すること。いずれにしても莫大な量である。

幕府が二段階で瓦を発注していることは、復旧の進行状況を把握し、無駄な注文を押え最大の効果を上げようとしているもので、被害が甚大な内郭での目処がたっての時期でもあるのである。

二二家の御手伝大名と『石垣築直シ銘々場所帳』　大地震の城内での被害状況は、諸奉行や鈴木修理らの見分によって概要を把握し御手伝大名を決めることになるが、過去の寛永十六年と明暦三年の大火の御手伝大名を考慮した二二家となる。とはいえ、丹羽左京大夫と内藤能登守の二家は、前回にひき続き命じられている。

表25をみると、大名の規模や国藩の位置などバランスのとれた人選となっている。所領でみると、一〇万石以上の大大名が七家、五万石前後の中大名が八家、三万石前後の小大名が八家と均衡がとれている。規模の違いは、普請場所にも反映されており、大大名は負担の大きい丁場を命じられることとなる。また、地域でみると、奥羽では上杉民部大輔・丹羽左京大夫ら五家、北陸では松平兵部大輔・酒井靫負佐ら三家、中国地方では松平大膳大夫・松平右衛門督ら三家、九州では立花飛騨守ら七家、畿内と四国が各二家と九州の大名がやや多く命じられているが、これも満遍無い指名といえる。幕府が

諸大名から不平が起こらない手伝普請を命じているのである。

二二家の大名の手伝普請は、一斉に行われるのではなく、時期をずらし、四段階をもって命じている。それは、瓦礫置場の確保と処理、資材の調達とその置場、不用資材や足場をはじめとする官給材等々の効果的な活用を狙ってのものである。表25と26を照合すると、復旧にあたっては、被害が大きく、かつ幕府にとって重要な内郭と龍ノ口に至る水路の確保に始まり、外郭や惣郭へと拡げていることを看取することができる。普請開始が同じでも竣工日や褒償日が異なるのは、普請丁場の面積が異なることのほか、投入した人夫の数などが要因となっている。一例をあげると松平大膳大夫は、西の丸御殿を除く全般を担当し、丁場面積が一、九八〇坪余と上杉民部大夫に次いで広いが、実質的に五カ月足らずで復旧を終えている。『毛利家記録』をみると、普請に投入した人夫の数は、勘定書に提出した請負の人数で二八八、五六八人、このほかに同家が雇入れた一九五、五五六人を加えると四八四、一三二人となる。五〇万人弱を投入し、このうち四割程を藩費で賄っていることになる。人夫の数を普請人数で単純に割ると公には約二、四〇〇人、実質的には約四、一〇〇人となり、多くの人夫を動員している。他家との比較する史料はないが、人夫の動員力は抽んでており、それ故に早い時点で竣工したのである。

ところで、表25・26に記されていないが、『東京市史稿』皇城篇や変災篇に二の丸での御殿と石垣の復旧記事をみることができる。二の丸御殿は、岡崎城主の水野監物忠之が宝永元年（一七〇四）五月十四日に、同石垣は高遠城主の内藤駿河守清枚が同年七月十九日に命じられ、そのうち御殿は同年十一月二十六日に竣工する。その二日後に、両氏が報償されたことが記されていることから石垣修築もほぼ同時とみることができる。

一二一家の具体的な復旧箇所を示した史料がある。都立中央図書館特別文庫室所蔵「江戸城造営関係資料（甲良家伝来）」の『石垣築直シ銘々場所帳』である。この史料は、一三〇紙からなり、法量が縦一四・〇センチ、横二一・〇センチを測る。はじめに、普請箇所と担当大名の名を連ね、続いて各大名丁場ごとに石垣の復旧を要する箇所の面積、足石数等々が記されている。大名丁場の記載は、筆跡が異なることから、複数の人物で写したものである。写しが原因か原史料の誤りかは判断できないが、足石数など数字が合わない箇所も散見する。まず、冒頭の部分は図33である。

このあと、各大名丁場の具体的な記入となる。はじめの松平右衛門督丁場では、

石垣築直場所帳

松平右衛門督丁場之分

喰違御門

一 長横折廻シ三拾壱間四尺 高弐間七寸 御門台北ノ方御石垣築直シ

此坪数六拾六坪四分余

坪数
878坪6合
1,980坪余
504坪
1,337坪余
991坪余
686坪5合
723坪4合
530坪
2,328坪1合余 (2,009坪2合余築直)
635坪
670坪余
335坪3合余
465坪5合
359坪余
493坪余
641坪9合余 (452坪築直)
286坪6合
282坪余
175坪余
168坪9合余
568坪3合余 (276坪8合余築直)
900坪余
238坪7合余 (162坪1合余築直)

表25　元禄十六年大地震石垣復旧助役大名一覧（野中「元禄大地震と江戸城」より）

助役大名	国　藩	石高(万)	普請場所
松平《(池田)》右衛門督吉泰	因幡　鳥取	28	本丸（喰違・大手・内大手・内之門・玄関前門）
松平《(毛利)》大膳太夫吉廣	長門　萩	32.4	西之丸（大手・玄関前・山里・吹上）、半蔵門南堀端、馬場先南堀端
吉川勝之助廣達	（家臣）		吹上御門外辺、外桜田辺
丹羽左京大夫秀延	陸奥　二本松	10	下梅林平川口、帯郭、紅葉山下・西桔橋両門方
戸澤上総介正誠	出羽　新庄	6.8	常盤橋・神田橋門方・壱ツ橋南堀端
稲葉能登守知通	豊後　臼杵	5	呉服橋・数寄屋橋・山下門・銭瓶橋・道三橋・龍之口辺
加藤遠江守泰恒	伊予　大洲	5	壱ツ橋・雉子橋門方、同所御堀端辺
立花飛驒守宗尚	筑後　柳河	10.9	蓮池・内桜田門方、馬場先、日比谷辺
上杉民部大輔吉憲	出羽　米沢	15	田安・清水門方
松平兵部大輔昌親	越前　福井	45	二之丸銅門、上梅林門方、汐見坂辺
鍋嶋摂津守直之	肥前　蓮池	5.2	竹橋・神田橋方
伊東大和守祐實	日向　飫肥	5.1	北桔橋門方、二十三間多門、七十五間多門
黒田伊勢守長清	筑前　直方	5	外桜田・坂下・日比谷門方
秋月長門守種政	日向　高鍋	2.7	半蔵門方
毛利周防守高慶	豊後　佐伯	2	半蔵門北御堀端
六郷伊賀守政晴	出羽　本庄	2	田谷門南御堀端
松平《(松井)》周防守康官	石見　浜田	4.8	筋違橋門方
永井日向守直達	摂津　高槻	3.6	小石川門方
有馬大吉眞純	越前　丸岡	5	赤坂門方
松平采女正定基	伊予　今治	3.5	虎之門方
小出伊勢守英利	丹波　園部	2.8	浅草橋門方
酒井靭負佐忠囿	若狭　小浜	10.3	牛込・市ケ谷・四ッ谷門方
内藤能登守義孝	陸奥　平	4	幸橋門方・溜池落口

※　坪数の（　）内数字は実数。

表26　手伝大名の拝命日と竣工もしくは褒償日

手伝大名	段階	手伝普請仰付日	竣工もしくは褒償日
松平右衛門督吉泰	Ⅰ	元禄16年(1703)12月2日	宝永元年(1704)7月1日
松平大膳太夫吉廣		元禄16年(1703)11月28日	宝永元年(1704)4月29日
丹羽左京大夫秀延		元禄16年(1703)11月29日	宝永元年(1704)7月1日
戸澤上総介正誠		同　上	宝永元年(1704)5月15日
稲葉能登守知通		同　上	同　上
加藤遠江守泰恒		同　上	同　上
立花飛驒守宗尚		同　上	宝永元年(1704)4月29日
上杉民部大夫吉憲	Ⅱ	元禄17年(1704)1月25日	宝永元年(1704)9月1日
松平兵部大輔昌親	Ⅲ	元禄17年(1704)3月23日	宝永元年(1704)11月1日
鍋嶋摂津守直之		同　上	宝永元年(1704)9月1日
伊東大和守祐實		同　上	同　上
黒田伊勢守長清		同　上	同　上
秋月長門守種政		同　上	同　上
毛利周防守高慶		同　上	同　上
六郷伊賀守政晴		同　上	同　上
松平周防守康官	Ⅳ	宝永元年(1704)5月29日	宝永元年(1704)9月28日
永井日向守直達		同　上	同　上
有馬大吉眞純		同　上	同　上
松平釆女正定基		同　上	同　上
小出伊勢守英利		同　上	同　上
酒井靭負佐忠囿		同　上	宝永元年(1704)11月1日
内藤能登守義孝		同　上	宝永元年(1704)9月28日

一長横折廻シ延テ拾七間五尺
　高弐間七寸　　同所御門台南ノ方御石垣築直し
　此坪数三拾七坪三分
一横五間六尺宛
　上り拾三段　　同所御門台北ノ方岩岐
　此間数七拾九間
一横弐間半宛
　上り拾壱段　　同所御門台南ノ方岩岐
　此間数弐拾七間半
一長弐拾九間五尺
　高弐間七寸　　同所後勘定所御石垣築直シ
　此坪数六拾弐坪半
一長横折廻シ七間
　高壱間弐尺七寸　　同所御勘定所土手構台御石垣築直し
　此坪数九坪八分
合坪数百七拾六坪余
　　此足石
　築石三百七拾六本　　面弐尺ゟ三尺迄
　　　　　　　　　　　扣三尺ゟ三尺五寸迄
　岩岐石九拾六本　　長三尺余
　　　　　　　　　　巾壱尺余
　　　　　　　　　　厚壱尺余
　隅石四本　　面三尺余
　　　　　　　長五尺余
　　　　　　　扣三尺余

（中略）

石垣築直シ所々間附并坪歩 附 足石付ケ 銘々場所帳

一御本丸方　松平右衛門督

一西ノ御丸并半蔵御門南御堀端
馬場先御門南御堀端辺　松平大膳大夫

附テ吹上ケ御門外辺
外桜田東御堀端辺　吉川勝之助

一下梅林平川口并帯郭辺
紅葉山下西桔橋両御門方　丹羽左京大夫

一常盤橋御門方
神田仮橋辺壱ツ橋南御堀端辺　戸澤上総介

一呉服橋数寄屋橋山下
三ケ所御門方道三橋辺　稲葉能登守

一壱ツ橋雉子橋両御門方
同所同御堀端辺　加藤遠江守

一蓮池
内桜田　両御門方　立花飛騨守

一清水田安両御門方
同所御堀端田安南御堀端迄　上杉民部大輔

一二之御丸銅御門方
潮見坂辺上梅林方　松平兵部大輔

一竹橋
神田橋　鍋嶋摂津守

一北引橋御門方辺
同所続上梅林辺ノ御多門迄　伊東大和守

（以下略）

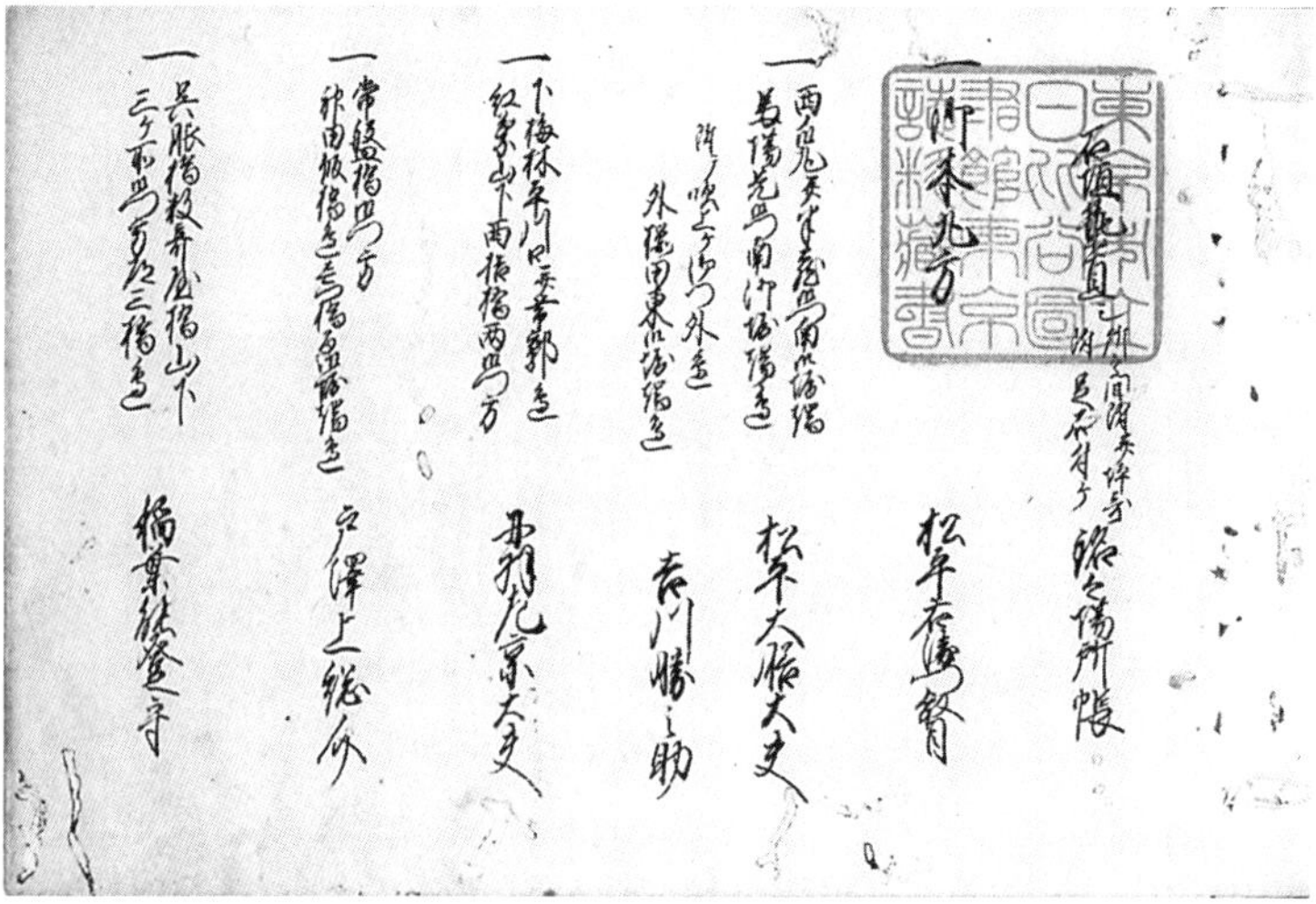

図33　『石垣築直シ銘々場所帳』（部分①）（都立中央図書館特別文庫室所蔵）

とあり、このあと、（大手）・内大手・中之御門・御玄関前と続く。項目はないが勘定所の土台や岩岐、大番所の囲炉裏石、竈や井戸の縁石などが加えられている。（大手）は、項目が記されていないが、復旧箇所の規模の下に「大手渡櫓東ノ方御門台／御石垣築直し」と記されているので間違いがない。これらの後に、惣坪数と足石数がくるのである。松平右衛門督丁場は、三の丸の喰違門から玄関前門（中雀門）に向かって順次記されており、これら主要な五門とその周辺の復旧を担当していることがわかる。これらを表27にまとめた。大手門では隅石を足石としている記述はないが、内大手（大手三之門）・中之門・玄関前門の大門三門がいずれも隅石を二〇個以上交替していることは、それだけ激しい揺れが襲い破損したことを示唆するものである。さきに『鈴木修理日記』で城内の被害状況を述べたが、この史料をみると予想以上に甚大なのである。宮内庁管理部より中之門の解体修理報告書として『特別史跡　江戸城跡　皇居東御苑内　本丸中之門石垣修復工事報告書』が刊行されているので照会すると理解を深めることができる。この史料では、各丁場の最後に惣坪数と足石数が記されている。各普請場所の足石と惣足石数が一致しないことも散見することを前述したが、松平右衛門督丁場でもいえる。それは最も利用の多い平築石、それに四半石の数量に顕著である。このうち、四半石は、復旧する丁場の足石数の記載にはないが、内大手で「一長六間壱尺九寸／横五間五寸　同所渡御櫓御門内四半石　此坪数三拾弐坪九分」、「中之御門内　横三間三尺六寸／桁行四間五尺六寸　四半石御繕当リ切居石」（傍点は筆者）などの記入があることから、大門内での敷石の交替に使用されたものと考えられる。

松平右衛門督丁場（表27）とつぎの松平大膳大夫丁場（表28）とを比較すると、両者の復旧に際しての特徴が出ている。二点指摘することができる。一点は、本丸での隅石の足石数が圧倒的に多いこと。それ

表27　松平右衛門督の本丸丁場における足石数

場所＼石の種類	隅石	平築石	切居石	岩岐石	玄蕃石	青石	小田原石	四半石	その他	小計
喰違御門	4	376		96						476
（大手）		70							込石ばい尻 40	110
内大手	44	121								165
中之御門	57									57
御玄関前	24									24
その他	1	242	5	30	36	39	268		田子石 10	631
小計	130	809	5	126	36	39	268		50	1,463
惣足石数の表記数	146	※974	5	135	36	56	261	105		1,718

※は、御城内より請取分の「隅石・築石共」の486本を含む。

は、中之門と玄関前門で平築石の足石が皆無であることとも関連する。一点は、本丸諸門の復旧に栗石による足石が皆無であること。過日の中之門の修復工事では、整然とした切石（隅石）の内側には栗石が充填されていた。つまり、大地震の復旧では、隅石は交替したものの、割栗石や本目石などの栗石は再び元に収め使用したことを示唆しているのである。

本史料でもう一つ重要なことは、惣足石数の最後に、平築石を「梅林坂ゟ請取」（読下しの傍点は筆者）と記されていることである。松平右衛門督の石揚場は、『毛利家記録』の中に、立花飛騨守・松平大膳大夫とともに三家に対して幕府から龍ノ口と数奇屋河岸の二カ所に間口七間を四つ渡され、それを三家で仕

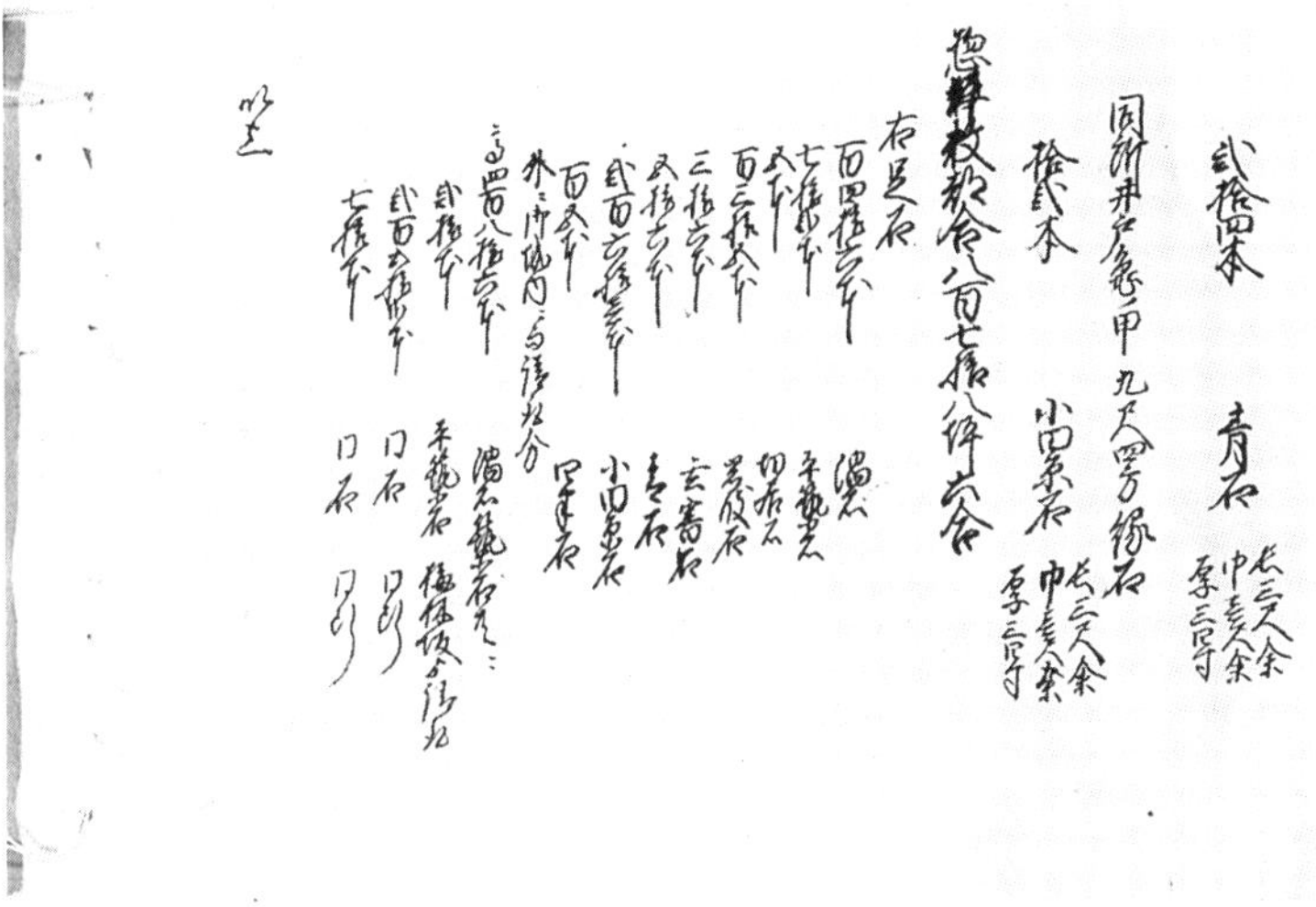

図34　『石垣築直シ銘々場所帳』（部分②）（前図同所蔵）

物坪枚都合八百七拾八坪六合
右足石
百四拾六本　隅石
七拾貳本　平築石
五本　切居石
百三拾五本　岩岐石
三拾六本　玄蕃石
五拾六本　青石
貳百六拾壱本　小田原石
百五本　四半石
外ニ御城内ニ而請取分
高四百八拾六本　隅石築石共ニ
貳拾本　平築石　梅林坂ゟ請取
貳百五拾貳本　同右　同所
七拾本　同右　同所
以上

中心とする丁場の足石数

青　石	小田原石	石材小計	栗　石（坪）		栗石小計（坪）
			割栗石	本目石	
21	10	77	2.5	0.5	3.0
15		246	14	2	16
		175	11.5	1.5	13
10	65	236	8	1.5	9.5
	55	662	16.4	10	26.4
		10	1	1	2
		109	5.5	1	6.5
		349	15.5	5.5	21
		191	7.5	2	9.5
		95	4	1.2	5.2
		1	8	5.5	13.5
46	130	2,151	93.9	31.7	125.6
46	127	2,370	93.9	32	125.9

切ことなく相談し、使用したとある。つまり、幕府の石置場から、ここに復旧のために石を一時的に揚置したことになる。一方、『楽只堂年録』百三十五に「下梅林新口明ケ塞御多門共ニ小普請方」の記事を紹介した。これを裏付けるように口絵1の同位置には「新口」の付箋が貼られている。これは、幕府が、資材の運搬に船を使用し、城内の最終揚置場として、一時的ではあるものの二の丸北西隅の梅林坂周辺としたことを指している。つまり、史料では、松平右衛門督が幕府石置場から指定された石揚場に運搬し、それを復旧に利用する以外に、幕府が梅林坂に運搬したものも利用したことを示唆している。しかも、平築石が三回にわたる記述であることから、複数回、受取ったことになる。他方では、幕府が築石を梅林坂に頻繁に運んでいたことになる。

表28　松平大膳大夫の西の丸を

場所 ＼ 石の種類	石材			(個)
	隅　石	平築石	岩岐石	玄蕃石
西之丸大手		45	1	
御玄関前方		201	20	10
二重櫓并多門		170	5	
山里方		160	1	
吹上門之方		530	77	
的場郭後之方		10		
一ノ丁場（半蔵門外郭ノ方）	1	108		
貮ノ丁場		349		
三ノ丁場	4	187		
四ノ丁場		95		
馬場先	1			
小　計	6	1,855	104	10
惣足石数の表記		※2,083	104	10

※惣足石数の平築石には「切石・隅石・野面石共ニ」とある。
吉川勝之助丁場は含まず。吹上門外・外桜田など「504坪」の築直し、足石無の記入がある。

『石垣築直シ銘々場所帳』を精査すると、表29に示したように、五家の大名丁場で梅林坂より石材を請取っている。伊東大和守を除くと、いずれもI期に命じられた大名で、石材に割栗石はなく、隅石・隅脇石・平築石の所謂、築石であることを共通としている。それは、担当丁場をみると、幕府の内郭に運搬し揚置した梅林坂に近いためというわけではない。立花飛騨守や松平兵部大輔の二家は、本丸内に担当丁場があるにもかかわらず、一切、請取ってはいない。すなわち、幕府が手伝大名の足石を、本所石置場から運搬し引渡すことを目的としていたわけではないのである。それは、本丸周辺の高石垣の破損・復旧を手伝大名に命じることなく、幕府自らが手掛けたことによるものと考えられる。その経過については、全ての史料に未記入である。

表29　梅林坂（上梅林）より石材を請取った大名丁場と石材の数量

時期、石材数量、他 / 大名丁場	時期	石材（本）			割栗石	備考
		隅石	隅脇石	平築石		
松平右衛門督	Ⅰ			342		
丹羽左京大夫	Ⅰ	17		289		西引橋冠木門下頬当のみの復旧で使用
戸澤上総介	Ⅰ	(2)	4	(325)		「常盤橋台并舛形頬当」の項、(　)を含むかは検討要
稲葉能登守	Ⅰ			72		「上梅林ゟ請取」と記載
伊東大和守	Ⅲ				2	
小計		19	4	1,028	2	

※　小計には（　）内の数字を含む。

今日、西の丸側から蓮池濠を挟んで本丸高石垣を臨むと、石垣が安山岩と花崗岩の築石で、あたかも碁石を並べたかのように積まれている（図35）。筆者は、以前より、奇妙な光景が何時のものかということに関心を寄せていた。しかし、明快な回答を得ることができなかった。本書を上梓にあたり、第五章で述べているように、幸運にも宮内庁宮内公文書の中の関東大震災による江戸城跡復旧史料や、明治・大正期の江戸城古写真を閲覧する機会を得た。そこで明らかとなったことは、問題とした高石垣は、関東大震災では崩落しておらず、震災前の古写真に、現状と同じ景観の石垣が捉えられていたことであった。つまり、消去法によって、積替の要因が元禄大地震に辿り着いたわけである。平河濠の横矢の高石垣の隅石や隅脇石が花崗岩に変更されたのもこの時と考えられる。幕府では、高石垣の復旧のために大量の築石を必要としていたわけである。そのための城内の起点が梅林坂であり、大名丁場に受渡された石は、その時点における余り石ということになるのである。

本史料を熟読していくと、多くの気付きがあるが、足石の

図35　蓮池濠越しの本丸高石垣

入手に関して興味深い記述があるので紹介する。一つは、石不足から応急的に石垣を崩し、そこでの出石を利用していること。一つは、請負石・献上石があること。一つは、幕府の石置場が本所以外にもあることである。はじめに、石垣を崩した出石の記述は、六郷伊賀守と内藤能登守の両丁場でみられる。後者の場合、出石の正確な位置と数量は記されてはいない。内藤能登守上屋敷が溜池落口にほど近いことから、屋敷前の石垣を崩し、出石としたことはほぼ間違いがない。溜池落口脇の石垣を崩した出石は、自らの丁場を含め六家の大名丁場で用いられており、その数量は七五〇本となる。普請坪数が最も多い酒井靫負佐丁場での使用が最も多い。伊東大和守と黒田伊勢守の二家は、他家より手伝普請仰付日が二カ月程はやいことから、この出石は、普請途上での供給ということになる。

前者の六郷伊賀守丁場での出石については、詳細に記されているので、まずは、抜粋することにする。

（前略）

表30　溜池落口（内藤能登守）よりの出石

時期、石材数量 / 大名丁場	時期	石材（本） 隅石・隅脇石	平築石	岩岐石	合計
内藤能登守	Ⅳ	6	80	9	95
伊東大和守	Ⅲ		50		50
黒田伊勢守	Ⅲ		60		60
永井日向守	Ⅳ	15	90	25	130
有馬大吉	Ⅳ		※89		89
酒井靫負佐	Ⅳ		326		326
小計		21	695	34	750

※　隅石・平築石共にの数量、酒井靫負佐は、このほか勝栗石34坪を請取。

惣行間数三百三間五寸　六尺五寸棹
此坪数六百四拾壱坪九合余
内四百五拾貳坪余　築直し之所
百八拾九坪　築直シ不申候
此足石
五百貳拾七本　築石
拾五坪　割栗石
拾坪　本目栗石
右不足仕候得共御丁場百拾四間壱尺五寸之所
上石壱ツ並取是分同所御舩入水門台取崩シ之所
ゟ出申候ニ付外ニ願石果仕候

一六百六拾貳本　出御石
右者御丁場百拾四間壱尺五寸ノ所上石壱ツ
並取是分同御堀御舩入水門台取崩シ之所
下水落両脇ゟ出候分
右出御石之分
一五百貳拾七本　野面御石　面壱尺八寸ゟ三尺壱寸迄　扣貳尺ゟ四尺五寸まて
右者御丁場新御石垣拾壱間半之所築立

申候残り石壱番ゟ五番御丁場迄ノ足石ニ仕作

右出御石之分
一貳拾本　摺合築石　面壱尺七寸ゟ三尺壱寸迄　扣三尺ゟ三尺六寸迄

右者半蔵御門台足石御願相叶

秋月長門守殿役人

磯野源次郎　三好吉太夫　渡ス證文有

右出御石之内
一貳拾壱本　隅石　面壱尺七寸ゟ三尺壱寸迄　扣三尺五寸ゟ六尺迄

右者二ノ御丸銅御門台足石御願相叶

松平兵部大輔殿役人

中村安右衛門渡ス證文有

同
一三拾本　摺合平築石　面貳尺壱寸ゟ貳尺八寸迄　長サ三尺まて

右拾五本ハ外桜田御門台足石拾五本者

坂下御門台足石御願相叶

黒田伊勢守殿役人

斯波惣八　石松又四郎　渡ス證文有リ

右為替リと野面石五拾本請取申前ニ御座候得共

御丁場入用無御座候ニ付請取不申候

（以下略）

とある。六郷伊賀守丁場のうち一一四間一尺五寸の石垣上段一列を崩し、その出石六六二本を復旧に利用したことがわかる。その内訳を示したのが表31である。出石二本の行方が不明であるが、表30の溜池落口の出石の利用状況とは異なる。それは、出石の種類から野面石が多いこと、出石のおよそ八割方を自らの担当丁場の復旧に充てていることである。とはいえ、四家の大名丁場に一二一本の出石を供給しているのである。『鈴木修理日記』で十二月五日付の石奉行からの揚置石の数量を紹介したが、幕府は不足分の確保に奔走したであろうが、この二つの事例は苦肉の策であったに違いない。つぎの請負石・献上石の記述は少ない。請負石の記述としては、伊東大和守丁場之分の最後に、

　　割栗石弐坪

右足石都合四百四拾三本　隅石平築石 玄蕃石岩岐石

内

五拾四本内 四本隅石 五拾本平築石

五本内 壱本隅石 四本平築石　毛利周防殿残石

弐拾本　平築石　六郷伊賀守丁場残石

拾五本　同右　内藤能登守丁場残石

拾壱本　隅石　請負

弐百五拾本　平築石　同

七拾六本　岩岐石　同

拾弐本　玄蕃石　同

表31　六郷伊賀守丁場より出石の使い分一覧

時期、石材数量、他 / 大名丁場	時期	石材（本）			小計	備考
		隅石	平築石	野面石		
六郷伊賀守	Ⅲ			527	527	田安門南の1番目～5番目の所に使用
秋月長門守	Ⅲ		20		20	半蔵門台の足石
松平兵部大輔	Ⅲ	21			21	二ノ丸銅門の足石
黒田伊勢守	Ⅲ		30 （外・坂各15）	30	60	15本を外桜田門、45本を坂下門の足石
伊東大和守	Ⅲ		20		20	北桔橋門台の足石
残石・他	—	2		10	12	
小計	—	23	70	567	660	

　　貳坪　割栗石　上梅林ゟ請取

とある。伊東大和守丁場では、各丁場の残石以外は全て請負によるもので、幕府の石置場における石不足を前述の出石とともに知ることになる。献上石の使用は、唯一、松平兵部大輔丁場でみられ、足石一、四七八本の内二五本の存在が知られている。

　このように、各丁場の復旧に要する足石は、直接・間接（梅林坂や他の丁場の残石）はともかく大半が幕府石置場から供給されたものであるということができる。その中で、被害が総体的に小さく、石垣の孕みを修整するための解体修理を主に行ったと考えられる大名丁場がある。筋違橋門方を担当した松平周防守丁場である。最後の部分を抜粋すると、

　　　惣坪数合貳百八拾六坪六合
　　内三拾八坪二号　玄翁摺合
　　　百三坪　野面石
　足石都合貳百七拾本　隅石隅脇石平築石野面石岩岐石共ニ
　　内
　拾五本　隅石　御櫓台ゟ出ル
三拾壱本　脇隅石　右同断

六本　　同　　小出伊勢守丁場残石
百本　　平築石　　御櫓台ゟ出ル
百本　　野面石　　御櫓台ゟ出ル
貳拾本　　古岩岐石　　御櫓台脇ゟ出ル

とある。小出伊勢守丁場の隅脇石を六本使用していることから、一部石垣が崩れたか割れたことによる取替を行っているが、ほとんどは同所の「櫓台ゟ出ル」石で賄われている。史料に櫓台とあることから渡櫓台と考えがちであるが、丁場の築直しの項をみると桝形内や大番所後の御堀端石垣（野面石）が含まれているので広義の筋違橋方からのものと理解した方がよい。同様なことは、浅草橋門方を担当した小出伊勢守丁場にもいえる。

これら、各大名丁場の史料を集成したものが表32である。二三家が要した各種石材の足石数は二万本を超え、総栗石も七〇〇坪前後と莫大な量を要している。しかし、これが復旧の全てではない。本丸高石垣や二の丸石垣、和田倉門・馬場先門と御宮・御仏殿等々を加えたものが復旧に要した石材の数量となるのである。

なお、幕府の石置場として、本所以外に「赤坂田町」や「赤坂馬場」などの地名が登場する。野中和夫編『江戸の水道』の中で、加藤家文書に元禄十一年（一六九八）に赤坂溜池柳堤上の上水道の新規伏替について述べた。玉川上水は、暗渠となる四谷大木戸から虎ノ門までの本線筋は石樋である。この石樋の構造は、側面が石垣と同様、間知石で構築されている。つまり、上水道の緊急時を兼ねた石置場も必要であったのである。

手伝普請を示した二点の絵図　都立中央図書館特別文庫室に、元禄大地震の復旧に関する手伝普請を示した二点の図がある。『御城内向絵図』（口絵1）と『御城内外御作事御手伝方丁場絵図』（図36）である。口絵1は、本城（本丸・二の丸・三の丸）と西の丸、紅葉山の江戸城中枢部の絵図に、I期で担当した松平右衛門督・松平大膳大夫・丹羽左京大夫・立花飛驒守の復旧箇所を朱引線で示すとともに四家の大名丁場が付箋で貼付されている。法量は、縦六一・四センチ、横八九・二センチを測る。朱引線は、『石垣築直シ銘々場所帳』の各担当丁場の記述と一致するものである。本図には、本城の復旧を担当した松平兵部大輔と伊東大和守、さらには二の丸を担当した内藤駿河守の付箋はみられない。二の丸に至っては朱引線で石垣崩落場所を明示されてはいない。したがって、表26で示したI期の手伝普請を命じられた大名のうち本城・西の丸の復旧位置と丁場名を目的としており、図の作成時期は、本格的に復旧を開始する元禄十六年十二月中と考えられる。本図の特徴は、大名名以外の付箋にある。「新口」が四カ所、「舟だし」と「馬出し」が各一カ所示されている。「舟だし」は、天神濠の最深部・下梅林門の南側に貼られており、前述した梅林坂への石材をはじめとする資材の搬入（瓦礫などの搬出も）口となるものである。「馬だし」は、二の丸南西隅に厩があり、蓮池門の被害が大きいことから二の丸喰違門の北東に貼られている。「新口」の位置は特徴的である。三カ所は堀に面し、一カ所は上梅林門の南側・石垣の位置に貼られている。後者の場合、明暦大火後に天守台を造営するにあたり、この位置から角石を搬入しているので、今回の震災でも同様の機能も兼務していたと考えられる。上梅林門の被害も甚大であったことも軽視することができない。「新口」は、「舟だし」・「馬だし」の隣りに二カ所、大手門の南側・旧櫓台の位置に貼られている。下梅林門と大手三之門の被害が甚大なため、通行にも支障をきたしたこととも関連する。大手門の場合、

表32 『石垣築直シ銘々場所帳』に記された足石数と石の動き（野中「元禄大地震と江戸城」より）

助役大名	普請坪数（坪）	築石（本）			岩岐その他（本）					総本数	栗石（坪）		総栗石	石の移動・他
		隅石	隅脇石	平築石	岩岐石	小田原石	玄蕃石	青石	その他		割栗石	本目石		
松平右衛門督 吉泰	878.6	146		870	135	261	36	56	切居石 5 四半石105	1,614				梅林坂より平築石312本請取る 城内より平築石486本請取る
松平大膳大夫 吉廣	1,980余			※2,083	104	127	10	46		2,370	93.9	32	125.9	
丹羽左京大夫 秀延	1,337余	54		2,172	155		33	28	岩岐平910	3,352	155	20	175	上梅林より隅石10本、築石239本請取る
戸澤上総守 正誠	991余			※1,756	65		70			1,891	70.26	13	83.26	上梅林より隅石２本、隅脇石４本、平築石325本請取る
稲葉能登守 知通	686.5	※ 3		885	54					942	26	17.5	43.5	上梅林より平築石72本請取る
加藤遠江守 泰恒	723.4	※94		1,260	16	200	52		四半石30	1,652	55	26	81	戸澤上総守丁場残石（平築石８本） 稲葉能登守丁場残石（平築石６本） 北桔橋残石（割栗石18坪）
立花飛驒守 宗尚	530余			※368	57	24				449	13.5		13.5	
上杉民部大輔 吉憲	2,009.2余			※1,432						1,432	84.5		84.5	
松平兵部大輔 昌親	635余	40	14	1156	41	70	43	114		1,478				献上石35本、隅石18本は新石 隅脇石と平築石116本は古石の記述
鍋嶋摂津守 直之	670余	7		※683		27		6		723		60.5	60.5	石場より隅脇・平築石・岩岐石86本 割栗石43.5坪請取る 神田橋より平築石37本 向多門より岩岐残石の記述
伊東大和守 祐實	335.3	16		339	76		12			443	2		2	毛利周防守丁場残石(隅石1本、平築石4本) 六郷伊賀守丁場残石（平築石20本） 内藤能登守丁場残石（平築石15本） 上梅林より割栗石を請取る 請負349本の記述あり

黒田伊勢守 長清	465.5	9		265	82		39		四半石20 丸居石14	429	12		12	六郷伊賀守丁場残石（平築石60本） 内藤能登守丁場残石（隅石2本、平築石60本） 馬場先、赤坂馬場残石（平築石30本） 松平右衛門督丁場残石（割栗石２坪）
秋月長門守 種政	359余			※343		250				593	30		30	六郷伊賀守丁場残石（平築石20本） 毛利周防守丁場残石（平築石35本）
毛利周防守 高慶	493余			28						28	20		20	
六郷伊賀守 政晴	452			527						527	15	10	25	搬入路114間１尺５寸崩し出石662本 秋月（半蔵門20本）、松平（銅門20本） 黒田（外桜田・坂下門60本）、伊東（北桔橋20本）へ
松平周防守 康官	286.6	12	37	100	20				野面石100	269				小出伊勢守丁場残石（隅脇石６本） 他は櫓合およびその脇より取る
永井日向守 直達	282余		15	200	45					260	10		10	内藤能登守丁場残石（溜池落口崩し、隅脇石15本、平築石60本、岩岐石25本）他は本所石場より請取る
有馬大吉 眞純	175余			※327						327	7.5		7.5	内藤能登守丁場残石（89本）赤坂田町・他より195本、材木台より43本
松平采女正 定基	168.9	10	9	84	56					159	6		6	
小出伊勢守 英利	276.8	2	6	122	20				底石平86	236	6	2.5	8.5	隅石1、隅脇石5、平築石114、底石平80、割栗石、本目石は櫓台よりの取石
酒井靭負佐 忠囿	900余			801	16		15			832	34		34	溜池・内藤能登守丁場より（平326本、割栗34坪） 松平周防守丁場残石（隅石・平築石71本） 赤坂田町より82本、有馬大吉丁場残石（岩岐石11本）
内藤能登守 義孝	162.1余	※ 6		130	9					145	7		7	溜池より隅・隅脇・岩岐・平築石60本 松平兵部大輔丁場残石（平築石44本） 幸橋残石・平築石６本
	惣足石数	399	81	15,931	951	959	310	250	1,270	20,151	647.66	181.5	829.16	
	●	373	105	16,852	1,019	959	310	242	471	20,307	521.15	162.55	683.7	丁場個々の惣石数

・惣足石数●印は、各大名丁場個々の足石数を加えたもの。（上記惣足石数とは、大名丁場のうち半数、数字が異なる）
・吉川勝之助丁場は足石無であることから表より削除。
・※印は、隅石・隅脇石・平築石を含む。

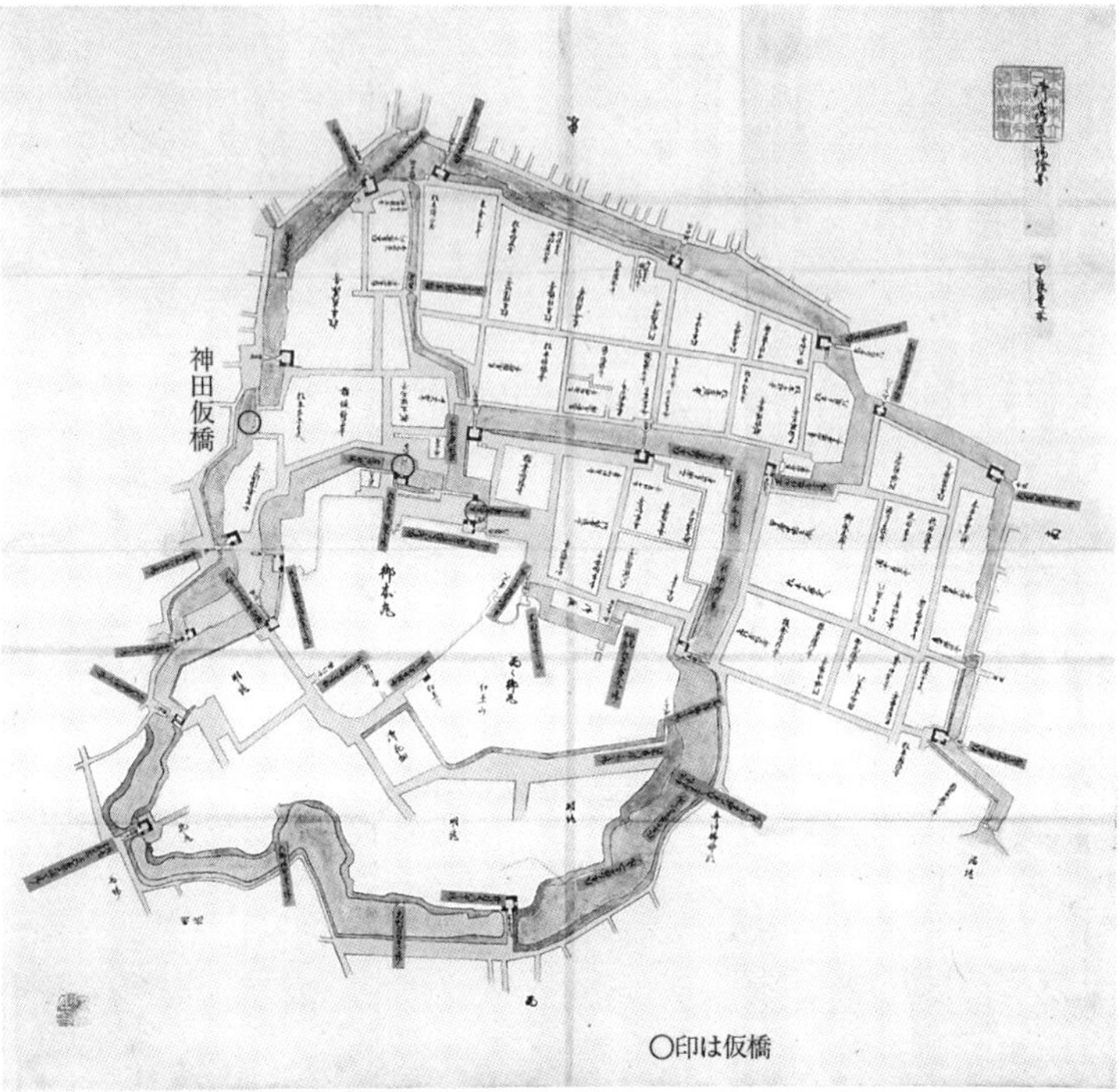

図36　『御城内外御作事御手伝方丁場絵図』（都立中央図書館特別文庫室所蔵）

表27では被害がさほどでもないように考えられがちであるが、『鈴木修理日記』を読むと、十二月十九日付に「大手之御門取払候時分、溝口源左被通合、けが有之候ニ付、運人足、桜田ゟ入之。」や宝永元年三月廿六日付に「大手之石垣之石ニ左之通書付有之。／明暦戊戌七月十二日／丹羽左京大夫光重築之」の記事など、渡櫓門をはじめとする枡形内の広範な復旧を看取することができる。つまり、臨時の通用口が必要であったわけである。このように、「新口」は、物資の搬出入もさることながら、城内外の通用としても不可欠であったのである。本図には、仮橋は描かれていない。図36を含めた検討課題である。

図36は、二二家の手伝大名のうち、赤坂門から浅草橋門に至る外郭西側を担当した五家を除く十七家の大名丁場を付箋で示したものである（松平大膳太夫の家臣・吉川勝之助の付箋も貼られている）。彩色が施されており、法量は、縦六五・〇センチ、横六九・一センチを測る。本図の特長は、三つの仮橋が描かれていることである。一つは、神田仮橋、一つは、大手門の南側、大手門の南西隅から桔梗濠を隔てて三の丸に架かる仮橋。一つは、内桜田門渡櫓門の裏手に架かる仮橋。このうち、神田仮橋は、多くの史料に登場し、元禄大地震の復旧を目的としたものではない。それに対して桔梗濠から三の丸に架けた仮橋は、本丸の復旧のための仮橋といっても過言ではない。それは、通行用と作業用の両者が想定されるが、本図の作成された時期と関連する。本図の大名丁場の付箋をみると、Ⅳ期に属する松平采女正と内藤能登守の二家が貼られている。両家が手伝普請を正式に命じられた五月二十九日の時点においては、内桜田門の復旧を担当した立花飛騨守は、一カ月前には竣工し、終了している。本丸・二の丸の復旧作業は、少なくとも十月までは続くことから作業用の仮橋とみるのが穏当のようである。

大名丁場の金石文資料　江戸城内で元禄大地震の復旧を示す金石文資料は表33に示した通りである。大名が枡形石垣を修築した際に自らの石に名を刻む風習は、寛永十三年（一六三六）に牛込門を担当した蜂須賀阿波守が同所の角石に「入阿波守内」をはじめ、明暦大火後の大手門の渡櫓台を担当した丹羽左京大夫などが知られている。二二家の手伝大名では、城門が解体されずに残り、その後の石垣修復工事の解体で松平右衛門督と立花飛驒守の二家が知られている。松平右衛門督の場合、関東大地震による大手門の取解工事中にも発見されたということであり、おそらく復旧を担当した櫓台には全て表33の銘文を刻んだものと考えられる。中之門の石垣修復工事報告書をみると、銘文が刻まれた角石の位置に作意的なものを感じる。中之門では、左右の渡櫓台天端石に各一カ所あり、左側は北東隅（鬼門）、南側は南西隅（裏鬼門）で発見されたという。同報告書には、大手三之門での刻銘石の位置が記されている。そこには、冠木門から入ると渡櫓を通過する天端両端の角石でみられたとある。両門の四つの角石には図37のように楷書で丁寧に刻まれている。立花飛騨守の刻銘石は、蓮池門跡の位置に一個置かれている。現状での同石は、文字のある面のみが地表に露出し、そこでの大きさが縦一一八センチ、横三八センチであることから、松平右衛門督の隅石に刻まれたものではなく、角柱状の板石、さしずめ岩岐石の裏面というあたりであろうか。これも楷書で丁寧に刻まれているが、「蓮池左／右御門臺」とあることから、立花飛騨守丁場では各門一カ所の銘であるかもしれない。汐見坂の天端隅脇の資料も看過することができない。さきに『鈴木修理日記』の中で、玄関前門と中之門までの切ぬきを町年寄の奈良屋久蔵が請負ったことを紹介した。□（美）濃屋庄次郎なる人物が石垣復旧を幕府から直接請負ったものか、あるいは同所周辺を担当した松平兵部大輔からのものかは史料がないので判然とはしない。ちなみに、前述した大名の金石文とは二点で異なる。一点は、刻まれた文字が行書であること。一点は、石を積む（積直しを含）際に加工することで文字が欠落していること。これらは、さしずめ格の違いというところであろうか。

『毛利家記録』にみる同家の手伝普請　毛利家が二二家の大名の中でひときわ重責を負ったことは述べたが、同家の復旧に関する詳細な史料が『東京市史稿』皇城篇第二に記されている。毛利家の手伝普請は、田安門と竹橋門の渡櫓を取払うことに始まる。両所は十二月十五日までに取払いが完了する。同記録によると、本格的な普請は表34の通りであるが、『石垣築直シ銘々場所帳』の同家が担当した丁場（表28に集成）や図36を参照すると理解が深まる。また、石揚場のことは前述したが、古材木や古物置場として十二

表33　元禄大地震の復旧を示す金石文一覧

項目＼位置	大手三之門渡櫓門	中之門渡櫓門	内桜田門渡櫓門	蓮池門渡櫓門	汐見坂・梅林坂間の高石垣
銘文	寛永元年甲申四月日　因幡伯耆両國主　松平右衛門督吉明築之	寳永元年甲申四月日　因幡伯耆両國主　松平右衛門督吉明築之	内櫻田左右石臺／寳永元甲申年四月吉辰／立花飛驒守源宗尚築之	蓮池左右御門臺　立花飛驒守宗尚　元禄甲申三月吉辰　築之	□永元年甲申年　□同十九日　□濃屋　庄次郎　築之
丁場手伝大名	(池田)松平右衛門督吉泰	(池田)松平右衛門督吉泰	立花飛驒守宗尚	立花飛驒守宗尚	(松平兵部大輔昌親)
報告・発見の経緯・他	・中之門工事報告書に記載 ・昭和四十年一月二十九日付朝日新聞掲載 ・昭和三十九年石垣整備中発見	・同・報告書に記載 ・平成十七年石垣修復工事中に発見	・『東京市史稿』皇城篇2に掲載 ・明治年間、石垣改修中に発見	・同跡に金石文残存 ・蓮池門撤去は明治四十三年	・『宮内報』三十二号に掲載 ・平成十四年石垣修復工事中に発見

※『特別史跡　江戸城跡　皇居東御苑内　本丸中之門石垣修復工事報告書』の中で、大手三之門・中之門と同様の銘文が大手門で２カ所との記述あり。

図37　中之門の「松平右衛門督吉泰」銘の隅石

月十六日の時点で本所に三千坪の平地が渡されていることは重要である。瓦礫は江戸湾の所定の場所に投棄するにしても、古材や古物を一時的に集めることによって普請が円滑に進むし、集積された古材・古物を吟味することで再利用にも繋がる。毛利家の本格的な復旧は、元禄十七年正月七日、西の丸大手門の外での鍬初、手斧初に始まり、四月二十八日には竣工する。同家の記録によると、幕府に提出した人足数は二八八、五六六人、このほか現地で雇の分が一九五、五六六人となり、合計で四八四、一三二人となる。五〇万人弱の人足を投入していることになる。約四カ月の期間であることから単純に一日当り四、一七三人（幕府提出には二、四八七人）となる。莫大な人数である。ちなみに、この復旧で要した資材一覧が表35である。石垣・岩岐などの各種石材、建造物の木材・瓦・壁材など実に多くの資材を要している。このうち、石材については表28の『石垣築直シ銘々場所帳』に記されている惣足石数と照会すると築石に五本の差があるが割栗石と本目石の坪数は一致する。『鈴木修理日記』に、萩原近江守から江戸近国の代官所に出された書付が記されている。

一杭木　弐拾壱万六千百本余

是ハ松杉其外、雑丸太共ニ

一から竹　百万千四百本余

是ハ三四寸廻りゟ七寸廻り迄

一縄　拾八万弐千束余

但、此房数百八拾弐万壱房、すりなわ・中なわ共ニ

とあり、十二月十日より随時江戸に到着し材木蔵へ納入されている。資材一覧の材木・唐竹・摺縄はここからのものである。

『毛利家記録』には、宝永二年（一七〇五）十一月に勘定所に提出した裏書にこの手伝普請での御入用金米として

金三、四四二両一歩銀二匁二厘

内、一六八両三歩銀一四匁八分七厘二毛、古諸払代引。

残金三、二七三両一歩銀二匁八分四厘。

米一、二二四石五升一合八夕一才

と記されている。大名の手伝普請の丁場の広さに相違があるが、これに二一家の大名の御入用金米が加わるのである。

「地震之間」の設置・撤去と「地震節之覚」の御触書

元禄大地震が将軍を含む江戸の人々にとって恐怖であったことはいうまでもない。地震発生の当日はもとより、余震が続く日々。『鈴木修理日記』の元禄十六年十二月の項を

図38　汐見坂の「□濃屋庄次郎」銘の天端石

表34　毛利家が担当した普請場所一覧

	普請場所	状況	普請場所	状況
西の丸	大手渡櫓	修復	吹上渡櫓	建直
	大手冠木門	同	吹上冠木門	修復
	大手大番所	同	吹上大番所	同
	中仕切東多門	同	玄関前渡櫓	建直
	中仕切門	同	玄関前大番所	修復
	中仕切西多門	同	二重櫓	建直
	獅子口門	同	二重櫓車多門	同
	山里門	同	裏門	同
	山里冠木門	同	裏門大番所	修復
	山里大番所	同	西之丸内所々石垣	築直
西の丸以外	井伊掃部頭屋敷大下水			修復
	田安門仮屋根			仕直
	半蔵門ゟ続南ノ方外廓石垣			築直
	馬場先門南ノ方御堀端石垣			同
	所々仮番所			当分建

※このほか、元禄16年12月には西の丸手廻りの壁繕あり。

まとめた表21でも、時折、激しい揺れを伴う余震が起きたことを伝えている。幕府では、江戸時代を通して一度きりの将軍の避難所となる「地震之間」の設営と、諸大名等々が登場した折、大地震発生に伴う緊急避難場所を示した「地震節之覚」を発令する。

「地震之間」は、将軍の執務室や休憩所となる御殿の中奥と大奥の中庭に設けられている。御殿指図をみると、本丸と西の丸の双方に描かれている。まずは、都立中央図書館特別文庫室所蔵「江戸城造営関係資料（甲良家伝来）」でみることにする。図39は、本丸御殿の指図としてよく引用される『江戸城御本丸御表御中奥御大奥総絵図』である。彩色・裏打ちが施されており、外題に朱書で「萬治年」とあることから、その時の指図と考えられている。しかし、筆者は拙稿「江戸城『地震之間』に関する一考察—絵図の検討を中心として—」で図中左下の所謂、

表35　毛利家が復旧で要した資材一覧

項目	資材一覧
材木	868本（槻丸太・松丸太・檜・栂角）
同	3,528本（杉丸太、内3,000本拝借之分足代）
掛塚樽木	28,295挺
唐竹	64,650本（内28,974本拝借足代）
石	2,375本（隅石・平築石・岩岐石・青石・小田原石・玄蕃石）
割栗石	93坪９合
本目石	32坪
付芝	406坪
大坂土瓦	223,526枚
摺縄	696束
石灰	364石
布苫	262貫760目
同	15貫300目（松平右衛門督より請取）
おり油	9斗
畳古床	100畳
空俵	6,685俵
谷土	177坪
砂	21坪
役船	2,877艘

老中下部屋の位置に、十六名の老中・若年寄・側用人の名に注目し、それら幕閣の在職期間の検討から、本図の作成を宝永二年から三年にかけてのものであると論じたことがある。それは、大地震の発生からさほど時間が経過していない頃にあたる。本図での「地震之間」は、三カ所描かれており、左側二つが中奥の「御座之間」周辺、右側が大奥の御対面所中庭にみることができる。このうち、大奥の「地震之間」について、大熊喜邦氏が『明治前日本建築史』の中で絵図を用いながら、建物の構造的特長を指摘されているので、その部分を抜粋することにする。

一、大体の形態。四方入側付にて掘建、柿葺《こけら》入母屋造、床は取置き板敷で入側は土間である。

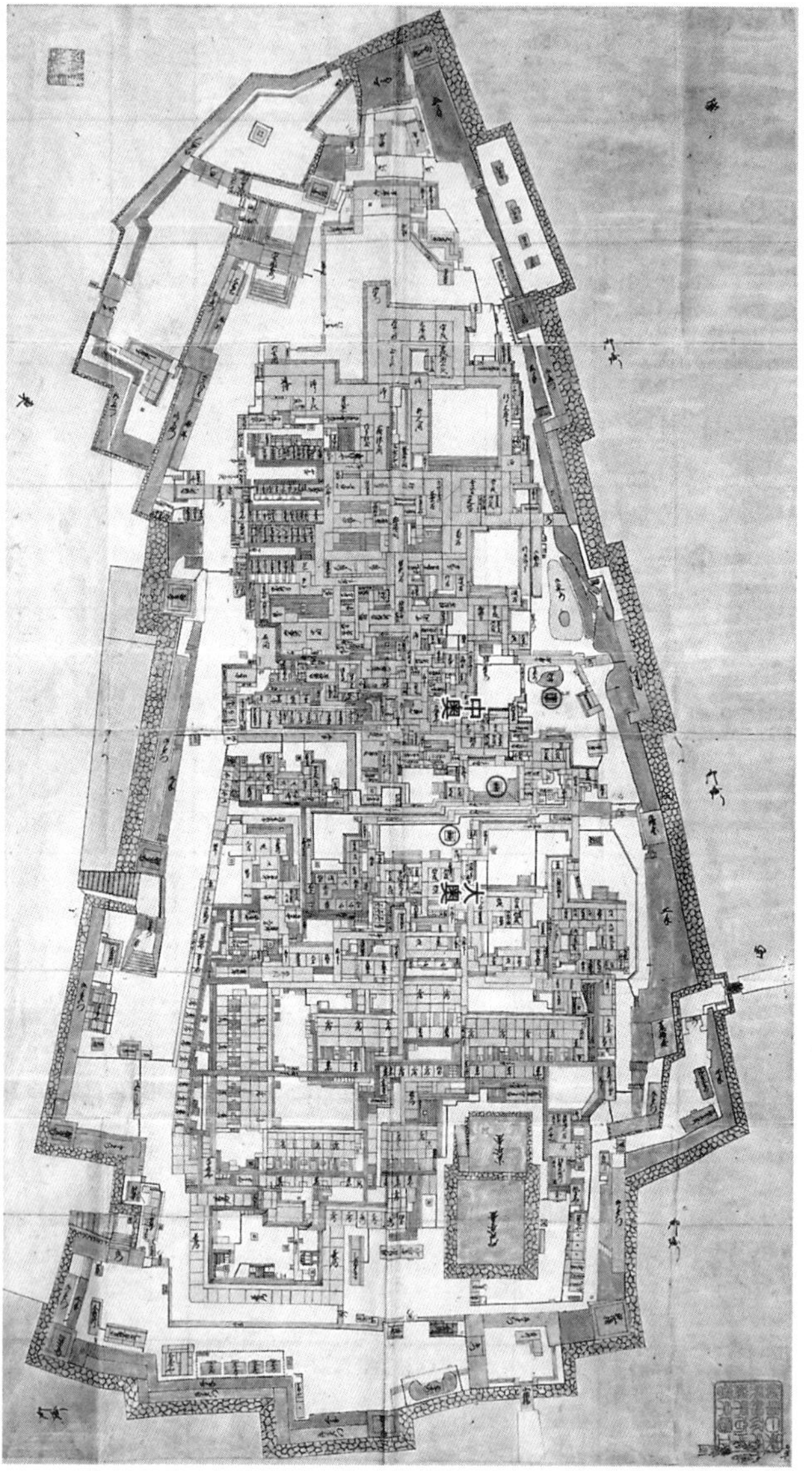

図39『江戸城御本丸御表御中奥御大奥総絵図』（都立中央図書館特別文庫室所蔵）
※○印が「地震之間」

一、柱。本柱は地中六寸角、地上に於て四寸角に細めたる角柱、入側柱は地中四寸角地上二寸七分とせる角材で、何れも根入りは地底土台上地盤迄四尺五寸である。

一、屋根。入母屋造にて二枚重ね大板葺とあり、図面に屋根裏ワリ板とあれば、大板を二枚重に張りたる化粧屋根裏で被覆材は柿である。

一、床。地盤に接して置かれたる板敷で、図中取置板敷ワラビ手四所とあれば、四方に鈬を取付たる取外し自在の板敷の置床である。入側の部は土間で、其外側は小角材の芝留を設けたるものと見做す事が出来る。休息所前の地震の間には図に見ゆる通り母屋と土椽が設けられてゐる。

一、地中の構造。地盤面より根入四尺五寸の柱の下に地底土台と称する土台を据へ、基の上に柱を建て、地盤より少しく下りたる地中に於て「地そこ柱はさみ」を以って通し、根械の如く一列毎に縦横に両面より柱を挟みたるもので、地そこ柱挟の大さは外側入側共に六寸角とあり、柱挟は又中央の間《マ》にて三箇所、入側の部分に於て一箇所、外柱にて一箇所宛巻鉄を以て縛し、地中に於て柱を縦横に結束してゐる。

一、建具。休息所前の地震の間には其平面図に四周何れの間もあみせうじと記入しあれば、建具として網張障子を用ひたるものとされる。

大熊氏が紹介した図40は、内題が「御奥御対面所前御庭地震之間地割」とあることから、図39にみる大奥のものであることは間違いない。図39の三カ所の「地震之間」は、図上での大きさが異なり、付属施設などの若干の相異はあるものの、基本的な構造は同様のものと考えられる。

西の丸御殿の「地震之間」の指図は、表中奥では『江戸城西丸御表御中奥御殿向総絵図（元禄度）』（ロ

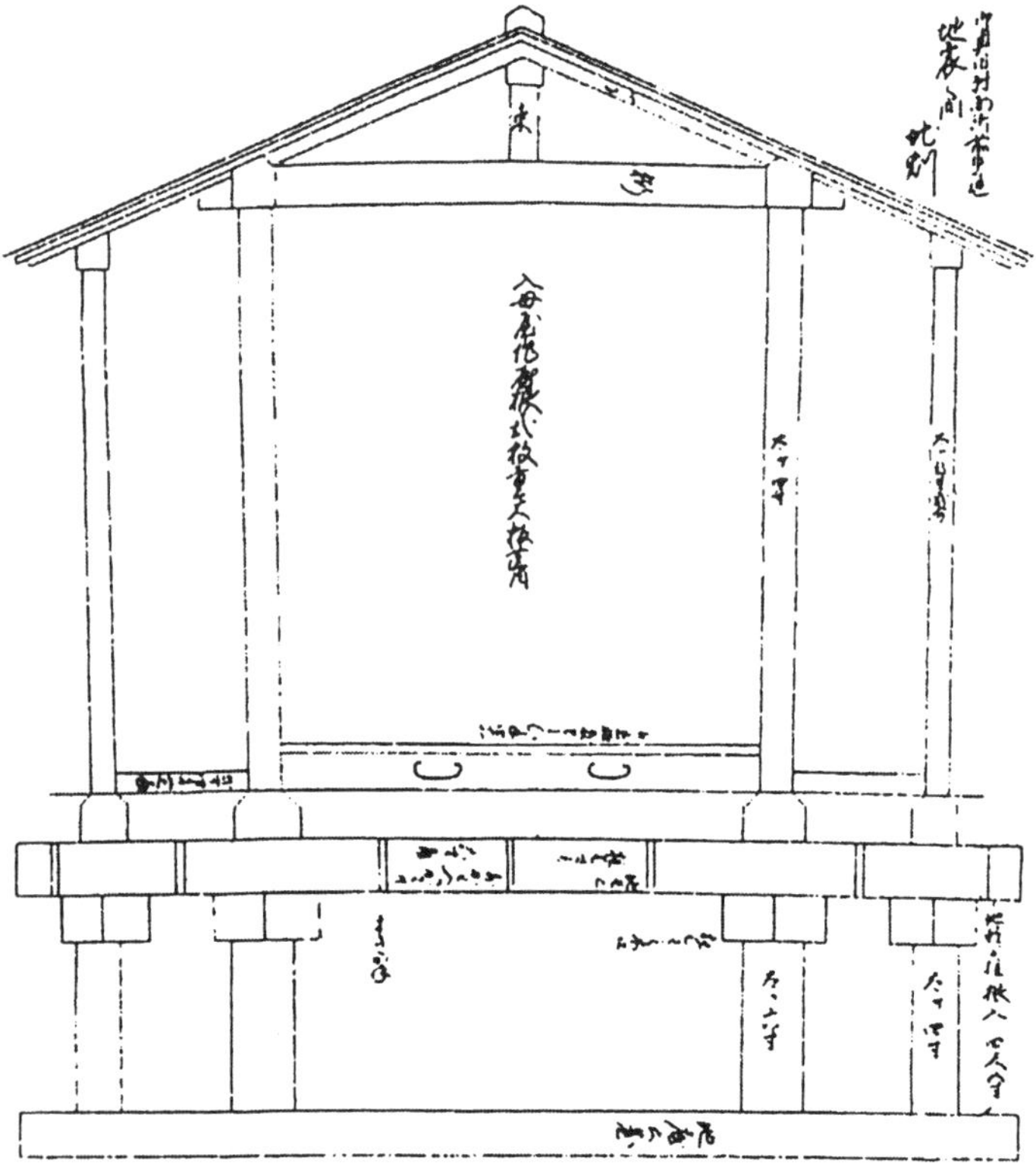

図40 『御奥御対面所前御庭地震之間地割』
(大熊「耐震構造」『明治前日本建築史』)

絵2)、大奥では『西丸大奥総本家絵図』がよく知られている。西の丸では、中奥での「地震之間」は御休息所前の中庭中央の位置に描かれている。同図の拡大したものが図41である。四間×三間の掘立柱建物で四方入側の形態をとっている。文字情報は、中央の「地震之間」のほかに右端の「屋年裏王り板」、中央周辺の「あ見せうし」の文字と「六尺　同」「九尺」「二尺五寸」「四尺」の数字がみられる。この文字と数字から復原すると、「地震之間」の主要部は、九尺に十二尺（六尺×2）の一間で、その周囲を幅二尺五寸の榑椽入側とし、さらに外側を幅四尺の上椽が巡ることになる。「あ見せうし」の記載から、建具が網張障子であることがわかる。さらに、「屋年裏王り板」と彩色が施された建物の色を口絵の凡例と照会すると「此色杮葺御家」に当たり、図40の屋根と同様、大板を二枚重ねた上が杮葺《こけらぶき》となるのである。二つの資料から、「地震之間」は耐震を備えた軽構造の建物であることがわかる。

ところで、第一章の図3をみると、元禄大地震後の大きな余震の一つと考えられる宝永三年九月十五日を境として、江戸での地震観測記録はめっきり減少する。御殿での「地震之間」はどうなったのであろうか。

それを知る資料が「江戸城造営関係資料（甲良家伝来）」にある。幕府では、将軍が代わると御殿中奥の御休息所を新造・改造するという慣習がある。八代将軍の吉宗の場合も同様である。史料では享保元年（一七一六）夏に御休息所を四脚門とともに毀却し、同所は享保十二年（一七二七）三月十三日に柱立、五月二十六日竣工と記されている。その間、計画図を含む絵図が二点存在する。『御本丸御表方惣絵図』と『御本丸表向絵図』である。前者には外袋があり、その表書に「御本丸御表方惣絵図壱通／三分斗／甲良若狭扣」、裏書に「天保三壬辰年／六月調之」と記されている。裏書から、この図の製作を天保三年

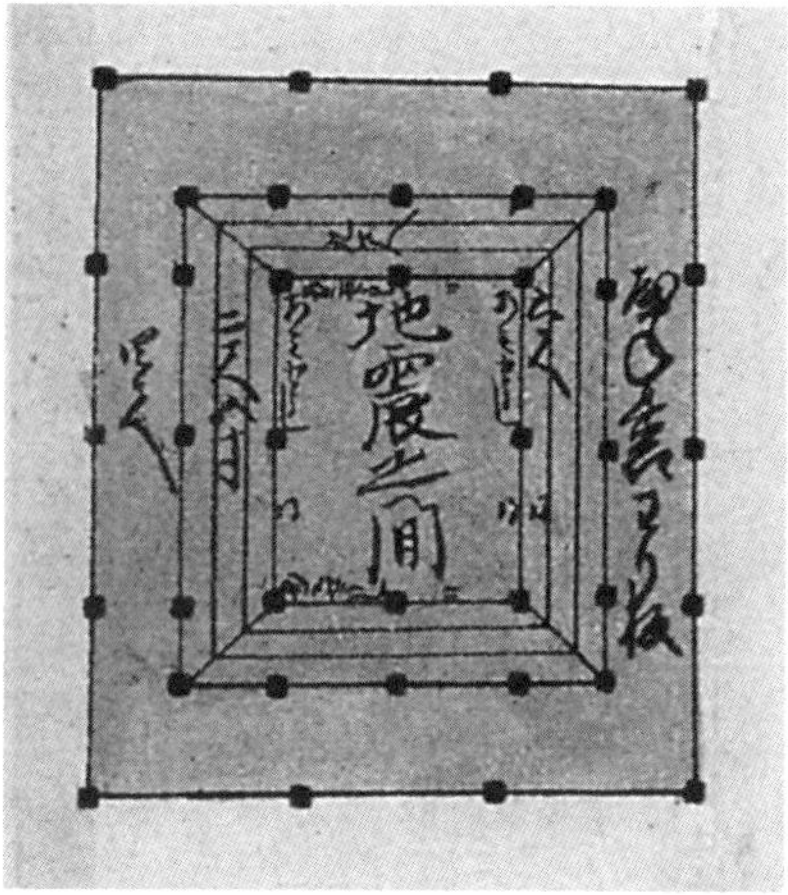

図41　「地震之間」部分拡大図（口絵より）

（一八三二）とみる向きがあるが、それは誤りである。それは、二つの理由からなる。一は、本図の外題に付箋の上から「御本丸御表方惣絵図／甲良若狭扣」とあり、付箋の下には旧題の「享保五子歳　元〆」さらに判断できないが四人の名前があること。一は、図42と同様、「老中下部屋」に七名の名が記されていることである。老中の井上河内守・戸田山城守・水野和泉守、若年寄の大久保長門守・大久保佐渡守・石川近江守、側用人の松平右京大夫の名であり、彼らが共通する在職期間は、享保二年九月二十日より七年五月十七日である。つまり、両者をあわせると、本図は、享保五年頃に作成された可能性が高いのである。「地震之間」の説明の前に、本図の特徴を二点指摘しておく。一点は、彩色が施された絵図の全面には篦による碁盤目状の罫線が引かれており、大広間や御座之間をはじめとする将軍が関連する部屋の文字には将軍側に末の字を置くように表記していることである。この件に関して小松博氏は、『江戸城―その歴史と構造―』の中で故大熊喜邦氏の講演において甲良家十二代当主大島盈株《みつもと》氏が発した白引は原図であること、文字の入れ方は将軍にみせた図であることをあげ指図の見方を紹介している。そのまま引用すると、吉宗が実見した図ということになる。ちなみに、後者の図にもこれらがみられる。一点は、中奥の部分にめくりがあり、原図の段階で検討が加えられているのである。図42にはめくりがあり、元図にも「地震之間」が描かれている。位置は、少し異なる。当初では、

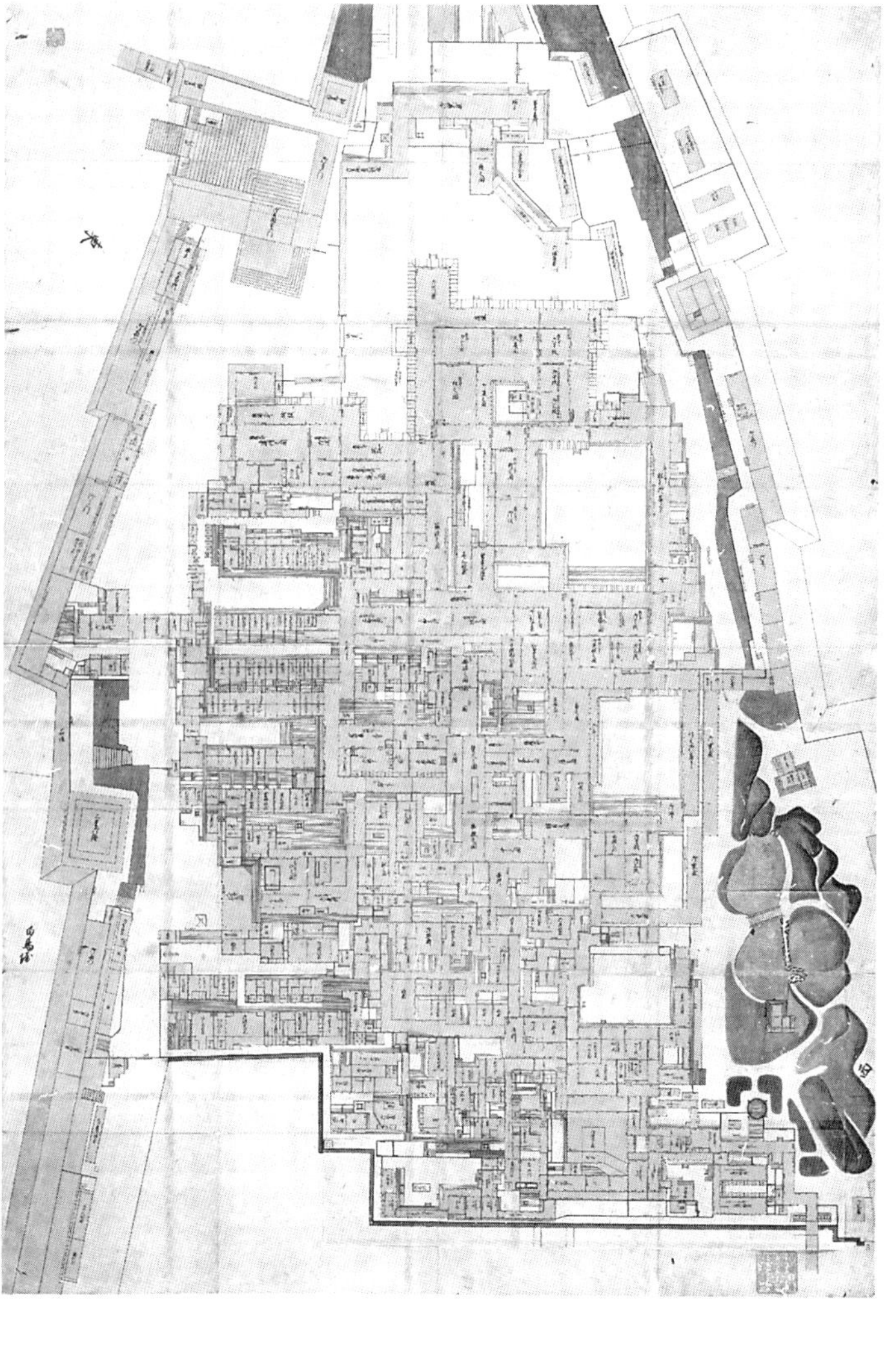

図42　『御本丸御表方惣絵図』（都立中央図書館特別文庫室所蔵）
※○印が「地震之間」

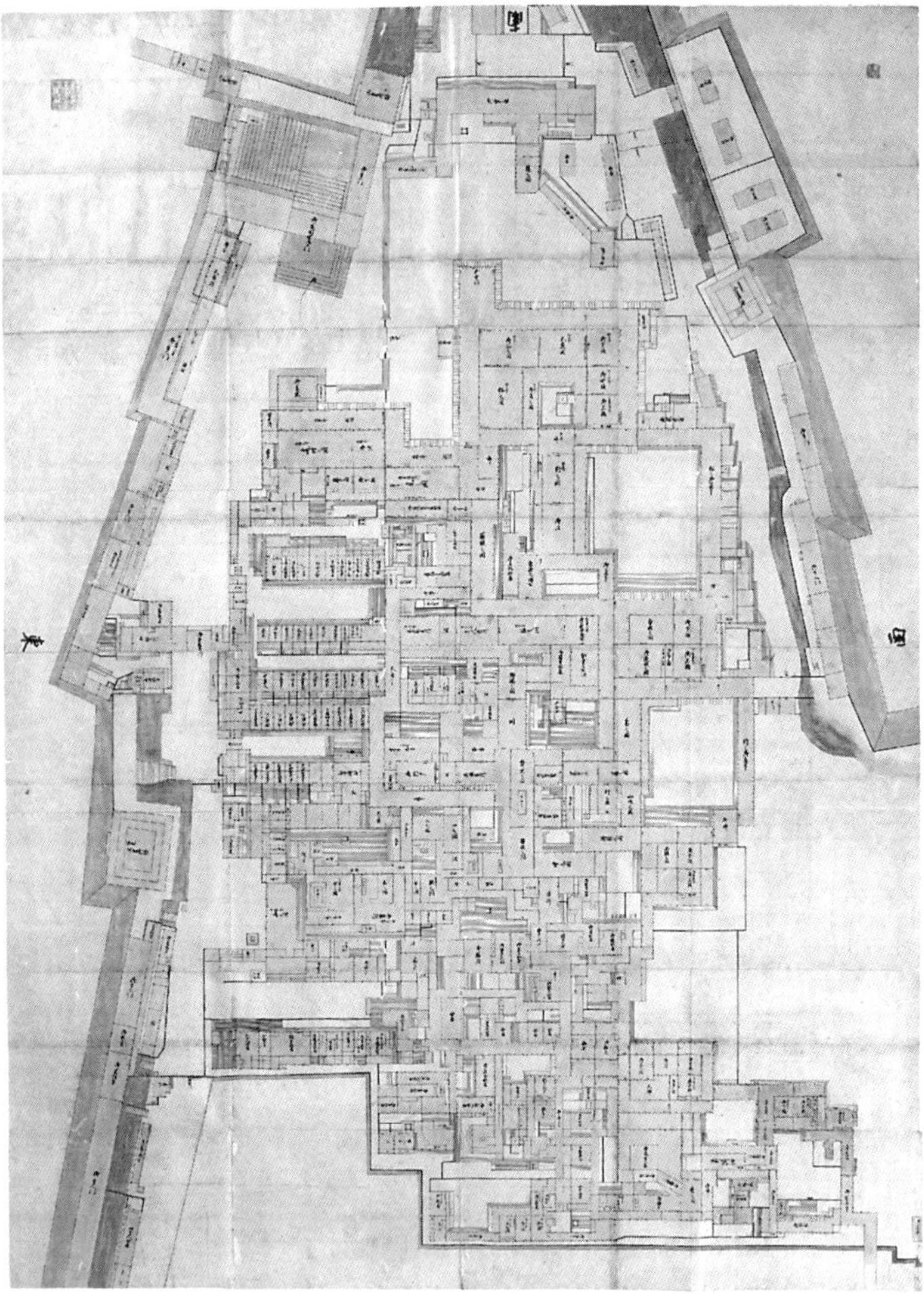

図43　『御本丸表向絵図』（都立中央図書館特別文庫室所蔵）

黒書院と御座之間の間の西側の位置に、検討後はさらに北側に移動し、御休息所からそのまま移動できるように変更している。図中には「地震之間」その左右には「戸せうじ」と表記されていることから、前述の構造と同様のものを予定していたのであろう。しかし、御休息所の新造は、図42のようにはならず、「地震之間」が除かれた『御本丸表向絵図』が竣工図となる（図43）。内題・外題とも製作年代は明記されていないが、「老中下部屋」に幕閣十一名の名が連ね、老中には戸田山城守以下五名、若年寄りには石川近江守以下五名、側用人に松平右京大夫が記されている。彼らが共通する職責の期間は、享保十三年十月七日より翌年十月二十九日となる。すなわち、この期間にはすでに御休息所は竣工しているのである。

吉宗が将軍につく享保年間には、江戸での有感地震はほとんど無く、元来、緊急避難施設であった「地震之間」はもはや不要であったのである。

「地震之間」は、将軍の避難施設であるが、登城した諸大名や旗本達には、江戸時代を通して「地震節之覚」が発せられる。元禄十七年正月の御触書であるが、そこには、

　地震節之覚

一大広間　出御之時、御白書院之御庭江出仕之面々出し申間敷候。大広間之御庭江可罷出候

一御白書院　出御之節は、御黒書院之御庭江出仕之面々出し申間敷候。御白書院大広間之御庭江可罷出候

一御黒書院　出御之時は、御黒書院御白書院大広間之御庭江向寄次第可罷出候

　右之通兼而被相心得候、出御以前入御以後は、向寄之御庭江勝手次第、被出候様可被致候

とある。登城後、地震に遭遇した時の各庭への避難を指示したものである。いずれの史料にも、この地震

による本丸・西の丸御殿の被害状況は見当らない。しかし、本章で述べてきたように御殿周辺の石垣に大きな被害が生じている以上、御殿が皆無というのは不自然といわざるをえない。『雞助編　上』巻第六十九には、大奥の長局で死者がでたことを伝えている。そこでは、

一御城内奥方長つほね二而女中余多地しん二相果候よし同十二月中御城内より長持二入右之死人出候事

という犠牲者が出たことを伝えている。しかし、幕府は体面を保つために、あえてこのような記録は残さなかったものと考えられる。

上水施設の破損　災害が発生した時点で生命の保全が第一であるが、インフラの点検・整備も急務となる。とりわけ、良質な上水の確保は重要である。

元禄大地震による上水道の被害・復旧に関する公式な史料は見当らない。決して被害がなかったわけではない。本章では『災変温古録』の史料から上水樋や大下水石樋の崩壊を紹介した。また、『雞助編　上』には、

一江戸井戸水水道やぶれ水一切無之難義仕候堀井戸寄くつれ亦ハ井かわ潰レ惣而江戸中くつれ井戸計りにて手水泥水ニ成り申事其後極月中□白水の如くに久敷清ミ不申殊に塩早《(辛カ)》く甚迷惑仕候事

一地しん二而方々地われ右寄り申候節気ヲ付ケ見申候ニ二三尺計り宛口ノ明キ寄あけ候節ハ本の如く二成り漸々聾

（以下略）

などの記述がある。少々、誇張されているかも知れないが、随所で地割があったことは他の史料でもみら

れ、地下の土壌が動き、水道網に多大な損傷を及ぼしたことは容易に推察することができる。掘井戸が枯渇したり、崩れたりしている情報も貴重である。上質な上水が江戸市中に行渡るようになるには、しばらく時間を要したと思われるが、いつであるかは定かではない。

野中和夫編『江戸の水道』で述べたが、元禄大地震当時、江戸市中における水道網の普請・修復は、玉川上水の場合には玉川庄右衛門清右衛門が世襲的に請負い、かつ経営していた。所管の道奉行の役人の上をいく権力を掌握していた。それだけの理由ではないが、記録そのものの存在が不明なのである。後述する安政江戸地震では、四谷大木戸と虎之門間をはじめとする幹線筋で大きな被害を受けている。同様の被害が予想されるのであるが。

度重なる余震と富士山噴火に至るまでの自然現象　この地震の余震は、『甘露叢』をみると宝永元年五月十九日昼過地震とあることから、記録の上では少なくともここまでは続いたとみることができる。地震発生直後から年末にかけては激しい揺れを交えた連日の余震も、新年を迎えると時折強い揺れが生じるものの次第に減少し、二月後半以降は数える程となる。これは、体感として地震に慣れたこともあるが、地震学的に時間の経過とともに減少することと深く関連する。

そのような中で、宝永三年（一七〇六）九月十五日の地震は、地殻の変化によって生じた最大余震の一つともいえるものであろう。推定マグニチュード六・六で、震央は東経一三九・八度、北緯三五・六度と考えられている。震央が東京湾の最深部、品川沖周辺にあたる。『常憲院殿御實紀』には「十五日　この夜地震頗おひたゝし郭内石塁多く損壊ス」と記されている。『東京市史稿』皇城篇第二には、「十二月十九日癸卯、本丸玄関前中之門廻石垣ヲ修理シテ成ル。蓋九月十五日庚午ノ震災破損場所ヲ復旧セシ者ナル可シ」とあり、小普請方の福王市左衛門以下三人の褒美を伝えている。つまり、郭内とは中之門周辺ということになり、復旧期間を考慮すると震度6程度の揺れがあったものと考えられる。

翌年の十月四日には、江戸時代最大の宝永地震が発生する。所謂、東海・東南海・南海の三連動によるプレート境界型の地震で、推定マグニチュード八・四といわれている。震源が遠州灘沖と紀伊四国沖と考えられており、東海から四国にかけて多くの犠牲者がでている。この地震による江戸での被害は報告されていない。

宝永地震からおよそ二カ月後の宝永四年（一七〇七）十一月二十三日には富士山が噴火する。その震動は江戸にも伝わり、降灰する。所謂、宝永火山灰である。この降灰は、東京湾を隔てた房総半島に及び十一月二十九日に至るまで活発に噴煙を上げ、山裾には溶岩流が襲う。とりわけ小田原藩での被害が甚大である。宝永地震と富士山噴火は、地震学者や地質学者らによって一連の地殻変動と考えられてくる。その四年前、元禄大地震によって生じた地形の歪は、二つの大災害の契機とみることもできるであろう。

第四章　安政江戸地震と復旧

一　震源地と被害状況からみた各地の推定震度

安政江戸地震は、安政二年（一八五五）十月二日夜四ツ（午後十時）頃、激しい揺れが下町を中心として襲った。震源地は荒川河口近くの東経一三九・八度、北緯三五・六五度。地震の規模は、マグニチュード六・九が推定されるという。

この地震は、太平洋プレートからフィリピン海プレートと接触する比較的浅い箇所で発生したインター・プレート地震であると考えられている。第一章の図5で示したように、東京湾奥部周辺ではマグニチュード六クラスの地震が過去において多発している。つまり、この地域が地震の巣ともいうべき状況下であり、そのうちの一つともいえる。

安政江戸地震の被害状況については後述するが、そこからみた各地の震度は、浅草の北方、吉原周辺で震度7の激震。ついで日本橋高砂町、深川仙台堀辺、小石川船河原橋辺、神田明神下、小川町から神保町、三崎町の辺。西の丸下、八代川河岸、大名小路、日比谷の辺。御台場が震度6の烈震。これら揺れの激しい地域は、東京低地の地盤が軟弱であったり埋立地にあたる。震源地からはおよそ一〇キロ以内にある。

震度5強にあたる強い揺れの範囲は、大分拡がり、山手でもみられるようになる。とはいえ、本郷台地や駿河台など高台の地盤の良い場所ではなく、例えば不忍池周辺や本郷台と谷中台に挟まれた谷地の根津から坂下町の間、あるいは同様の地形で小石川春日町、柳町、戸崎町、指ケ谷町の辺。麴町では、有楽町、八代州、日比谷の辺。四ツ谷では、鮫ケ橋谷と呼称される仲町、谷町、寺町など。赤坂では、溜池周辺や田町。このほか、芝の桜川や品川の目黒川下流域、深川の海辺町をはじめとする埋立地などが該当する。震度5弱以下になると、本郷台地や駿河台などの地盤の良い地域にも拡がる。宇佐美龍夫氏は、『最新版日本被害地震総覧』の中で震度5の範囲として、東は成田の手前、北は熊谷の手前を示している。いずれも低地や沼地周辺の地盤の弱いところにあたる。なお、西側は、神奈川宿で家の潰れの記事を目にする。

地震による揺れの記述は、関東一円はもとより、新潟、信州、飛驒でみられる。津軽、柿崎（青森）でも同時に地震の記述がみられるが、安政江戸地震との因果関係は疑問視されている。

二　江戸での被害状況

安政江戸地震が有名であることは、地震の規模の大きさではなく、地震によって発生した二次災害の火災で一万人前後の多くの犠牲者がでたことにある。ここでは、一次被害と二次被害を含めて、江戸城、大名屋敷、町家の三つの地域区分から被害状況を述べることにする。

江戸城　元禄大地震の復旧では、大名の手伝普請があったことから、それに伴う記録が存在した。しかし、安政江戸地震では、大名・旗本屋敷や町屋では甚大な被害であるものの、江戸城本体は、半蔵門から日比谷、西ノ丸下、大手にかけては被害が大きかったものの、他の損壊は元禄大地震と比較すると総じて小さいものであった。

限られた史料から被害状況をまとめたものが表36である。城門の石垣被害をみると、内桜田・坂下・馬場先・半蔵門・四ツ谷の諸門に加えて、大手門も丸潰とあることから枡形内石垣もかなりの損傷を受けたものとみることができる。和田倉・日比谷の両門は、日比谷入江の埋立地にあり、内桜田・馬場先の両門と同様、軟弱な地盤であることから枡形内の石垣に損壊が生じたと考えられるが、史料の上では大番所焼失にとどまっているのが意外である。地盤の悪さという点では、西の丸二重櫓（伏見櫓）及び続多門櫓、内桜田門、桜田二重櫓、大手門などは、元禄・安政江戸・関東大震災の三つの大地震でいずれも甚大な被害が発生している。とりわけ、西の丸二重櫓及び続多門櫓と内桜田門が顕著である。

石垣が所々で崩落しているが、大地震の割には範囲が狭く、むしろ多門櫓が潰れた記事が目立つ。一例をあげると、蓮池御金蔵多門や竹橋九十九間多門は震潰とある。元禄大地震ではその続きとなる蓮池巽櫓や寺沢櫓、近接する蓮池門や二の丸喰違門、あるいは竹橋門などで被害が生じているが、そのような記述は見当らない。これは、両地震の規模の違いが当地での揺れの大きさに繋がっているといえよう。

表36には記してないが、江戸城の西側、四ツ谷大木戸から虎ノ門に至る玉川上水石樋の破裂も特徴的なことである。詳細なことは後述するが、四ツ谷門や半蔵門での石垣崩多とも関連して、震源地から離れたところでも揺れの大きな地点が存在することを示唆している。

本丸御殿と西の丸御殿が無事とあるが、頷けるところである。

大名屋敷　元禄大地震の際の大名・旗本屋敷の被害状況の把握については、公表されている史料からで

図36　安政江戸地震の江戸城被害一覧

場所	被害状況	場所	被害状況
大手門	丸潰れ、大番所焼失	龍ノ口畳蔵	潰
西丸二重櫓（伏見櫓）及多門櫓	大破	半蔵門	石垣崩多
桔梗門（内桜田門）	大破（枡形内大方崩）	四ツ谷門	石垣崩多
桜田二重櫓	倒壊	日比谷から半蔵門迄	御堀端石垣崩
坂下門前後	崩	日比谷門	大番所焼失
二重橋・坂下門間石垣	数十軒崩	数寄屋橋門	大番所潰、門内の崩れ多
馬場先門	大半崩	呉服橋門	門・多門潰、北町奉行所損大
和田倉門	大番所・張番所焼失	一ツ橋門	左右石垣いたく崩
汐見門続多門	震潰	雉子橋門	傾きが大、大番所潰
二ノ丸喰違多門	震潰	浅草門	南の方の根石桁落、石垣孕有
蓮池御金蔵後多門	震潰	常盤橋、一ツ橋間の御堀端	石垣崩有
竹橋九十九間多門	震潰（門脇の鉄炮蔵も倒）	紅葉山吹上辺	所々大崩
下勘定所（三の丸）	潰、焼失		

は実体が不明といわざるをえない。他方、安政江戸地震では、御三家の被害届けを記した『御城書』や大名・旗本屋敷の被害届を幕府に提出したものを集成した『震災動揺集』などである程度知ることができる。ここである程度としたのは、幕府に被害届を提出するにあたって、記述内容が必ずしも正確とは限らないことに起因する。大名であれば体面があり、一般的に被害が少なければ手柄と考えられていた。したがって、過小に申告した藩も少なくなかったと思われるからである。『東京市史稿』変災篇第一には、幕府に届出のある一万石以上の藩の犠牲者が載せられている。そこには、大名屋敷一二一家、二、〇六六人と記されている。さらに、東京都の『安政江戸地震災害誌（下巻）』の「大名等」の項目には、三八〇家以上の被害状況を克明に記したものがある。

ここでは、御三家の被害届を表37、一万石以上の大名で一〇人以上の犠牲者の届出があるものを表38にまとめた。

御三家の被害状況をみることにする。上屋敷は、いずれも外堀の外側にあり、尾張家は市ケ谷門の西側、紀伊家は喰違門（赤坂）の西側、水戸家は小石川門の北側に位置する。各々の上屋敷の位置を地形的にみると、尾張・紀伊の両家は、武蔵野台地の末吉面にあり、そのうち尾張家は通称「豊島台」に、紀伊家は「淀橋台」の所謂、高台上にある。他方、水戸家は本郷台と豊島台に挟まれた小石川の低地にある。つまり、水戸家上屋敷は軟弱な地盤上に建っていることになる。とはいえ、尾張・紀伊の両家上屋敷に被害がでているのは、尾張家では南側を紅葉川の谷が、紀伊家では溜池の谷が屋敷内に入っていることと関係がありそうである。御三家とも被害はでているが、立地の差は歴然としている。水戸家屋敷の中核をなす御主殿の破損や住居向と玄関中之口が残らず大破という記述によく表われている。御三家上屋敷では、長屋・

図37　安政江戸地震の御三家屋敷被害一覧

藩・屋敷		建造物：主殿	建造物：茶屋・長局・物置小屋	建造物：土蔵	建造物：社・番所・他	塀・石垣	その他
尾張家	市谷上屋敷	中玄関式台潰、本家大損 殿中奥間向半潰 広敷玄関大損、奥膳所半潰 高廊下続21間潰	庭内茶屋潰２ケ所、同・半潰３カ所 長局半潰３棟 物置小屋等潰21棟 長屋潰９棟、同・半潰52棟	潰１棟 （２間半×15間） 半潰24棟	社倒５カ所 門腰掛潰１カ所 門半潰２カ所、屋形内門潰６カ所 文武稽古所半潰 辻番所潰１カ所、同・半潰２カ所 番所潰２カ所、同・半潰２カ所	練塀265間程倒 高塀400間程倒	井戸大損２カ所
	麹町		長屋潰１棟、同・半潰18棟 同半潰７カ所 大工小屋潰１棟	半潰１棟	鍮石門並番所・腰掛潰 門半潰７カ所 番所半潰11カ所	高塀256間程潰 石垣161間程崩	石橋落（２間余）
	和田戸山	殿中間向損３棟 広敷間向潰１棟 廊下並詰所半潰	長屋半潰５棟	半潰８棟	堂社潰５カ所、同・半潰10カ所 番所半潰３カ所 腰掛半潰１棟 鷹餌鳥部屋潰		石垣石段20カ所 石橋大損１カ所
	四谷					石垣崩26間	
	木挽町築地		庭内茶屋玄関半潰 同・間向之内半潰５棟、同・廊下半潰 同・台所半潰、長屋半潰11棟 物置半潰２カ所	潰１棟 半潰６棟	稽古小屋潰 船小屋潰、船共１棟 同半潰２棟、辻番所半潰 番所潰２カ所、同半潰３カ所	高塀板塀37間倒 矢来109間余倒 石垣28間崩、同半潰10間余 同孕38間余	橋大破１カ所 橋刎木大破５カ所 井戸大破５カ所

	四谷内藤				堂半潰１カ所		岩組崩１カ所
	川田久保		長屋半潰３棟				
	蠣殻町		長屋半潰１棟	潰１棟		高塀２間潰	
紀伊家	赤坂	住居内奥向并青山住居内広式皆潰３カ所	諸役所等皆潰８カ所 長屋皆潰（115間程）	潰３カ所、破損51カ所 家中土蔵潰４カ所、同・破損41カ所	中雀門続建物皆潰 辻番所皆潰 馬見所皆潰２カ所	土塀410間余崩	
	麹町		長屋皆潰55間余 同・半潰30間余	皆潰１カ所 破損３カ所			
	芝	向其外建物130坪余皆潰	長屋皆潰35間程	破損５カ所	表門番所皆潰	土塀26間程崩	
	八丁堀			破損２カ所		土塀125間程崩	
	濱町	建物150坪程皆潰	長屋半潰20間余	破損８カ所	門１カ所皆潰	土塀80間程崩	
水戸家	小石川上屋敷	住居向不残大破 玄関中之口大破 御主殿破損	長屋42棟破損（内表長屋４棟大破、17棟潰）	２棟潰 31カ所破損	門２カ所崩、２カ所大破 長門并外腰掛15間潰 物見18間破損、神社２カ所大破 表門向辻番破損 厩１棟破損、文学稽古所大破		
	駒込	玄関並住居向破損	長屋３棟破損	３カ所破損	通用門２カ所（１カ所潰） 厩１カ所破損		
	小梅		長屋３棟破損（内２棟潰）	米蔵８棟破損（内４棟潰）			
	本所一ツ目		長屋向５カ所破損	５棟破損(内1棟潰)	通用門１カ所潰		

土蔵・門・番所の潰や半潰を被害の共通としている。これらが構造的に強い震動には弱いということを露呈している。震動に弱いという点では、上屋敷に限ったことではないが、練塀・高塀・土塀なども同様である。わずかな部分で収まることはなく、広範囲に倒れていることを看取することができる。中屋敷・下屋敷での被害もおおむね立地状況と相関関係にある。低地や埋立地では被害が大きくなっている。

『御城書』には、水戸家の被害状況が記されている。即死人四八人（男二九、女一九）、怪我人八四人（男六五、女一九）。この人的被害の大半は、小石川上屋敷におけるものと考えられる。尾張・紀伊の両家は、この点に全く触れていないが、被害状況の届出から、人的被害が皆無とは到底考えることができない。

大名屋敷の被害届　諸大名が幕府に被害届を提出した『震災動揺集』には、御三家ほど物的被害が詳細に記されているわけではない。人的被害が最も多い松平肥後守と松平《（毛利）》大膳大夫の事例をあげることにする。

松平肥後守（会津若松二十三万石）

諸家様ゟ為御知奉礼《（ママ）》ニ而来ル、左之通追々并久世大和守様之御届共　右同断ニ而（去ル二日夜之地震ニ而）和田倉御屋敷御住居向等御長屋震潰御焼失　新銭座御中屋敷　三田御下屋敷　金杉御陣屋深川御抱屋敷等悉土蔵禿、家半悉破損等多分有之　且又惣体死人百三十九人　男六十人女七十九人夥馬十一疋御座候段　御届之旨為御知来ル　〆百三十九人　松平肥後守様　万石以上御届之候分

松平大膳大夫（三十六万九千五百石）

諸家様ゟ為御知奉礼《（ママ）》ニ而来ル、左之通追々并久世大和守様之御届共　（去ル二日夜之地震ニ而）潰

之上焼ニ而、死人三十一人　怪我人二百八十五人　松平大膳大夫様　万石以上御届有之候分
『震災動揺集』には、つぎの一文が添えられている。

　御大名御藩中男女死亡の数並馬死迄記　松平大膳大夫様　右五十八軒　或書を得て記しぬれど其真偽は知らず

両家とも大名屋敷（上屋敷）としては甚大な被害の地にある。松平肥後守屋敷は、西ノ丸下の北東端、和田倉門に隣接しており、下屋敷も存在した。両屋敷とも全焼するが、被害の大きさについて諸々の文献に紹介されている。『むし倉後記続篇』には、

　竹内普平より来状　会津様和田倉御門内両御屋敷共御焼失人馬怪我等沢山ニ而馬ハ皆焼死申候由。昨日鈴ケ森へ車にて引参り一車ニ十四位骨を積候由途中ニて見懸候者之噺ニ御座候。其外天徳寺杯《ママ》ニてハ死人を積重ネ置候由

とある。同書の別頁には、

　死骸を車にのせ寺院へ引参り候を所々ニて見候事之由。会津様よりハ馬十七づゝ車につミ鈴ケ森へ五挺斗参候由

　牧野大右衛門より来書　諸家大破潰類焼町方共明細別紙奉差上候得共、諸家死矢之儀異説のミニ而何分信用難仕候得共、少し斗左ニ申上候　会津侯　八百余人　但御届百人已下　右何れも下部迄に可有御座候。諸家之内夥敷分のミ申上候。いかにも大造成事故虚説之儀ニも被存候

ともある。犠牲者の数には大きな開きがあるが、一藩の屋敷内から百人以上というのは通常ありえないこ

とである。同書には同家の品川沖二番御台場が潰れて出火し、一三人の死亡も伝えている。松平肥後守の上屋敷での被害が大きいのは、いくつかの理由がある。『なゐの後見草（紀聞十一条）』には、

会津侯和田倉内の屋敷は、地震潰の上残りなく焼失せしかば、家来の横死、怪我人多しとなり、と
り分奥向づかへの婦女るゐは憐むべき事にて、錠口開くべきいとまなければむなしく焼死し、二三百
人の中にてわづかに二三十人ならでは助からざりしと言、此事風評なれ共　左も有るべき筋に聞へた
り、是をもって外大名衆之事を推しはかるべし

と記している。火のまわりの速いのと奥との境の錠前の未開が招いた悲劇を伝えようとしている。

二つの史料は、見聞しているものの正確な記録ではない。しかし、表38の数字以上に被害は大きそうである。

松平大膳大夫の上屋敷は、外桜田門の南側、上杉弾正大弼の上屋敷に隣接して存在した。周囲には、日比谷・山下・幸橋・虎ノ門の外郭諸門が繞り、一つの曲輪を形成している。安政江戸地震では、この曲輪内のうち松平時之介・伊東修理大夫・薩摩装束屋敷（中屋敷）・鍋島肥後守・南部美濃守・丹羽長門守・有馬備後守・北条美濃守・松平肥前守等々の屋敷が燃えている。あたり一帯から出火し、松平大膳大夫屋敷でも裏門内が少し焼けたと『江戸大地震末代噺之種』は記している。前述の『地震動揺集』の記事と照会しても、被害の実態は全くみえてこない。同書の毛利家の被害届には、中下屋敷の名がでてこないことから、死人三一人、怪我人二八五人という数字は上屋敷のものと考えることができる。それは、揺れの大きさと建造物の損壊を示唆しているのである。

ややもすると、大名屋敷の被害について、死者や怪我人の数のみに注目するあまり、震災の一次被害と

二次被害とを混在してしまう傾向があるので、史料の精査は重要である。

これまで、安政江戸地震の大名・旗本屋敷の被害に関する論考は、新田太郎・北原糸子の両氏による「災害史における時間認識と空間認識―安政江戸地震を事例に―」や北原糸子氏の「安政江戸地震における武家屋敷の被害について」などが発表されている。先学の研究では、大名屋敷の被害の把握に関して、人的被害は幕府に届出た『震災動揺集』を、建物などの物的被害は『安政度地震大風之記』を中心として臨んできた傾向が強い。例えば、各大名家の幕府に届出た武家の犠牲者の数は、二、〇六六人に上るという。表38には、『東京市史稿』変災篇に記されている中で、一〇〇人以上犠牲者の出た大名名と上屋敷の位置を集成した。史料に若干の漏れがあるが、単純に犠牲者の数をたどっていくと、西ノ丸下役屋敷、大名小路、大手前、外桜田から日比谷・幸橋、虎之門に囲まれた曲輪内の四地区での数値が高い。前述したように、これら地区での震度は6と推定されている。

犠牲者の数は、どこまで正確なものであるのか疑わしい部分があるので、犠牲者の数が多い西ノ丸下と日比谷・幸橋門内の曲輪の二地区を取上げ、振動による一次被害と火災による二次被害の実態を考えてみることにする。表39に史料から得られた情報を集成した。

〔**西ノ丸下**〕西ノ丸下は、内桜田・和田倉・馬場先・外桜田・坂下の諸門に囲まれた曲輪内をさす。この地区での揺れは、やはり大きい。屋敷の被害状況をみると御居屋敷御住居が大破と報告している大名が大半を占めている。中でも和田倉門内の松平肥後守と松平下総守の屋敷では、同建物が潰とあることから際立っている。犠牲者の数も百人を超え、甚大な被害であることがわかる。ちなみに、松平下総守の屋敷に隣接して西側（坂下門寄）に内藤紀伊守の屋敷がある。『むし倉後記続篇』に同家屋敷内の各建物の被

表38　一万石以上の大名屋敷で犠牲者の多い一覧（幕府届、10名以上、『東京市史稿』変災篇より作成）

大名名	城・石高	犠牲者	
		犠牲者総数	屋敷ごとの内訳
松平下総守忠国	忍・一〇万	一〇二	西ノ丸下（四八・五四）
松平肥後守容保	会津若松・二三万	一三九	西ノ丸下（六〇・七九）、新銭座・三田は被害少、金杉、深川
松平（池田）相模守慶徳	鳥取・三二、五万	八九	大名小路（四五・七・三）、濱町・八代洲河岸（一九・一〇・五）
津軽越中守順承	弘前・一〇万	九一（二八）	本所堅川通（四六・三三）
酒井雅楽頭忠績	姫路・一五万	五八（一九）	大手前、巣鴨、隅田川
牧野備後守貞明	笠間・八万	二五（一五）	西ノ丸下
井上河内守正直	浜松・六万	二四（一六）	深川（八）
水野出羽守忠辰	沼津・五万	三五（八三）	大名小路、濱町
堀田備中守正篤	佐倉一一万	一〇八	小川町（四八・六〇）
松平豊前守信義	丹羽亀山・五万	六二	小川町（四〇・二二）
榊原式部大輔政恒	高田・一五万	一四	一橋通、池ノ端（九・五）
松平（池田）淡路守清直	鳥取新田・一、五万	一九	鉄炮津
森川出羽守俊民	下総生実・一万	四〇（一〇）	龍ノ口
土井大炊頭利則	古河・八万	三五	大名小路
青山大膳亮幸哉	濃州八幡・五万	三〇（六〇）	
土屋釆女正寅直	土浦・九、五	二二	小川町

有馬備後守氏郁	下野吹上・一万	一九	日比谷
松平讃岐守頼胤	高松・一二万	一五	小石川門内
小笠原佐渡守長国	唐津・六万	二一	日比谷（七・一四）
藤堂佐渡守高聴	勢州久居・五万	二九	向柳原（九・二〇）
阿部播磨守正耆	白河・一〇万	四二	山下門内（一一・三一）
松平時之助（柳沢保甲）	大和郡山・五、一二	一〇〇	幸橋門内（四二・五八）
伊東修理大夫祐相	飫肥・五、一	八一	幸橋門内（五一・三〇）
南部美濃守利剛	盛岡・二万	三五	日比谷　※男女六八人死亡とも有
（伊達）松平陸奥守慶邦	仙台・六二万	一九	汐留（一二・七）
保科弾正介正益	上州飯野・二万	一〇	
藤堂和泉守高猷	津・三二、四万	一三	
鍋島紀伊守直堯	備前小城・七万	七一	幸橋門内（四三・二八）
松平市正親良	杵築・二万	二八	外桜田
松平駿河守勝道	今治・三、五万	二五	水道橋
内藤紀伊守信親	越後村上・五万	二六	西ノ丸下、永田町
増山河内守正修	桑名長島・二万	二一	大名小路
永井遠江守直輝	摂津高槻・三、六万	一四	大名小路
阿部伊勢守正弘	福山・一〇万	二八	
本多越中守忠徳	陸奥泉・二万	一三	西ノ丸下
松平伊賀守忠優	信州上田・五万	二六	西ノ丸下
黒田豊前守直静	上総久留里・三万	一五	上野御成道
小笠原左衛門佐長守	越前勝山・二、二万	一〇	（大名小路）

(池田)松平内蔵頭慶政	岡山・三一、五万	一三	大名小路
秋元但馬守志朝	館林・六万	二二	大名小路
加藤大蔵少輔泰理	伊予新谷・一万	一三	浅草西方
松平玄蕃頭忠篤	上野小幡・二万石	一〇	(西ノ丸下)
北条美濃守氏燕	河内狭山・一万石	二一	日比谷
(毛利)松平大膳大夫慶親	萩・三六、九石	三一(二八五)	日比谷
堀田鎮太郎忠頌	下野佐野・一、三万	一一	
水戸中納言慶篤	水戸・三五万	四八(八四)	小石川・他(二九・一九)

〆　一万石以上の犠牲者　二、〇六六人

害状況について具体的に述べてあるので紹介する。

内藤紀伊様　△西丸下御居屋敷　一、表御門半潰　一、同西番所潰　一、北之方御登城門潰、一、同西番所潰　一、通用門半潰　一、同西番所潰　一、御住居向皆潰之上焼失、一、奥向不残潰長局一棟半潰、一、南之方表長や二棟潰　一、同潰之上焼失一棟　一、北之方表御長や一棟潰　一、同潰其上焼失一棟　一、同御長向潰五棟、　一、同半潰二棟　一、潰之上焼失八棟　一、非常門潰焼失　一、廐潰其上焼失一棟　一　稽古所潰其上焼失三ケ所　一、土蔵大破四ケ所　一、同潰一ケ所　一、同潰其上焼失三ケ所　一、石蔵潰一ケ所　一、物置小屋大破一ケ所　一、同潰二ケ所　一、同潰上焼二ケ所　一、圧死人二十六人　一、怪我人十九人　一、斃馬一疋　（以下略）

とある。第一章の表1と照会しても、当地区が震度6の烈震であることがよくわかる。

西ノ丸下での一次被害は、内藤紀伊守屋敷の被害状況を基準としてみると、同家の北、東に位置する松平肥後守、松平下総守の屋敷での震動が大きく、外桜田・日比谷門の南側に位置する屋敷の方が幾分小さいように思われる。二次被害についても、同様のことがいえる。犠牲者の数をみると、判断基準がないが、相対的にみて酒井右京亮屋敷の一人というのは、あまりにも少ないと思われる。ちなみに、表39の同所における九家の犠牲者は、三二九人となり、これは、幕府に届出の約一六％にあたる。やはり多い数字である。

〔**日比谷・幸橋・虎ノ門内の曲輪地区**〕ここでは、外桜田門の外側、上杉弾正大弼屋敷から虎ノ門を結んだ東側、日比谷・山下・幸橋の諸門に囲まれた大名屋敷を対象とした。この中には、亀井隠岐守と松平薩摩守の中屋敷があるが、上屋敷と比較すると地震の被害状況がほとんど記されていない。そのため、ここでは除外した。

この地区では、北西部に位置する上杉弾正大弼と松平大膳大夫の上屋敷の被害が相対的に小さい。一例として『上杉家御年譜』には、

三御屋敷破損左之通　一、御厩屋一棟総曲り迚も住居不相成と可申出、一、御自洲西之方塀門共ニ両所練塀総崩れ　一、大御門東之方並東之方御長屋障子大抵落格子窓落候所も有之壁は落候所も有之不落祈も有之皆以大ひび割れ大御門より西者障子壁ニ格子別損候者無之瓦も同断、一御殿向御玄関上杯ハ瓦総体落其外大痛御表屋向同断是者夥敷事ニ御座候　（中略）

右之通ニて三御屋敷潰家倒家ハ無之者不思議と存候位之事ニ御座候　十月　額田卯左衛門

と記されている。上杉家上屋敷では、練塀や石垣が崩れることはあっても、主要な建物が大破したり潰れたりすることはなかったのである。東に隣接する松平大膳大夫上屋敷での被害は、『むし倉後記続篇』に

表39　大名屋敷二つの曲輪内での被害一覧（『震災動揺集』より作成）

	大名	城主・役職	石高	届出の死人	屋敷の損壊状況	火災の有無等	備考
西ノ丸下（役屋敷）	松平肥後守	会津若松	23万	139	御住居向等長屋震潰（長屋3棟残）	上・中屋敷焼失	本文参照
	松平下総守	忍	10万	104	南通り土塀並御馬見所残、御住居向御長屋等悉震潰	焼失	
	内藤紀伊守	老中	5.9万	26（19）	御居屋敷御住居向破損御家中御長屋大破土蔵其他潰	焼失	『むし倉後記続篇』に建物被害詳述
	牧野備前守	老中	7.4万	9（16）	御居屋敷潰大破		
	酒井石京亮	若年寄	1万	1	御居屋敷御住居向被損御家中御長屋大破土蔵其外潰	焼失	御長屋少々潰、御殿半潰とも有
	松平玄蕃頭	上野小幡	2万	10	御居屋敷御住居向破損御家中御長屋大破土蔵其外潰	少々焼込	元若年寄（安政元、10.2.迄）
	松平伊賀守	信濃上田	5.3万	25	御居屋敷御住居向破損御家中御長屋大破土蔵其外潰	無	
	本多越中守	若年寄	2万	13	御居屋敷御住居向破損御家中御長屋大破土蔵其他潰	無	
	本庄安芸守	若年寄	1万	2	御居屋敷御住居向破損御家中御長屋大破土蔵其他潰	無	
外桜田・日比谷・幸橋・虎之門内の曲輪	上杉弾正大弼	米沢	15万	—	三御屋敷の破損を詳述、その上で潰家倒家は無之	無	
	松平大膳大夫	萩	36.95万	31（185）	『むし倉後記続篇』に西之方土蔵一ケ所潰とあり、詳細は不明	少々類焼	
	松平肥前守	佐嘉	35.7万	12	御居屋敷御住居向破損御家中御長屋大破土蔵其他潰	不残類焼	
	有馬備後守	下野吹上	1万	19	御居屋敷大破潰	不残焼失	有馬夫妻死亡
	伊東修理大夫	飫肥	5.15万	81	御居屋敷御住居向大破御家中御長屋御土蔵其他大破潰	不残焼失	伊東修理大夫夫妻死亡
	松平時之助	大和郡山	15.028万	100	御居屋敷御住居向御土蔵御家中御長屋大破其上潰	不残焼失	
	南部美濃守	盛岡	20万	35	御居屋敷御住居向御土蔵御家中御長屋大破其上潰	不残焼失	『時雨廼袖』には男女68人
	丹羽長門守	播州三草	1万	8（4）	御居屋敷御住居向其外大破並潰家有之	少々類焼	
	北条美濃守	河内狭山	1万	1	表長屋潰	南部家から延焼、表長屋焼	

※　届出の死人の項（　）内は怪我人の数。

西之方土蔵一ヶ所潰とあるが、それ以外のことは不明である。幕府に届出た史料には、「潰之上焼ニ而、死人三十一人　怪我人二百八十五人」とあることから、建物にもかなりの被害が生じたことは確実である。

この地区では、南西側の幸橋門内での被害が甚大である。象徴的なこととして、有馬・伊東両家の藩主と奥方が共に死亡していることをあげることができる。二家とも火災によって屋敷が全焼している。藩主の死因が圧死か焼死かは不明であるが、家臣をもってしても助け出すことができないほどの災害であったのである。この地区でのもう一つの特徴は、火災である。上杉弾正大弼屋敷を除き、いずれも遭遇している。その中には、全焼と類焼による一部焼失という二者がある。町屋での火災が注目されるが、大名屋敷でも広範に起きているのである。

以上、大名屋敷の中で被害が大きいとされる地域の中で二地区について史料を精査し、地震の一次被害について検討した。その結論としては、両地区とも、おしなべて震動による一次被害が大きいということである。しかし、近接していても一様ではなく、その範囲内でも強弱がありそうである。そして、被害を拡大しているのは、二次被害である火災であるといっても過言ではない。

江戸城の被害については前述したが、外桜田・日比谷・山下・幸橋・虎ノ門の外郭諸門の被害がほとんど報告されていないのは意外である。枡形内の石垣の孕みや崩落、高麗門・渡櫓門や大番所の損壊などがあっても不思議ではないのであるが。

ふり返って、大名屋敷の被害について概観することにする。

江戸城本丸・西の丸御殿を起点としてみると、東・南に位置する龍ノ口、西ノ丸下、大名小路および八代州河岸、外桜田から日比谷、幸橋、虎ノ門に囲まれた曲輪内の大名屋敷は、震動による建物被害が大き

表40　安政江戸地震の町屋での被害一覧

組	地域	人的被害		建物の一次被害		備考
		犠牲者	負傷者	潰家	潰土蔵	
1	日本橋より今川橋辺	96(47、49)人	24(11、13)人	133	23所	
2	葺屋町より両国横山町御玉ケ池辺迄	86(31、55)	75(44、31)	18,561棟	57	
3	浅草御門外より花川戸辺迄	578(269、297、不12)	271(152、119)	1,047	41	
4	日本橋南方より左右御堀端迄通四丁目迄	17(8、9)	5(3、2)	42、3棟	7	
5	中橋より南方左右御堀端迄、京橋限	29(12、17)	29(16、13)	66棟	18	
6	京橋より南方新橋迄	5(4、1)	19(11、8)	6棟	5	
7	本八丁堀町	69(25、44)	87(51、36)	156	26	
8	兼房町	81(35、46)	41(20、21)	494	63	
9	金杉橋南方、麻布辺一円	18(6、12)	8(5、3)	115	10	
10	青山一円、芝台町、高輪辺	10(6、4)	21(9、12)	29	0	
11	今川橋より北之方内神田一円	75(29、46)	65(38、27)	154	32	
12	外神田一円、湯島本郷辺	24(9、15)	21(9、12)	66棟	6	
13	上野辺山下、下谷谷中一円	366(152、214)	199(121、78)	1,525棟	138	下谷広小路より上野、御成道、中御徒町辺焼失
14	駒込、小石川一円、本郷少々、小日向辺	30(16、14)	45(23、22)	743	19	
15	飯田町、麹町、牛込、四ツ谷一円	63(27、36)	96(53、43)	337	39	牛込御門外其外大地割有

16	向両国一円、竪川通	384(164、220)	392(239、153)	2,307	116	大川辺霊雲院の前地長くわれたり
17	深川一円	1,186(519、667)	820(461、359)	4,903	785	
18	本所一円	474(210、264)	508(268、240)	3,415	22	本所牛島の辺所々大地割、赤き泥水噴出
19	麻布善福寺門前元町外	0	0	5	0	
20	雑司ヶ谷町外	5(3、2)	10(6、4)	4	1	
21	浅草阿部川町外	65(28、37)	11(6、5)	254	1	
品川	番外	6(2、4)	12(6、6)	18	0	
吉原	番外	630(103、527、444)	不明	5	1	
計		4,741(1,705、2,580、456)	2,759(1,552、1,207)	14,346軒、1,772棟	1,410	

※ 犠牲者・負傷者の（ ）内は、男・女・不明。 潰家の無印は軒。

いが、それに加えて火災の発生がより被害を拡大していることがわかる。また、外堀の外側、北・西側に位置する御三家の上屋敷は、地盤の軟弱な小石川の水戸家上屋敷の被害が最も大きいが、市谷の尾張、赤坂の紀伊の両家でも犠牲者や怪我人の数は示されていないが建物の被害はかなりあったことがわかる。四ツ谷門枡形内の石垣崩落や、溜池沿いの玉川上水石樋破裂という記事を照会すると、周囲の地盤が比較的良好でも谷戸が入ることで地震被害は高まるのである。

一方、外堀の内側では、番町、霞ヶ関の被害が小さく、反対に小石川門の内側、小川町周辺で大きくなっている。稲葉能登守・土屋采女正上屋敷の建物は甚大な被害が生じ、戸田大炊守・堀田備中守・榊原式部大輔・松平豊前守・内藤紀伊守等々の屋敷が崩れ、広範囲に火災が発生している。旗本屋敷も多く、同様の被害となる。

町　家　江戸の町家は、主に外堀の外側に位置する。町人達が起居する町家は、江戸の総面積のおよそ二割の土地に最大約六〇万人がひしめきあって生活をしていたといわれている。町数も一、五〇〇以上存在した。安政江戸地震が発生した当時は、町数一、六八五町を二一組に、これに番外である品川と吉原の二組を加え、二三組の町番組を編成し、名主によって支配されていた。

安政江戸地震の発生から四日後の十月六日、江戸町奉行所は死者・負傷者数、倒壊した家・棟数、潰れた土蔵数などを町番組ごとに調べあげている。その後、再度調べ直し、より被害の実態に近い数字を表40に示した。各町・町番組ごとの戸数や人口が不明なため、被災率は不明である。

この表をさらに理解を深めるために、『東京市史稿』変災篇の被害地図に組番を入れた（図44）。これらからわかることは、3・13・16・17・18組と吉原での犠牲者が多い。3組は浅草、13組は明神下、16〜18組は、本所・両国・深川の隅田川左岸に展開する低地に位置する。江戸の歓楽街として名高い吉原は、浅草の裏手（北側）にあたる。最も被害の多い吉原では、江戸町一丁目四三人、揚屋町三二人、京町一丁目一四四人、伏見町及江戸町二丁目一八六人、堺町及角町一五五人、京町二丁目一二三人、これに遊廓内の商人、芸人、客などを加えると優に千人を超える。不明者が四四四人と多いのは、歓楽街で多くの人が出入していることに加えて火災の発生が要因となっている。

安政江戸地震の発生直後、この地震による震源が浅いか深いかを決める初期微動継続時間を示唆する史料として、歌舞伎役者三代目中村仲蔵の手記『手前味噌』が注目されている。

丁度四ツ（午後十時）を打って来る。さらば帰らんと身拵へして煙管をしまひ、火鉢へ寄り小みつが

図44　安政江戸地震の武家・町家被害分布図

何やら話してゐるゆゑ、それが切れたら暇乞ひせんと扇を持ち聞いてゐると、地よりドヽヽと持ち上る。皆々女の事ゆゑキャッといって立ち騒ぐ。我れこれを鎮め「騒ぐことはない。これは地震の大きいのだ」という時に、小みつ「親方座ってゐずとマァお立でないか」と言われ、成程すわってゐるにも及ばぬと思い、立つて歩行出すと揺れ出し、足を取られて歩行自由ならず、

と記されている。地震学者の萩原尊禮氏は、ドヽヽの最初の上下動から、立ち上がって歩行したときの大きな揺れを主要動とし、再現したところ十秒程になることから、この地震をインター・プレート地震と考えている。インター・プレート地震とは、第一章で述べたが、二つのプレートの接触面で起こるもので、フィリピン海プレートがユーラシア・プレートないしは太平洋プレートと接触していることによるという。つまり、プレート内部の破壊によって生じるイントラ・プレート地震ではないというのである。

さて、この手記は、文学的、情景的という点では、この続に関心が高まる。安藤眞弓氏の口語要約で紹介すると、

目の前の老女などを起こして助けてやる。階段入口の手すりに手をかけ辺りを見ると中仕切一間一枚の襖がバラバラと骨一小間ずつ破けてくるが、それが奇麗である。屋根へ出る所はどこかと、表二階に行きかけると、このところの梁がどんどん落ちてくる。これではこれらはつぶれると川の方へ行ってみると、尺角槻の敷居を右足で跨いだときメリメリと天井が破れ、大梁が顕れた。南無三、これを受けてはいけないと右の足を引くと畳が落ち、穴へ踏み落ちてしまった。右側のあばらを敷居に打ってしまい息も止まるかと思うと、頭を後ろよりポンと打たれ、そのまゝうつ伏せに前の方にたおれてしまった。(以下略)

中村仲蔵の手記は、両国の料亭「中村屋」で体験した様子を描いたものであるが、地震直後から料亭の崩れていく描写が見事である。その後、彼は運よく船で大川を渡り聖天町の自宅に戻ることができるのであった。

つぎに、再び町家の被害についてみることにする。震災の甚大な地域を指摘したが、ここでは被害の小さい地域をみることにする。表40で最小の被害は、19番組の麻布周辺である。犠牲者・負傷者の報告はなく、わずかに五軒の崩壊で済んでいる。これに隣接する9・10番組と品川での被害は比較的小さい。それは、江戸の南西部は、淀橋台の地盤が堅固な地形が広範囲に展開していることと無関係ではない。同様のことは、江戸の北部の12・14番組にもいえる。二つの地域には、本郷台・豊島台の高台が拡がっている。

やや意外なところでは、大名小路・八代州河岸の東に位置する4・5・6番組の被害が比較的小さいことである。ここは、日比谷入江の東側にあたり、「江戸前島」と呼称される砂州の微高地でもある。

つまり、安政江戸地震の被害状況をみると、震源地の特定をすることはもとより、各々の地形との関係が大きいことを看取することができる。

火災による被害の拡大　安政江戸地震を好例として、都市部での直下型地震では、二次災害である火災の発生によって、被害を一層大きくしている。この地震では、主な火災の場所が五〇～六〇カ所はあったといわれている。『破窓の記』には、当時、日本橋西河岸町からの光景として、

さるおりから火のおこりしを知らする半鐘のおと、そここに聞ゆ。屋の上によぢ登りて見れば、東は本所、巽は深川、西は丸の内、乾は小川町、南は京橋の辺り、北は下谷、艮は千住、吉原、浅草、すべて火の口はたちばかり見ゆ、丸の内、京橋の辺り杯《ママ》の近きは、火の子（火の子といへる事、平家物

語に見ゆ）ちりばひ、家々の燃ゆる音あからさまにて、いといとすさまじ。其夜は北風にて、京橋の火は我をる町をしりにせれば、気ずかしからず、又丸の内の火は、火の行かたはらにあたれり。小川町のは追風にていといとあしければ、とにかく火のやう見んとて家を出づ。時に丑の刻ばかりなり

（以下略）

と記している。江戸の各所で一斉に火の手が上がり、そのすさまじさがよく伝わってくる。『安政江戸地震災害誌（上巻）』に記された、特に大火となった三九カ所は以下のとおりである。

①大手御門前、西丸下、八代州河岸、日比谷、幸橋御門辺、長一三町、巾平均三町。所謂、大名屋敷。

②小川町辺一帯、小石川御門迄武家大小五〇軒余、長七町巾平均四丁、又は長六町半巾平均四町。

③上野広小路東側高野という家より出火、南へ六町斗り、又一つは上野町家主与兵衛より出火、南北大門町、新及元黒門町、上野町一二丁目、同朋町、新右衛門町、御成道迄。大門町、車坂町代地、長者町一丁目（少し残る）同二丁目、下谷町一丁目、中御徒士町片側、和泉橋通り練塀小路際迄、長六町半巾平均一町一〇間。（下谷）

④下谷茅町一二丁目、池之端七軒町及び門前地五六ケ所焼失、教証寺際西は構安寺前、東は池之端、山の方は無縁坂で止る。長二町半、巾平均四五間。（下谷）

⑤下屋坂本三丁目五人組持居医師清庵より出火、同一二三丁目、西方簞笥町前栽場迄、御切手町、山崎町二丁斗りやけ、東たこ善横丁にて止る。長二町二〇間、巾平均四五間。（下谷）

⑥千住小塚原より出火、同所両側焼け、下谷三輪町飛火にて焼る。長一町半、巾平均五〇間。（荒川）

⑦新吉原は甚大で、死者のみでも全体の六分の一以上を占める。地震一時間前に入口大門辺近くの江戸

町一丁目より出火。消火しないうちに大地震。同町二丁目家主松五郎及び幸吉から出火、俗様廓内不残やけ、大門の通り五〇軒町、高札の側を残し、非人頭善七構内共焼失長さ三町、巾平均二町二〇間焼る。（浅草）

⑧浅草寺中家主小兵衛、田町一二丁目よりも出火し、田町、山川町、荒川戸、南北馬道、聖天町、聖天横町、山之宿町、猿岩三町、金竜山北谷、中谷の地中町家十八ケ寺分、瓦町等、長二町半程焼る。（浅草）

⑨浅草駒形町初ふじといふ料理屋手前、家主亀次郎及び三好町同弥兵衛より出火、諏訪町、黒船町両側、三軒町、八軒町、三好町、駒形町等厩河岸迄焼失、長さ四町、巾平均三〇間、三日四ツ頃鎮火。（浅草）

⑩本所花町より竪川通り、緑町一丁目より五丁目迄焼失。長六町、巾平均三〇間。（本所）

⑪深川御船蔵前町より出火して小名川町、六間堀町へ焼込む。又一口は中森下より南森下へ焼ける。長さ七町、巾平均二町半。（深川）

⑫永代端南方相川町より出火して同町両側、熊井町、諸町、中島町不残焼け、富吉町通りは大島町、黒江町、蛤町は少し残り、永代寺門前町、同山本町、同仲町、同東仲町、西横町、金子横町等俗に中うらといふ所一帯に焼け、ガタクリ橋にて止り。此火三口が一つとなって燃える。長さ一〇町、巾平均三町。（深川）

⑬霊岸島塩町家主儀兵衛より出火、同四日市町、同銀町六丁目、同北新堀町、大川端町、二丁四方焼失。長さ一丁巾平均五〇間。（京橋）

⑭京橋北詰南鍛冶町一丁目家主長兵衛、庄兵衛、南大工町よりも出火し、北は南伝馬町一二丁目より京橋際迄、西は南鍛冶町一丁目、南大工町、北紺屋町、五郎兵衛町燃け、畳町少し残して大根河岸迄、東は具足町、柳町、稲葉町（因幡町）、鈴木町、常盤町、松川町二丁目片側、炭町（角町）、本材木町七八丁目、竹河岸迄、長さ五町、巾平均二町焼け、三日朝七ッ或は五ッ頃鎮火。（京橋）
⑮小石川隆慶橋辺松平讃岐守外武家地五軒程。長さ四二間、巾一〇間程、及び諏訪町半町程。（小石川）
⑯小石川御門外水戸屋敷角百間御長屋向ひ五六軒焼ける。（小石川）
⑰浅草今戸橋北側料理屋金波楼より出火、又橋場金座下吹所より出火、構内一五間やけ東側は大川橋船渡迄焼る。えた町は残る。今戸、橋場共、長さ一町二〇間、巾平均二〇間。（浅草）
⑱菊屋橋西方新寺町行安寺門前家主喜十郎より出火し、一丁程焼け、堀端通り水戸藩船宿で止る。南も半丁程焼る。
⑲元三十三間堂前非人山本乞胸構内一丁焼け、こゝのみ焼失。（深川）
⑳鉄炮洲十軒町鉄三郎店亀次郎より出火、松平淡路守共焼け、明石町辺一〇軒、二丁四方焼失、長さ一町半、巾平均四〇間。（京橋）
㉑浜町水野出羽守中屋敷長屋共　長さ五二間、巾四間焼失。（日本橋）
㉒佃島猟師町燃る。（京橋）
㉓芝柴井町一丁目木戸際月行事房吉より出火、両側共やけ西は仙台中屋敷前で焼止る。長さ一町四〇間、巾平均五〇間焼失。（芝）
㉔芝兼房町自身番より出火、松平兵部頭共一口、此火元欠、但小火にして一〇間以下。（芝）

㉕品川第二台場、会津藩松平肥後守持場で、屯所は三方と天井を土でおほひ、地震で天井の土が崩れ落ち、中の隊士は逃る事が出来ずに多く焼死した。（品川）
㉖本所徳右衛門町二丁目、家主与兵衛より出火、一二三丁目焼け、菊川町も飛火して焼失。（本所）
㉗深川伊勢崎町、家主市兵衛、亀久町同忠兵衛変死ニ付、組合金兵衛より出火、伊勢崎町一二丁目、亀久町焼失、長さ三町、巾平均三〇間。（深川）
㉘深川五ノ橋町、五ツ目渡場際十軒程、半町焼け。（城東）
㉙亀戸町出火二ケ所程あり、天神門前半町程と天神橋際一ケ所焼け、小火は所々にあり。又法恩寺橋の左右一丁半ほどづヽ焼け、南本所石原町共　長一町二〇間、巾平均八間程焼失。（本所）
㉚南本所番場町、家主新八、北本所荒井町、家主忠太郎両人より出火し、他に北本所番場町共焼失。長三町、巾平均三〇間。（本所）
㉛北割下水、料理屋小倉庵より出火、南本所元瓦町、同小梅瓦町共焼失。長さ五〇間、巾平均八間。（本所）
㉜東橋向中之郷竹町松平周防守下屋敷辺。（向島）
㉝同所出村町。（向島）
㉞深川猿子橋辺より常盤町一二丁目焼け、高際にて止る。（深川）
㉟扇橋際西町、半町程焼失。
㊱茅場町辺、佐賀町代地及び和倉代地辺。（本所）
㊲浅草御蔵前通り出火し、三番組直ちに消止める。（浅草）

㊳神田佐久間町出火し、佐竹、藤堂両家の人数で消し止める。（神田）
㊴日本橋本町四丁目中程で七軒程焼失、同堀留町で一二軒焼失。（日本橋）

ちなみに、三九カ所のうち、①〜⑭は延焼が著しく大火の枠でくくることも可能である。①と②は、大名屋敷の被害の項でも紹介したが、①について少々加筆すると、大手御門前から日比谷・幸橋門内辺が残らず全焼したわけではない。西ノ丸下と外桜田・日比谷・幸橋・虎之門の諸門内の曲輪については詳述したので、大手前と大名小路について述べることにする。大手前では、酒井雅楽頭と森川出羽守の両屋敷が潰れ全焼する。表38にあるように多くの犠牲者と怪我人が出た。酒井雅楽頭では上中屋敷が全焼したために、下屋敷に移ることとなる。ちなみに、同所の畳蔵は倒れたが、伝奏屋敷は無事とあることから、大手前一帯が全燃したというわけではない。大名小路では、本多中務大輔屋敷と定火消屋敷が全焼し、松平相模守・永井遠江守屋敷が類焼し、遠藤但馬守・林大学頭屋敷で類焼を受けながら止まるとある。日比谷門外の松平土佐守・松平阿波守の両中屋敷も焼失していることから、大名小路内でも数カ所から火の手が上がったことになる。このように、①にあっても数カ所の火元があり、一律の延焼ではないのである。

安政江戸地震における焼失範囲は、「武家、寺院、市中を合せ、凡長二里十九町余（約九・九三キロ）、巾平均二町余（約〇・二二キロ）」とあり、あるいは「約十四町四方（約一・五三キロ四方、二・三三平方キロ）に当たる面積」ともいわれている。莫大な範囲が焼失しており、この地震の特徴を示唆している。

瓦版「関東類焼大地震」　図45は、都立中央図書館特別文庫室所蔵の「関東類焼大地震」の瓦版である。資料名の上段左脇には、「御救御小屋三ケ所　浅草廣小路／深川海辺大工町／幸橋御見附外」とあり、右側には記事、左側には燃上る町家の景観が描かれている。記事をみると十月二日夜四ツ時の地震発生後、御府内焼亡ノ地として千住小塚原、千住宿、山谷橋、今戸橋に始まり、各町や武家屋敷、寺社、橋など各所の地震の揺れによる被害概況や火災の範囲等々を記し、次第に南、西方面に移行し、最後に田町大木戸、品川宿で終わる。瓦版の被害の概況については、本章の武家屋敷、町家の項を簡略にしたものであることから繰返すことはしないが、文末近くに余震に関することと御救小屋三カ所の設置が記されているので少し触れることにする。

余震について瓦版には、翌三日より七日迄終日少しずつ震あれども被害は別段なしとある。余震は七日で終わることはなくその後も続くことから、この瓦版が十月八日前後に刷られたものであることがわかる。余震がいつまで続いたかということについては諸説あるが、『なゐの後見草』には、十一月三日までは連日（その間、六日、七日、十二日、廿日、廿五日には強もしくはやや強）、その後は次第に減少したとある。また、『破窓の記』には、十月中に八〇回、うち昼二八回、夜五二回という記録もある。いずれの記録も、余震によって大きな被害はなかったようである。

御救小屋は、被災窮民のための小屋で、十月四日に建設が始まり、浅草広小路と深川海手町には五日夕刻から、幸橋御門外には六日夕刻より願出、収容できたという。この御救小屋については、幕府からつぎの申渡がある。

申渡

地震に付出火類焼致候無宿之窮民共御救之ため、浅草広小路・幸橋門外・深川海手町続きへ小屋取建候間、野宿之者勝手次第右小屋へ願出候様可致候

右之通町々へ申触候様、支配名主共より早々可申通候。

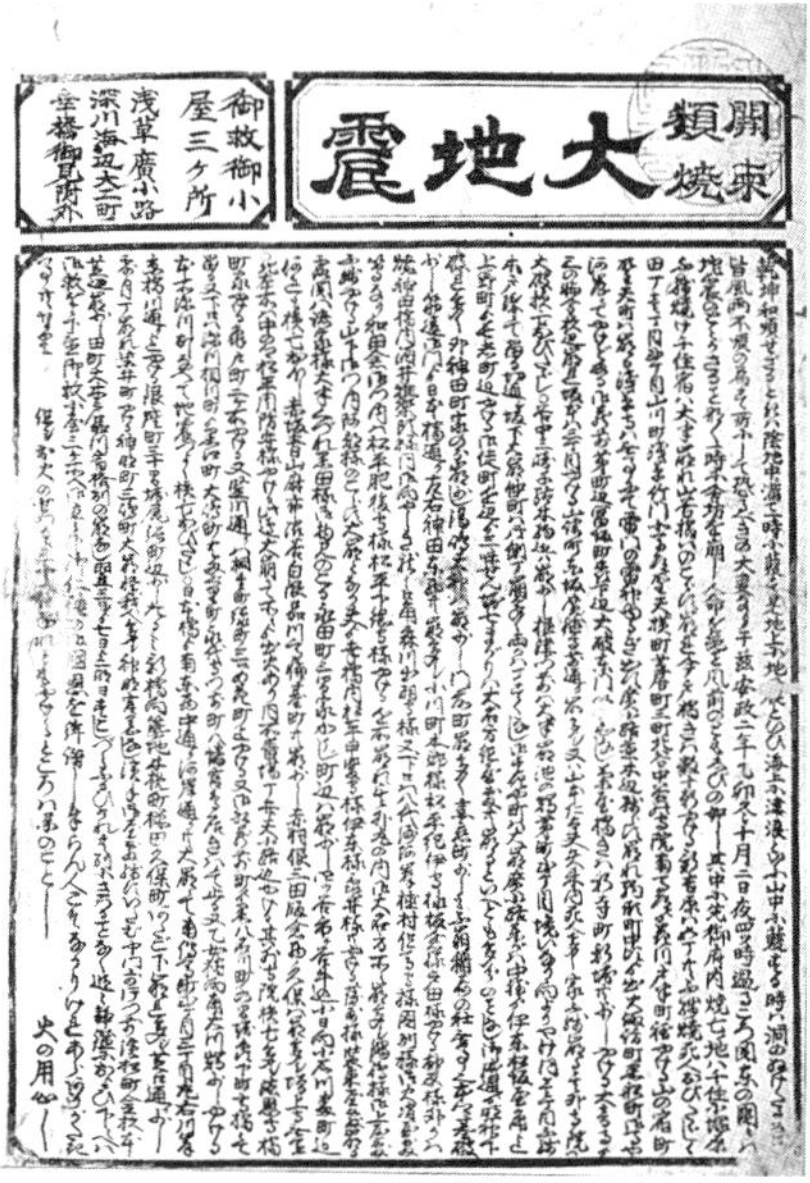
関東類焼
大地震
御救御小屋三ヶ所
浅草廣小路
深川海辺大工町
幸橋御見附外

火の用心

図45　瓦版「関東類焼大地震」（都立中央図書館特別文庫室所蔵）

（上・下図は本来左右にひとつながりのもの）

卯十月

とある。窮民が多いことから、さらに上野山王下火除地と深川八幡神社内にも御救小屋を設置することになる。御救小屋に入ることを願出る窮民は日に日に増えたようで、『安政二乙卯見聞雑録』には十月二十八日時点の各御救小屋の収容人員について

御救小屋人数十月廿八日迄入高

浅草雷門前 御小屋		一、六百四拾六人
浅草海辺大工町 同	断	一、六百三拾三人
同所永代寺境内 同	断	一、四百五人
幸橋御門外 同	断	一、四百五拾弐人
上野山下 同	断	一、五百六拾壹人

惣〆弐千六百九拾六人。

とある。御救小屋への窮民の入退はあるものの二、六〇〇人を超える利用者があったわけである。おそらく、難民ともいえる人々は、この数倍は、優にあったものと考えられる。御救小屋に入ることができた人には、一日当り一人ニ付三合の御救米が与えられたという。

三　幕府の対応、救済と復旧

御救小屋の設置は、庶民に対する救済措置の一つであるが、ここでは、大名・旗本の武家と庶民の両面

表41　1万石以上の大名の借下金一覧

大　名	役職・藩、	石高	借下金（両）	仰　付　日
阿部伊勢守	老　中	10万	10,000	安政2年10月4日
内藤紀伊守	老　中	5万	10,000	同　上
本多越中守	若年寄	2万	5,000	同　上
酒井右京亮	寺社奉行	1万	5,000	同　上
遠藤但馬守	若年寄	1.2万	5,000	10月6日
牧野備前守	老　中	7.4万	5,000	10月12日
久世大和守	老　中	5.8万	5,000	同　上
鳥居丹波守	若年寄	3万	2,500	10月28日
本庄安芸守	若年寄	2万	2,500	同　上
本多中務大輔	寺社奉行	5万	3,000	10月29日
松平豊前守	寺社奉行	5万	3,000	同　上
安藤長門守	寺社奉行	5万	3,000	同　上
松平伊賀守	信州上田	5.3万	2,000	安政3年7月10日
土屋采女正	土　浦	9.5万	2,000	7月13日
松平下総守	武州忍	10万	10,000	7月29日
脇坂淡路守	播州竜野	5.1万	3,000	12月13日
松平肥後守	会津若松	23万	15,000	
合　計	——		91,000両	——

からみることにする。

大名・旗本　幕府の応急措置として、年内の諸礼事の廃止、年賦返済の年度内納付の延期、罹災大名の帰国許可、大名・旗本・御家人等々への借下金と救助金の下賜、本所付用屋敷の地代免除等々を早急に行うことにする。諸礼事の廃止から罹災大名の帰国許可については十月四日、借下金・救済金についても十月七日より順次、決定が下されることになる。

このうち、借下金・救助金については、一万石以上の大名についての借下金一覧を表41、一万石未満の旗本に関する借下金の基準を表42に示した。百俵未満の御家人に関する救助金は、全潰七両を最大に類焼一両二分を最低として八段階に分けている（半潰を除く）。大名に関する借下金は、『御城書』に一六名の名前が記されている（松平肥後守は『柳営日次記』）。この名前をみると、大半を幕閣が占めている。西ノ丸下および大名小路に上屋敷を構えた大名が多く、借下金の差は、前述したように被害に応じたものであろうか。旗本に関する借下金は、大名と比較すると利用者が急増する。借下金は、十一年賦の返済を要するものであるが、その基準は禄高に応じるもので、被害状況から居宅が全潰、類焼、半潰の三段階に分けている。表には半潰の金額が示していないが、全潰の半分となるものである。全潰と類焼をみると、全潰の方に重きがおかれ、同じ禄高ではその金額が全潰の七割となっている。

また、本所での被害の甚大なことを述べたが、『安政二卯年地震災書留』によれば、同所附御用屋敷一九カ所中一三カ所で潰もしくは焼失したとある。そこで地主と借主とが十二月十九日、本所道役に地代免除を願出た。これが受理され、焼失は三カ月、全潰は二カ月、半潰は一カ月の地代が免除されることとなった。

表42　旗本への借下金の基準

禄　高（石）	居 宅 潰	居宅類焼
9,000〜5,000	200両	140両
4,000〜3,000	150両	100両
2,000〜1,000	100両	70両
900〜　700	50両	35両
600〜　300	30両	20両
200	20両	14両
100	10両	8両

※　禄高100俵は100石に同。

庶民に対する通達と救済　大震災ゆえ火元の注意はもとより、諸物価・工賃の高騰を取締るために町触をだすが、物資の不足や需要過多からこれを守られることはなかった。一方、焼失によって生じた焼金銀の品々の売買を禁じ、これらを銀座にて買上げとした。これは、武家、寺社にも共通することである。

また、震災による犠牲者が非常に多いことから、埋葬に関する特例として直ちに葬ることが可能となる。その経緯は、十月四日、町奉行の井戸対馬守と池田播磨守から老中の阿部伊勢守に宛てた伺書、決定、その上で町奉行書から寺社奉行へ通知書が回される。

両町奉行から老中に宛てた伺書には、

地震ニ付、押ニ被レ打相果候もの、死骸取計方之儀ニ付、御内慮奉レ伺候書付

今般地震ニ付、市中町人共住居向震潰、押ニ被レ打相果候者并潰家より及二出火一焼死候もの、数多有レ之趣ニ相聞申候。右体変死之類訴出候得バ、双方年寄同心共為二検使一差遣、一通相尋候上、紛敷儀無レ之候得バ、死骸片付申付候仕来ニ而、目上之もの致二変死一候節ハ、目下之もの共吟味之上、不念之簾有レ之候得バ、咎申付候仕来ニ御座候。今般之儀ハ未曾有之天変、多人数難渋罷在候折柄ニ付、組合名主立合、死体見分之上、可二訴出一旨申渡、目上之もの変死ニ候ハバ、訴出検使可レ請旨、此度限り別紙之通可二申渡一哉被レ存候。依レ之申渡案相添、此段御内慮奉レ伺候。可レ然思召候ハバ早々御下知御座候様仕度奉レ存候。以上。

十月四日

井戸対馬守
池田播磨守

と記されている。町方だけでも四千人を超える死体、衛生面等々を考えると的確な判断といえよう。本所回向院には、十月六日付で震災によって亡くなり、遺体の引取人のないものを埋葬した申渡の写が残されている。そこには、

申渡

乍レ恐以二書付一奉二願上一候

一、今般御府内大地震ニ付、押潰候者数多有レ之趣承知仕、歎ケ敷奉レ存候。依レ之右死去之者引取人

無レ之分ハ、其町々より愚院へ相送リ候ハバ懇ニ相葬、文化三寅年三月焼亡溺死之通、永世回向仕度奉レ存候。尤古来より町々行倒死骸等相送候節ハ、為二回向料并諸入用一其町内より鳥目壹貫文宛差越請納仕、回向等仕候得共、此度之儀ハ、町々一統押潰死去仕候儀故、聊たり共入用相掛リ候而ハ、迷惑ニも可レ有レ之と奉レ存候間、今般相葬候分ハ、一切回向料不二申請一相葬、回向仕度奉レ存候ニ付、以二御威光一夫々へ被二仰付一被二下置一候様奉二願上一候、此段格別之以二思召一願之通被二仰付一被二下置一候様奉レ願候。以上。

卯十月六日　　本所
回向院

と記されている。この時点で回向院が何人を埋葬したかについては触れられていない。しかし、同日付で南北小口年番の平松町・小網町・神田多町の各名主の印形が入った史料が存在することで、寺社奉行からの差図が瞬時のうちに行われたことがわかる。

震災による犠牲者に対して、凌雲院・回向院・西南院をはじめとする十寺で十一月二日に施餓鬼が行われた。

幕府による御救小屋の設置については前述したが、あわせて施米で空腹を満たした。これは、まずは町会所にて十月三日より十九日に至る十七日間、握飯を配り、その後、困窮民に対して十一月十五日から十二月廿四まで御救米が給付された。御救米は、十五歳から六十歳までの男性には白米五升、それ以外の男性と女性には三升が給付され、江戸市中では、三八一、二〇〇人余が受けたといわれている。

なお、義捐として松平陸奥守の米一万俵をはじめとして諸大名から金穀が施され、市民からも総額一四、六〇〇両余りが寄せられたという。

幕府による復旧工事　幕府は、震災から五日後の十月七日、跡部甲斐守・岩瀬修理・岡部駿河守の三名に江戸城内外における震災破損箇所の検分を命ずる。その報告をもとに、十二月九日、老中堀田備中守を総督、若年寄の本多越中守を副とし、十二日には勘定奉行の松平河内守をはじめとする八名の奉行が任命され、復旧工事にとりかかる。ところで、幕府が直接行う復旧工事とは、前述した江戸城破損の修復をはじめとして、将軍家の墓所や御霊屋がある寛永寺と増上寺の修復、虎ノ門や小川町をはじめとする役宅の普請・修復、千駄木鷹部屋・大成殿学問所の修復、品川台場、玉川上水石樋の修繕等々が含まれる。また、本所竪川一之橋や亀戸天神橋などの修復もある。

このうち、石樋と橋は、庶民にとって不可欠なものであることから仮修復の形態がとられるが、他は翌年の十二月までには修理が完了する。

四　井戸水の変化と玉川上水道の復旧

安政江戸地震では、半蔵門と四ツ谷門の石垣被害が大きいことを述べたが、地下では埋設された上水道の石樋破裂という事態が発生する。また、大地震では、掘井戸の水位が異常をきたすということを耳にする。この二点について述べることにする。

井戸水の水位の異常　震源地に近い浅草蔵前や本所、亀有などで水が急に湧き出したという記事が目に止まる。『安政乙卯武江地動之記（下）』には、地震の数日以前浅草御蔵前福本といえる茶店にて何故か竹を土中へ立しが、其所より水湧出る（轎夫の息杖を立たる跡より湧出たるよし）諸人奇として見に来れり、是前兆なるべしと、此事九月廿一日といふ（地震の前井の水増たる所多しとや）

という。この目撃者は多かったとみえ、『時雨廼袖』や『むし倉後記』にも同様の記述がみられる。さらに、大地震当日の田中平四郎なる人物の話として前掲の書物には、

二日昼深川辺にて掘井戸を掘らんとしけるに、地の底鳴りて仕事ならず、かゝること是迄聞も及ばぬ事とて、其日仕事は止て帰りしとぞ

ともある。他方、『横黄年譜抄』には、

此日早朝余が知己本石坊第三街伊勢屋太助ノ家ニ一ト者年七十余ノ翁来リ告白、今夕恐クハ大震アラン、慎ムベシト。主人驚テ其故ヲ問バ、答曰余毎朝起テ井中ヲ試ニ、今日水減スルコト数尺、故ニ□トスト。主人亦其井水ヲ見ルニ果然リ。是即天然ノ地震粋記シテ後鑿トス

とある。前者は、地下深くでの無気味な音を、後者は水位の急激な低下を語ったもので、地震の前兆ともいえる自然変化をよく捉えている。

玉川上水石樋の破裂と復旧　江戸市中における上水道の被害は、諸々の記録に断片的にみられるが、とりわけ玉川上水道の本筋、四ツ谷門外の天龍寺前から御堀端沿の柴田能登守前に至る石樋の被害が甚大で、蓋石が割れ漏水が各所で起きている。また、これに続く樋筋でも不具合が生じ、大規模な修繕を要することとなる。筆者は、この件について野中和夫編『江戸の水道』の中で、国立国会図書館所蔵『玉川上水留』と『東京市史稿』上水篇を用いて論じているので、ここでは要点のみを列挙する。

表43　玉上水道の復旧のための修理・普請箇所一覧

	普請・修復箇所	普請・修復の区別
安政三年	赤坂柳堤通	修復
	四谷門外南之方御堀端通	修復
	鉄砲洲築地講武所掛	修復
	八代洲河岸火消御屋敷掛	修復
	代官町土手上清水附元桝其他	修復
安政四年	四谷大木戸より塩町三丁目辺	普請
	四谷塩町三丁目より御堀端	普請
	御本丸掛吹上掛四谷門内外	普請
	矢来桝弐之桝筋	普請
	虎門内外	普請
	葵坂通并虎門外通	普請
	清水附構内樋桝井戸	修復
	増上寺山内樋桝井戸	修復

※『玉川上水留』の記録から、一部両年にまたがるもの有。

石樋の蓋石が落ち、漏水しているという連絡が所管の普請奉行所に入るのは、地震発生から三日後の十月五日のことである。検分の結果、二二カ所で石樋蓋石が落ち、それは喰違門辺りまで続いていることが判明した。そこで、奉行所では混乱している社会にあって六日時点で七〇〇人の人夫を集め、昼夜をとわず一〇月二六日までに何とか応急処置を完了させる。石樋は、道路網の端に埋設されているために陥没や漏水、復旧工事等々は、通行の妨げとなる。そこで、人々に告知することを目的として柱を立て縄張りをすることで臨んだという。

ちなみに、安政江戸地震を契機として幕府が管轄する玉川上水道の修理・普請記録を表43にまとめた。全ての樋筋で行われていることがわかる。表中の修復・普請の区別は、被害状況や腐朽状態等々を考慮し、部分的なものを修復、敷設替えをするものを普請と呼ぶ。当然のことであるが、莫大な費用がかかる。一例をあげると、安政四年の項に入れた四谷大木戸―塩町三丁目―御堀端の普請（二件分）には三、七六五両、同・虎門内外―葵坂通と虎門外通の普請（二件分）には二、二八六両を要している。この経費は、武家方と町方が一定の比率で負担するが、それだけで玉川上水を利用できたわけではない。表43に示したものは、全てが本筋であり、武家町方とも本筋から組合筋の樋を引き、そこで利用が可能となる。組合筋は私道であり、記録に残されていないが震災による修復・普請も必要とされたのである。

神田上水道も同様である。

上水道と比較すると下水道の被害は小さいが、これまた修復を必要としている。

第五章　関東大震災と江戸城跡の被害と復旧

一　震源地と各地の震度

関東大地震は、大正一二年（一九二三）九月一日午前十一時五十八分三十二秒、南関東を中心として激震が襲った。この地震は、相模湾の小田原東方沖約十五キロ、東径一三九・二度、北緯三五・四度を震源とするマグニチュード七・九の巨大なものである。被害の甚大なことから大震災と呼称されているが、地震学者の間では、関東大地震と呼ばれている。

この大地震は、元禄大地震と性格がよく似ており、相模トラフの西側、北米プレートの下にフィリピン海プレートが潜る境界プレート付近で発生したものである。各地の震度は、気象庁の震度分布図（図46）によると、震度6以上が房総半島南半から伊豆半島にかけて拡がり、震度5の強震域も茨城県鉾田市から静岡県の浜名湖のあたりまで延びている。元禄大地震と比べると、震度6の裂震域と震度5の強震域が西に延びていることがわかる。これは、同じ相模トラフ内で発生した大地震であるが、関東大地震の震源の方がより西側にあることにほかならない。

また、図46をみると、震度2の軽震は、北は、渡島半島南端、西は北九州の国東半島の一部まで拡がっ

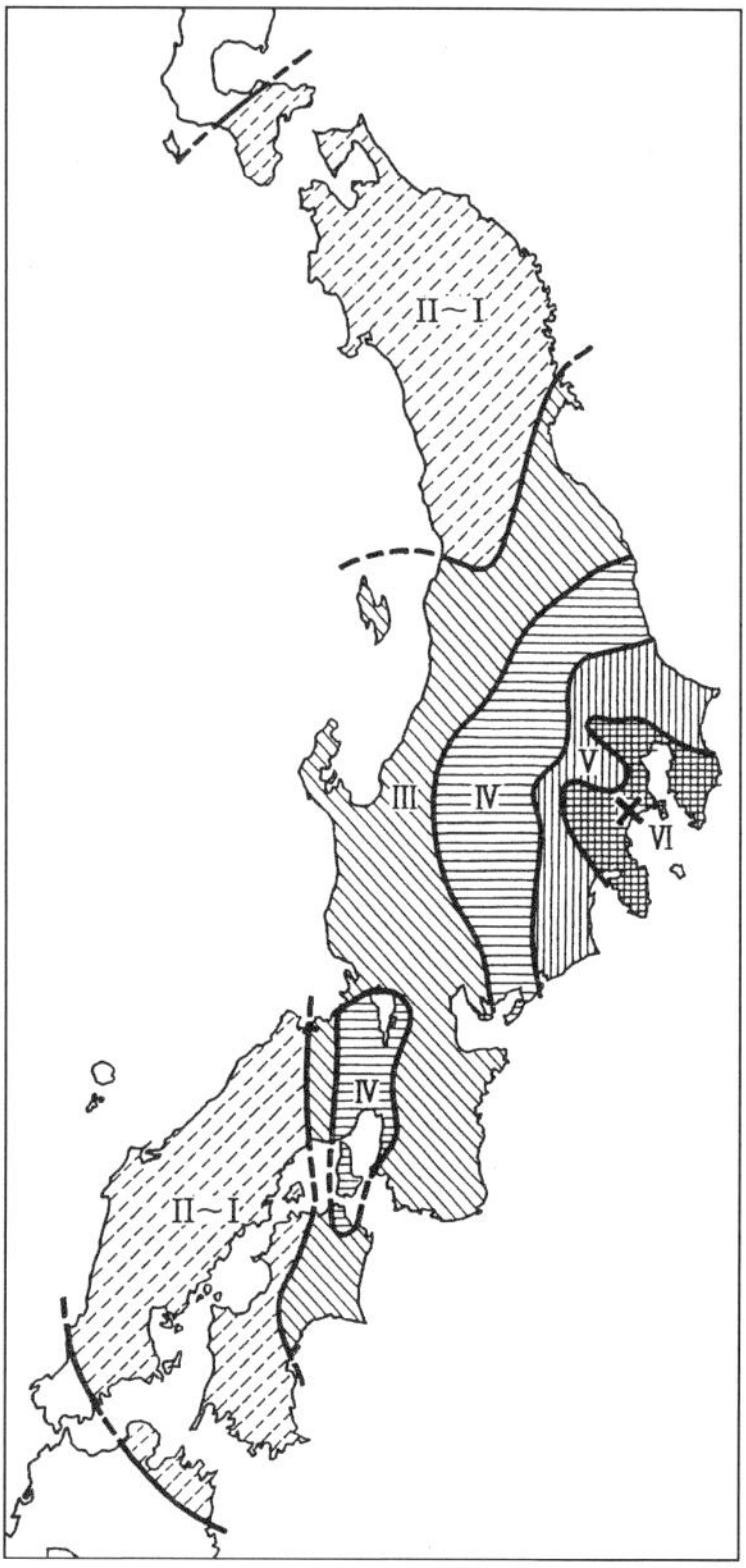

図46　関東大地震の各地の震度
（気象庁による）

ている。震度1を含めた有感地震域という点では、日本列島全域に及んでいるといっても過言ではない。この図でもう一つ注目されるのは、琵琶湖から大阪湾、小豆島と四国の一部にかけて震度4の中震域がみられることである。これは、長周期震動によるものかもしれないが、後述する宮内庁宮内公文書史料の中で、昭和十一年の『臨時震災復旧費1・2』（識別番号二〇七〇〇―一・二）には、いずれも畿内の陵墓の修復が記録されている。修復にあたっては、昭和二年に発生した北丹後地震（マグニチュード七・三）との関連が大きいものと推察されるが、関東大地震の及ぼした影響も考えてみたいところでもある。

津波の発生　関東大地震では、東京市・横浜市の市街地での被害が甚大なことから、その方面に関心が集まり、津波の発生はとかく軽視されがちである。地震の規模や性格が元禄大地震と類似すると述べたが、第三章で指摘したように元禄大地震では、大津波が被害を拡大させた。

渡辺偉夫氏は、『日本被害津波総覧』の中で次のように紹介している。津波は、伊豆大島岡田と熱海の

表44　関東大地震の主要地点の津波高さ一覧（単位　m）

地点		田中館秀三氏観測	震災予防調査会	中央気象台
千葉県	千葉			0.9
	木更津	1.8		
	洲崎	4		8.1
	相浜	4.5	9	7.1
	勝浦	1.2		
東京府	築地	0.7		
	大島(岡田)	12		
神奈川県	横須賀		0.9	
	三崎	−3	6	
	葉山	1.5		5.4
	鎌倉	6	3〜6	
	真鶴	6		
静岡県	熱海	9	1.5〜12	6.5
	下多賀	6	7.2	5.6
	伊東	9	6〜8	4.3
	見高	3.6		4.5
	下田	2.1	2.5	

※　渡辺（1985）より部分抜粋。

一二メートルを最高に、房総半島先端の相浜で九メートルと際立って高い。これは、傾斜地もしくは砂浜において、津波が局地的にはいあがったことが考えられるという。表44には、主要地点での津波の高さを記したが、総じて相模湾周辺と房総半島西南端で高いことがわかる。外房では、館山から勝浦にかけては一・二〜一・八メートルの津波が記録されているが、元禄大地震で甚大な被害をもたらした九十九里浜には及んでいない（銚子で〇・三メートルの検潮記録があることから、一〇センチ単位のものはあったと思われる）。他方、東京湾では、木更津の一・八メートルを除くといずれも一メートル以内であり、津波による大きな被

表45 関東大地震による人的・家屋被害一覧（宇佐美2003を一部改変、安房地域は『安房震災誌』より）

府・県（市・地域）	人的被害（人）				家屋被害（戸）				
	死者	負傷者	行方不明者	小計	全潰	半潰	焼失	流失	小計
※神奈川県	29,065	56,269	4,002	89,336(33,067)	62,887	52,863	68,569	136	184,455
（横浜市）	23,440	42,053	3,183	68,676(26,623)	11,615	7,992	58,981		78,588
（横須賀市）	540	982	125	1,647(665)	8,300	2,500	3,500		14,300
※東京府	68,215	42,135	39,304	149,654(107,519)	20,179	34,632	377,902		432,713
（東京市）	59,065	15,674	1,055	75,794(60,120)	3,886	4,230	366,262		374,378
※千葉県	1,335	3,426	7	4,768(1,342)	31,186	14,919	647	71	46,823
（安房地域）	1,206	2,954	※死者に含	4,214(1,206)	10,808	2,423	424	71	13,726
埼玉県	316	497	95	908(411)	9,268	7,577			16,845
山梨県	20	116		136(20)	1,763	4,994			6,757
静岡県	375	1,243	68	1,686(443)	2,298	10,219	5	661	13,183
茨城県	5	40		45(5)	517	681			1,198
長野県	—				45	176			221
栃木県	—	3		3(0)	16	2			18
群馬県	—	4		4(0)	107	170			277
合計	99,331	103,733	43,476	246,540(142,807)	128,266	126,233	447,128	868	702,490

※　1府2県は総計、人的被害の（　）内は死者・不明者の数。

害には至っていない。

地形の隆起・沈降　大地震の発生には、地形の変化が伴う。関東大地震では、房総半島と三浦半島および川崎以西、熱海・網代の伊豆半島東海岸の付根周辺一帯が隆起したところである。中でも、小田原市内周辺と三浦半島、さらには房総半島南端の館山・南房総市、鋸南町周辺では一メートル以上隆起している。房総半島先端の館山から千倉にかけての海岸線の岩盤が二メートル程隆起し、「大正ベンチ」と呼称される岩場を形成しているところなどはその典型といえるものである。

反対に沈降しているのは内陸部で、東京西部から山梨県東部にかけて数十センチ単位でみられる。

二　被害の概況

関東大地震が我国最大級の自然災害であることはいうまでもない。十四万人を超える犠牲者・行方不明者の数は、地震災害では類をみることがない。この災害を大きくしたのは二次災害となる火災であるが、揺れの大きな地域での一次被害も軽視することができない。震源に近い小田原城や石垣山一夜城の石垣が崩れ、鎌倉の大仏も南から東方面に四〇センチずれ、さらに三〇センチ沈んだという。

関東地方の一府六県に山梨・静岡・長野の三県を加えた被害概況を示したのが表45である。数値をめぐっては諸説がある。被害が甚大であればあるほど、被害状況の正確な数字を求めることは困難となる。したがって、ここでは一つの目安にしていただきたい。

表45では、一府八県で罹災者が二五万人弱に達している。とりわけ、東京府の東京市域と神奈川県横浜

市域で多く、両地域での罹災者は、十四・五万人余りとなる。単純に比率をだすと、罹災者の五八・六パーセントを占める。罹災者の多さもさることながら、死者と行方不明者の数が際立って多い。死者は十万人弱、行方不明者だけでも四万人を超えている。このうち、東京市・横浜市域に限ってみると、死者・行方不明者の数は、八・六万人を超える。関東大地震が典型的な都市災害の理由の一つにも繋がる。

人的被害を大きくしたのは、家屋被害の数値に顕著にでている。被害家屋約七〇万戸のうち、震動による全潰・半潰が約二五・五万戸（三六・二パーセント）に対して、焼失家屋が四五万戸余（六三・六パーセント）と六割以上を占めている。焼失家屋を前述した二つの地域に限ってみると四二・五万戸に達する。ちなみに、中村清二氏の調査によると、東京府下においては火元が七九件あり、延焼火災は八四カ所にのぼるという。鎮火は、地震発生直後から二日後の九月三日午前十時頃であった。焼失面積は、約一、一五〇万坪（約三、八三〇ヘクタール）に及び、それは、安政江戸地震の焼失面積のおよそ二〇倍にあたる。さらに、延焼速度が異常に速く、毎時一八～八二〇メートル。つまり、火災が津波のような勢いで襲ったことになる。このような状況は、横浜においても同様である。

火災に対しては、消火という手段で防ぐことが可能である。しかし、地震によって鉄の水道管が至るところで破裂し、断水が発生する。さらに、地割、液状化、構造物の潰れや大破などによって行手を妨げられる。消火が延焼のスピードに全く追いつかないのである。それ故、歴史に残る大惨事となったのである。

家屋被害の中で見落しがちなのが、流失家屋である。神奈川・千葉・静岡の三県で八六八戸が流失している。この地震で津波が発生したことを述べたが、表44で高い津波が襲来した地域で家屋が流失しているのである。

表45の中で、大きな揺れと津波による被害とを顕著に示しているのが、千葉県の安房地域である。千葉県は、神奈川県・東京府と比較すると、人的・家屋被害ははるかに小さいが、三番目に被害の大きい自治体である。同県での家屋被害は、四・五万戸を超える。そのうち房総半島南端の安房地方は、一・三七万戸とおよそ三割を占めるのに対して、人的被害は、九割弱の四、二〇〇人を超える。圧倒的に多いのである。この地域での被害は、『安房震災誌』をみると北条町が最もひどく一、六一六戸のうち一、五〇二戸が全潰で、死者も二三〇人を数える。町全体、かつて海浜であったところが隆起し、地盤が軟弱な砂地上に家屋が建てられたために、被害を一層大きくしているのである。立地条件は異なるが、館山町・那古町なども同様である。おそらく震度7程度の激震が襲ったことによるものと考えられる。安房地域で流失家屋七一戸とあるが、ここで述べた三つの町ではない。富崎村七〇戸、西押村一戸となっている。ちなみに同村での死者は、富崎村一人、西押村一〇人であることから、流失家屋＝犠牲者の増加というわけではない。

補足すると、震災当時、安房地方には、三一、五〇五戸の家が存在した。そのうちの三分ノ一にあたる一〇、八〇八戸が全潰である。後述する東京市域での木造家屋の全潰が一三、〇五五戸（全体の〇・四パーセント）であることと比較すると、安房地方の震災のすさまじさを改めて感じとるところである。

つぎに、震災被害の大きい、横浜市と東京市域について概観する。

横浜市の被害概況　横浜市での甚大な被害の最大の要因は火災であるが、立地条件も忘れてはならない。横浜の中心部である関内地区は、江戸時代後期以降、航路や貿易の要所として発展するが、そこは、埋立地上に形成されていた。また、それをとり囲む地域も、大半が台地を造成し、そこででた土砂の上に町並

表46　横浜市の木造住宅被害状況

総戸数	無事戸数	被害戸数			
99,840	4,957（5.0%）	94,862（95.0%）			
		全焼	全潰	半潰	欠損
		62,608（62.7%）	9,800（9.8%）	10,732（10.7%）	11,742（11.8%）

表47　横浜市の罹災人口（『横浜復興誌』第1編より）

震災当時人口	無事	罹災者			
448,472	414,929	33,543			
		死亡	行方不明	負傷	
				重傷	軽傷
		21,384（63.8%）	1,951（5.8%）	3,120（9.3%）	7,094（21.1%）

※　単位は人。（　）内の数字は罹災者内での比率。

が形成されていた。つまり、軟弱な地盤であることから、そもそも地震の揺れが大きく、一次災害が大きかったのである。表46の木造住宅をみると、全潰を含む損壊したものが三二、二七四戸と全体のおよそ三分の一を占めている。それは、煉瓦造や鉄筋コンクリート造の構造物にもいえることで、表48にあるように、半数以上で一次被害が生じている。とりわけ煉瓦造では大きな揺れに対してはもろく、木造の家屋よりも被害が大きい。

横浜市の被害を大きくした火災は、火元が約六〇カ所、焼失面積が約二八五万坪（約九五〇ヘクタール）に及んでいる。これは、宅地面積のおよそ七五パーセントに相当し、表46にあるように六万戸以上の住宅が全焼している。横浜正金銀行本店（現・神奈川県立博物館）では、頑強な外壁は残ったものの、建物内は火煙に包まれ、逃げ場を失ってそこに避難した人のうち、多くの犠牲者がでたことは周知のことである。

表48　横浜市の木造以外の構造物被害一覧

構造	総棟数	一次被害			二次被害（火災）		
		全潰	半潰	無事	全焼	半焼	無事
煉瓦造	160	98（61.2%）	27（16.9%）	35（21.9%）	110（68.8%）	5（3.1%）	45（28.1%）
鉄筋コンクリート	89	27（30.3%）	14（15.7%）	48（54.0%）	56（62.9%）	9（10.1%）	24（27.0%）
鉄及び鉄骨	45	5（11.1%）	18（40.0%）	22（48.9%）	17（37.8%）	4（8.9%）	24（53.3%）

写真にみる横浜の惨状　宮内庁宮内公文書館には、横浜市の震災状況を記録した『震災写真帳』（識別番号二三二一七）が存在する。法量が、縦二六五ミリ、横三六四ミリを測り、九三葉の写真が収められている。撮影者と撮影日は不明であるが、写真の下位には全てにキャプションが貼られている。撮影地を特定できることで、写真の史料的価値が高められている。ここでは、その中から六点を紹介する。図47は、「豊國橋」である。橋脚は、落ちたり、あるいは大きく傾き、その上の鉄骨部分は、橋脚が落ちた部分での変形が顕著である。橋の手前では、道路に沿って地割による亀裂が数条走っている。神奈川県下の橋の被害は多く、一、二五三カ所のうち九三パーセントで被害が生じたという。図48は、「横濱駅」、図49は「櫻木町駅」である。前者は、線路の枕木が地面から浮上り、そのため線路に起伏が生じている。背面の駅舎は、丈夫な心柱は残るが、屋根は落ち、方向が異なる階段（これも屋根の一部か）がむき出しになっている。横浜駅は、大正八年に新装になったばかりであるが、無惨な姿に変わってしまった。この写真では、駅前には多くの人が集まり、列をなしている。後者は、キャプションにある駅の面影は全くない。正面奥の建物が駅舎のなごりであろうか。図50・51は、建物内部の写真である。図50には「新港内上屋内」、図51には「記念會館内部」の文字

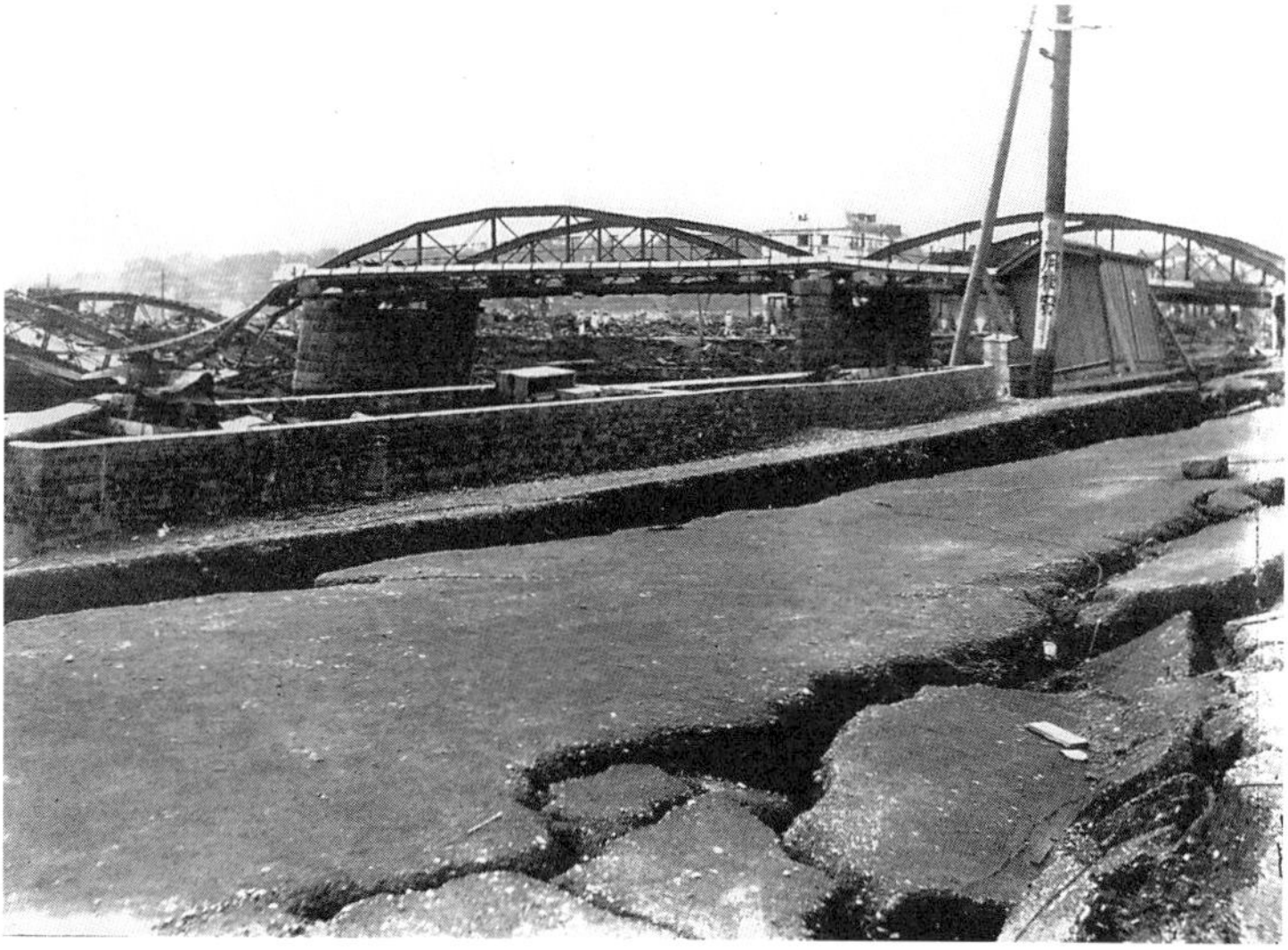

図47　関東大地震被害「豊國橋」（宮内庁宮内公文書館所蔵）

図48　関東大地震被害「横濱ステーション」（前同所蔵）

図49　関東大地震被害「櫻木町駅」（前同所蔵）

図50　関東大地震被害「新港内上屋内」（前同所蔵）

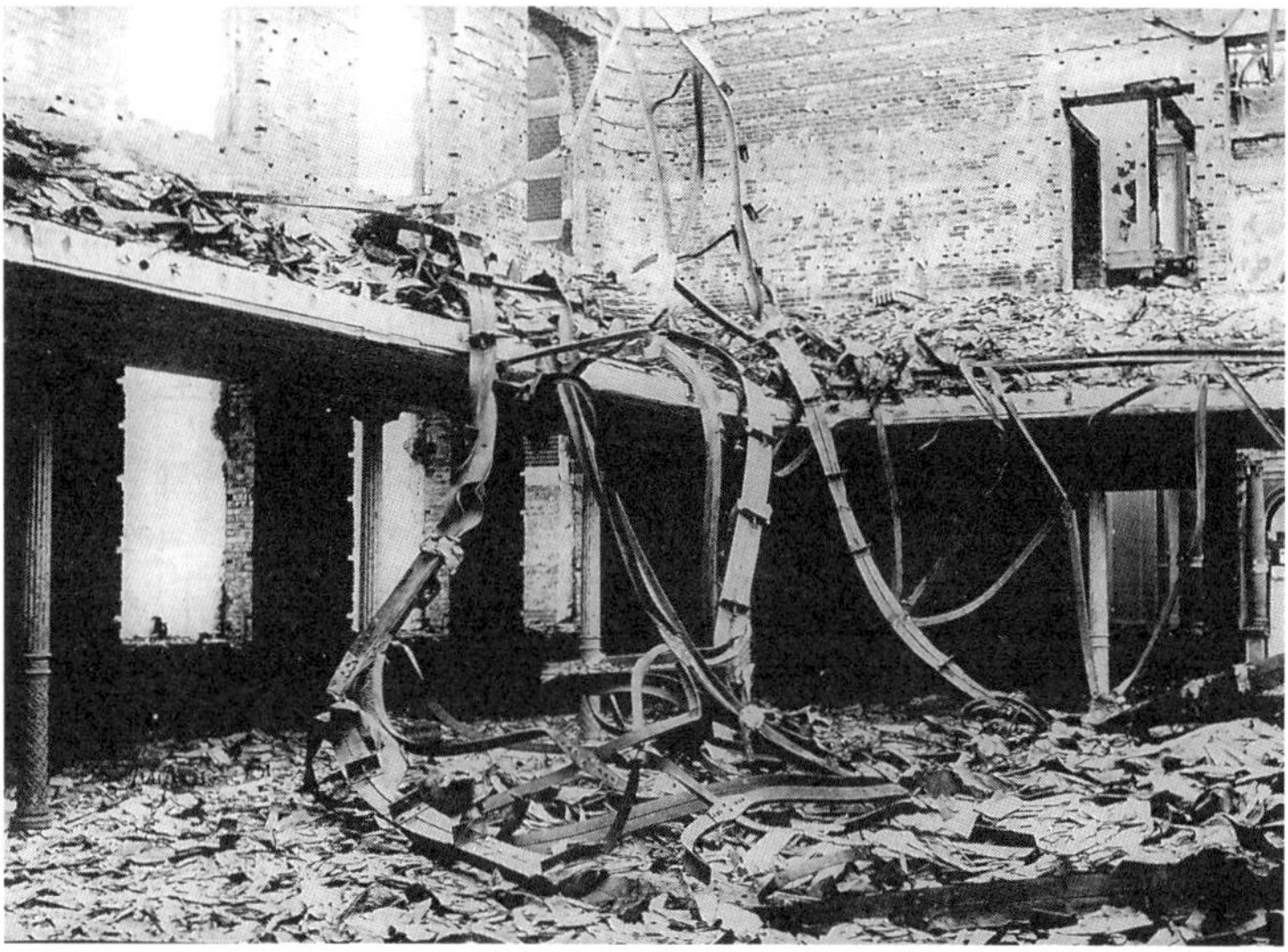

図51　関東大地震被害「記念會館内部」（前同所蔵）

図52　関東大地震被害「山手見晴シ涯クヅレ」（前同所蔵）

が記されている。横浜港の被害も甚大である。大桟橋は、陸と繋がる根元の部分が水没し、岸壁の大半が崩れ落ちたという。図50は、港近くの建物の鉄骨が大きくゆがみ、屋根が落ちている。図51の鉄骨は、さしずめ飴細工の如く変形している。図52は、「山手見晴シ涯クヅレ」とある。崖の崩れもさることながら、要壁の背面左手は、遠方ではあるが建物らしきものは見当らず、一面、焼野原のようである。

東京市域の被害概況　関東大地震の最大の被災地が東京府―中でも東京市域―であることは、表45で示したように明らかである。この表は、宇佐美龍夫氏が『最新版日本被害地震総覧』の中で作成したものであるが、東京市域の家屋被害をみると、全潰・半潰の合計が八、一一六戸とかなり少ない数字で示されている。それは、家屋が一次災害を受けた後に焼失したものについては、焼失家屋の項目に入れたことによるものであろうか。表49は、震災予防調査会が東京市域における一次災害の被害をまとめたものである。これをみると、本造家屋は、全潰・半潰・大破したものが三・五万戸を超えている。他県と比較した場合には、穏当な数字であろうか。他方では、東京市域での木造家屋の一次被害は全体の一割程度であり、震度6の揺れにしては予想外でもある。東京市内の破損率を上げているのは、浅草・本所の両区が際立って高いことに起因する。平均値より高いのは、両区に加えて神田・下谷・深川の五区しかなく、それを除くと大半が五パーセント未満である。被害率の高い五区は、地盤が軟弱な東京低地上にあり、安政江戸地震の甚大な被害をもたらした地域とも重なる。赤坂・四ツ谷・牛込などでは、台地に挟まれた谷筋での被害が多く見受けられる。

土蔵の破損被害は、木造家屋の被害に比例するものではない。地域でみると、むしろ反比例するといっても過言ではない。前述の東京低地上に立地する五区の破損率は相対的に低く、麴町・四ツ谷・牛込の三

表49　東京市内の木造家屋及び土蔵の被害一覧（『震災予防調査会報告』1926を一部改変）

区名	木造家屋					土蔵				
	総戸数	被害総戸数	全潰	半潰	大破	総数	被害総数	全潰	半潰	破損
麹町	15,175	366 (2.4%)	140	144	82	338	46 (13.6%)	3	1	42
神田	18,732	2,288 (12.2%)	1,260	674	354	3,553	86 (2.4%)			86
日本橋	19,474	675 (3.5%)	87	298	290	6,072	25 (0.4%)			25
京橋	21,551	222 (1.0%)	88	58	76	2,621	14 (0.5%)			14
芝	29,241	1,015 (3.5%)	397	412	206	1,256	32 (2.5%)	1	11	20
麻布	14,330	620 (4.3%)	322	116	182	511	33 (6.5%)	5	6	22
赤坂	11,689	840 (7.2%)	350	269	221	413	33 (8.0%)	3	13	17
四ツ谷	11,409	418 (3.7%)	58	90	270	550	113 (20.5%)	16	10	87
牛込	19,897	1,146 (5.8%)	202	390	554	707	91 (12.9%)	4	14	73
小石川	23,376	858 (3.7%)	144	135	579	589	50 (8.5%)	6		44
本郷	21,210	809 (3.8%)	153	245	411	933	44 (4.7%)		2	42
下谷	30,087	3,519 (11.7%)	1,105	852	1,562	995	22 (2.2%)	1	2	19
浅草	31,900	7,496 (23.5%)	2,362	2,229	2,905	1,780	101 (5.7%)			101
本所	32,927	11,361 (34.5%)	4,417	4,824	2,120	1,016	66 (6.5%)			66
深川	25,233	4,179 (16.6%)	1,970	1,841	368	1,199	10 (0.8%)			10
計	326,231	35,812 (11.0%)	13,055	12,577	10,180	23,056	751 (3.3%)	39	40	672

表50　東京市域の木造以外の構造物被害一覧

構造	※総数	一次被害			二次被害
		全潰	半潰	大破	焼失
石造	1,693	15 (0.9%)	16 (0.9%)	26 (1.5%)	1,251 (73.9%)
煉瓦造	6,969	58 (0.8%)	68 (1.0%)	259 (3.7%)	5,296 (76.0%)
鉄筋コンクリート	711	7 (1.0%)	13 (1.8%)	111 (15.6%)	未記入

※　総数は、東京市域に郡部を加えたもの。（　）内の比率は、東京府としてみたもの。

区が高い。この三区での土蔵被害は、高台上の地盤の良好な場所に多い。土蔵の破損被害は、安政江戸地震とは大きく異なる。安政江戸地震における潰れた土蔵は、一七組の深川一円で七八五カ所を最高に、一三組の上野・下谷辺、一六組の両国一円と続いている。全てが木造家屋の潰れた数に比例しているわけではないが、総じて低地での被害が大きい。これは、安政江戸地震を経験し、下町界隈での土蔵の再建において、揺れに対する強度を増す工夫を行ったことによるものであろうか。

つぎに、木造以外の構造物被害について述べる。当時、赤煉瓦造で十二階建の象徴的建物であった浅草凌雲閣が焼崩れたことは有名であるが、それを含めた被害を表50にまとめた。東京市域での構造物の数を筆者が把握していないことから、構造物総数は東京府のものを示した。さらに、一次被害の鉄筋コンクリートの大破の項には小破を含むことを断っておく。前述した横浜市域と比較すると、煉瓦造と鉄筋コンクリートの構造物の数量は、面積が広いこともあり東京市域の方が断然多い。また、煉瓦造の構造物を好例として、二次災害としての火災による被害が大きい。それは、六割以上に及び、東京市域の場合、さらに一割程度高くなっている。一方、一次災害では、比較のしやすい鉄筋コンクリート構造物でみると横浜市での被害率の方が高い。その中の全潰・半潰の棟数でも横浜市の方が二倍多い。単純に数字のみで理解しようとすると、誤った解釈に繋がりかねないが、一次被害に限ってみると横浜市での方が高く、軟弱な地盤に加えて震源地に近い分、揺れが大きかったということであろうか。

三　江戸城跡の被害と復旧

本書で地震災害を扱うにあたり、筆者はかねがね二つの疑問を抱いていた。一つは、元禄大地震、安政江戸地震の二つの大地震の被害記録を調べていく中で、常に本丸と西の丸御殿は無事とあるが本当であろうか。被害がその周辺までで済んだものであるのか。一つは、本丸西側、蓮池濠に面する高石垣のうち多門櫓直下の遠目からもよく目立つ碁石を交互に並べたような異なる石材（安山岩と花崗岩か）を用いた修復はいつ行われたものか。

後者については、『東京市史稿』皇城篇では解決の糸口さえ見出すことができなかったが、第三章でも述べたように、宮内庁宮内公文書館が所蔵する大正一一年（一九二二）に編纂された『宮城風致考　上・中・下』（識別番号二八六〇二）の中の写真に、白黒ではあるが現状と同じ碁石を交互に並べたような写真が貼付されていること。明治一七～二一年の『皇居造営録（石垣）一～一四』（識別番号四四〇六一―一～一四）に同所での修理記録がないこと。これら史料を参考として、消去法によって元禄大地震の復旧によるものと結論付けることができた。

つまり、本丸御殿周囲の石垣崩落が顕著であることから、元禄大地震では、おそらく御殿そのものについても、ライフラインを含めて何らかの被害が生じていたはずであるという結論に達した。災害を理解するには、個々の被害状況を的確に把握することが肝腎である。その上で、繰り返し起こった場合には、地点を定め、時系列で比較することが意義深いものであると考える。

これまで、江戸城跡の震災被害は、謎とされてきた。しかし、宮内庁宮内公文書史料の公開によって、関東大地震に関して可能となったので、先は史料の紹介をかねて述べることにする。

五八冊からなる『臨時震災費震災関係費』と『臨時震災関係費』　宮内庁宮内公文書館には、関東大地震で被害をうけた宮内庁所管の諸構造物に対して、復旧した公文書が保管されている。それは、『臨時震災費震災関係費』と『臨時震災関係費』のタイトルで五八冊からなる。両者の区別は、史料をみる限り判然としないが、大正一四年のみに『臨時震災関係費』の名称で六冊が含まれている。ちなみに、史料には、皇居内諸建物はもとより、赤坂をはじめとする御用邸、新宿御苑・浜離宮、帝室博物館の収蔵庫、これに江戸城跡関連の諸構造物などが収められている。地震が起きた大正一二年には、写真撮影を交えた被害調査が実施されているが、本格的な復旧は、大正一四年に始まる。そして昭和五年まで続く。表51には、昭和一一年の『臨時震災復旧費』を補足として加えてある。二冊の史料は、東京圏の復旧の終了から五年の歳月を要し、かつ畿内の古墳に関する復旧を収録している。ここには、その契機が関東大地震によるものか、あるいは昭和二年（一九二七）の北丹後地震によるものか判然としないことから記した。

本章では、江戸城跡に限って述べていく。該当するものは、大正一四年から昭和四年までの三八冊である。章末に目録一覧（表57）を作成したのでご参照いただきたい。見落しによる不備は、ご容赦願いたい。

表51　宮内庁宮内公文書館所蔵の関東大地震復旧リスト一覧

史　料　名	作　成	識別番号	冊　数
臨時震災費震災関係費 1～ 3	大正12年	20277―1～ 3	3
臨時震災費震災関係費 1～ 3	大正13年	20279―1～ 3	3
臨時震災関係費 1～ 6	大正14年	20280―1～ 6	6
臨時震災費震災関係費 7～10	同　上	20280―7～10	10
臨時震災費震災関係費 1～14	大正15年	20281―1～14	14
臨時震災費震災関係費 1～10	昭和2年	20606―1～10	10
臨時震災費震災関係費 1～ 4	昭和3年	20617―1～ 4	4
臨時震災費震災関係費 1～ 4	昭和4年	20628―1～ 4	4
臨時震災費震災関係費 1～ 3	昭和5年	20640―1～ 3	3
臨時震災費震災関係費	昭和6年	20651	1
小　計			58冊
臨時震災復旧費 1・2	昭和11年	20700―1・2	2

史料にみる被害の概要と復旧の過程　江戸城跡の被害とその復旧は、つぎの五つに大別することができる。

①石垣崩落による復旧。

②基礎となる石垣の崩落・孕みとその上に建つ構造物の両者の復旧。

③建物のみの復旧。

④橋脚の修理・復旧。

⑤その他（濠・土塁など）。

これらの主要な復旧箇所は、以下のとおりである。

①には、西桔橋附近（北桔橋西側）、梅林門附近、西桔橋左右石垣、鉄橋脇（吹上門と山里門の間の西側石垣）、半蔵門北寄外構石垣など。

②には、二重櫓及び多門櫓（伏見櫓とそれに続く多門櫓）、櫻田門（外桜田門）、大手門、坂下門、平河門、内櫻田門、三角門（吹上門）、北桔橋門、半蔵門など。このうち、諸門の中で枡形形式をとるものは、高麗門と渡櫓門の両者を含み、このほか大手門では枡形内石垣、平河門では帯郭門（不浄門）なども復旧の対象となってい

る。

③には、旧本丸三重櫓、正門（西の丸大手門）など。少々意外であるが、西の丸大手門では、上屋の復旧にとどまっている。それは、石垣が明治一九・二〇年に櫓台の石垣が築き直されているためである。

④には、天神橋、平河橋、西桔橋。

⑤には、梅林門取解（下梅林門の解体後、石垣修理）、吹上段濠の修理、吹上濾過池修繕工事など。つまり、石垣や土塁（崩落によって部分的に修理）を除くと、江戸城跡の建造物は、本丸の御休息前多門櫓以外は主要なもの全てに修繕を必要としているのである。

問題は、震災による被害の程度である。今回、紹介する宮内公文書は、被害報告書ではなく、各種構造物の復旧に関する史料である。そのため、①には石垣崩壊を示した断面図があることから、被害状況を推察することができるが、②〜⑤では、仕様書や復旧後の完成図面は存在するものの、被害の程度については判然としない。史料の概要を述べた中で、震災後、大正一二年の史料に、被害状況を記録したであろう撮影に関する項目があることを述べた。残念ながら、この写真は、宮内公文書館では所蔵していない。写真（原版）は、他機関が所蔵している。今回は、写真の掲載許可が下りなかったが、いずれ公表されることを願っている。そのような理由であるから、石垣被害を念頭に置き、限られた史料から考えることにする。

復旧箇所と取掛り年次　図53と表52に主要な江戸城跡の復旧工事箇所と着手する初出年次一覧を示した。復旧工事は、二重櫓（伏見櫓）及び多門櫓、大手門渡櫓・高麗門、平河門渡櫓・高麗門、帯郭門を好例として複数年次に跨るものがある。

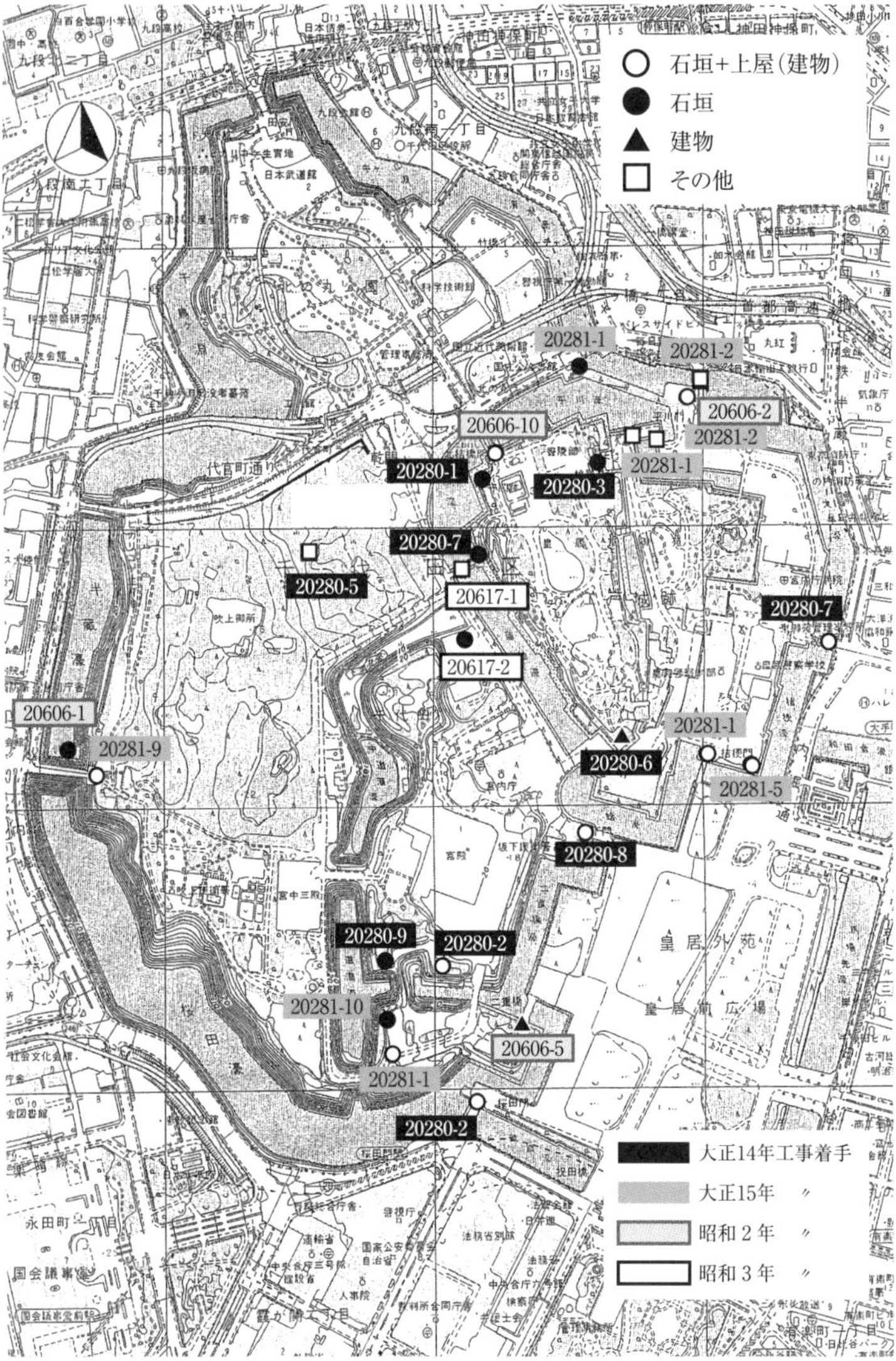

図53　江戸城跡の主要な復旧箇所（枠内の数字は、初出の史料番号）

表52　江戸城跡の主要な復旧工事一覧（着手年次）

年次	石垣復旧	基礎の石垣と上屋の復旧	建物のみの復旧	橋の修繕と改修	その他の箇所
大正一四年	西桔橋附近（北桔橋西） 梅林門附近 西桔橋左右石垣 山里門	二重櫓（伏見櫓）及び多門櫓、櫻田門 大手門 坂下門	旧本丸三重櫓（富士見櫓）		乾門両脇塀 吹上御苑濾過池修繕 旧三の丸門取解
大正一五年		内櫻田門、三角門（吹上門） 平河門 東南二重櫓（桜田二重櫓） 半蔵門		天神橋改修	竹橋傍外構堀 蛤濠排水路 梅林渡櫓取解 吹上一之門改造及左右塀
昭和２年	半蔵門北寄外構石垣	北桔橋門	宮城正門（西の丸大手門）	平河橋	
昭和三年	半蔵門北方濠沿石垣 紅葉山土堤裾石垣 梅林門渡櫓下石垣			西桔橋	*吹上中門及左右塀、道蓬門左右塀

※　吹上門は、明治以降に半蔵門近くに吹上内から移設されたもので、史料の三角門とは異なる。

各所の被害状況がわかりかねるので断言できないが、石垣修復工事の経過や各構造物の仕様書と復旧工事費用などを参考すると、総じて着工年次年月の早いものほど震災被害が大きいものと考えられる。石垣では、西桔橋附近（北桔橋西方）、建造物及び土台となる石垣基礎では、二重櫓及び多門櫓、櫻田門（外櫻田門）、大手門などが該当する。旧本丸三重櫓の復旧は、前述した石垣や構造物と同様、大正一四年には始まる。同年でも着手時期はやや遅れる。基礎となる石垣修築工事はないことから、壁の剝落や柱の歪などによる復旧と考えられ、一際目立つ存在からはやめの着手となったものであろうか。金額の上では高額であり、部分というよりは解体修理をなすものである。

史料にみる体裁と復旧の経過　震災による復旧は、各所によって工事内容が異なることから、史料そのものに違いがある。石垣を基礎に、上に構造物がのる場合の作業・復旧工事の流れを史料からみると、以下のような手順をとる。

㋑実測用の足代架設。（史料にはないが、ここで実測）
㋺構造物の取解。
㋩崩落・孕んだ基礎となる石垣の復旧。
㋥構造物の復旧。

となる。㋩と㋥は、金額が大きくなることから、それぞれの段階で入札を行う。また復旧にあたっては、多量のコンクリート（基礎のみならず漆喰の代りにも使用）と瓦を使用することから、これらは官給材として、各時点で別途、入札を行っている。また、余分な官給材は、次の復旧箇所に回し、さらに、各種復旧工事で用いる足場板などの官給材は、工事終了後、廃棄するのではなく、直に次の現場で使用することで、経費の節減と効率化を計っている。余談ではあるが、元禄大地震や安政江戸地震の復旧においても同様のことが行われていたものと考えられる。

つぎに、史料は、時系列で綴じられており、各月の冒頭には、月単位としての総額を記入し、支払順にまとめてある。前述したⓗ・ⓘの段階での収録されている史料は、おおむね以下のものがある。識別番号二〇二八〇―一『臨時震災関係費― 大正一四年』の西桔橋附近石垣復旧工事費の場合でみることにする。

Ⓐ復旧工事の分割領収書。この場合は、

一金壹萬五阡七百九拾圓四拾壹銭也

落札者の名、請求・領収年月日

とある。工事費用が大きく、工事期間が長い場合は、分割による支払となり、摘要の項目が設けられている。ここでの摘要には、つぎのとおりである。

一金　参萬六阡参百圓也　請負金高

内

一金　壹萬五阡七百九拾圓四拾壹銭也　今回請求金高

一金　貳萬五百九圓五拾九銭也　追テ請求金高

Ⓑ西桔橋附近石垣復旧工事出来形調書。ここでは三区の内訳が添えられている。復旧工事が一回の決済では、ここに竣功届が入る。

Ⓒ工事内訳書。

Ⓓ工事請負契約書。

Ⓔ随意契約締結伺。

Ⓕ予定価格調書。これには、発注する側の担当係長の印が押されている。

Ⓖ入札史料。入札金額が予定価格を超える場合は、即日再入札。予定価格以内になるまで繰り返し実施。

Ⓗ仕様書。必要に応じ青焼図面を添付。

の順で綴じられている。落札後、工事費用に増減が生じた場合は、それに関する史料が冒頭に、以下、Ⓐ～Ⓗの順となる。ちなみに、この書式は、明治年間の『皇居造営録』にもみられ、早い時点で確立されていたことがわかる。

代表的な四カ所の震災復旧工事　大正一四年に着手した復旧工事は、いずれも震災被害の大きな箇所である。西桔橋附近石垣復旧工事の場所は、北桔橋門西側と呼称した方が理解しやすいかもしれない。その位置は、平成二二年夏、宮内庁によって石垣に、「加藤肥後守内」の刻銘石の存在が発表されたが、その上位にあたる。図面をみると乾櫓の一部も崩落している。以前、大地震での被害記録がないところである。旧本丸三重櫓は、明暦三年の大火で天守が焼失した後は、その役割を担ってきた建造物で、安政江戸地震での被害記録はない。しかし、元禄大地震では第三章で述べたように被害の程度は不明であるが、修繕を必要としている。二重櫓及び多門櫓と大手門枡形内は、地盤が軟弱であることから、大地震のたびに損壊が著しい箇所である。大正一四年二月六日付の『東京朝日新聞』に「宮城にのこるやぐらの修理―江戸城の多残りそのまゝに鉄筋コンクリートに改築―」の見出しで、以下の記事が寄せられている。

宮内庁内匠《たくみ》寮が震災復舊第二期工事として豫算百萬圓で今春から坂下門、大手門、和田倉門の三御門とやぐらの修理に取掛ることは既報したが、この中《うち》二重橋正門右手にそそり立つ御多門やぐら（二重橋）と本丸の三重やぐらとは江戸の名残りを最もよく傳へるものとして又宮城《きゅうじょう》をシンボライズするものとして宮城を拝する者に限りない感銘を與へて来たものだが、東久世内匠頭は今度の御修理を期としこれを永久保存する計略の下に此の江戸城やぐらを鉄筋コンクリート建に改造し外観は昔日と寸分違はぬ面影を永久に残さうといふことになった、この二つのやぐらの修理豫算は二十萬圓、工事主任は腕つきの菊池技師で、自ら足場をかけて破損調査を進めてゐるが、来年度までには耐震耐火の美しいやぐらの工事も完成するであらうと

この新聞記事と本章の内容とは必ずしも一致するものではない。震災後の江戸城跡を復旧するにあたり、文化財の保存という観点から、建造物に鉄筋コンクリートを使用するということは大英断であったに違いない。時間の経過の中で、人々はそのことを忘れ去る。二〇一一年の東日本大震災では、都下で震度5強の強震が長く続いたにもかかわらず、江戸城跡の被害はほとんどなかった。わずかに、清水門の渡櫓石垣が孕むことはあったが、関東大地震時の宮内省関連では、外櫻田門大棟上の棟瓦の落下や大手門の土壁が剝落したり岩岐石の一部に破損が生じるなどの被害はあったが、大事には至らなかった。関東大地震を教訓として、新聞にもあるように復旧に様々な知恵が活かされていたのである。

これから紹介する四カ所の図面は、全て青焼のものを原図とし、それを撮影し挿図としたものである。見苦しいことは、ご容赦願いたい。

〔**西桔橋附近石垣復旧**〕

この箇所での石垣崩落を知るには、図55の断面図と仕様書が参考となる。仕様書の冒頭には、石垣の形態と復旧面積について、

図54　西桔橋附近石垣復旧工事平面図（宮内庁宮内公文書館所蔵）

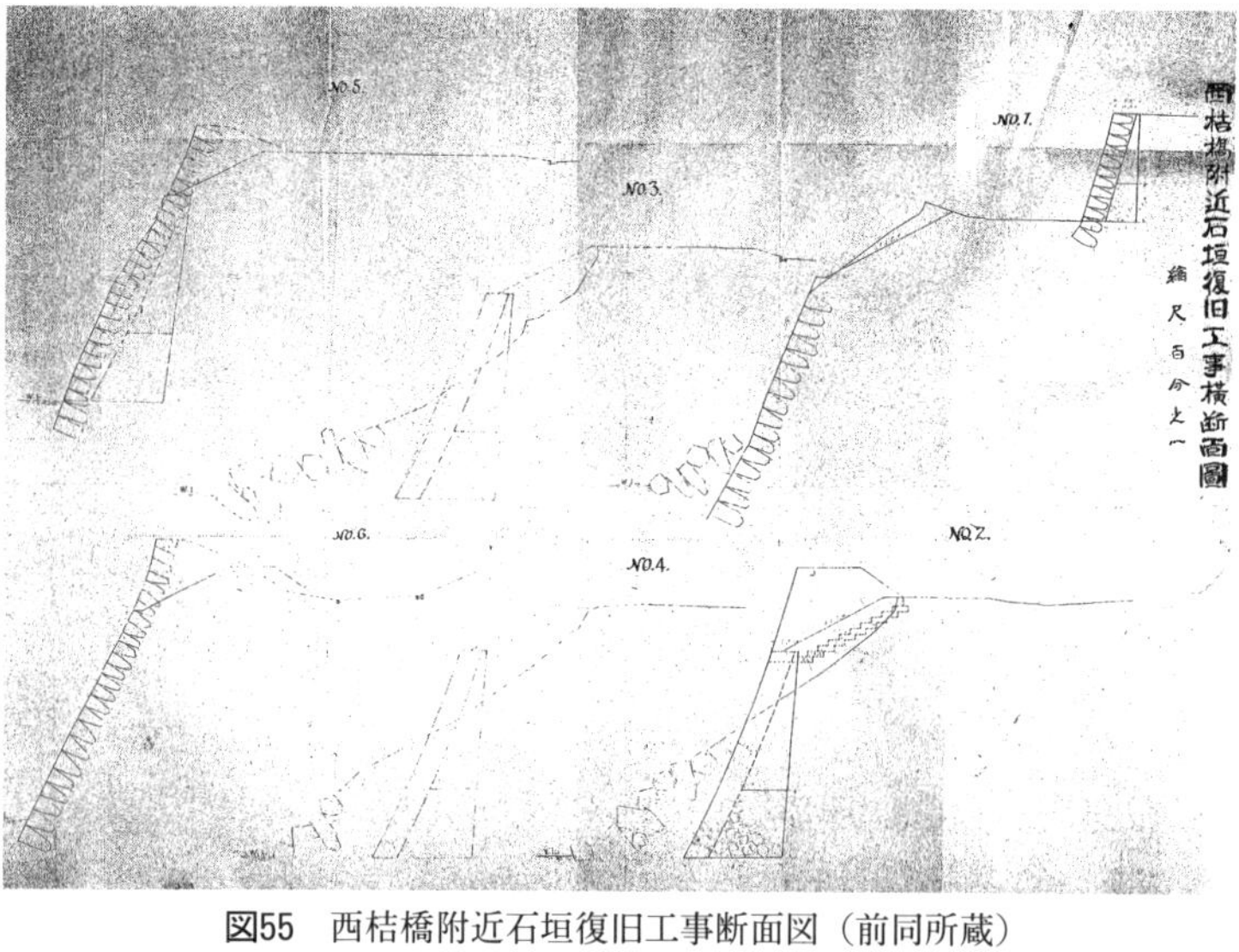

図55　西桔橋附近石垣復旧工事断面図（前同所蔵）

表53　主要箇所の石垣及び建造物の復旧費用（円）

復旧箇所	石垣			建造物	
	予定金額	落札金額	備考	予定金額	落札金額
西桔橋附近石垣	 (40,570)	39,500 (36,300)	増工事による増額	—	—
梅林門附近石垣	3,200	1,595		—	—
二重櫓及び多門櫓	26,500	26,500	基礎鉄筋コンクリート代14,480円を除	86,000	85,900
東南二重櫓	1,800	1,780		37,000	31,400
櫻田門	15,885	15,865		33,000	29,000
大手門（枡形内全）		16,640	枡形内石垣1,800円（落札）を含	 (33,800)	31,326.01 (29,480)
坂下門（高麗門のみ）			*建造物を含む一括、設計変更有	 (25,000)	25,747.90 (23,300)
平河門	26,500	19,680	高麗門と渡櫓石垣は別、渡櫓・帯郭門取解代を除	39,800	39,700
内櫻田門	 (16,800)	13,240.72 (11,930)	工期途中に設計変更	36,800	36,740
旧本丸三重櫓	—	—		44,300	44,300
正門（西の丸）	—	—		40,000	39,500

・（　）内は設計変更前の入札時の金額。
・瓦・セメント等々の官給費を除く工事費用。

一、錬築間知石垣　貳百七拾
　　七坪五合
一、素築　同上　五拾七坪
　　五合　（以下略）

とあるように、双方では三三五坪を要している。図55の断面図でも、乾濠に面する北側高石垣の崩落が顕著で、No.1～4の断面をみる限り、上位三分ノ一から半分程が崩れている。石垣の場合、表面にでている間知石の背面にはそれを補強するための夥しい裏込石と割栗石《くりいし》が用いられている。土砂とともにそれらが崩落したのである。これらの崩落物によって、乾濠のかなりの水面が土砂や石に被れ、この光景を目前にしたならば、地震の凄まじさを感じたに違いない。

西枯橋附近の石垣崩落の復旧に要した費用と、後述する三カ所の復旧費用を表53にまとめた。いずれも大規模な工事となり、莫大な経費を要している。大手門や平河門など石垣修復から建造物の再建に至る一連のもので、構造物がある場合の石垣修築工事費用が高いのは、上屋の取解（解体）があるためである。使用できる材料は再建時に利用し、瓦では水洗し、塵介を落すようにと仕様書に記されている。つまり、単なる解体ではなく、部材など原位置で用いることを想定しているために、丁寧な取扱いを余儀無くされているのである。

表53には、石垣のみの修築として、西枯橋附近に次いで石垣崩落が顕著な梅林門附近（上梅林）の事例をあげた。工事費用一つをみても格段の差があるのである。

つぎに、仕様書からみた修築工事の特長について数点あげることにする。一点は、材料が細部にわたり指定されていることである。各復旧工事に混凝土（コンクリート）を多用することを述べたが、それに混入する砂利は、多摩川産であること、その大サは八分目以下三分止りであること。水は水道水であること。ちなみに混凝土は、セメント・洗砂利・洗砂が合端用と裏込用では混入する比率を替えること。前者では、立坪当り一：三：六の割合（セメント七樽二分、洗砂利八合八夕、洗砂四合四夕）、後者では、同様に一：四：七の割合（セメント六樽、洗砂利八合五夕、洗砂利四合九夕）とある。一点は、石垣の練築、素築のうち練築の所では、石垣表面に混凝土が露出しないことはもとより、表面より平均四尺通までは一：四：六の比率の混凝土（裏込用）を用い、一段ごとに層状に打込むことを果している。さらに水はけを考慮し、練積の所では、長さ約二間、高さ約一間ごとに下層から千鳥に涙孔を設置すること。涙孔には、直径約二寸の節を抜いた唐竹を使用するなどの細部の仕様に及んでいるのである。

石垣の修築にコンクリートを使用することは、明治一七〜二一年の『皇居造営録（石垣）一〜一四』の史料にみることができる。しかし、その使用量は少なく、仕様書にも細部にもわたるものではない。時間の経過の中で普及していることを看取することができる。

〔**旧本丸三重櫓**〕

通称、富士見櫓は、前掲の新聞記事では復旧に鉄筋コンクリートを多用するようなことが報道されていたが、図面を含む仕様書をみる限りではさほどでもない。震災対策としては、土台の補強はもとより、柱根本の腐朽においては根元を「L字形（三寸三寸前後）」の金具に逆目釘を打ちつけて足元を縛ること、筋違を多用するなどで対応している。

図56①・②は、仕様書の冒頭部分である。三層の建坪の次にある「請負之要項」に載る官給品のうち、セメントと瓦は、工事場所ごとに別途入札を行っていることを前述した。本史料にあるセメントが二種類あるのは、壁に漆喰を塗るのではなく、セメント仕上げによるためである。今日、江戸城跡の壁（特に塀）をみると白色部分が剥れ、下の灰色地が所々でみられる。関東大地震以降、補修が施されていなければ、当時の面影ということになる。

復旧工事に要したセメントは、三種類あったようで、それは、識別番号二〇二八一―二の櫻田門工事用の納付書からうかがうことができる。一樽当りの単価も大きく異なり、

・純白色ポートランドセメント　二一円

・白色ポートランドセメント第二種配合品　一一・五〇円

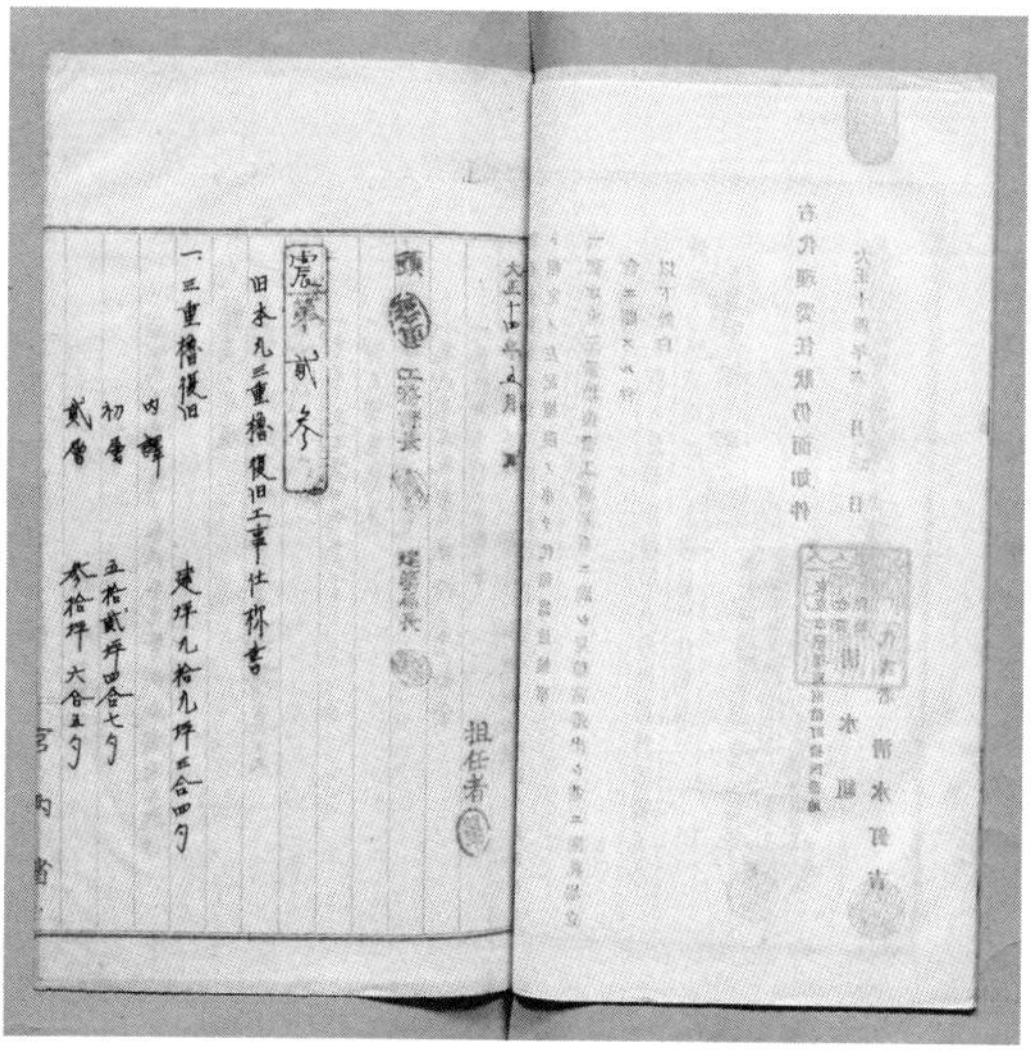

大正十四年五月

工務課長　経理課長

旧本丸三重櫓復旧工事仕様書

一、三重櫓復旧　建坪九拾九坪二合四勺

内訳

初層　五拾弐坪四合七勺

弐層　参拾坪六合五勺

担任者

宮内省

①

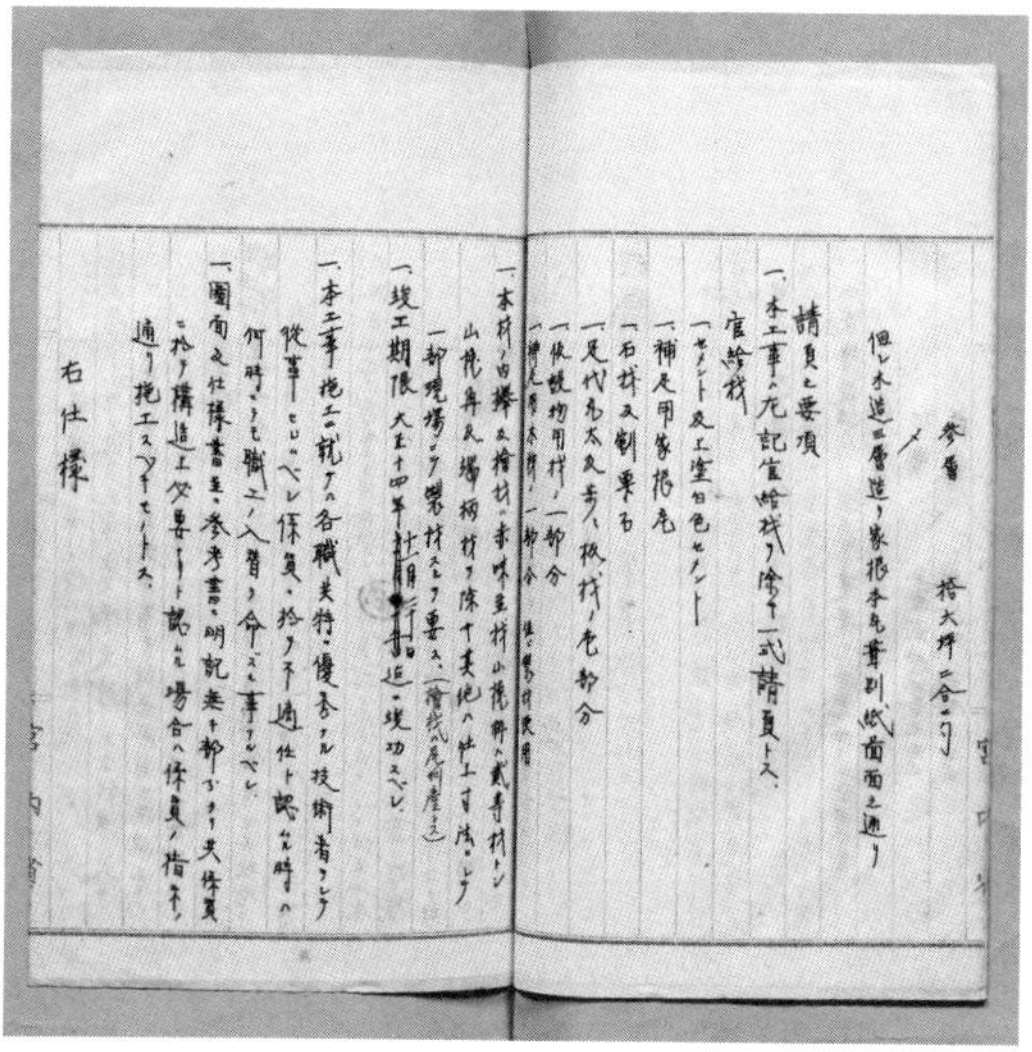

参層　拾六坪二合二勺

〆

請負之要項

一、本工事ハ左記官給材料ヲ除キ一式請負トス

官給材

一、竣工期限　大正十四年拾月拾日迄ニ竣功スベシ

一、本工事施工ニ就テハ各職共特ニ優秀ナル技術者ヲシテ従事セシムベシ係員ニ於テ不適任ト認ムル時ハ何時ニテモ職工ノ入替ヲ命ズル事アルベシ

一、図面及仕様書並ニ参考書ニ明記無キ部分ニテモ其構造上必要ト認ムル場合ハ係員ノ指示通リ施工スベキモノトス

右仕様

宮内省

②

図56　旧本丸三重櫓復旧工事仕様書・部分①②
（宮内庁宮内公文書館所蔵）

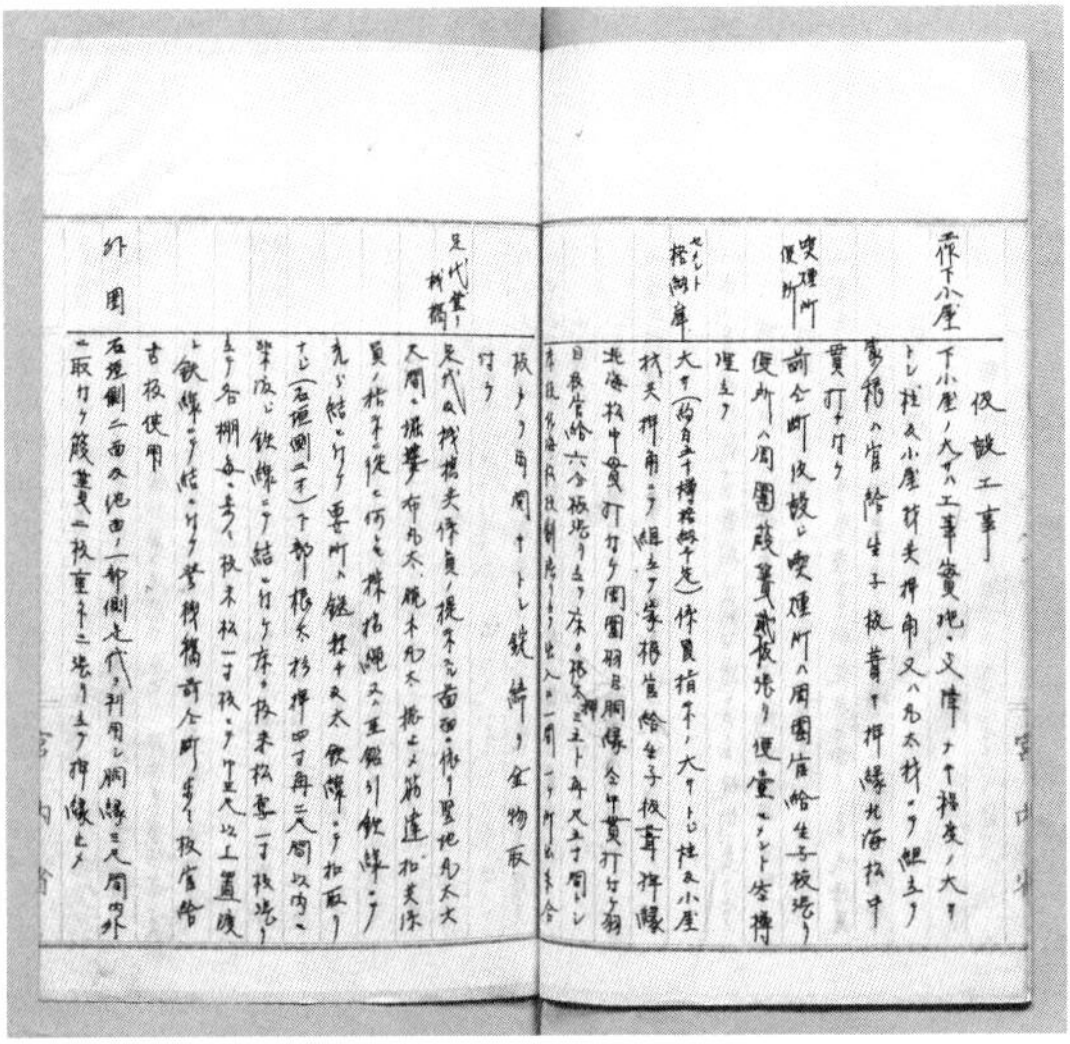

図57　旧本丸三重櫓復旧工事仕様書・部分（前同所蔵）

・ポートランドセメント　六・〇五円

とある。純白色ポートランドセメントが漆喰の代わりとなるもので、通常のものより三倍以上の値段がつく高価なものであることがわかる。

図57は、「仮設工事」に始まる具体的な仕様であるが、二十八項目からなる。それは、工作下小屋、喫煙所・便所、セメント格納庫、足代登り桟橋、外囲、在来取解キ、床カ叓石、雨落叩キ、楊ケ方、土台、柱、外部補強其他、土居葺、銅板工事、瓦葺、葺方、壁下地、内部補強其他、内筋違及棟ナ板、小屋組、家根下他、塗方、各層床、入口及密、内部羽目、出入口上戸、各窓上戸、各階段、雑工事の順で詳細に記されている。城郭や古建築に関心のある人にとっては、この仕様書に加えて、図58・59の筋違配置図と骨組図は大変、有難いものである。仕様項目のうち、数項目を紹介することにする。

在来取　家根瓦一旦取解、再使用見込瓦撰別、土居葺板も同、修理及孕直シ上ケ方等実施

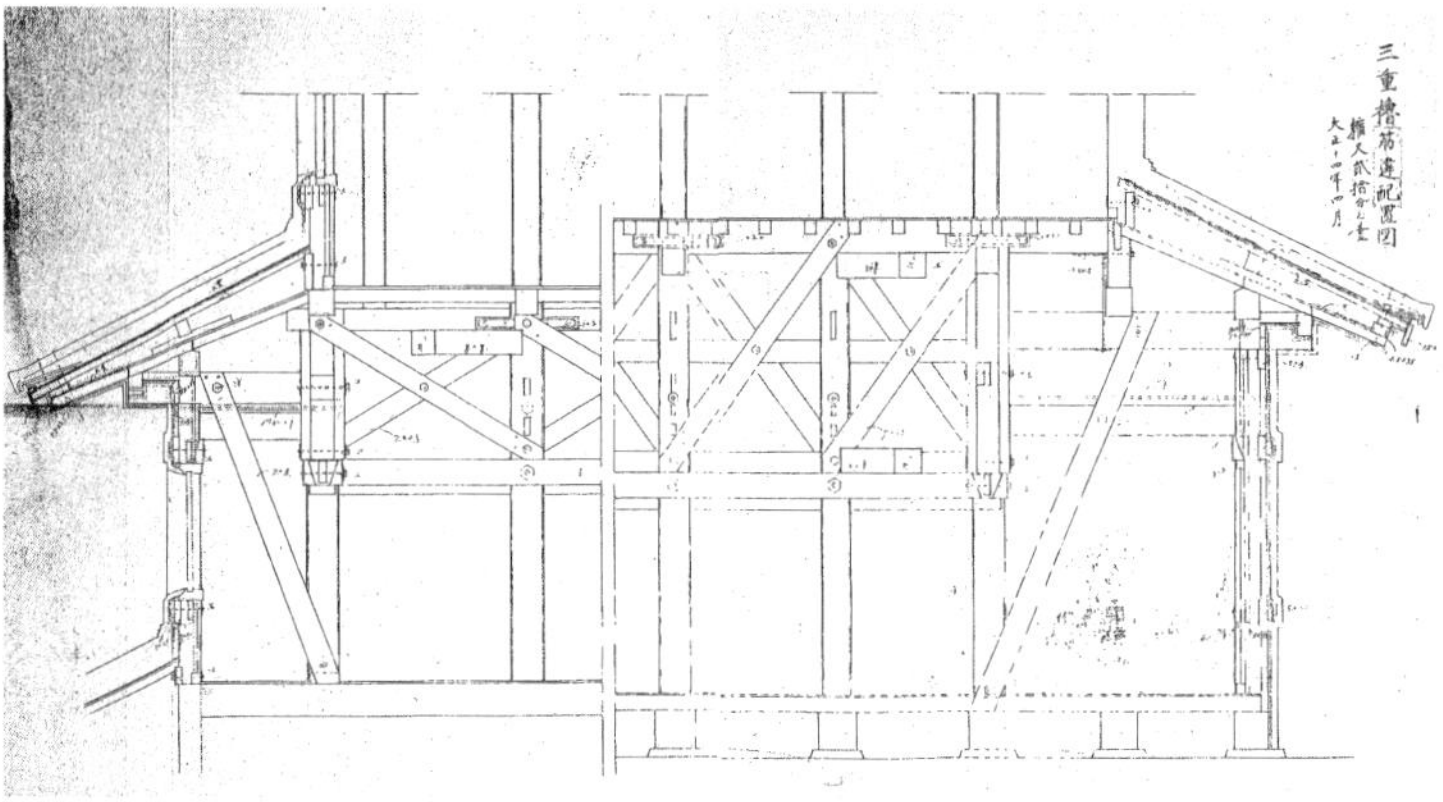

図58　旧本丸三重櫓復旧工事筋違図（宮内庁宮内公文書館所蔵）

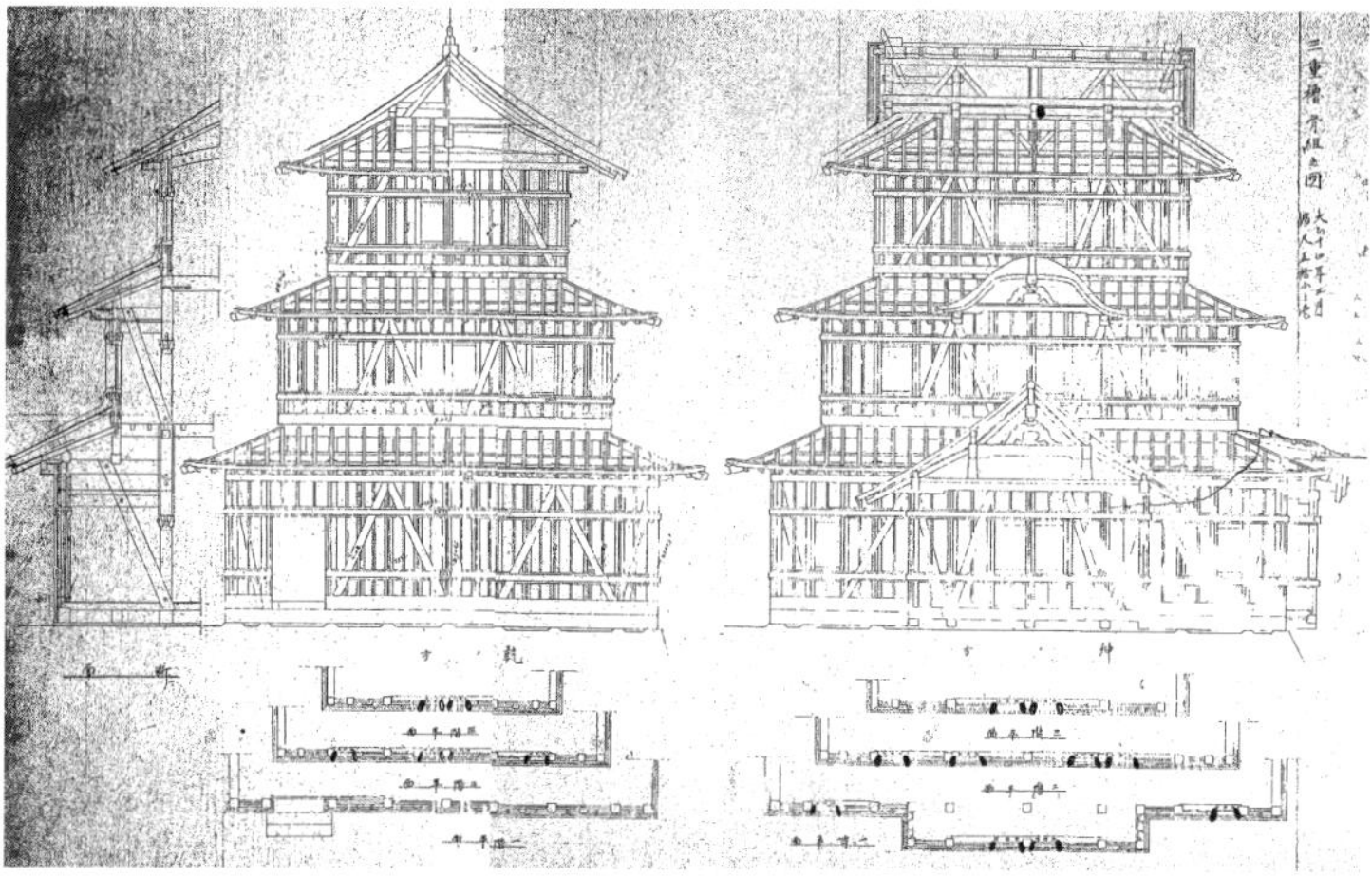

図59　旧本丸三重櫓復旧工事骨組図（前同所蔵）

ニ支障ノ各材ハ何レモ番号を附けテ一旦取解キ歪ミ直シ・引通直シ―水盛遣形ニ倣ヒ相当機械器具材料ヲ以テ歪ミ及引通シ其正確

瓦　葺　平葺土及棟築キ用土共総テ本南蛮漆喰土使用銅釘及銅線共係員ノ指示ノ大サニ製作使用スベシ

葺　方　在来古瓦ハ水洗ヒノ上軒先キ敷平入レ唐草ハ銘々尻釘二本宛打チ平瓦ハ登リ五枚毎ニ銅線ニテ止メ巴瓦ハ大釘二本打丸瓦ハ三本置ニ大釘打各妻各棟箱熨面戸共銅線ニテ止メ又ハ大釘ニテ取付ケ其他何レモ図面及現場係員ノ指示ニ従ヒ葺立ツヘシ、但シ在来ノ瓦ニ釘穴無キ場合ハ錐ニテ穴明ケスル事

全ての項目を紹介したいところであるが、いずれ別紙で触れることにする。筋違の多用は述べたが、図58が示しているように極めて頑丈に設計されている。都立中央図書館特別文庫室所蔵「江戸城造営関係資料(甲良家伝来)」の『富士見三重櫓本取絵図』(六一九二一―二三)には、どこにも筋違が見当らない。当地は、元禄大地震以後、安政江戸地震、明治東京地震と二つの直下型地震を経験している。おそらく、はじめて耐震対策がとられたものと思われる。

ところで、世間一般として、復旧に関する入札状況は関心が高いのではなかろうか。史料には全て保管されており、閲覧することが可能である。ここでは、四つの事例をあげて、個人・企業名を除いた上で概況について説明することにする。

旧本丸三重櫓の入札は、官給材を除くと取解から修復までを含めた一括で実施されている。仕様書について先述したが、細部にまで指定があり、請負うには技術も要する。金額も大きくなり、応じる業者は自ずと限られてくる。具体的には、六社が札を入れている。入札は、予定金額を超えたことから、即日、再

表54　震災復旧の入札状況（単位は円）

工事場所		建造物之部		石垣之部	
		旧本丸三重櫓	宮城正門	西桔橋附近石垣	大手門枡形内石垣
予定金額		44,300	40,000	40,570	3,400
落札額	第三回入札	◎44,300（49,800）	◎39,500	◎36,300	◎1,800
入札状況		52,400	39,980	36,730	2,130
		52,800	40,700	37,980	2,230
		56,500	44,370	40,900	2,400〔2〕
		61,000	45,500	41,700	2,630
	再入札	49,800	46,300	46,750	2,670
		51,000	46,500	46,800	2,680
		53,300	46,800	47,980	2,690
		53,700	48,000	68,200	2,700〔2〕
		57,500			2,790
		62,500			2,795
	初回入札	51,535			2,990〔2〕
		52,900			3,065
		54,300			3,100
		56,700			3,200
		61,000			3,240
		64,700			3,600
					3,790
					3,800

・旧本丸三重櫓の第３回入札の（　）内金額は、落札者が当初入れた数字。
・大手門の入札金額〔　〕内は同額件数。

度、再々度と進められた。三回目でも超過したことから、そこでの最低価格を示した業者との応対で、予定金額での落札となる。その間の事情は不明であるが、落札業者の札が一枚多く添えられている。他の入札状況でも三回行われたことはあるが、予定金額を超えたのは、この一回だけである。宮城正門（西の丸大手門）の場合は、基壇となる石垣の補修はなく、上屋のみの修繕となる。落札業者は、予定金額とほぼ同額で請負っている。総体的に、基礎となる石垣復旧工事よりも、その上に建つ建造物の工事費用の方が高く、予定金額に近い数字で落札されている。入札ではないが、復旧工事は、設計変更や気候の不順などで契約の期日を超えることもある。その場合には、事前に「工事期限延期之儀伺」を提出することが慣例である。しかし、大正一四年の「櫻田門渡櫓其他取解及櫓下石垣復旧工事」では、この書類を提出することはなく、契約違反であるという理由で、「違約金徴収」として三、七七二円一二銭を命じられた史料が唯一ある。無理な入札は、禁物なのである。

石垣工事は、建造物と比較すると制約が少ないことから、入札に応じる業者も多い。三〇社を超えることもある。表54には、本書で取上げた復旧工事のうち二カ所について記した。大手門枡形内石垣としたのは、同所渡櫓と高麗門の石垣は別途入札が行われているためである（表54参照）。石垣復旧工事では、「西桔橋附近石垣工事」の場合は、落札額が予定金額のおよそ九割であり、特異な事例である。大半は、「大手門枡形内石垣」を好例として、予定金額の大幅な減額の数字で落札されている。

ここでは、落札金額のみを記したが、入札や落札業者名を加えると、復旧に携わった人々の別の見方も可能となる。

〔二重櫓及び多門櫓〕

伏見二重櫓とそれに続く多門櫓は、軟弱な地盤上に築造されているために、大地震のたびに被害をうけてきた。関東大地震では、大正一二年十二月十三日付の「讀賣新聞」をはじめとして数社が写真入りで二重橋脇の石垣崩落を報道している。写真は、大変、有難いが記事はいずれも被害の実状を反映したものではない。

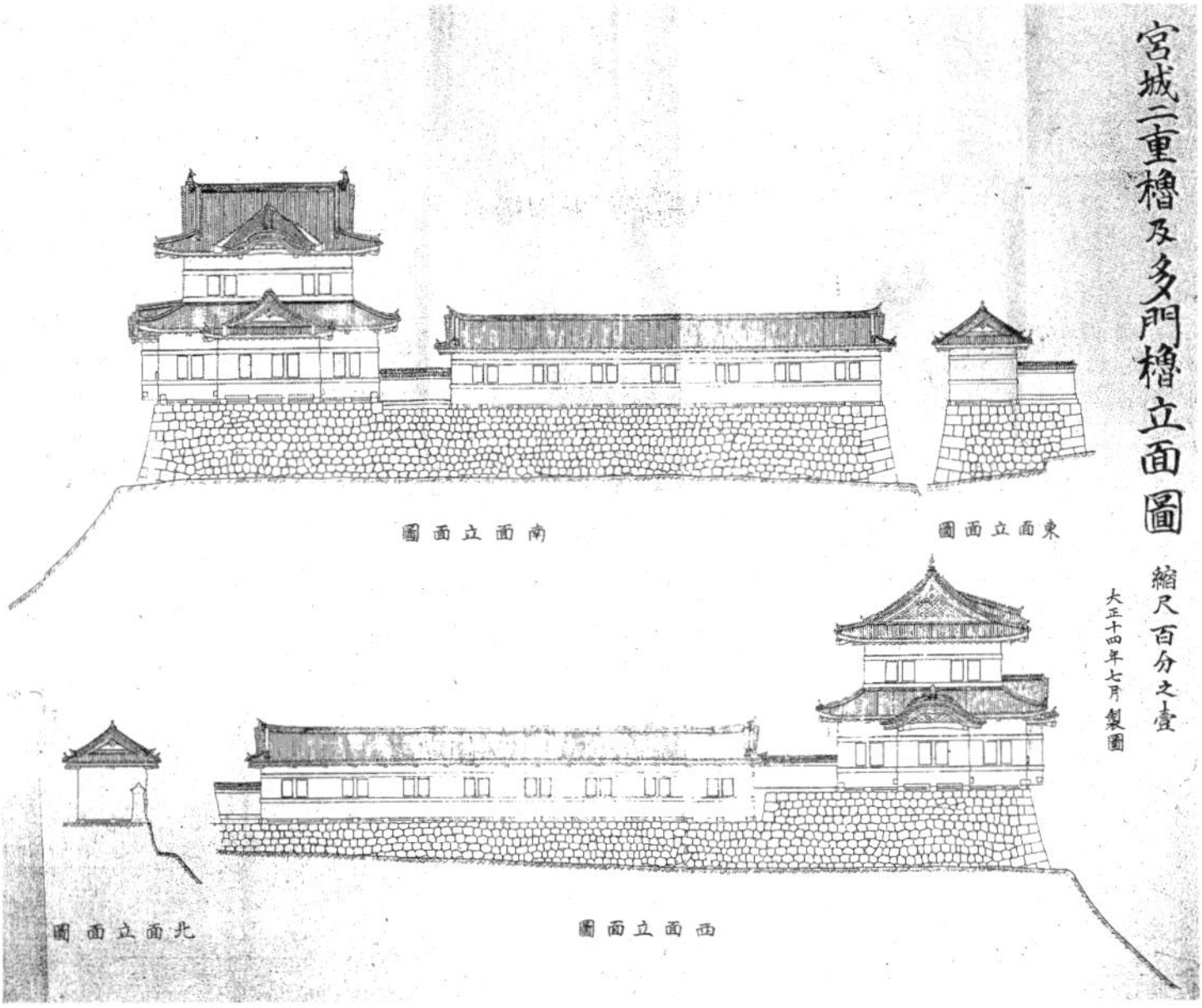

図60　宮城二重櫓及多門櫓立体図（宮内庁宮内公文書館所蔵）

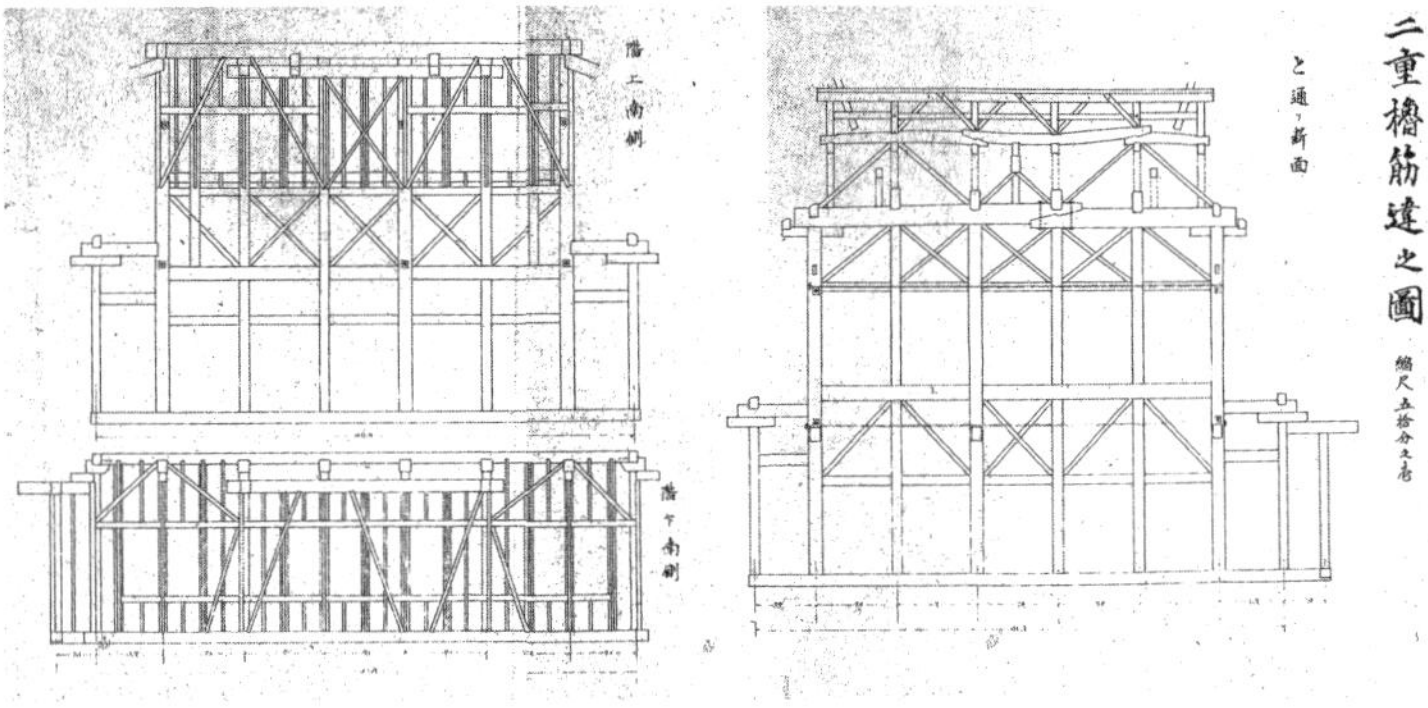

図61　宮城二重櫓筋違図（前同所蔵）

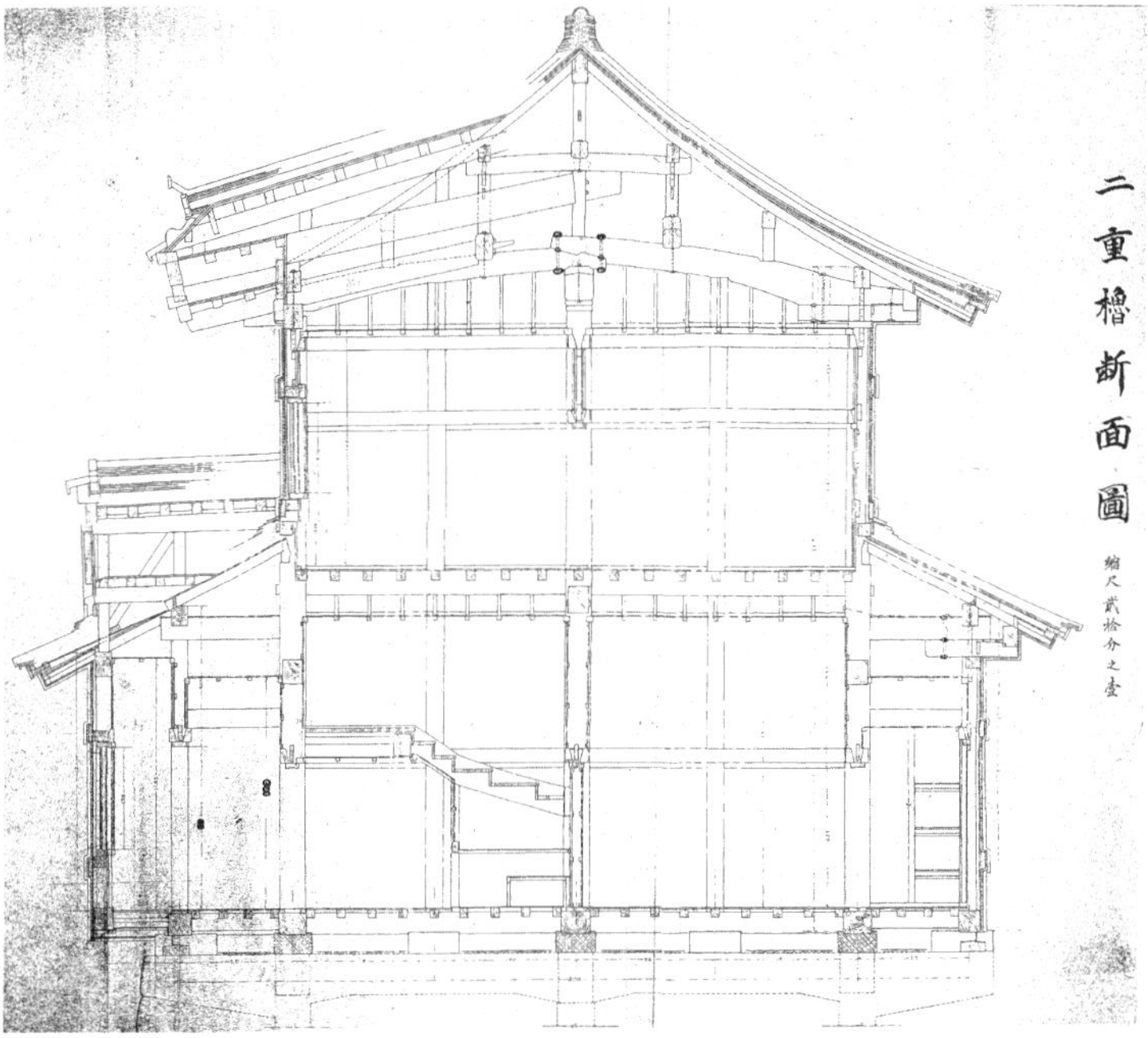

図62　宮城二重櫓断面図（前同所蔵）

復旧に関する図として、五点を用意した。図60の『宮城二重櫓及多門櫓立面図』のうち上段の図は、皇居を訪れると二重橋の背面にみえる建物がこれにあたる。耐震対策として頑丈な筋違を多用することは、旧本丸三重櫓で述べたが、ここでも図61にあるように、同様のことを実施していることがわかる。

大正一四年二月六日付の新聞記事を紹介したが、ここでの最大の特長は、同63・64にあるように、建造物下に鉄筋を使用していることをあげることができる。「宮城二重櫓及多門櫓基礎鉄筋混凝土工事仕様書」は、一九項目からなる。このうち、鉄筋に関することは、五～九項目が該当する。部分的に紹介すると以下のような記述がある。

五鉄筋大キサハ凡テ器面着入寸法ニ依リ左ノ各項に該當スル軟鋼ニシテ縦目瑕疵亀裂等ヲ有セス且ツ錆ナキ清浄ノモノトス

イ、応張強度　終極応張強度壱平方時ニ付六万听以上

ロ、弾性強度ニ於ケル応張力強度ハ終極応張力強度ノ二分一以上

ハ、伸張度　長八吋ニ対シ二五パーセント以上

ニ、曲度　常温並ニ赤熱ノ状態ニ於テ試験片ヲ百八十度平ニ折曲ケ其外面及内面ニ何等亀裂ヲ生セサルモノトス

ホ、鉄筋ニハ錆止ヲ施サヾルモノトス

六鉄筋ノ曲方ハ総テ器面ニ従ヒ現寸図ヲ作リ定盤上ニテ器械ヲ用ヒ徐々ニ工作スヘシ

七鉄筋接合ノ位置ハ総テ器面ノ通リ其重合セノ長ハ鉄筋直径ノ三十倍以上トシ両端ヲ折リ曲ケ二十番線ヲ以テ三巻以上三所宛結束スヘシ

但鉄筋ハ器面記入寸法以外ニ於テモ仮枠ノ内面ヨリ一寸以内ノ近距離ニ配置スヘカラス

八鉄筋ト仮構及鉄筋相互ノ間隔ハコンクリート突キ締メノ際移動セサル様相當ノ方法ヲ施コスヘシ

九梁ト柱トノ取合ヒニ於テ鉄筋所々曲ケノ個所ニハ必スカンザシヲ挿入シ又梁上端ニハ土台締付ケ用ボルト径七分長二尺～三尺間内外ニ割合セ埋メ込ミ置クヘシ

とある。鉄筋の強度に始まり、基礎部分での留意点、上屋での梁と柱との接合における注意など多岐に及んでいる。

仕様書では、この後、十～十五項にかけてコンクリートに関する記述がある。先に、「西枯橋附近石垣」

で合端用と裏込用のコンクリートの原料調合の比率を述べたが、ここでは、鉄筋と石垣の組合わせもあることから、それらとは異なる数字が示されている。それは、セメント一に対して川砂二、砂利四の割合で、砂利の大きさも二分以上五分までと小振りなものを指定している。さらに、コンクリートの強度を増すために、一日当りの施工高さを六尺以下と定めている。

二重櫓及び多門櫓が復旧にあたり鉄筋コンクリートを使用したことは知られていたが、図63・64と仕様書の存在によって、その構造まで明らかにすることが可能となった。

〔大手門枡形内〕

大手門は、火災や震災など幾度となく災害に遭遇してきた。古くは明暦大火に始まり、第二次世界大戦では東京大空襲で焼失。東日本大震災では、高麗門石垣孕みや渡櫓壁の剥落、枡形内の岩岐石の欠損など。関東大地震では、仕様書をみる限り、枡形内の石垣と壁、渡櫓と高麗門の全てに被害が及んでいる。

関東大地震での復旧は、はじめに枡形内の石垣、その後、渡櫓と高麗門の取解と石垣、最後に上屋の順で進められている。

江戸城大手六門に用いられている渡櫓下の石は、総じて巨大で丁寧な調整が施され、整然と積まれていることを共通とする。関東大地震の復旧にあっては、これらのうち、上屋が残されているものでは、西の丸正門を除く大手門と内櫻田門の二門が石垣からの復旧となる。大手三之門と中之門の石垣は、孕みが要因となって、昭和・平成と積直しが行われている。この孕みの一因は、関東大地震によるものと考えられなくもない。

史料に残る渡櫓石垣の復旧は、櫻田門（外櫻田）・大手門・坂下門・内櫻田門・平河門・半蔵門・三角

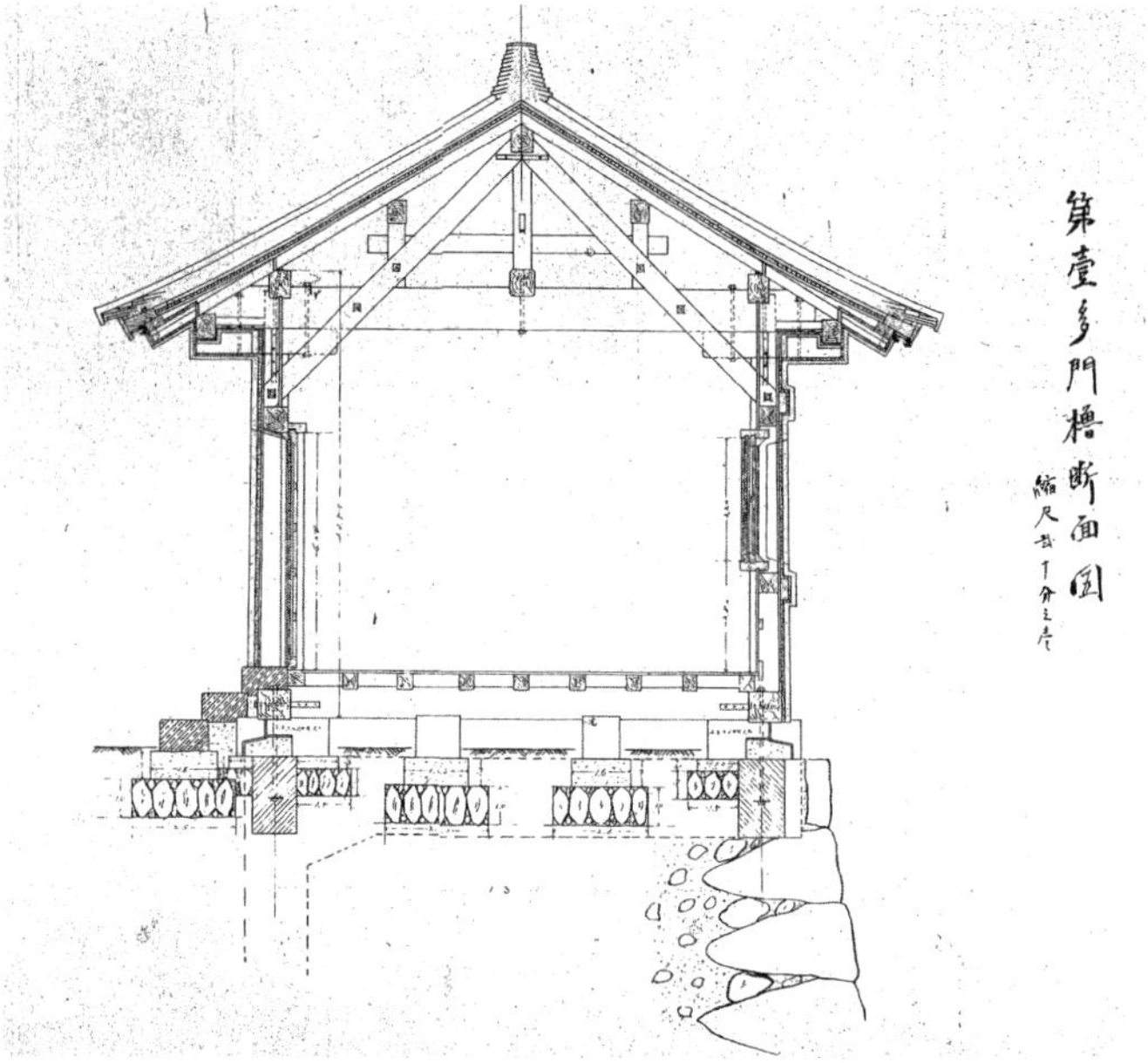

図63　宮城第壹多門櫓断面図（宮内庁宮内公文書館所蔵）

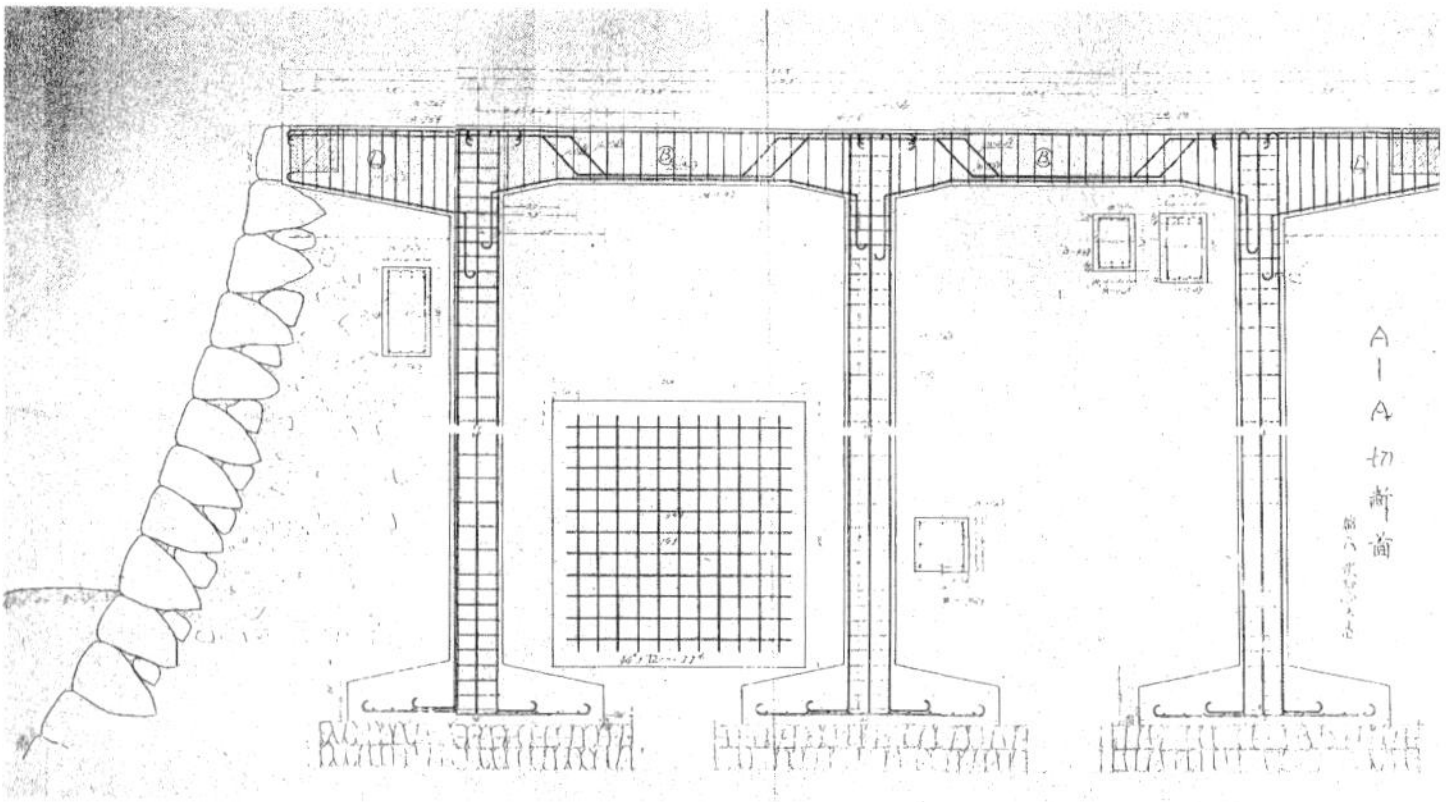

図64　宮城二重櫓基礎断面図（前同所蔵）

門（吹上門）の七門で行われている。そのうち、石垣の隅石などが崩落したことを明示している図は、坂下門でみることができるが、それ以外では示されておらず、実際の被害状況は不明といわざるをえない。余談であるが、坂下門渡櫓は、明治一九年に取解後、西北に九〇度変更し、新築している。

さて、大手門の復旧にあたっては、渡櫓の正面姿図（図65）、同・改修軸組図（図66）、同・側面図（図67）、同・大柱根継詳細図（図68）、高麗門姿図・断面図（図73・74）、渡櫓下および高麗門脇の石垣断面図（図71・72）をここでは用意した。それらのうち、石垣復旧を中心に述べることにする。先に、石垣復旧にあたっては、『大手門内及同門脇石垣工事費』（二〇二八〇―三）と『大手渡櫓門其外取解及櫓下石垣工事費』（二〇二八〇―七）の二つの史料があることを指摘したが、後者でみることにする。

仕様書には、渡櫓と高麗門の取解坪数、渡櫓下（甲石垣）と高麗門下（乙石垣）の積立坪数に始まる。甲石垣にみる練積とは、石垣と裏込や割栗石との間に強度を増すためにコンクリートを用いるものであり、空積はそれを用いない積立のことを指す。渡櫓下の石垣復旧では、九割以上でコンクリートを用いており、空積は五分程である。その後に、「第壹　櫓其他取解」、「第貳　石材其他」、「第参　工事」、「第四　雑則」の四項目があり、これに参考として官給品一覧が続く。

図69は、取解の部分であるが、屋根瓦・土居葺板・各種柱材・金属板等々のうち、破損して使用見込みのない材料はまずは分類し、係員の指示のもと構内に運搬を要する。再見込の材料は、種類別（柱では構造上）に分け、数量の確認を指示している。図はないが、「石材其他」では、コンクリートに用いる洗砂・洗砂利に夾雑物（泥や塵介）の混入禁止、検査後の保管にも注意、セメントの貯蔵庫の設置、裏込は根堀より生じたものを使用、築石の不足は主馬寮脇（旧三の丸北側）の石垣工事から出たものを使用すること

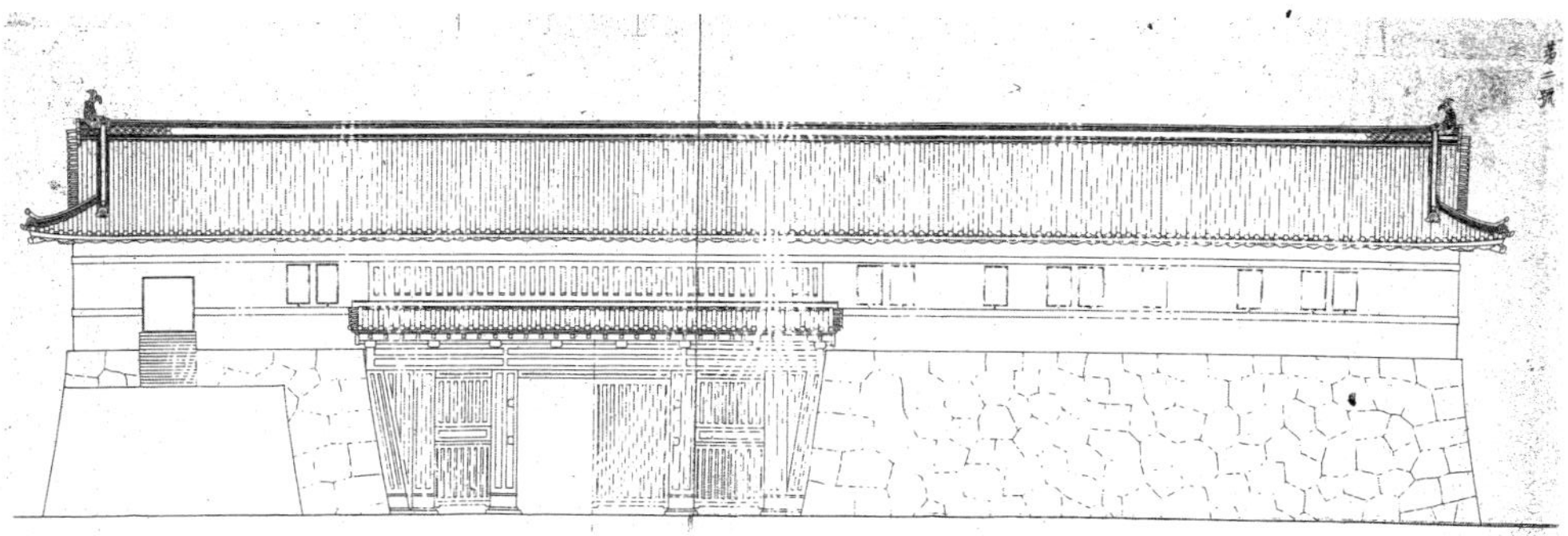

図65　大手渡櫓正面姿図（宮内庁宮内公文書館所蔵）

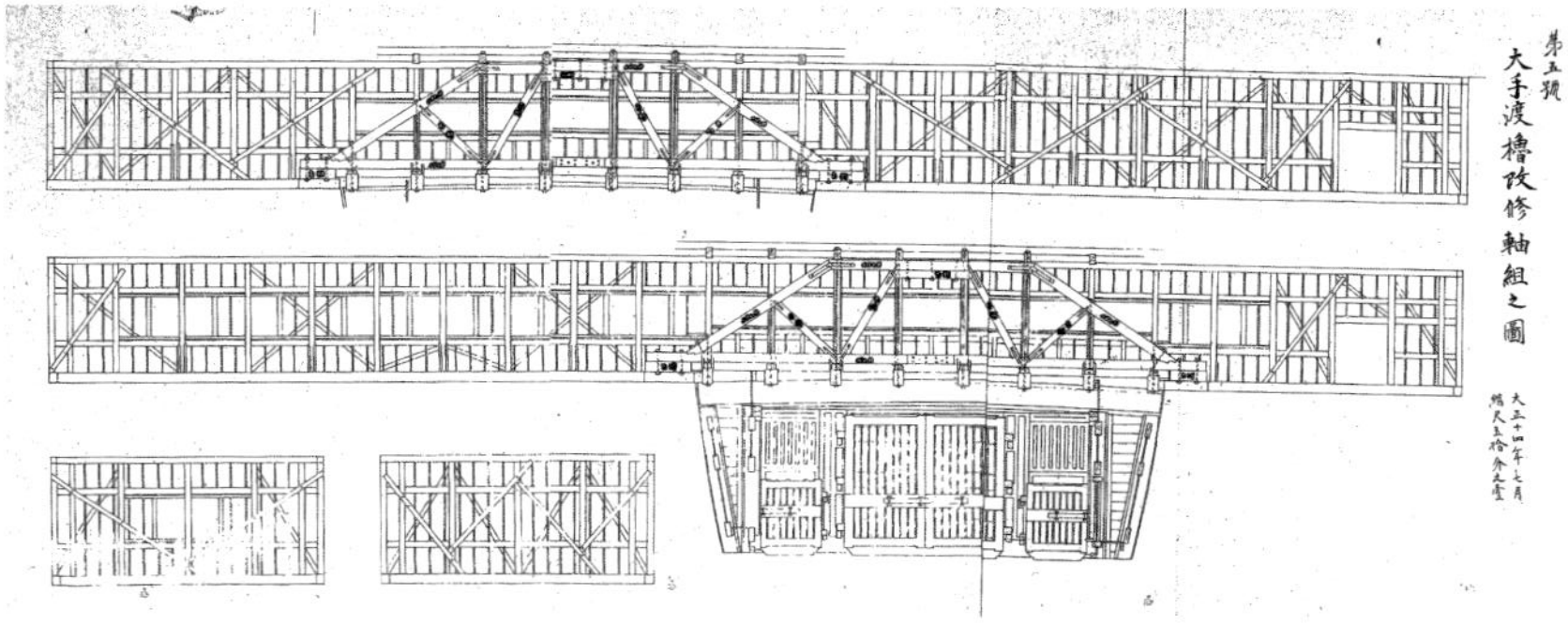

図66　大手渡櫓改修軸組図（前同所蔵）

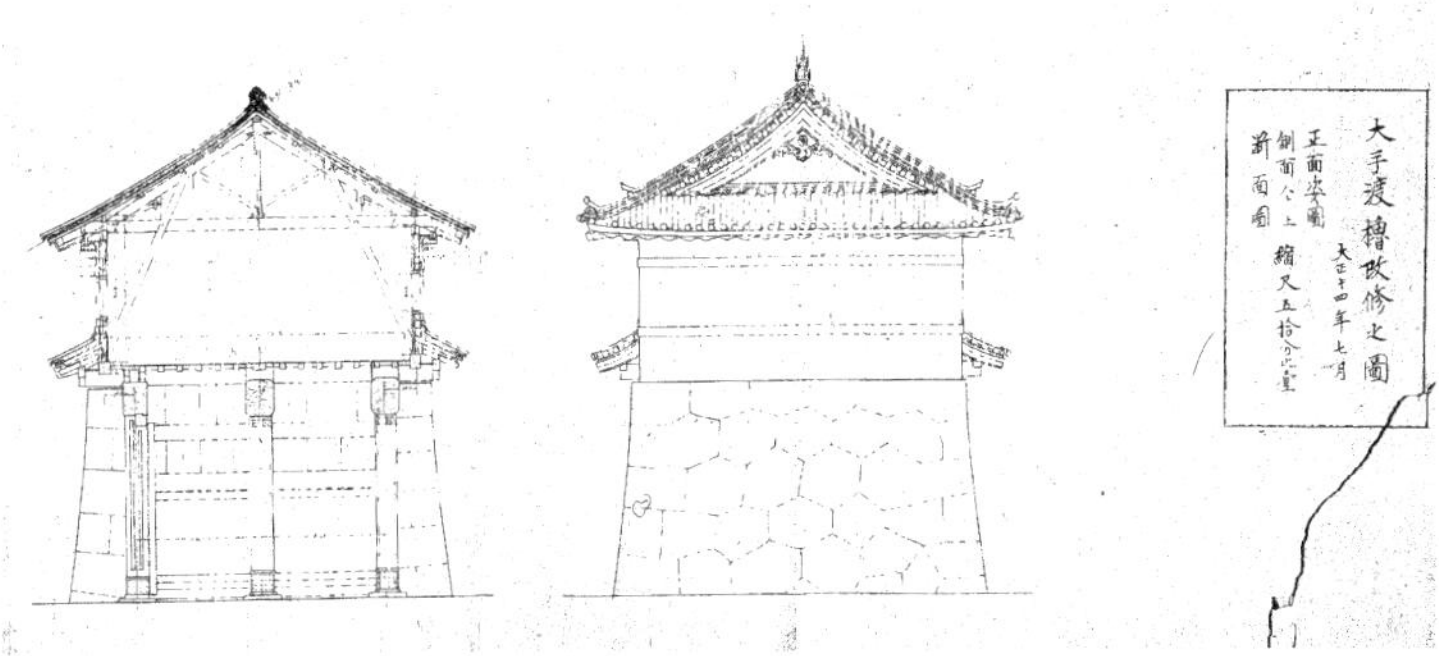

図67　大手渡櫓側面姿図及び断面図（前同所蔵）

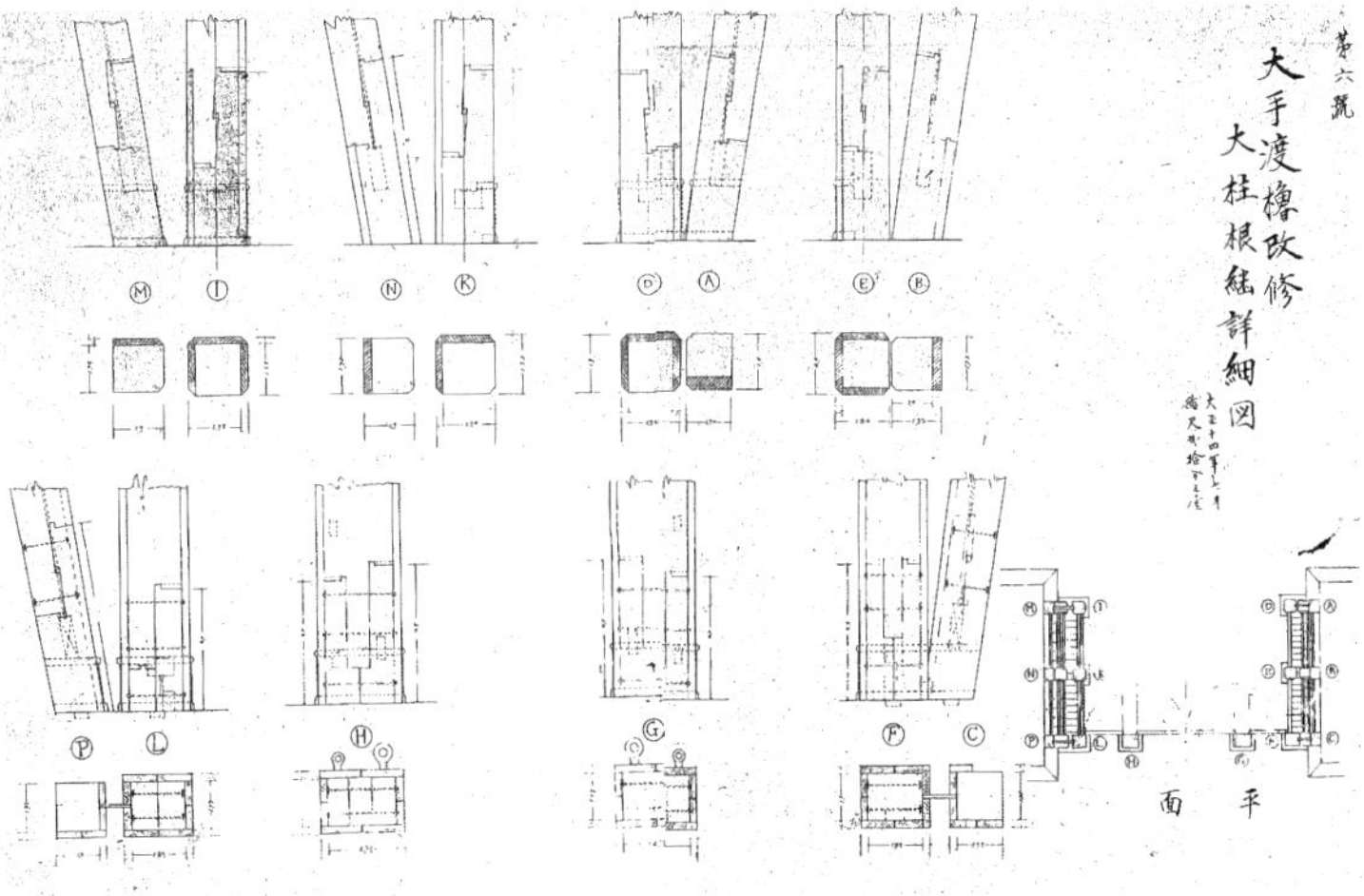

図68　大手渡櫓大柱根継詳細図（前同所蔵）

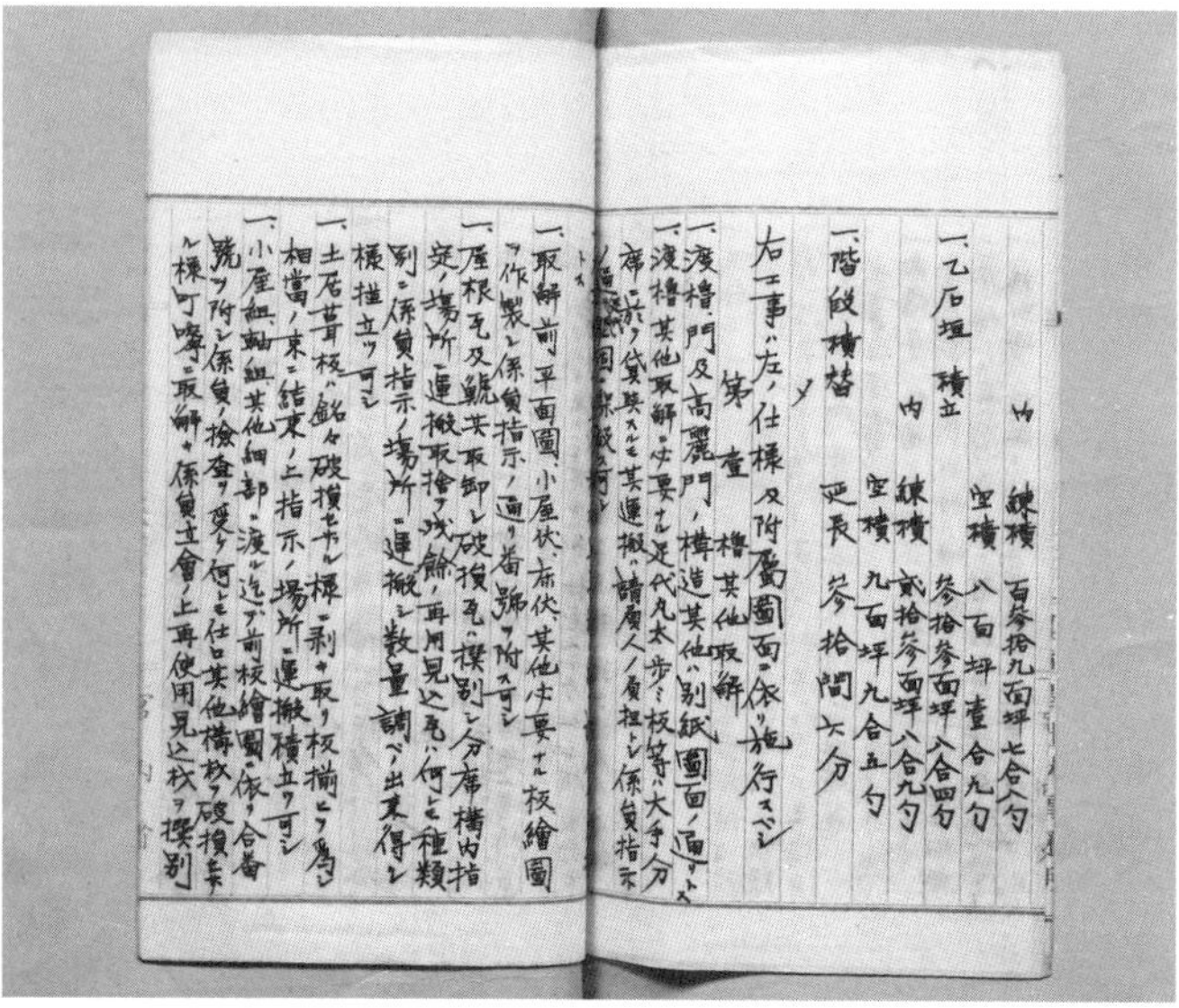

内 練積 百参拾九面坪七合八勺
空積 八面坪壹合九勺
一、乙石垣 積立 参拾参面坪八合四勺
内 練積 弐拾参面坪八合九勺
空積 九面坪九合五勺
一、階段積替 延長 参拾間六分
〆
右工事ハ左ノ仕様及附属圖面ニ依リ施行スベシ
第壹 櫓其他取解
一、渡櫓門及高麗門ノ構造其他ハ別紙圖面ノ通リトス
一、渡櫓其他取解ニ必要ナル足代丸太歩ミ板等ハ大手分
序ニ於テ貸與スルモ其運搬ハ請負人ノ負担トシ係員指示
トス
一、取解前平面圖、小屋伏、床伏、其他必要ナル板繪圖
ヲ作製シ係員指示ノ通リ番號ヲ附ス可シ
一、屋根瓦及鯱其取卸シ破損瓦ハ撰別シ分府構内指
定ノ場所ニ運搬取捨ツ残餘ノ再用見込瓦ハ何レモ種類
別ニ係員指示ノ場所ニ運搬シ数量調ベ出来得ル
様積立ツ可シ
一、土居葺板ハ銘々破損セザル様ニ剥ギ取リ板揃ヒヲ為シ
相當ノ束ニ結束ノ上指示ノ場所ニ運搬積立ツ可シ
一、小屋組、軸組、其他細部ニ渡ル迄予前板繪圖ニ依リ合番
號ヲ附シ係員ノ検査ヲ受ケ何レモ仕口其他構材ヲ破損セザ
ル様可成丁寧ニ取解キ係員立會ノ上再使用見込材ヲ撰別

図69　大手渡櫓門・他石垣取解仕様書・部分（宮内庁宮内公文書館所蔵）

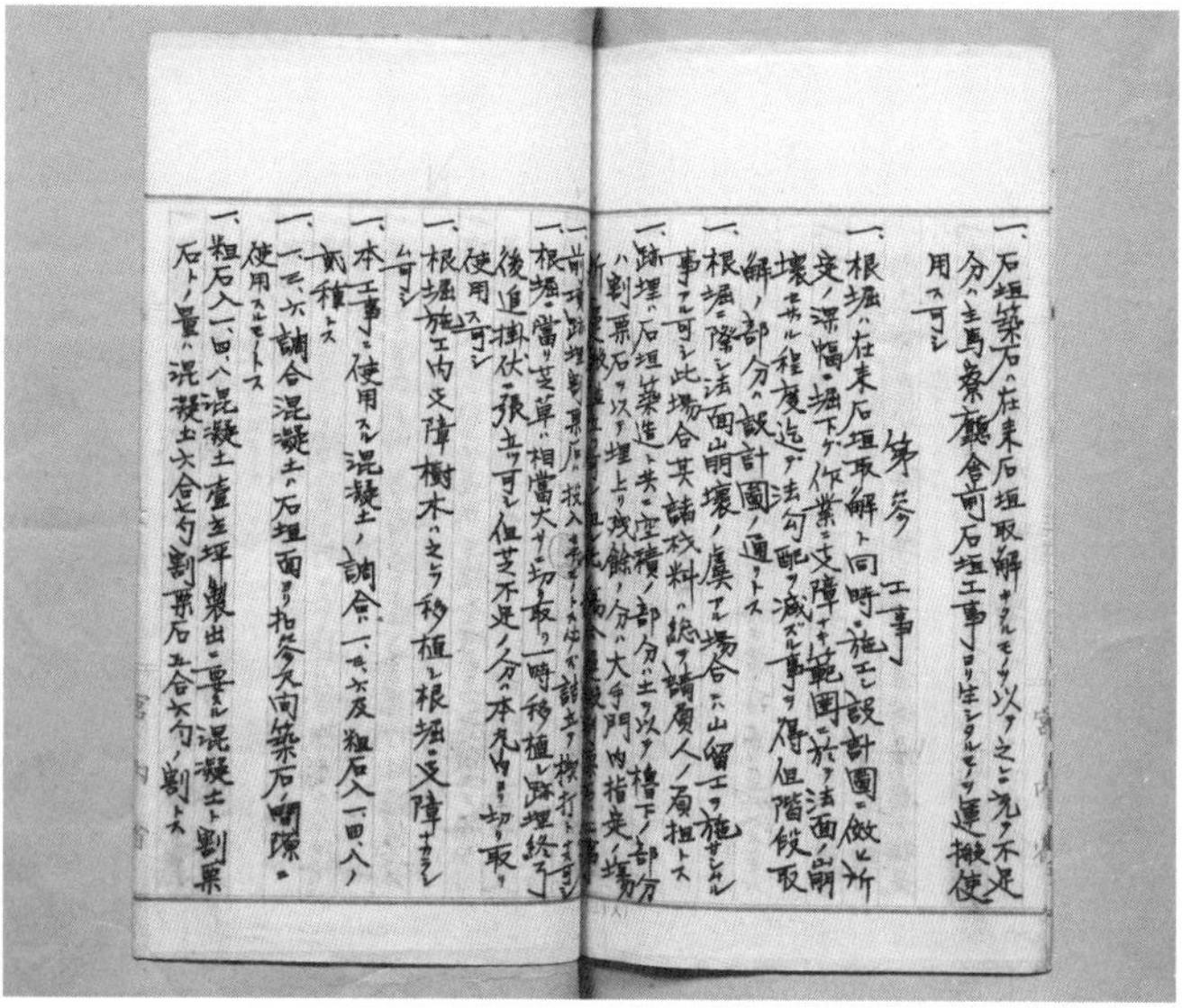

一、石垣築石ハ在来石垣取解ナサルモノヲ以テ之ニ充テ不足
分ハ主馬寮厩舎前石垣工事ヨリ生シタルモノヲ運搬使
用ス可シ
第参 工事
一、根堀ハ在来石垣取解ト同時ニ施工シ設計圖ニ倣ヒ所
定ノ深幅ニ堀下ゲ作業ニ支障ナキ範圍ニ於テ法面ノ崩
壊セザル程度迄法勾配ヲ減ズル事ヲ得但階段取
解ノ部分ハ設計圖ノ通リトス
一、根堀ノ際シ法面山崩壊ノ虞アル場合ハ山留工ヲ施サシムル
事アル可シ此場合其諸材料ハ総テ請負人ノ負担トス
一、跡埋ハ石垣築造ト共ニ空積ノ部分ハ土ヲ以テ櫓下ノ部分
ハ割栗石ヲ以テ埋上リ残餘ノ分ハ大手門内指定ノ場
一、根堀ニ當リ芝草ハ相當大サニ切取リ一時移植シ跡埋終了
後追掛伏ニ張立ツ可シ但芝不足ノ分ハ本丸内ヨリ切取リ
使用ス可シ
一、根堀施工内支障樹木ハ之ヲ移植シ根堀ニ支障ナカラシ
ム可シ
一、本工事ニ使用スル混凝土ノ調合ハ一、四、六及粗石入一、四、八ノ
弐種トス
一、一、三、六調合混凝土ハ石垣面ヨリ拾参尺間築石ノ間隙ニ
使用スルモノトス
一、粗石入一、四、八混凝土壹立坪製出ニ要スル混凝土ト割栗
石トノ量ハ混凝土六合七勺割栗石五合六勺ノ割トス

図70　大手渡櫓門・他石垣復旧工事仕様書・部分（前同所蔵）

などが記されている。

図70は、工事の部分である。ここでは、根堀・コンクリートの調合比率（二種あり、使用場所の指定）・コンクリートの打ち方・石垣法勾配・補足築石面の仕上方・空積部分への裏込割栗石の投入禁止・石垣取解で角が欠けないことと復元のために印を付けることなどを細部に至るまで注意項目としている。

雑則は省略するが、三つの項目をみる限り、上屋と石垣に震災の被害が生じていることを看取することができる。

上屋では、図66の改修軸組図からもわかるように、筋違や止金具を使用することで耐震補強を行っている。本書の図にはないが、枡形内の石垣上の塀には、一定の間隔で鉄筋が入れてあり、強度を増している。これは、他の諸門でも同様に行われており、図面とともに仕様が残されている。

宮内庁官内公文書館所蔵史料を通して、関東大地震における江戸城跡の被害と復旧について考えてきた。それは、被害無くして復旧する必要はなく、石垣であれば崩落や大きな孕みがない限り積み直すことはない。それは、建造物にも該当する。

しかし、被害の程度となると、限られた史料からだけでは困難といわざるをえない。とはいえ、西桔橋附近石垣崩落は、元禄大地震以来、二一〇年ぶりの大崩れであり、改めて揺れの大きさを感じることとなった。それは、西の丸二重櫓及び多門櫓において、それらの基礎となる石垣上位に鉄筋を多用し、耐震対策の強度を高める工夫一つからも推察することができる。今回、紹介した旧本丸三重櫓と大手門の場合は、情報が限られているので、全体像の把握には到底及ばないが、仕様書を丹念に読むと、うっすらではある

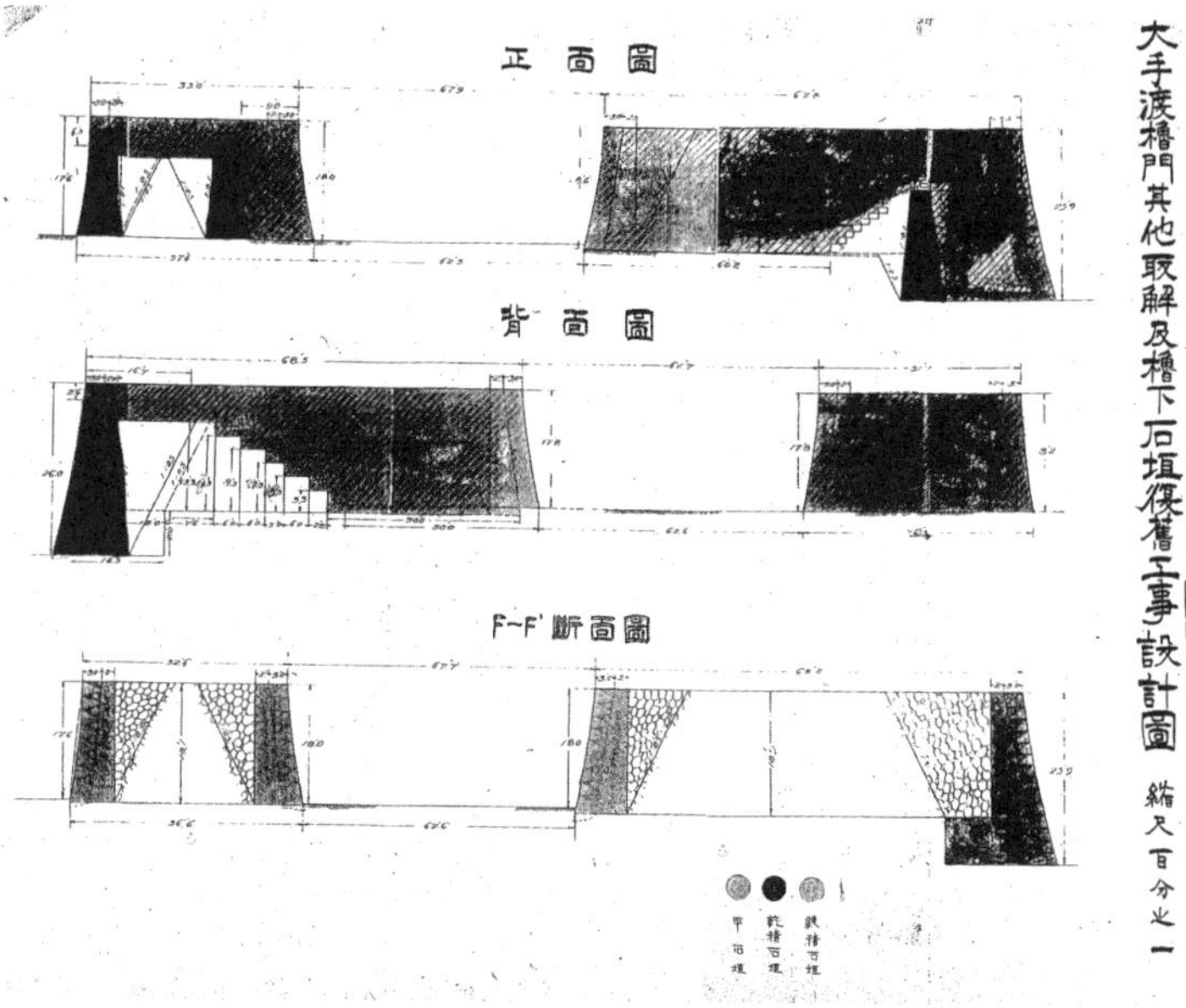

図71　大手渡櫓石垣復旧工事断面図（宮内庁宮内公文書館所蔵）

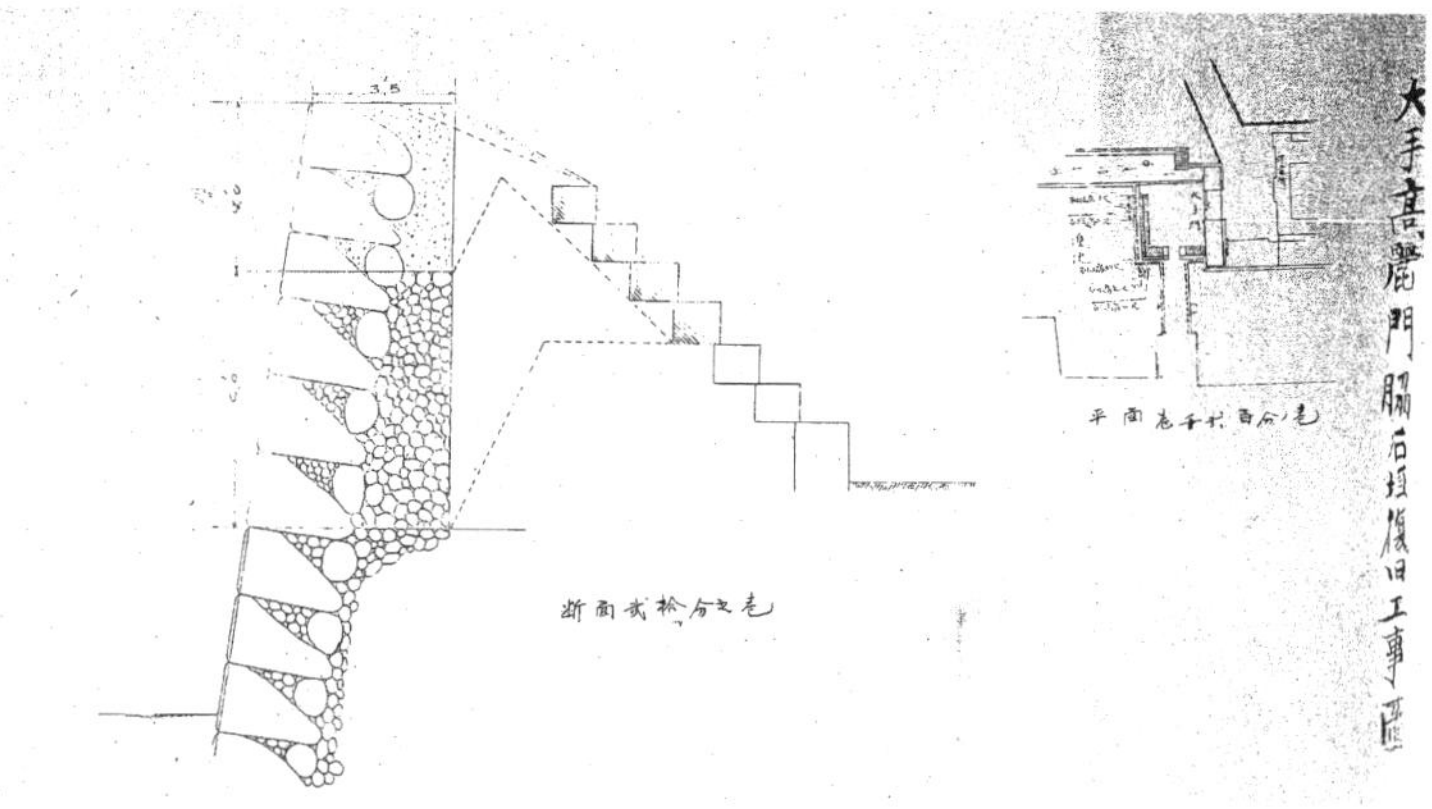

図72　大手高麗門脇石垣復旧工事断面図（宮内庁宮内公文書館所蔵）

図73　大手高麗門鉄筋塀姿図（宮内庁宮内公文書館所蔵）

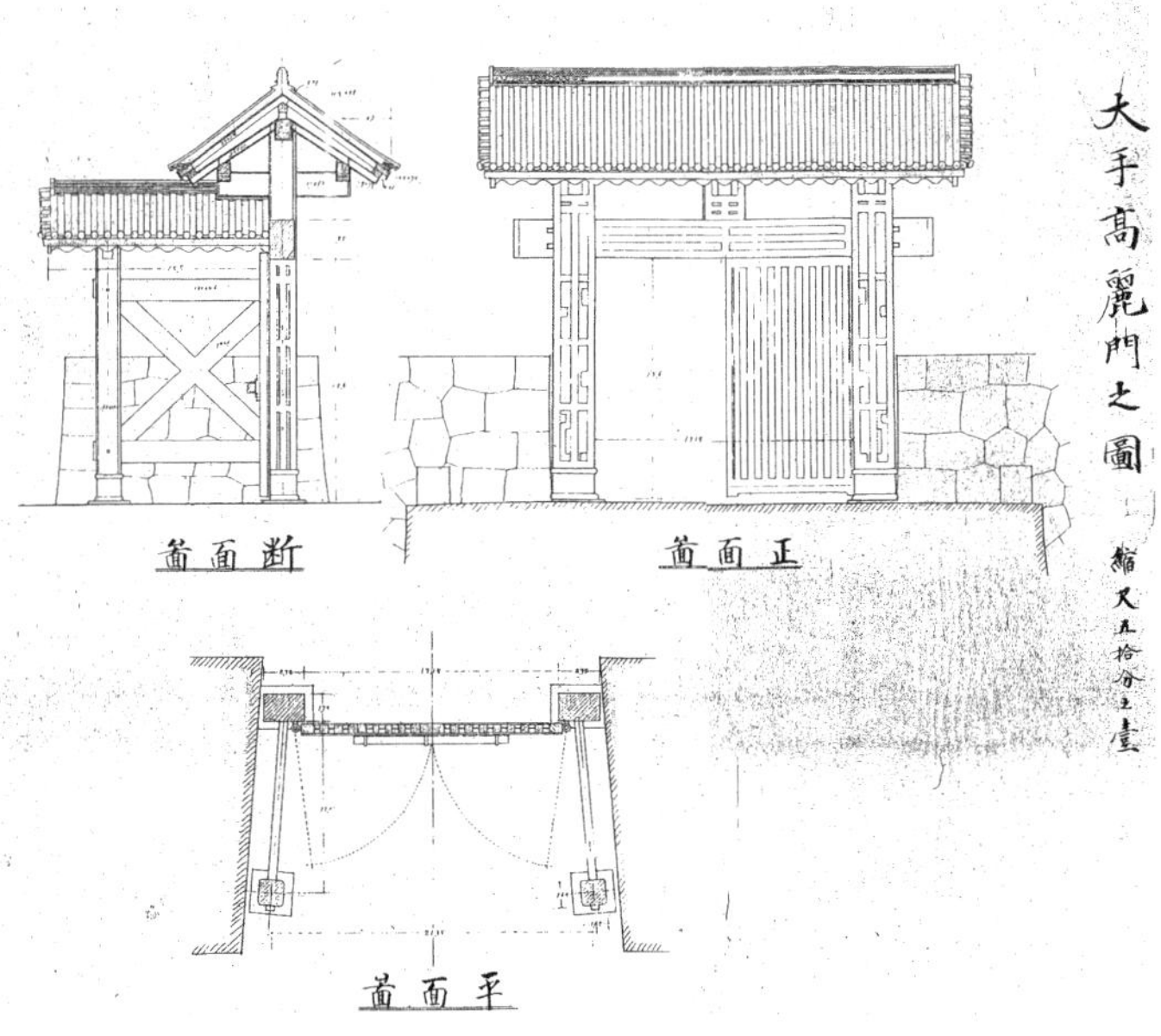

図74　大手高麗門之図（宮内庁宮内公文書館所蔵）

が脳裏に浮かぶ。

本章での江戸城跡の復旧史料は、関東大地震の直接的な被害とともに、ここを定点として、元禄大地震と安政江戸地震とを比較することにある。限られた紙面であるが、参考になればと願っている。

四　上水道被害

大地震は、地上構造物に破壊や破損という被害をもたらすが、それは、地下にも及ぶ。ここで、関東大地震の東京府における上水道被害についてみることにする。

表55は、土木学会が昭和二年（一九二七）に刊行した『大正十二年　関東大地震　震災調査報告（第二巻）上水道・下水道・瓦斯工事部鉄道・軌道之部』に記されているものである。当時、東京府には、表55の東京市上水道のほかに、渋谷町上水道と玉川水道の二つがあった。渋谷町上水道は、明治二二年（一八八九）、上・中・下渋谷町に供給する目的で設立した。玉川水道は、大正二年（一九一三）、入新井・羽田・蒲田に供給することを目的に設立され、水源を多摩川左岸の調布市川辺にもち、大正八年には、品川・大崎・大井に給水している。この表55には、二つの水道は含まれていない。

表の解析をする前に、東京府の上水道事情を述べると、震災当時、上水道の総延長は、五四万間（約九七二キロ）に及んだ。江戸時代の石樋・木樋などから鉄管に順次、切替え、明治二七年から同三二年十二月までに二六七、一四五間（約四八〇キロ）、明治三三年五月から同三九年三月までに九八、〇七七間（約一七六キロ）、明治三九年五月から同四一年三月までに五七、八七九間（約一〇四キロ）、残りの一二

表55　東京市上水道の鉄管被害一覧（『大正12年関東大地震　震災調査報告（第２巻）』より）

区名	被害状況	鉄管内径（mm）と被害件数 1,200	1,100	900	800	700	600	500	400	300以下	消火栓・阻止弁・排気弁・量水器破損	摘要（件）
麴町	破裂						1			13	消19、阻7	3,460
	漏水					1			5	3,414		
神田	破裂									33	消4、阻5、排2	422
	漏水								1	377		
日本橋	破裂									10	消10、阻1、チェック1	94
	漏水					3				69		
京橋	破裂									19	消8、阻3、排2、量1	283
	漏水							5	1	344		
芝	破裂						1			37	消10、阻14、排3	6,585
	漏水	7		209	214	4	2		426	5,649		
麻布	破裂									12	消5、阻5	6,442
	漏水						3			6,417		
赤坂	破裂									14	消10、阻7	5,678
	漏水									5,647		
四谷	破裂		1							7	消2、阻2、量1	174
	漏水		34				25			102		
牛込	破裂						1			1	消12、阻3、量1	3,449
	漏水		34		24		3			3,370		
小石川	破裂										消4、量3	5,169
	漏水		8		1			4	1	5,148		
本郷	破裂		3							3	消6、阻5、量1	1,300
	漏水		8	70			20			1,184		
下谷	破裂									2	消2、阻3	3,779
	漏水			1						3,770		
浅草	破裂									1	消21、排4	1,549
	漏水				69		50		281	1,123		
本所	破裂									19	消18、阻2、量3	2,373
	漏水							8		2,323		
深川	破裂									24	消10、阻8、量4	1,048
	漏水							1		1,001		
郡部	破裂		1					1			消1	29
	漏水		2		2			4	5	13		
合計	破裂		5				3	1		195	消152、阻65、排11、量14、チェック1	41,834
	漏水	7	86	280	310	8	103	22	720	39,851		

図75　「本郷給水場東南鉄管破裂」（東京都水道歴史館所蔵）

万間が新設であった。つまり、鉄管に敷設替えを開始して、震災に至るまでには、最大で二十九年が経過していたことになる。

表をみることにする。筆者は専門外なので単純に数字だけで追うことにする。鉄管の被害は、破裂と漏水の二項目に分類されているが、地下での震動による影響という点では、破裂の方がはるかに大きい。郡部の二件を含め二〇四件が報告されている。漏水による被害と比較すると約〇・五パーセントと少ない。この中では、四谷・本郷の両区で一、一〇〇ミリ管が破裂しているのが注目される。表からわかるように、同管は、一、二〇〇ミリ管についで太く、いわば幹線筋に用いられているものである。それが破裂し、しかも本郷では三件発生しているのである。図75は、東京都水道歴史館所蔵の写真で、ファイルされた覚書には、「大、一二、九、一　震災　本郷給水場東南鉄管破裂／φ一、一〇〇」とある。新管に取替え後、施設内の庭先に運搬したものを撮影したものであるが、管の接合部が無残にも砕けている。補足すると、前述の報告書には、管の長さとして「延長二間（約三・六メートル）」の記述がある。震災当時、鉄管内には上水が流れていたわけであり、如何様の力が加わったのか想像すらできない。四谷・本郷両区の地下での震動が大きかったことは、この事例からわかるが、漏水の件数も軽視することができない。漏水件数については、管の太さと総数の二者でみることにする。鉄管内径が八〇〇ミリ以上の太いものでみると、四谷・本郷両区もさることながら、芝区が際立って多い。地盤が軟弱であることに起因するものであろうか。これについで牛込・浅草両区も多い。小石川区は九件と前掲の五区と比較すると少ないが、一、一〇〇ミリ管で八件の漏水があることは軽視することができない。

鉄管の破裂と漏水を加えた総数でみた場合には、芝区を除くと必ずしも管の太さと一致するわけではない。五千件を超えるのは、芝区を筆頭として麻布・赤坂・小石川の四区、三千件を超えるのがこれらに加えて下谷・麴町・牛込の三区となる。一、一〇〇ミリ管が破裂した四谷区が一七四件と少ないのは、意外である。同区は、山手にあり、大半が台地上の基盤が堅固なところにあることから、被害は、台地に挟まれた低地部分で発生しているものと考えられる。元禄・安政江戸地震で甚大な被害があった神田区が少ないことは不思議である。日本橋・京橋両区の被害は小さいが、地震の揺れと配管との方向性についても検討する必要がありそうである。

鉄管の被害の九五パーセント以上を占めるのが、内径が三〇〇ミリ以下の小型のものである。これをもう少し詳細にみたのが表56である。表55とは性格が異なるが、鉄管の内径が細くなるほど被害が大きいことを看取することができる。ちなみに、史料は、応急工事として鉄管のほかに、消火栓二〇五、消火栓兼

表56　東京府の大正13年1月31日までの鉄管応急工事一覧

鉄管内径 (mm)	修理の要因			計
	破裂	折損	漏水	
1,100	5		184	189
900			636	636
800			474	474
700			10	10
600	1	1	300	302
500	2		275	277
400	1		1,009	1,010
300	3		2,974	2,977
250	1		5,471	5,472
200	19		8,710	8,729
150	65	9	26,877	26,951
100	87	14	47,653	47,754
75	10	6	899	915
計	194	30	95,562	95,786

（『大正12年関東大地震　震災調査報告・第2巻』より）

用区画量水器一四、阻水弁一〇九、排気弁一二、チェック弁一の修理が添えられている。ちなみに、上水道の修理は、大正十二年度は応急的なもので、東京府では、総額一千万円の予算で、昭和二年度まで順次、修理や鉄管などの取替えを行っている。

ところで、上水道被害は、鉄管だけでなく、他の施設にも及んでいる。ここでは、和田堀浄水池の事例でみることにする。前掲の報告書には、「和田堀浄水池は、鉄筋混凝土《コンクリート》造なるも震災当時施工中なりしため被害比較的甚し（以下略）」の書出しで、被害状況が図面を交えて記されている。被害は、池底、側壁、支柱などに及ぶ。池底は、アスファルトと混凝土間に亀裂が生じたようで、調査時点にはアスファルトが塗装されており、具体的な被害の検証には至らなかったとある。施工されていない部分には鉛板が挿入されていたが、鉛板に別段異常がないことから、池底での被害は、さほどでないという見解が示されている。口絵4と図76は、東京都水道歴史館が所蔵する和田堀浄水池の震災被害を撮影したものである。口絵4は、二号浄水池の側壁被害を二名の人物が確認している。報告書では、側壁中央部の堅壁、扶壁を含め大小二

図76　「和田堀浄水池支柱大亀裂」(東京都水道歴史館所蔵)

○カ所余りとの記述がある。図には亀裂が示されているが、口絵4では、二人の人物のうちの下方右手上端近くがそのうちの一つであろうか。図76は、「和田堀浄水池支柱大亀裂」とあるが、支柱の下端には亀裂のほかにコンクリート部分の剝落がうかがえる。奥の支柱にも同様のことがみられ報告書には、大半の支柱に被害が及んでいることを記している。

本書での上水道被害は、先に述べた元禄大地震と安政江戸地震の上水道被害との比較をするという視点で述べている。したがって、甚だ簡略であることはご容赦、願うものである。安政江戸地震で四ツ谷の幹線筋の石樋被害を紹介したが、関東大地震で同所での一、一〇〇ミリ管が破裂したことを知ると、どこか重なる部分がある。

本書では、下水道被害については触れないが、前掲の報告書には記されている。また、昭和三年（一九二八）、財団法人東京市政調査会から復興局編として著された『帝都復興事業概観』には、東京府の下水道の復興予算として、大正十二年度から昭和三年度にかけて総額四、三五〇万円が計上されている。これは、上水道復興予算のおよそ四倍に当るものであるが、都市の近代化によって埋設管が多用され、処理施設を含めて改めて震災被害の大きさを知るところである。

表57　宮内公文書史料の関東大地震による江戸城跡復旧の目録一覧

識別番号	名　称	江戸城復旧事業項目	図面有無	領収金額（円）	備　考
20280-1	臨時震災関係費1　大正14年	◎西拮橋附近石垣復旧工事費	有	15,790.41	36,300円の請負の第1回支払
		・櫻田門櫓実測用足代取設費	無	59.40	
20280-2	臨時震災関係費2　大正14年	・櫻田門渡櫓復旧ニ付係員詰所新設工事費	無	41.30	
		・櫻田門櫓復旧工事ニ付櫓内仮建物一棟建設其他格納費	無	298.75	
		◎二重櫓及多門櫓復旧ニ付同櫓取解並ニ石垣修築工事用給水鉛管其他供給代金	無	106.40	
		・宮城乾門両脇塀改修其他工事請負金残額	無	490	
		・吹上御苑濾過池修繕工事費	有	15,200	33,000円の請負の第1回支払
20280-3	臨時震災関係費3　大正14年	◎二重櫓及多門櫓復旧ニ付同櫓取解並石垣修築工事費	有	10,780	26,500円の請負の第1回支払
		・梅林門附近石垣修繕工事費	有	1,595	
		◎西拮橋附近石垣復旧工事費	有	19,218.44	39,500円の請負の第2回支払 ※増工事により3,000円追加
		◎大手門内及同門脇石垣復旧工事費	有	1,800	
20280-4	臨時震災関係費4　大正14年	◎西拮橋附近石垣復旧工事ニ付測量手伝人夫供給請負費	無	220	大正14.3.1～5.31
20280-5	臨時震災関係費5　大正14年	・宮城吹上御苑半蔵門代官町生垣新築事業費	有	2,600	代官町で土手修繕（段壕）を含
		・櫻田門渡櫓其他復旧工事用仮坂塀建設工事費	無	119.30	
		・旧三之丸御門取解キ運搬格納工事費	無	159.80	

			・吹上濾過池修繕工事ニ付測量其他用手伝人夫供給請負費	無	288	
			◎二重櫓及多門櫓復旧ニ付石垣修築工事用セメント供給代金	無	3,575.05	
			◎西拮橋附近石垣復旧増工事用セメント供給代金	無	1,609.30	
20280-6	臨時震災関係費6	大正14年	◎旧本丸三重櫓復旧工事費代金	有	28,200	44,300円の請負、第1回支払
			◎二重櫓及多門櫓復旧ニ付同櫓取解並ニ石垣修繕費	有	15,435.85	26,215.85円の請負、第2回支払 ※増減工事により請負金変更
			◎旧本丸三重櫓復旧工事用家屋瓦供給費	無	4,045.30	
			◎大手渡櫓門其他取解キ及櫓下石垣復旧工事用セメント供給代金		3,625	
20280-7	臨時震災費震災関係費7	大正14年	・旧本丸三重櫓脇土塀取解キ運搬工事費	有	497.70	図中に「石火矢門」の記入
			・西拮橋石垣付門取解キ片付方工事費		119	
			・二重櫓及多門櫓復旧ニ付今櫓取解並ニ石垣修築工事場湯溝其他雑用人夫供給費	無	240	
			・山里門屋根修繕並塗塀撤去其他工事費	無	296.30	
			・旧本丸内門取解運搬工事	無	120	
			・坂下門修繕用箱番所据付其他費用	無	24.20	
			◎宮城二重櫓及多門櫓基礎鉄筋混凝土工事費	有	14,480	
			・吹上御苑濾過池修繕工事費	有	17,966.46	33,000円の請負、第2回支払 ※請負金変更

		◎大手渡櫓門其外取解及櫓下石垣工事費	有	14,550	
20280-8	臨時震災費震災関係費8　大正14年	・櫻田門渡櫓其他取解及櫓下石垣修復工事費	有	15,865	
		・宮城坂下門櫓実測用足代撤却運搬費	無	28	
		・櫻田渡櫓其他復旧工事用湯小屋人夫供給請負費	無	57.97	
		・西拮橋門内左右土留石垣復旧工事費	有	525	
		◎宮城二重櫓復旧ニ付足代用杉丸太供給代金	無	3,278	
		◎宮城二重櫓及多門櫓復旧工事費	有	32,000	85,900円の請負、第1回支払
20280-9	臨時震災費震災関係費9　大正14年	・櫻田渡櫓其他取解及櫓下石垣復旧工事用セメント供給代金	無	2,812.50	
		・櫻田渡櫓門下石垣復旧残工事用石工其他供給請負金	無	3,500	
		◎大手渡櫓復旧工事費	無	9,406.96	31,326.01円の請負、第2回支払 ※請負総額変更
		・旧本丸富士見土蔵壁塗替其他工事費	有	4,400	
		◎宮城二重櫓及多門櫓復旧工事費	無	25,000	85,900円の請負、第2回支払
		・宮城坂下門渡櫓下石垣修繕工事費	有	4,650	
		・櫻田渡櫓其他復旧工事用湯小屋人夫供給請負費	無	56.10	大14.11.1～11.30
		◎旧本丸三重櫓復旧工事用湯小屋人夫供給請負費	無	56.10	大14.11.1～11.30
		◎大手渡櫓其他復旧工事用湯小屋人夫供給請負費	無	56.10	大14.11.1～11.30

		◎大手渡櫓復旧工事用セメント供給代金	無	780	
		◎二重櫓多門櫓復旧工事用銅板供給費	無	270	
		・宮城外苑櫻田門石垣復旧工事用川砂供給費	無	266	
		・宮城外苑櫻田門石垣工事用堰板供給費	無	45	
		・宮城山里門石垣上部へ縁石据付其他用セメント供給代金	無	36	
		◎宮城二重櫓基礎試掘工事費	無	70	
		◎旧本丸三重櫓復旧工事用セメント供給代金	無	620	
		◎旧本丸参重櫓復旧工事用白色第二種配合(セメント)供給代金	無	531	
		・宮城坂下門渡櫓下石垣修築用セメント供給代金	無	526.24	
		◎旧本丸内三重櫓復旧工事用屋根瓦供給代金	無	250.20	
		◎二重櫓多門櫓復旧工事用銅板供給費	無	247.50	
		◎宮城二重櫓及多門櫓復旧工事事務所用人夫供給費	無	263.50	
20280-10	臨時震災費震災関係費10　大正14年	◎大手渡櫓復旧ニ付屋根瓦葺工事費	有	9,349.38	
		◎旧本丸三重櫓復旧工事費残金	無	16,100	44,300円の請負
		◎大手渡櫓復旧工事費	無	21,909.04	31,326.01円に改請負金、第1回支払
		☆「違約金徴収関係書類」違約金徴収方内蔵頭へ通牒一件			(遅延違約金2,221.10)

		・櫻田門渡櫓其他取解及櫓下石垣復旧工事違約金	無	(3,807.60)	(解除違約金1,586.50)
		◎宮城二重櫓及多門櫓復旧工事ニ付セメント供給代金	無	600	
		・宮城外苑櫻田門石垣復旧工事用川砂利供給費	無	812	
		◎大手渡櫓其他復旧工事用湯小屋人夫供給請負費	無	52.36	大14.12.1～12.28
		・櫻田渡櫓其他復旧工事湯小屋人夫供給請負費	無	57.97	大14.12.1～12.31
		・富士見土蔵壁塗替工事ニ付湯小屋人夫供給請負費	無	48.68	大14.12.1～12.26
		◎宮城貳重櫓及多門櫓復旧工事用純白色ポートランドセメント供給代金	無	525	
		・山里門脇石垣上部縁石据ニ付其他工事費	有	915	
		◎宮城二重櫓及多門櫓復旧工事用ポートランドセメント供給代金	無	960	
		◎宮城二重櫓及多門櫓復旧工事ニ付事務所用人夫供給費	無	64.60	
20281-1	臨時震災費震災関係費1　大正15年	・内櫻田渡櫓其他調査用墨汁他一点供給代金	無	0.45	
		・内櫻田門及東南二重櫓実測用足代架設費	無	171.50	
		・櫻田渡櫓其他復旧工事用湯小屋人夫供給請負費	無	57.97	大15.1.1～1.31
		・宮城各櫓取解キニ付係員詰所用仮建物取設工事費	無	68.75	

		・櫻田門復旧工事用セメント供給代金	無	183	
		・宮城内警察部庁舎裏石垣改造並排水渠附替工事用セメント供給代金	無	178.50	
		・内櫻田門其他実測用係員詰所窓格子修繕費	無	11.52	
		・櫻田渡櫓其他復旧工事用湯小屋人夫供給請負員	無	50.66	大15.2.1～2.26
		・宮城内警察部庁舎裏石垣改造並ニ排水渠附替工事費	有	981	
		・宮城三角門渡櫓及高麗門実測用足代架設費	無	67.50	「三角門」とは吹上門を指す
		・櫻田渡櫓復旧ニ付大手門内仮建物格納用仮建物建設其他工事費	無	190.80	
		・櫻田門渡櫓復旧工事用瓦供給請負費	無	2,770	
		◎大手高麗門左右石垣塀復旧工事用セメント供給代金	無	296.45	
		・竹橋傍外構塀改修工事費	有	348	
		・坂下門修繕工事用杉長丸太供給代金	無	2,646	杉丸太1,800本分
		・櫻田渡櫓其他復旧工事ニ付湯小屋人夫供給請負費	無	57.97	大15.3.1～3.31
		◎大手高麗門及塀復旧工事ニ付湯小屋人夫請負費	無	57.97	大15.3.1～3.31
		・宮城大手倉庫敷地地質調査事業	有	348	枢密院前2カ所
		・櫻田高麗門石垣復旧工事費	無	290	
		◎大手高麗門及左右石垣塀復旧工事費	有	7,800	
		・櫻田渡櫓其他復旧工事ニ付湯小屋人夫供給請負費	無	56.10	大15.4.1～4.30

		◎大手高麗門及塀復旧工事ニ付湯小屋人夫供給費	無	56.10	大15.4.1～4.30
		・櫻田渡櫓復旧工事費	有	15,715.30	29,000円の請負、第1回支払、工事増アリ
		・宮城内蛤濠排水路復旧工事費	有	400	
		◎二重櫓及多門櫓復旧ニ付排水土管埋設工事費	無	63.90	
		◎宮城二重櫓及多門櫓復旧工事費	有	13,900	83,900円の請負、第4回支払
		◎宮城二重櫓及多門櫓脇鉄筋塀取設其他工事費	有	2,770	
20281-2	臨時震災費震災関係費2　大正15年	◎大手高麗門及塀復旧工事ニ付湯小屋人夫供給請負費	無	57.97	第15.5.1～5.31
		◎大手高麗門左右塀復旧工事用セメント供給代金	無	296.45	
		・宮城紅葉山下用度課土蔵震災復旧工事費	有	4,898	
		・宮城内平河門高麗門及西側石垣復旧ニ付同門取解並仮門建設工事費	無	299.20	
		・櫻田門渡櫓復旧工事費	無	13,608.40	29,323.70円の請負　第2回支払
		・紅葉山下用度課倉庫復旧工事セメント供給費	無	89.25	
		◎宮城二重櫓及多門櫓復旧工事事務所用人夫供給請負費	無	258.40	大15.1.4～5.23
		・宮城内食堂脇石垣積替工事費	有	235.10	
		・宮城内櫻田櫓高麗門東南二重橋及三角門高麗門実測用足代撤却費	無	119.60	

20281-3	臨時震災費震災関係費3 大正15年	・櫻田渡櫓其他復旧工事ニ付湯小屋人夫供給請負費	無	57.97	大15.5.1～5.31
		・櫻田門工事用ポートランドセメント供給代金	無	402.50	
		◎宮城二重櫓多門櫓工事用ポートランドセメント供給費	無	183	
		◎宮城二重櫓第二多門脇鉄筋塗装工事費	無	297.40	
		◎大手渡櫓内柵取設工事費	無	295.30	
		・紅葉山下用度課金庫復旧工事用セメント供給費	無	139.15	
		・宮城坂下門修繕用屋根瓦供給費	無	2,995	
		・宮城坂下門修繕用屋根補足瓦供給費	無	911.90	
		・櫻田門左右塀其他復旧工事用ポートランドセメント供給代金	無	125	
		・櫻田渡櫓其他復旧工事ニ付湯小屋人夫供給請負費	無	56.10	第15.6.1～6.30
		・宮城坂下御門修繕工事費	有	15,145,77	25,747.90円請負、第1回支払 ※設計変更による増
		・櫻田高麗門屋根瓦葺工事費	無	1,180	
		◎宮城二重櫓下昇り段修繕工事費	無	174	
		・櫻田門渡櫓復旧工事用セメント供給代金	無	861.75	
		・櫻田門渡櫓復旧工事用セメント供給代金	無	296.45	
		◎大手高麗門左右塀復旧工事用セメント供給代金	無	163.35	

		・宮城坂下門修繕工事用セメント供給代金	無	663.50	
		・宮城内大道通リ瀧見口門修繕工事費	有	1,353	
		・櫻田高麗門其他復旧工事費	有	8,000	
20281－5	臨時震災費震災関係費５　大正15	・宮城坂下門修繕工事費	無	10,602.13	25,747.90円請負、第２回支払
		・櫻田門復旧工事ニ付湯小屋人足供給請負費	無	57.97	大15.7.1～7.31
		・平河門実測調査係員詰所硝子嵌込方費	無	6.19	
		・宮城坂下門修繕工事用セメント供給代金	無	90.75	
		・宮城外苑東南二重櫓復旧工事用係員詰所取設費	無	43.60	
		・平河門実測其他調査係員詰所建設其他工事費	無	101.40	
		・宮城天神橋改造ニ付橋下泥土調査事業費	無	80	
		◎二重櫓及多門櫓復旧工事竣功ニ付仮設物取解其他費	無	185	
		・櫻田門復旧工事用瓦供給代代金	無	12.50	鳥衾瓦５
		・宮城坂下門修繕工事用屋根瓦供給代金	無	15.50	鳥衾瓦１、巴丸瓦20
20281－6	臨時震災費震災関係費６　大正15年	・平河高麗門石垣復旧工事費	有	1,480	実測等官給資材は櫻田門より
20281－7	臨時震災費震災関係費７　大正15年	・宮城外苑東南二重櫓下石垣復旧工事費	有	1,780	
		・半蔵門石垣修繕工事用セメント供給代金	無	1,716	

		・平河門警手詰所裏石垣工事用セメント供給代金	無	249.90	
		・宮城外苑東南二重櫓復旧工事用湯小屋人夫供給請負費	無	57.97	大正15.8.1～8.31
		・半蔵門石垣修繕工事費・第一回内払	有	8,466.51	17,800円請負、第１回支払
		・平河門警手詰所裏石垣積替工事費	有	1,130	
20281－8	臨時震災費震災関係費８　大正15年	・宮城外苑東南二重櫓復旧工事費	有	24,458	31,400円の請負、第１回支払
20281－9	臨時震災費震災関係費９　大正15年	・宮城外苑東南二重櫓復旧工事用湯小屋人夫供給請負費	無	57.97	大15.10.1～10.31
		・宮城平河高麗門其他復旧工事用セメント供給代金	無	272.23	
20281－10	臨時震災費震災関係費10　大正15年	・鉄橋脇外壱ヶ所石垣復旧工事費	有	9,322.85	吹上門と山里門間西側の石垣18,000円の請負、第１回支払
		・天神橋を渡土堤ニ改造工事費	有	14,091.65	21,033.80円請負、第１回支払設計変更による増工事
		・天神橋ヲ渡土堤ニ改造工事用セメント供給代金	無	2,592	
		・鉄橋脇外一ヶ所石垣復旧工事用セメント供給代金	無	1,422.05	
		・宮城外苑東南二重櫓復旧工事用セメント供給代金	無	907.50	
20281－11	臨時震災費震災関係費11　大正15年	・宮城半蔵門石置場塀重門石垣脇土塀修築工事費	無	199.12	
		・梅林渡櫓取解格納工事費	有	780	
		・天神橋ヲ渡土堤ニ改造工事壱部設計変更増工ニ付セメント供給代金	無	282	
		・宮城坂下門内櫓内棚増設工事費	無	123.65	

		・宮城外苑二重櫓復旧工事ニ付湯小屋人夫供給請負費	無	61.20	大15.11.1～11.30
		・宮城内吹上一之門改造及左右角柵塀修繕工事費	有	985	
20281-12	臨時震災費震災関係費12	大正15年	・宮城外苑東南二重櫓屋根瓦葺工事費	有	8,200	
		・宮城外苑東南二重櫓復旧工事費	無	6,942	31,400円の請負、第2回支払
		・宮城内吹上門及半蔵門其他復旧工事費	有	13,135	「吹上門」は半蔵門近くに新設
20281-13	臨時震災費震災関係費13　大正15年	・鉄橋脇外一ケ所石垣復旧工事費	無	8,677.15	18,000円の請負、第2回支払
		・宮城内平河高麗門復旧工事費	有	5,080	
		(・宮城吹上御苑霜綿亭修繕費)	有	10,220	設計変更増
		・宮城外苑東南二重櫓復旧工事ニ付湯小屋人夫供給請負費	無	61.54	大15.12.1～12.31
		・天神橋ヲ渡土堤ニ改造工事係員詰所用小使人夫供給請負費	無	156.40	大15.10.1～12.31
20281-14	臨時震災費震災関係費14　大正15年	・平河高麗門屋根瓦葺工事費	無	818	
		・平河高麗門補足瓦供給費	無	132.60	
20606-1	臨時震災費震災関係費1　昭和2年	・宮城外苑内櫻田門復旧工事用事務所小使供給請負費	無	52.36	昭2.2.1～2.28
		・宮城内天神橋ヲ渡土堤ニ改造工事係員詰所小使人夫供給請負費	無	56.10	昭2.1.4～1.31
		・宮城内櫻田門復旧工事ニ付同渡櫓際へ係員詰所取設工事費	無	99.50	
		・宮城平河門内内匠寮詰所増設其他工事費	無	82.80	
		・宮城内平河門復旧工事ニ付内匠寮員詰所人夫供給請負費	無	57.97	昭2.3.1～3.31

20606-2	臨時震災費震災関係費2　昭和2年	・宮城外苑内櫻田門復旧工事用湯小屋人夫並ニ事務所小使人夫供給請負費	無	56.10	昭2.4.1～4.30
		・宮城内千里門及左右塀修繕工事用セメント供給代金	無	17.85	
		・宮城内平河門復旧工事用内匠寮詰所小使人夫供給請負費	無	56.10	昭2.4.1～4.30
		・宮城平河渡櫓帯廓門取解其他工事費	有	1,270	「帯廓門」は不浄門を指す
		・宮城外苑内櫻田門取解格納工事費	有	1,060	
		・宮城外苑東南二重櫓復旧ニ付整地及基礎事業請負費	無	174.20	
		・帝室林野局猿江貯木場所在乙種事業用扁柏丸太材宮城内千里門及左右塀修理工事用トシテ上置石取除ケ枡崩シ洗浄、陸上作業へ為御雇上人夫賃	無	105.30	
		・半蔵門北寄外構石垣復旧工事費	有	2,815	5,650円の請負、第1回支払
		・半蔵門北寄外構石垣復旧工事費	無	959	5,650円の請負、第2回支払
		・宮城内平河門復旧工事用内匠寮員詰所小使人夫供給請負費	無	57.97	昭2.5.1～5.31
		・宮城外苑内櫻田門復旧工事用事務所小使人夫供給請負費	無	57.97	昭2.5.1～5.31
		・宮城内平河門復旧工事用員詰所小使人夫供給請負費	無	56.10	昭2.6.1～6.30
		・宮城外苑内櫻田門復旧工事用内匠寮事務所小使人夫供給請負費	無	56.10	昭2.6.1～6.30
		・半蔵門北寄外構石垣復旧工事費	有	2,273.20	5,650円の請負、第3回支払増工事(397.20円分)追加
		・平河橋修築工事用セメント供給代金	無	56.78	

		・宮城内千里門ニ至ル中門及塀修繕工事費	有	286.80	
		・宮城内千里門及左右塀修繕工事費	有	1,995	
		・宮城平河門櫓外仮門取解キ工事費	無	54.60	
		・平河門石垣復旧工事費	有	11,950	18,200円の請負、第1回支払
20606-3	臨時震災費震災関係費3　昭和2年	・宮城内平河門復旧工事用内匠寮員詰所小使人夫供給請負費	無	57.97	昭2.7.1～7.31
		・宮城外苑内櫻田門復旧工事用事務所小使人夫供給請負費	無	57.97	昭2.7.1～7.31
		・平河門石垣復旧工事用セメント供給代金	無	4,317.30	
		・内櫻田門櫓下石垣復旧工事用セメント供給代金	無	2,499	
		・平河橋修築工事官給乙種扁柏材揚木用川並人夫賃	無	248.40	
	※	・平河橋修築工事費	有	11,092.37	15,700円の請負、第1回支払
		・内櫻田門櫓下石垣復旧工事費	有	8,000	11,930円の請負、第1回支払。設計変更1,310.72円増
20606-4	臨時震災費震災関係費4　昭和2年	・宮城外苑櫻田門復旧工事用屋根瓦供給代金	無	5,955	
		・平河門復旧工事用湯小屋人夫供給請負費	無	59.67	昭2.8.1～8.31減額有
		・宮城外苑櫻田門復旧工事用湯小屋人夫供給請負費	無	62.39	昭2.8.1～8.31
		・平河門石垣復旧工事係員詰所小使人夫供給請負費	無	232.39	昭2.4.13～8.10

			・三角門取解石垣復旧工事ニ付実測手伝方土方人夫供給費	無	26	昭2.8.15〜8.17
			・宮城観瀑亭前大瀧廻リ装石復旧用川砂利他壱点供給代金	無	190	
20606-5	臨時震災費震災関係費5	昭和2年	・内櫻田門櫓下石垣復旧工事費	無	5,140.22	13,240.72円の請負、第2回支払。再設計変更減(100.50円)
			・宮城平河門復旧工事用湯小屋人夫供給請負費	無	60.01	昭2.9.1〜9.30減額有
			・宮城外苑内櫻田門復旧工事用湯小屋人夫供給請負費	無	61.20	昭2.9.1〜9.30
			・宮城正門復旧工事用係員詰所小使人夫供給請負費	無	72.42	昭2.8.26〜9.30減額有
			・宮城平河門復旧工事用セメント(25樽)供給費	無	299.50	
			・宮城外苑内櫻田門復旧工事用セメント(25樽)供給費	無	299.50	
			・宮城正門復旧工事用セメント(25樽)供給費	無	299.50	
			・宮城観瀑亭前大滝廻リ装石其他用職工人夫供給請負費	無	509.40	
			・平河門石垣復旧工事費	無	6,243.77	18,200円の請負、第2回支払設計変更200.50円増
			・宮城正門復旧工事用足代丸太供給代金	無	297	
			・宮城三角門取解格納工事費	無	3,080	
20606—6	臨時震災費震災関係費6	昭和2年	・宮城外苑内櫻田門渡櫓及高麗門復旧其他工事費	有	26,970	36,740円の請負、第1回支払

		・宮城平河渡櫓其他復旧工事費	有	28,600	39,700円の請負、第1回支払 ※帯廓門改築を含
		・宮城正門復旧工事費	有	26,000	39,500円請負、第1回支払
		・宮城正門復旧工事ニ付櫓下漆塗修繕用漆供給代金	無	270.25	
		・宮城平河門復旧工事用セメント(150樽)供給代金	無	867	
		・宮城正門復旧工事用セメント(130樽)供給代金	無	751.40	
		・宮城外苑内櫻田門復旧工事用セメント(120樽)供給代金	無	693.60	
		・宮城内平河門復旧工事用湯小屋人夫供給請負費	無	63.24	昭2.10.1～10.31
		・宮城外苑内櫻田門復旧工事用湯小屋人夫供給請負費	無	63.24	昭2.10.1～10.31
		・宮城正門復旧工事用係員詰所小使人夫供給請負費	無	63.24	昭2.10.1～10.31
20606-7	臨時震災費震災関係費7　昭和2年	・宮城正門復旧工事用屋根瓦供給代金	無	6,620	
		・宮城正門復旧工事費	無	13,500	39,500円の請負、第2回支払
		・宮城外苑内櫻田門渡櫓及高麗門屋根瓦葺工事費	有	1,100	
		・宮城北桔橋門取解其他工事費	有	330	
		・宮城正門復旧工事櫓下各部漆塗修繕工事定傭供給費	無	804	
		・宮城正門復旧工事ニ付櫓下各部漆塗修繕用漆供給代金	無	55	

		・宮城正門復旧工事ニ付櫓下大柱根継其他工事費	無	289.10	
		・宮城正門復旧工事櫓下各部漆塗修繕工事定傭供給費	無	426	昭2.12.1～12.23
		・宮城正門復旧工事用補足瓦供給代金	無	22.50	熨斗瓦150
		・宮城平河門復旧工事用セメント(100袋)供給代金	無	162	
		・宮城平河門復旧工事用セメント(170袋)供給代金	無	276.25	
		・宮城正門復旧工事用セメント(170袋)供給代金	無	276.25	
		・宮城正門復旧ニ付開閉器供給代金	無	18	
		・宮城外苑内櫻田門復旧工事用セメント(100袋)供給代金	無	167	
		・宮城平河門復旧工事用セメント供給代金	無	172.50	
		・宮城外苑内櫻田門復旧工事用セメント供給代金	無	172.50	
20606-8	臨時震災費震災関係費8　昭和2年	・宮城平河門復旧工事ニ付渡櫓並ニ帯廓門壁塗及塀建築工事費	有	4,200	
		・宮城外苑内櫻田門復旧工事用補足瓦供給代金	有	188.17	図は前頁に有
		・宮城内平河渡櫓其他復旧工事費	無	11,100	39,700円の請負、第2回支払
		・三角門櫓下及附近石垣復旧工事費	有	23,000	
20606-9	臨時震災費震災関係費9　昭和2年	・宮城平河門渡櫓及帯廓門屋根瓦葺工事費	有	1,373.60	
		・宮城平河門復旧工事ニ付外廓其他屋根瓦葺込工事費	有	963	

20606-10	臨時震災費震災関係費10　昭和２年	・宮城外苑内櫻田門復旧工事ニ付外廓塀屋根瓦葺工事費	有	498.50	
		・梅林高麗門取解其他工事費	有	475	
		・宮城外苑内櫻田門復旧工事用湯小屋人夫供給請負費	無	62.47	昭2.11.1～11.30
		・宮城平河内復旧工事用湯小屋人夫及び小使人夫供給請負費	無	61.03	昭2.12.1～12.31､減額有
		・宮城外苑内櫻田門復旧工事事務所小使人夫供給請負費	無	61.71	昭2.12.1～12.31､減額有
		・宮城正門復旧工事湯小屋人夫及ビ小使人夫供給請負費	無	62.22	昭2.12.1～12.31､減額有
		・宮城正門復旧工事ニ付櫓下各部漆塗補修理供給代金	無	40	
		・宮城正門復旧用屋根瓦補足供給代金	無	115.83	
		・三角門櫓下及附近石垣復旧工事用湯小屋人夫供給請負費	無	73.10	昭2.11.9～12.21
		・宮城北桔橋復旧工事係員詰所取設工事費	無	152	
		・宮城正門復旧工事ニ付排水受枡土管伏設費	無	21.62	
		・宮城正門復旧工事用供給代金	無	115	
20617-１	臨時震災費震災関係費１　昭和３年	・西拮橋改造及附近石垣復旧工事		16,607.22	設計変更有
20617-２	臨時震災費震災関係費２　昭和３年	・紅葉山附近石垣復旧工事用セメント供給代金	無	1,545.60	
		・宮城平河門復旧工事用内匠寮員詰所小使供給請負費	無	53.36	昭3.1.4～1.31

		・宮城外苑内櫻田門復旧工事用事務所小使供給請負費	無	52.36	昭3.1.4～1.31
		・西拮橋改造及附近石垣復旧ニ付在来石垣基礎試験根掘工事費	無	104	
		・紅葉山附近石垣復旧工事費	有	6,600	12,290円の請負、第1回支払
		・梅林門渡櫓下石垣修築工事費	有	8,000	12,650円の請負、第1回支払
		・西桔橋改造及附近石垣復旧ニ付基礎試験杭内工事費	無	295	
		・梅林門渡櫓下石垣工事用セメント(861袋)供給代金	無	1,441.02	
		・梅林門渡櫓下石垣修築工事	無	4,635	12,650円の請負、第2回支払 ※石材運搬15円減
		・梅林門渡櫓下石垣修築工事係員詰所用小使人夫供給請負費	無	124.27	昭3.2.16～4.24、減額有
		・北桔橋及同石垣復旧工事ニ付橋台基礎地盤耐重力試験費	無	41.60	
		・内櫻田門及塀復旧ニ付御門内外路面修繕工事費	無	297	
		・宮城平河門復旧工事用係員詰所撤却其他工事費	無	47.40	
		・平河門石垣復旧ニ付瓦斯管位置変更工事費	無	65.35	
		・内櫻田門石垣修復工事用セメント供給代金	無	632.50	
		・北桔橋及同石垣復旧工事用セメント供給代金	無	1,999.62	
		・宮城北桔門及塀復旧工事事務所小使人夫供給請負費	無	59.16	昭3.4.1～4.30、減額有

20617-3	臨時震災費震災関係費3　昭和3年	・内櫻田門石垣復旧工事用湯小屋人夫供給請負費	無	68	昭3.4.1〜5.10
		・内櫻田門石垣復旧工事費	有	2,855.50	設計変更、前2回とは別
		・紅葉山附近石垣復旧工事費	無	5,690	12,290円の請負、第2回支払
		・半蔵門北方濠沿石垣復旧工事用セメント供給代金	無	1,149.54	
		・宮城北拮門及塀復旧工事事務所小使人夫供給費	無	57.80	昭3.5.1〜5.31
		・宮城吹上中門及左右塀並道灌門及左右塀修繕工事用セメント供給代金	無	1,149.54	
		・北桔橋及同石垣復旧工事費	有	7,900	12,370円の請負、第1回支払
		・宮城北桔門及塀復旧工事用セメント供給代金	無	766.36	
		・宮城北桔門及塀復旧工事用セメント供給代金（9樽）	無	167.94	純白ポートランドセメント・仕上用
		・半蔵門北方濠沿石垣復旧工事	有	3,761.16	一部工事廃止
		・北桔橋及同石垣復旧工事費	無	4,470	12,370円請負、第2回支払
		・宮城北拮門及塀復旧工事事務所小使人夫供給請負費	無	56.10	昭3.6.1〜6.30
		・北桔橋及同石垣復旧工事係員詰所用小使人夫供給請負費	無	183.94	昭3.3.4〜6.21
		・宮城吹上中門及左右塀並道灌門及左右塀修繕工事費	有	7,640	
		・半蔵門北方濠沿石垣復旧並斜面土留工事用セメント供給代金	無	901.60	
		・北桔橋復旧ニ付瓦斯管位置替其他工事	有	1,321.75	

		・宮城北拮門及塀復旧工事費	有	9,000	
20617-4	臨時震災費震災関係費4　昭和3年	・宮城北拮門塀復旧工事事務所小使人夫供給請負費	無	56.10	昭3.7.1～7.31
		・吹上御馬場各出入口修繕工事費	無	232.40	
		・紅葉山土堤裾石垣復旧工事用セメント供給代金	無	1,062.60	
		・西拮橋改造及附近石垣復旧工事用湯小屋人夫并ニ小使人夫供給請負費	無	175.10	昭3.4.25～8.15
		・半蔵門北方濠沿石垣復旧工事用湯小屋人夫請負費	無	88.40	昭3.5.20～7.9
		・宮城北拮門箱番所及小屋撤却並ニ門内外取片附定傭人夫供給請費	無	244	
		・半蔵門脇石置場塀門右脇土塁築造工事用セメント供給代金	無	201.25	
		・西桔橋改造及附近石垣復旧工事費	有	5,964.36	工事変更による増減有
		・西拮橋改造及附近石垣工事用湯小屋人夫並ニ小使人夫供給請負費	無	85	昭3.9.6～9.30
		・紅葉山土堤裾石垣復旧工事ニ付事務所小使人夫供給請負費	無	153	昭3.7.8～10.5
		・半蔵門北方濠沿石垣復旧工事並ニ斜面土留工事費	有	4,941.30	
		・西拮橋改造及附近石垣復旧工事用湯小屋人夫供給請負費	無	52.70	昭3.8.6～9.5
		・半蔵門脇石置場堺門両脇土塁築造工事費	有	2,990	
		・宮城半蔵門内石置場堺門改築工事費	有	1,335	
		・西拮橋改造及附近石垣復旧工事用湯小屋人夫並ニ小使人夫供給請負費	無	52.70	昭3.8.6～9.5

20628- 2	臨時震災費震災関係費 2　昭和 4 年	・紅葉山土堤裾石垣復旧工事費	有	11,600	
		・西桔橋改造及附近石垣復旧工事用セメント供給代金	無	6,620.50	
		・宮城半蔵門石置場堺門改築工事用セメント供給代金	無	86.25	
		・西桔橋改造及附近石垣復旧工事ノ内側溝工事用セメント供給代金	無	208	
		・西拮橋改造及附近石垣復旧工事之内側溝工事用湯小屋人夫供給請負費	無	86.70	昭4.8.11～9.30
		・西拮橋改造及附近石垣復旧工事ノ内側溝工事費	有	1,368	

※・20277—1～3（大正12年）、20279—1～3（大正13年）は、江戸城跡の被害・復旧を特定できる記入ナシ。
・20281—4（大正15年）、20628—1（昭和 4 年）、20628—3・4（昭和 4 年）、20640—1～3（昭和 5 年）、20651（昭和 6 年）には該当する記載ナシ。
・北拮、西拮の文字は、史料に「拮」「桔」の両文字が用いられており、ここでは史料に従った。
・事業項目中の「◎」印は、本文中で紹介した関係箇所。

主要参考文献

浅田　敏『地震―発生・災害・予知―』東京大学出版会　一九七二年
伊藤和明『日本の地震災害』岩波新書　二〇〇五年
宇佐美龍夫『歴史地震―古記録は語る―』海洋出版　一九七六年
「元禄大地震の全体像」『房総災害史―元禄の大地震と津波を中心に―』千秋社　一九八四年
『最新版　日本被害地震総覧』東京大学出版会　二〇〇三年
宇佐美龍夫編『日本の歴史地震史料』拾遺四ノ上・下　二〇〇八年
内村　浩・松田磐余・高橋　博『安政大地震―その日　静岡県は―』静岡新聞社　一九八三年
大熊喜邦「耐震構造」『明治前日本建築技術史　改訂版』臨川書店　一九八一年
北原糸子「安政江戸地震における武家屋敷の被害について」『歴史地震』一　一九八五年
『地震の社会史』講談社学術文庫　二〇〇〇年
北原糸子編『日本災害史』吉川弘文館　二〇〇六年
『写真集　関東大震災』吉川弘文館　二〇一〇年
古山　豊「旧一ツ松郷における津波被害一考―本興寺大位牌にみる人的被害―」『房総災害史―元禄の大地震と津波を中心に―』千秋社　一九八四年
寒川　旭『地震考古学』中公新書　一九九二年
『地震の日本史』中公新書　二〇〇七年
鈴木棠三・保田晴男編『近世庶民生活史料　未刊日記集成　鈴木修理日記三』第五巻　三一書房　一九九八年
竹村雅之『関東大震災』鹿島出版会　二〇〇三年

野中和夫「元禄大地震と江戸城―被害と復興の記録より―」『千葉経済大学学芸員課程紀要』第一三号　二〇〇八年
「江戸城『地震之間』に関する一考察―絵図の検討を中心として―」『想古』第二号　日本大学通信教育部学芸員コース　二〇〇九年
「江戸城外郭諸門の屋根瓦に関する一考察―筋違橋門・浅草橋門を中心として―」『城郭史研究』第二八号　二〇〇九年
「『鈴木修理日記』にみる元禄大地震に関する一視点」『想古』第五号　日本大学通信教育部学芸員コース　二〇一二年
野中和夫編『石垣が語る江戸城』同成社　二〇〇七年
『江戸の自然災害』同成社　二〇一〇年
『江戸の水道』同成社　二〇一二年
宮田　登監修『鯰絵―震災と日本文化―』里文出版　一九九五年
武者金吉『日本地震史料』毎日新聞社　一九五一年
力武常次監修『東京直下地震』毎日新聞社　一九九一年
山下文男『哀史　三陸大津波』青磁社　一九九〇年
渡辺偉夫『日本被害津波総覧』東京大学出版会　一九八五年
伊東市教育委員会『伊東の文化財』伊東市叢書四　二〇〇三年
小田原市『小田原市史』別編・城郭　一九九五年
江戸遺跡研究会編『災害と江戸時代』吉川弘文館　二〇〇九年
葛飾区郷土と天文の博物館『東京低地災害史　地震、雷、火事?…教訓!』展図録　二〇一二年
宮内庁管理部『特別史跡　江戸城跡　皇居東御苑内　本丸中之門石垣修復工事報告書』二〇〇七年

震災予防調査会編『大日本地震史料』思文閣　一九七三年
土木学会編『大正一二年　関東大震災　震害調査報告（第三巻）―上水道・下水道・瓦斯工事部、鐵道・軌道之部』
　一九二六年
千葉県安房郡役所『安房震災誌』　一九二六年
千葉県郷土史研究会編『房総災害史―元禄の大地震と津波を中心に―』千秋社　一九八四年
千葉県総務部消防課『元禄大地震―九十九里浜大津波の記録―』　一九七五年
千葉県立安房博物館『平成十五年度企画展　地震と津波』展図録　二〇〇三年
東京市役所『東京市史稿』皇城篇第壹～第五　一九一一・一九一二・一九一八年
　『東京市史稿』変災篇第壹　一九一四年
　『東京市史稿』救済篇第四　一九二二年
東京大学地震研究所『新収　日本地震史料』第二巻別巻（元禄大地震）　一九八二年
　『新収　日本地震史料』第五巻別巻二ノ一・二（安政江戸地震）　一九八五年
　『新収　日本地震史料』第五巻別巻五ノ一・二（安政東南海地震）　一九八七年
　『新収　日本地震史料』第五巻別巻六ノ一・二（善光寺地震）　一九八八年
　『明治二十四年十月二八日　濃尾地震資料集』第一～三巻　一九九二年
東京都総務局行政部『安政江戸地震災害誌』上・下巻　一九七三年
復興局編『帝都復興事業概観』財団法人　東京市政調査會　一九二八年
陸前高田市『陸前高田市史』第八巻　一九九九年

あとがき

平成二三年三月十一日午後二時四六分、三陸沿岸を中心とする大津波が襲来した東日本大震災から、間もなく二年が経過しようとしている。我国でマグニチュード九・〇という巨大地震の発生もさることながら、高さ一〇メートルの防波堤をいとも簡単にのり越え、全てのものを流し去った巨大津波の映像は、脳裏に焼付き、今でも信じ難い。さらに、時間の経過とともに回数が減少しているものの、余震は続き、時として恐怖すら感じる。この恐怖は、諸外国の巨大地震の先例を参考にするならば、あと数年は覚悟しなければなるまい。

私が地震に関心を持つようになったのは、全くの偶然によるものであった。前書『石垣が語る江戸城』の資料収集のため、江戸城跡に幾度となく通うなかで、富士見櫓近くの蓮池門跡で元禄大地震の復旧を担当した立花飛驒守宗尚銘の金石文と出合うことに始まる。今から十年前のことである。この金石文の内容の確たる理解に繋がったのは、中之門の石垣修復工事で松平右衛門督吉明銘の角石を実見したことによる。その後、都立中央図書館特別文庫室所蔵の「江戸城造営関係資料（甲良家伝来）」に、元禄大地震復旧に関する絵図と史料の存在を知り、前述の金石文と照会する中で関心がさらに高まった。

他方、江戸城石垣に刻まれた刻印を調べていく中で、刻印が施された築石の場所に応じた多少と、使用石材の明らかな相違は、新たな疑問となった。とりわけ、本丸の西側、蓮池濠に面する高石垣が、まるで碁盤上に碁石を並べたかのような石材の異なる築石での配置は、本書でも触れたように、何とも奇妙に映るものであった。

江戸城跡のさらなる調査とこの疑問の解決とを探ることを目的として新たな史料蒐集に努めた。そのうちの一つ、宮内庁書陵部では、関東大地震の江戸城跡復旧をはじめとする新たな史料群と出会うことができた。震災についていえば、関東大地震の江戸城跡復旧に関して、詳細な記録から、効果的な経過を知ることができ、以前からの疑問点の解決の糸口にたどり着くこともできた。

これまで、伊豆の東海岸や安房・上総で元禄大地震の被害調査を行う機会が度々あった。震災被害を知る過去帳や位牌、墓碑・供養碑、絵図や古文書などを拝見するにつけ、大震災での人間の無力さや生死の境となる一瞬の機会、震災直後の混乱ぶりなどは、手にとるように理解することができた。これも、間近で東日本大震災を経験し、被災地での空虚さとそこから立直る人々の勇気と努力を目にしたことによるものであろうか。

元禄大地震と関東大地震とは、地震発生のメカニズムが同じといわれている。二つの地震による震動の大きな安房と小田原では、距離があるにもかかわらず、地形の変動をはじめとして、被害状況などが酷似している。地震学者は、過去の地震被害記録を丁寧に蒐集した上で解析し、観測データとともに将来の大地震の予知に活かすことを試みている。私を含む多くの一般人は、大地震発生直後からしばらくの間は地震に対して強い関心をもつ。しかし、余震の回数が減り、平穏な日が続くとその記憶は薄れていく。それは、仕方のないことであるが、日本列島全体が地震の多発する環境にあることだけは確実であり、これを脳裏にとどめておくことが肝心と考える。

地震に対する怖れを必要以上に抱くことは、無用である。しかし、咄嗟の判断を求められる機会がいつ訪れるとも限らない。その意味では、過去の地震被害を知ることは無駄ではないのである。

本書では、元禄・安政江戸・関東大地震の三つの大地震について、江戸城を定点として、被害や復旧の様相を通して地震の大きさについて考えるよう試みた。筆者の力量不足で、どこまで迫ることができたかは甚だ疑問である。とはいえ、震災史を研究する上で一助となれば幸いである。

本書を上梓するにあたり、諸氏、諸機関から資史料の掲載をご快諾いただいた。また、多くの方々からご教示をいただいた。この場をお借りして御礼を申し上げる。さらに、同成社会長の山脇洋亮氏には大変お世話になり、親身なご協力をいただいた。心より深く御礼を申し上げたい。

二〇一二年十二月十三日

野中和夫

江戸《えど》・東京《とうきょう》の大地震《おおじしん》

著者略歴

野中　和夫（のなか・かずお）

1953年生。

1997年　日本大学文理学部史学科卒業。

1983年　日本大学大学院文学研究科日本史専攻博士後期課程満期退学。

現在　日本大学講師・拓殖大学講師・千葉経済大学講師。

主要著作

『石垣が語る江戸城』（〔編著〕同成社、2007年）。『江戸の自然災害』（〔編著〕同成社、2010年）。『江戸の水道』（〔編著〕同成社、2012年）。

2013年3月11日発行

著者　野中和夫

発行者　山脇洋亮

印刷　㈱熊谷印刷

製本　協栄製本㈱

発行所　㈱同成社

東京都千代田区飯田橋4-4-8
（〒102-0072）東京中央ビル内

TEL 03-3239-1467　振替 00140-0-20618

ISBN 978-4-88621-625-0　C0021